論究 憲法

憲法の過去から未来へ

長谷部 恭男 [編]
Hasebe Yasuo

有斐閣

目　次

▶ Part I　日本国憲法へ

大日本帝国憲法の制定──君主制原理の生成と展開 …………長谷部恭男… 3
I．君主制原理の生成と展開 ……………………………………………… 3
1．フランス1814年シャルト ………………………………………… 3
2．ドイツ諸邦の君主制原理 ………………………………………… 5
3．君主制原理に内在する論理的困難 ……………………………… 6
II．大日本帝国憲法の基本原理 …………………………………………… 7
1．天皇主権原理──君主制原理の日本的現象形態 ……………… 7
2．美濃部学説の位置──学的「純化」の行方 …………………… 9
III．君主制原理の諸帰結と日本国憲法 ………………………………… 12
1．発生の経緯と正当化の論理 …………………………………… 12
2．君主制原理の諸帰結の否定 …………………………………… 14

天皇機関説事件 ………………………………………………西村裕一… 17
I．「憲法改正」？ ………………………………………………………… 17
II．自由の抹殺 …………………………………………………………… 20
1．議会 ……………………………………………………………… 20
2．軍部 ……………………………………………………………… 21
III．機関説排撃派の論理と心理 ………………………………………… 23
1．論理 ……………………………………………………………… 23
2．心理 ……………………………………………………………… 25
IV．顕教密教論？ ………………………………………………………… 27

ポツダム宣言の受諾
── 憲法的断絶について語られたことの意義と射程 …………高田　篤… 31
はじめに ……………………………………………………………………… 31
I．宮沢が憲法的断絶について語ったこと …………………………… 32
II．宮沢理論の意義──議論文脈からの分析 ………………………… 33
III．宮沢理論の意義──「法律理論的」な「説明」とは …………… 34
IV．国民主権論に押された刻印と新たな理論展開の可能性 ………… 40

i

おわりに 44

▶Part II　最高裁判例をたどる

砂川事件最高裁判決──政治と法の狭間に漂う最高裁 .... 笹田栄司 ... 49
　I．発端──伊達判決の衝撃 49
　II．伊達判決の破棄を急ぐ最高裁 51
　　1．大法廷判決に対する概括的反応 51
　　2．本件判決の構成 51
　　3．憲法9条 53
　　4．司法審査──統治行為論の採用？ 55
　III．最高裁大法廷判決の"再構成" 57
　　1．補助線としてのアメリカ"政府解禁文書" 57
　　2．全員一致の判決 59

苫米地事件 .... 小島慎司 ... 65
　I．統治行為論 65
　　1．60年判決は異質か 65
　　2．利益政治を超えた政治 67
　II．衆議院の解散 70
　　1．7条説の定着 70
　　2．党利党略による解散について 72
　結 77

三菱樹脂事件──復活の日なき無効力論・直接効力論 .... 君塚正臣 ... 79
　I．三菱樹脂事件とは何だったか 79
　II．三菱樹脂事件は憲法事件だったのか 81
　III．憲法の私人間効力はないのか 85
　IV．もっぱら憲法の最高法規性の問題に純化できる 90

薬事法距離制限違憲判決
──職業選択の自由と距離制限をともなう開設許可制 .... 松本哲治 ... 97
　I．距離制限・内閣法制局・議員立法 97
　　1．議員立法による公衆浴場法の距離制限規定の追加 97
　　2．公衆浴場法判決とその影響 98

3. 立法の背景 ……………………………………………………… 99
　　4. 小売市場判決 …………………………………………………… 99
　Ⅱ. 薬事法距離制限違憲判決 ………………………………………… 100
　　1. 先例との関係 …………………………………………………… 100
　　2.「厳格な合理性」………………………………………………… 102
　　3.「段階理論」……………………………………………………… 103
　　4.「段階理論」に対して …………………………………………… 104
　　5. 検討 ……………………………………………………………… 106

衆議院定数不均衡訴訟違憲判決 …………………… 佐々木雅寿 … 109
　はじめに ……………………………………………………………… 109
　Ⅰ. 最高裁判例と下級審判決 ………………………………………… 110
　　1. 訴訟提起の背景 ………………………………………………… 110
　　2. 関連する判例・判決例 ………………………………………… 111
　Ⅱ. 学説 ………………………………………………………………… 114
　　1. 訴訟の適法性・政治問題の法理等 …………………………… 114
　　2. 投票価値の平等 ………………………………………………… 115
　　3. 違憲審査基準 …………………………………………………… 115
　　4. 議員定数配分規定の可分性と選挙の効力 …………………… 116
　Ⅲ. 昭和39年の衆議院定数是正 ……………………………………… 116
　Ⅳ. 昭和51年判決 ……………………………………………………… 119
　　1. 訴訟の適法性・政治問題の法理等 …………………………… 119
　　2. 投票価値の平等と違憲審査基準 ……………………………… 119
　　3. 議員定数配分規定の可分性と選挙の効力 …………………… 121
　おわりに ……………………………………………………………… 121

日産自動車最高裁判決——両性の本質的平等を求めて ……… 武田万里子 … 123
　Ⅰ. 概要 ………………………………………………………………… 123
　Ⅱ. 時代背景 …………………………………………………………… 123
　Ⅲ. 何が起こったか …………………………………………………… 127
　Ⅳ. 法的議論 …………………………………………………………… 129
　　1. 定年制と労働権 ………………………………………………… 129
　　2. 男女差別定年制と平等原則 …………………………………… 130
　Ⅴ. その後の展開 ……………………………………………………… 132
　Ⅵ. 両性の本質的平等を求めて——差別定年制裁判を振り返る …… 135

北方ジャーナル事件
——ネット時代の名誉毀損・プライバシー侵害と「事前抑制」
.... 山口いつ子 … 137
- I．はじめに ……………………………………………………… 137
- II．本判決の検討
  - ——事前差止めの合憲性をめぐる概念と判断基準 ………… 138
  - 1．「検閲」，「事前抑制」，及び事前差止めとの間の関係 …… 139
  - 2．差止めの要件論における名誉・プライバシーと
     表現の自由との調整 ………………………………………… 141
- III．司法的事前抑制に対する2つのアプローチ
  - ——英米での議論からの示唆 ……………………………… 143
  - 1．アメリカにおける「ほぼ絶対的な拒絶」を支える論理 … 143
  - 2．イギリスにおける表現の自由と
     名誉・プライバシーとの細密な調整 ……………………… 146
- IV．本判決の今日的含意
  - ——対抗利益間の調整に求められる姿勢とアプローチ …… 150

人権の私人間効力と法秩序の公共性保障機能
——南九州税理士会訴訟最高裁判決が問いかけたもの ……… 西原博史 … 153
- I．「団体vs.個人」の憲法論 ……………………………………… 153
- II．二段階確定論の系譜 …………………………………………… 154
- III．一段階確定論の構造 …………………………………………… 157
- IV．「多数決の限界」と「全員一致の限界」……………………… 159
- V．私人間効力と団体統制の差 …………………………………… 162

愛媛玉串料訴訟判決を振りかえる ……………… 阪口正二郎 … 165
- I．愛媛玉串料訴訟判決の画期性 ………………………………… 165
- II．政教分離原則の「牙」
  - ——政教分離原則の原点としての国家神道，靖国という文脈 … 167
- III．完全分離，厳格分離，相対分離？ …………………………… 172
- IV．目的効果基準とレモン・テストの違い ……………………… 174
- V．目的効果基準の「牙」と芦部による「読み替え」………… 177
- VI．愛媛玉串料訴訟判決と失われた思考 ………………………… 180
- VII．空知太神社事件判決と類型化思考の可能性 ………………… 182

郵便法違憲判決
——郵便法の責任免除・制限規定の合憲性審査……………安西文雄…187
 Ⅰ．はじめに………………………………………………………………187
 Ⅱ．事実の概要……………………………………………………………188
 Ⅲ．第1審判決および控訴審判決について……………………………189
 Ⅳ．最高裁判決について…………………………………………………189
 Ⅴ．国家賠償請求権（憲17条）について………………………………192
 Ⅵ．司法審査のあり方について…………………………………………197

在外邦人選挙権訴訟最高裁判決……………………………喜田村洋一…201
 Ⅰ．提訴まで………………………………………………………………202
  1．全世界から原告が結集……………………………………………202
  2．立ち塞がる2つの先例……………………………………………202
  3．行政法学者からの示唆——従った点と従わなかった点………203
  4．提訴…………………………………………………………………205
 Ⅱ．最高裁まで……………………………………………………………206
  1．東京地裁……………………………………………………………206
  2．東京高裁……………………………………………………………206
 Ⅲ．最高裁…………………………………………………………………207
  1．最高裁へ……………………………………………………………207
  2．大法廷弁論——2つの工夫………………………………………208
  3．大法廷判決，そしてその後………………………………………210
 Ⅳ．大法廷判決の影響……………………………………………………211
  1．選挙権行使の制限に関する違憲審査基準………………………211
  2．公法上の当事者訴訟………………………………………………212
  3．立法の内容又は立法不作為の違法を理由とする国家賠償請求…213
 Ⅴ．おわりに………………………………………………………………214

住基ネット訴訟
——単純個人情報の憲法上の保護……………………………小山　剛…215
 Ⅰ．はじめに………………………………………………………………215
 Ⅱ．住基ネット最高裁判決………………………………………………217
 Ⅲ．自己情報コントロール権と情報自己決定権——似て非なる概念…220
  1．防御権か，請求権か………………………………………………220

v

2．（古典的）プライバシー権との関係 …………………………… 222
　　3．憲法上の権利か，客観法か ………………………………………… 224
　Ⅳ．むすびにかえて …………………………………………………………… 226

広島市暴走族追放条例事件判決
――過度広汎性・明確性の理論と合憲限定解釈 …………………… 青井未帆 … 229
　Ⅰ．はじめに …………………………………………………………………… 229
　Ⅱ．広島市暴走族追放条例事件 ……………………………………………… 230
　　1．背景 …………………………………………………………………… 230
　　2．本条例の概要 ………………………………………………………… 231
　　3．被告人 ………………………………………………………………… 232
　　4．原審判決 ……………………………………………………………… 232
　　5．平成19年最判 ………………………………………………………… 233
　Ⅲ．形式における瑕疵の治癒と合憲限定解釈 …………………………… 235
　　1．不明確，過度に広汎な法への対処方法 …………………………… 235
　　2．先例 …………………………………………………………………… 236
　　3．憲法31条と実体的な適正の保障 …………………………………… 240
　　4．小括 …………………………………………………………………… 242
　Ⅳ．「形式における判断にとどめる手法」の意義 ………………………… 244
　　1．形式における判断と実質における判断 …………………………… 244
　　2．平成19年最判 ………………………………………………………… 245
　Ⅴ．むすびにかえて …………………………………………………………… 246

国籍法違憲判決
――平等判例における違憲判断と救済方法の到達点 …………… 常本照樹 … 249
　Ⅰ．はじめに …………………………………………………………………… 249
　Ⅱ．問題の所在 ………………………………………………………………… 250
　Ⅲ．国籍法3条1項による国籍取得の区別の憲法適合性 ……………… 251
　　1．平等判例の審査基準 ………………………………………………… 251
　　2．本件区別の合憲性 …………………………………………………… 253
　　3．国際人権条約の参照 ………………………………………………… 257
　Ⅳ．救済――国籍付与の可否 ………………………………………………… 258
　Ⅴ．本判決の影響 ……………………………………………………………… 262

政教分離原則の現況――空知太神社判決を受けて ……………… 西村枝美 … 265

I．事例の類型化——条文の組合せの個性 …………………266
　　　1．法的関係が継続する場合 …………………………………266
　　　2．単発の行為である場合 ……………………………………268
　　　3．小括 …………………………………………………………269
　　II．空知太神社最判の問題提起 …………………………………270
　　　1．共通する適用の仕方 ………………………………………270
　　　2．目的効果の位置づけ ………………………………………274
　　　3．小括 …………………………………………………………277

「日の丸・君が代訴訟」を振り返る
——最高裁諸判決の意義と課題 ……………………渡辺康行…279
　　I．はじめに ………………………………………………………279
　　II．ピアノ判決再読 ………………………………………………280
　　　1．ピアノ判決以前の下級審判決の動向 ……………………280
　　　2．ピアノ判決 …………………………………………………282
　　III．ピアノ判決以降の下級審判決と起立斉唱判決 ……………284
　　　1．ピアノ判決以降の下級審判決の動向 ……………………284
　　　2．起立斉唱判決 ………………………………………………285
　　　3．残された課題 ………………………………………………288
　　IV．ピアノ判決以降の下級審判決と懲戒処分判決 ……………291
　　　1．ピアノ判決以降の下級審判決の動向 ……………………291
　　　2．懲戒処分判決 ………………………………………………293
　　　3．残された課題 ………………………………………………295
　　V．むすびにかえて ………………………………………………297

公務員の政治的意見表明——堀越事件を受けて ………大河内美紀…301
　　I．はじめに ………………………………………………………301
　　II．堀越事件判決 …………………………………………………302
　　　1．堀越事件判決の判断枠組み ………………………………302
　　　2．猿払事件判決との距離 ……………………………………304
　　　3．堀越事件判決をもたらしたもの …………………………306
　　III．堀越事件判決の残したもの …………………………………308
　　　1．立法目的としての「国民の信頼」 ………………………308
　　　2．刑罰と懲戒処分 ……………………………………………311
　　　3．公務員と専門性 ……………………………………………313

Ⅳ．むすびにかえて ………………………………………………315

婚外子法定相続分規定違憲決定　　　　　　　　　　中林暁生…317
  はじめに ……………………………………………………………317
  Ⅰ．家族と個人 ……………………………………………………318
    1．「家族という共同体の中における個人の尊重」…………318
    2．家族モデル ………………………………………………319
  Ⅱ．憲法24条と「家」制度 ………………………………………320
    1．憲法24条 …………………………………………………320
    2．庶子の入家 ………………………………………………322
    3．1995年決定における可部補足意見 ……………………323
  Ⅲ．政治部門に対するメッセージ ………………………………324
    1．1995年決定〜2013年決定 ………………………………324
    2．わかりにくいメッセージ ………………………………325
    3．明快なメッセージ？ ……………………………………327
  おわりに ……………………………………………………………328

憲法と家族
——家族法に関する二つの最高裁大法廷判決を通じて……巻　美矢紀…331
  はじめに ……………………………………………………………331
  Ⅰ．女性のみの再婚禁止期間に対する一部違憲判断 …………332
    1．判決の意義 ………………………………………………332
    2．憲法14条1項適合性審査の判断枠組み ………………333
    3．審査の厳格化理由 ………………………………………333
    4．立法目的の検討 …………………………………………335
  Ⅱ．夫婦同氏制に対する合憲判断 ………………………………338
    1．判決の意義 ………………………………………………338
    2．憲法13条 …………………………………………………338
    3．憲法24条1項 ……………………………………………339
    4．憲法14条1項 ……………………………………………340
    5．憲法24条2項 ……………………………………………342
  Ⅲ．憲法と家族 ……………………………………………………344
    1．婚姻の自由を構成するもの／制約するもの …………344
    2．憲法の想定する家族？ …………………………………345
    3．法制度の核心／周辺 ……………………………………347

おわりに——法律婚の脱正統化としての平等アプローチ …………348

▶Part Ⅲ　憲法の現況

個人情報保護法制——保護と利活用のバランス …………宍戸常寿…353
　Ⅰ．はじめに …………353
　Ⅱ．個人情報保護法改正に至る経緯 …………354
　　1．旧個人情報保護法とその問題点 …………354
　　2．法改正作業の概観 …………355
　　3．改正内容の概要 …………356
　Ⅲ．個人情報の保護 …………357
　　1．基本的枠組み …………357
　　2．個人情報の定義の明確化 …………357
　　3．要配慮個人情報 …………359
　　4．名簿屋対策 …………360
　　5．オプトアウトによる第三者提供および共同利用 …………361
　　6．小規模事業者の扱い …………361
　　7．開示請求権 …………362
　Ⅳ．個人情報の利活用の促進 …………362
　　1．基本的枠組み …………362
　　2．目的規定の改正 …………362
　　3．利用目的の変更 …………363
　　4．匿名加工情報 …………364
　　5．個人情報指針 …………366
　Ⅴ．第三者機関と規制のあり方 …………367
　　1．旧法の枠組み …………367
　　2．個人情報保護委員会 …………367
　　3．グローバル化への対応 …………368
　Ⅵ．今後の課題と憲法学 …………369
　　1．個人情報保護法制と表現の自由 …………369
　　2．公的部門における個人情報の保護 …………370
　　3．憲法上のプライバシーと個人情報保護法 …………371

小選挙区比例代表並立制の導入 …………上脇博之…375
　Ⅰ．小選挙区選挙中心の選挙制度の問題点 …………376

Ⅱ．小選挙区選挙導入など「政治改革」の目的 …………………379
　　Ⅲ．選挙制度の立法裁量論と私見の憲法解釈論 …………………382
　おわりに ………………………………………………………386

裁判員制度はなぜ生まれたのか　…………………………豊　秀一…389
　Ⅰ．はじめに ……………………………………………………389
　Ⅱ．司法制度改革論議の背景 ……………………………………390
　　1．経済界・政治の動き ………………………………………390
　　2．法曹界などの動き …………………………………………392
　Ⅲ．司法制度改革審議会での議論 …………………………………393
　　1．呉越同舟の舞台装置 ………………………………………393
　　2．陪審・参審を超えて ………………………………………394
　　3．審議会での憲法論議 ………………………………………395
　Ⅳ．裁判員制度と日本国憲法 ……………………………………396
　　1．違憲論の浮上と最高裁判決 ………………………………396
　　2．裁判員制度の意義と可能性 ………………………………398

生存権保障の現況　………………………………………尾形　健…401
　Ⅰ．はじめに ……………………………………………………401
　Ⅱ．生存権保障と日本国憲法──これまでの展開 ………………401
　　1．戦後日本社会の展開と生存権保障 …………………………402
　　2．生存権論の課題 ……………………………………………405
　Ⅲ．生存権保障の実現 ……………………………………………406
　　1．憲法25条の実現に向けた「協働」 ………………………406
　　2．憲法25条の理念──その実体的価値ないし意義 …………407
　　3．憲法25条の法的性格 ……………………………………409
　　4．「協働」による生存権の実現 ………………………………409
　Ⅳ．むすびにかえて ………………………………………………412

表現の自由の現況──ヘイトスピーチを素材として　………齊藤　愛…415
　Ⅰ．はじめに ……………………………………………………415
　Ⅱ．ヘイトスピーチとは何か？ …………………………………416
　Ⅲ．ヘイトスピーチ規制擁護論の根拠とその検討 ………………418
　　1．ヘイトスピーチのもたらす害悪 …………………………419
　　2．ヘイトスピーチの表現としての価値 ……………………426

Ⅳ．結語 …………………………………………………………427

7.1閣議決定と集団的自衛権行使の限定的容認
——日本型法文統治の「歴史的支離滅裂」……………駒村圭吾…429
　Ⅰ．安倍氏の"未完のプロジェクト" ……………………………429
　Ⅱ．72年政府見解 …………………………………………………431
　Ⅲ．安倍氏と政府解釈——挑戦と挫折 …………………………433
　Ⅳ．7.1閣議決定への道 …………………………………………435
　　1．官僚ルート …………………………………………………436
　　2．政治家ルート ………………………………………………439
　　3．与党協議といわゆる5人組会合 …………………………440
　Ⅴ．日本型法文統治の隘路 ………………………………………442

▶Part Ⅳ　あとがき

憲法の未来 ………………………………………長谷部恭男…447
　はじめに ……………………………………………………………447
　Ⅰ．違憲審査の活性化 ……………………………………………448
　Ⅱ．9条問題 ………………………………………………………450
　Ⅲ．天皇の生前退位 ………………………………………………452
　Ⅳ．憲法と戦争 ……………………………………………………454

編者・執筆者紹介　（＊は編者）

＊**長谷部恭男**（はせべ・やすお）
　早稲田大学法学学術院教授

青井未帆（あおい・みほ）
　学習院大学大学院法務研究科教授

大河内美紀（おおこうち・みのり）
　名古屋大学大学院法学研究科教授

尾形　健（おがた・たけし）
　同志社大学法学部教授

上脇博之（かみわき・ひろし）
　神戸学院大学法学部教授

喜田村洋一（きたむら・よういち）
　弁護士

君塚正臣（きみづか・まさおみ）
　横浜国立大学大学院国際社会科学研究院教授

小島慎司（こじま・しんじ）
　東京大学大学院法学政治学研究科准教授

駒村圭吾（こまむら・けいご）
　慶應義塾大学法学部教授

小山　剛（こやま・ごう）
　慶應義塾大学法学部教授

齊藤　愛（さいとう・めぐみ）
　千葉大学法政経学部教授

阪口正二郎（さかぐち・しょうじろう）
　一橋大学大学院法学研究科教授

佐々木雅寿（ささき・まさとし）
　北海道大学大学院法学研究科教授

笹田栄司（ささだ・えいじ）
　早稲田大学政治経済学術院教授

編者・執筆者紹介

宍戸常寿（ししど・じょうじ）
　東京大学大学院法学政治学研究科教授

高田　篤（たかだ・あつし）
　大阪大学大学院法学研究科教授

武田万里子（たけだ・まりこ）
　津田塾大学学芸学部教授

常本照樹（つねもと・てるき）
　北海道大学大学院法学研究科教授

中林暁生（なかばやし・あきお）
　東北大学大学院法学研究科教授

西原博史（にしはら・ひろし）
　早稲田大学社会科学総合学術院教授

西村枝美（にしむら・えみ）
　関西大学法学部教授

西村裕一（にしむら・ゆういち）
　北海道大学大学院法学研究科准教授

巻　美矢紀（まき・みさき）
　千葉大学大学院専門法務研究科教授

松本哲治（まつもと・てつじ）
　同志社大学大学院司法研究科教授

安西文雄（やすにし・ふみお）
　明治大学法科大学院教授

山口いつ子（やまぐち・いつこ）
　東京大学大学院情報学環教授

豊　秀一（ゆたか・しゅういち）
　朝日新聞編編集委員

渡辺康行（わたなべ・やすゆき）
　一橋大学大学院法学研究科教授

凡　例

〔裁判例の表示〕

●本文（地の文）

　〔例〕最高裁昭和58年10月7日大法廷判決（民集37巻8号1282頁）

　　＊原則として，法廷名は最高裁大法廷についてのみ表示します。

●本文の括弧内・脚注

　〔例〕最大判昭和58・10・7民集37巻8号1282頁

　　＊原則として，最高裁の法廷名は大法廷判決（決定）についてのみ「最大判（決）」として表示し，小法廷判決（決定）については単に「最判（決）」とします。

　　＊引用頁の表示は，その判例集の通し頁とします。

〔判例集の略語〕

民　集	大審院，最高裁判所民事判例集
刑　集	最高裁判所刑事判例集
集　民	最高裁判所裁判集　民事
集　刑	最高裁判所裁判集　刑事
高民集	高等裁判所民事判例集
高刑集	高等裁判所刑事判例集
下民集	下級裁判所民事裁判例集
下刑集	下級裁判所刑事裁判例集
行　集	行政事件裁判例集
労民集	労働関係民事裁判例集
家　月	家庭裁判月報
裁　時	裁判所時報

〔雑誌等の略語〕

判　時	判例時報
判評（判時□号）	判例評論（判例時報□号添付）
判　タ	判例タイムズ
ジュリ	（月刊）ジュリスト
論ジュリ	論究ジュリスト
法　教	法学教室
曹　時	法曹時報
法　協	法学協会雑誌

論　叢　　法学論叢
法　時　　法律時報
民　商　　民商法雑誌
法　セ　　法学セミナー
速判解（法セ増刊）　　速報判例解説，新・判例解説Watch（法学セミナー増刊）
判　自　　判例地方自治
労　判　　労働判例
ひろば　　法律のひろば

最判解民（刑）事篇平成（昭和）○年度
最高裁判所判例解説民（刑）事篇平成（昭和）○年度
平成（昭和）○年度重判解（ジュリ□号）
　平成（昭和）○年度重要判例解説（ジュリスト□号）
セレクト○○（法教□号別冊付録）
　判例セレクト（法学教室□号別冊付録）

本書のコピー，スキャン，デジタル化等の無断複製は著作権法上での例外を除き禁じられています。本書を代行業者等の第三者に依頼してスキャンやデジタル化することは，たとえ個人や家庭内での利用でも著作権法違反です。

| Part I | Part II 最高裁判例をたどる |

日本国憲法へ

| Part III 憲法の現況 | Part IV あとがき |

大日本帝国憲法の制定
——君主制原理の生成と展開

長谷部恭男

> Ⅰ．君主制原理の生成と展開
> Ⅱ．大日本帝国憲法の基本原理
> Ⅲ．君主制原理の諸帰結と日本国憲法

Ⅰ．君主制原理の生成と展開

1．フランス1814年シャルト

　現代日本の公法学は大日本帝国憲法の遺産を，ときにそれと意識することなく，受け継いでいる。中でも核心的な観念のいくつかは，日本では天皇主権原理と呼ばれることの多い君主制原理（Monarchisches Prinzip）に遡ることができる。明治日本がこの原理を継受したのは，直接にはドイツ諸邦からであるが，その起源はさらに，フランス1814年シャルトに遡ることができる[1]。

　1814年4月のナポレオン退位後，ルイ18世は同年5月3日にパリに入り，18日にシャルト起草委員会の委員を任命した。4回の委員会会合の末，国王は6月4日に両院にシャルトを伝達した[2]。

　シャルト前文は[3]，王権の根拠が神の摂理（divine Providence）にあり，それがブルボン家に伝わる歴史的権利であることを確認する。フランスの全政治権力は国王の一身（personne du Roi）に存するが，王の「先祖は時代

---

[1]　本来的な憲法制定権者として想定されている国民に押しつけられたものを「押しつけ憲法 imposed constitution」とする標準的な視点からすれば，これらの欽定憲法はいずれも典型的な押しつけ憲法である（cf. Michael Stolleis, *Public Law in Germany, 1800-1914* (Berghahn Books, 2001), pp. 163-64）。

[2]　Marcel Morabito, *Histoire constitutionnelle de la France de 1789 à nos jours*, 13th ed. (LGDJ, 2014), p. 179. 迅速な起草・制定は，早期撤退を望む占領軍の希望でもあった。

の変化に即して諸権力の行使（l'exercice）に変容を加えることを厭わなかった」ことが指摘される。つまり，始源的には王が全権力（主権）を保有するが，その行使に関して王が自由な意思に基づく委譲（concession et octroi），つまり自己制限を行った結果がシャルトである。シャルトの存在にもかかわらず，王はなお，不可分一体の全権力の保持者であり，したがって自由にシャルトを変更することもできる[4]。政治権力観において，シャルトは革命前のアンシャン・レジームの思考様式に連なる[5]。

　シャルトが定立した憲法体制は，制限君主制（monarchie limitée）である[6]。神聖不可侵とされる国王は，権力の行使に関しても，ほとんど全権力をコントロールする。司法権は国王の名において，国王の任命する裁判官により行使され（57条），行政権は国王のみに属する（13条）。法律案の提出権は国王のみにあり（16条），議会両院は法案の内容の審議と表決に参加するものの，国王は法案に対する修正を拒否することができる（46条）。法律裁可権は国王のみにある（22条）。さらに彼は，法律を執行し，国家の安全を維持するために必要な命令を発する（14条）。全国家権力は不可分の形で国王に属し，権力の分立は存在しない。議会が新たな法律の成立を妨げることができ，租税の徴収に両院の同意が必要とされる点において（48条），体制はかろうじて「制限」君主制である。それは，君主の権力が何者にも制約されない絶対君主制とも，また，権力が分立し，行政権の首長である君主が立法権にも関与する議会君主制（7月王政がその典型）とも異なる。とはいえ，全国家権力を君主が保有し，その行使を制限する憲法の存在も君主の自由意思にのみ依存する以上，制限君主制と絶対君主制との間に本質的な差異はない[7]。

　3）　前文（préambule）は，起草委員会事務局長のBeugnot伯が6月4日の前夜に急拵えで完成させた（Alain Laquièze, *Les origines du régime parlementaire en France (1814-1848)* (PUF, 2002), pp. 57-59）。

　4）　ルイ18世もシャルル10世も，王令（ordonnance）によってシャルトの内容に変更を加えた（Stéphane Rials, 'Essai sur le concept de monarchie limitée', in his *Révolution et contre-révolution au XIXᵉ siècle* (Albatros, 1987), pp. 109-11）。

　5）　Laquièze, op. cit., p. 66. つまりシャルトは，国の基本構造を包括的・始源的に定めてはいない。それを定めるのは，王国の基本法（lois fondamentales）である（Rials, op. cit., p. 101）。

　6）　Rials, op. cit., pp. 112-25.

　7）　Rials, op. cit., p. 121; Laquièze, op. cit., pp. 75 & 80-81.

2. ドイツ諸邦の君主制原理

　1814年シャルトは君主制原理の原型（Muster）であり[8]、1818年から20年にかけて制定された南ドイツ諸邦の憲法のモデルとなった。これら諸邦の憲法も、君主に属する国家権力の実体（substance）と、君主の委譲によって欽定された憲法の諸条項により制約される国家権力の行使（exercice）とを区別した[9]。

　これら諸邦においても、議会は特権身分を代表する議院と納税額による制限選挙で選出される議院とで構成され、人民の自由と財産に影響（Eingriffe in Freiheit und Eigentum）を及ぼす法規を制定するには、後者の議院の同意が必要とされた。君主は無限定な法律裁可権、つまり立法拒否権を有し[10]、フランスのシャルトに倣って、法律を執行するとともに国家の安全を維持するために必要な命令を制定する権限をも有する。議会（Landtag）の同意なしに租税を徴収することはできない。他方で、大臣任免権は君主のみにあり、大臣は副署制度を通じて君主に対して責任を負い、君主は議会の召集・休会および解散の権限を有する。大臣が議会に対して負う責任は、要求に応じて議会に出席し、演説等を通じて議会に情報を提供するとともに、質疑に応答する義務にとどまる[11]。

　これらの諸憲法も、神聖不可侵の君主のみが憲法制定権力を含む全国家権力を独占的に保有するとの君主制原理に立脚していた。「国王は国の元首である。国王は主権的権限のすべてを保有し、この憲法において国王の定める

　8）　カール・シュミット（尾吹善人訳）『憲法理論』（創文社、1972年）67頁。もっとも、君主制原理が両国で果たした役割には違いがある。ルイ18世の目的は、王政復古と彼自身の身柄の安全を確保することであったが、ナポレオン支配下で領域を拡張し、新たな人口を獲得したバイエルンやバーデンにとっては、新たな国家体制を確立することが肝要であった（Markus Prutsch, *Making Sense of Constitutional Monarchism in Post-Napoleonic France and Germany*（Palgrave, 2013），p. 119）。

　9）　ベッケンフェルデ「一九世紀ドイツ立憲君主政の国制類型」村上淳一訳、ハルトゥング＝フィーアハウスほか著『伝統社会と近代国家』（岩波書店、1982年）491頁。

　10）　ラーバントが述べるように、立法権の本質は、法律の内容確定にではなく、それに拘束力を与える裁可にある（Paul Laband, *Das Staatsrecht des Deutschen Reiches*, vol. 2, 4th ed.（J. C. B. Mohr, 1901），pp. 3-4）。

　11）　Stolleis, op. cit., pp. 61-64; Jacky Hummel, *Le constitutionnalisme Allemand（1815-1918）*（PUF, 2002），pp. 48-56.

諸条項に従いそれを行使する」と定める1818年5月26日のバイエルン憲法第2篇第1条は，そうした思考様式を典型的に示す。憲法は，ヴュルテンベルクのように人民（の代表）との交渉の帰結として制定された場合でさえ，君主の自主的な委譲の賜物とされる。立法権の「行使」についてのみ，人民の特定の自由と財産を侵害する場合に，君主と議会の協働が求められる。そもそもは全権力が君主に帰属している以上，憲法の規定上，帰属の明らかでない権限は，君主に帰属するとの推定（praesumptio pro rege）が働く。

　君主制原理は1820年5月のウィーン大臣会議最終文書57条により，ドイツ同盟全体に及ぶ制度保障の対象とされ[12]，また，1850年1月のプロイセン憲法にも受け継がれた。同憲法では，法律案の提出権は議会にもあり（64条），議会の法案修正権に制限はない。同憲法の特質は，国王の大権を列挙している点，そして軍隊を憲法擁護義務から免除する108条2項と統帥権を国王の排他的留保の下に置いた46条にある。

3. 君主制原理に内在する論理的困難

　君主制原理は，神授の王権を根拠に議会への政治権力の移行を押し止めようとするもので，政治的イデオロギーとして不安定であっただけでなく，全国家権力を独占的・統一的に保有する君主が，その自由な委譲（自己制限）によって憲法を自ら定め，権力の行使を制限すると主張する点で，論理的な困難を内在させていた。君主は，自らの権限の行使を自身の主権的権限に基づいて制約することが本当にできるのだろうか[13]。

　君主が主権的権限を保有し続けるのであれば，彼の権限は実際には制限されているとは言えない。もし実際に制限されているのであれば，彼はもはや主権的権力者ではない。アルフ・ロスが指摘するように，主権に基づく主権の限定は論理的悪循環を必然的に伴う[14]。「全能の神は自身でさえ持ち上げ

　12）　ベッケンフェルデ・前掲注9）490頁; Ernst Rudolf Huber, *Deutsche Verfassungsgeschichte seit 1789*, Band III, 3rd ed.（W. Kohlhammer, 1988), p. 7; Stolleis, op. cit., p. 62; Hummel, op. cit., pp. 71-74. 57条は，自由都市を除くドイツ同盟諸国の統治権は一体として元首に統合され，身分制議会が参与し得るのは特定の権利の行使（Ausübung bestimmter Rechte）に限られるとする（ベッケンフェルデ・前掲注9）512頁注12）。同盟国に君主制原理に違背する法制が導入されたとき，同盟はその執行停止と廃棄を求めることができる。

　13）　Cf. Léon Duguit, *Traité de droit constitutionnel*, 3rd ed., tome 2（Boccard, 1928), p. 775.

ることのできないほど重い石を創造することが可能か」という神学上の問題と同型のパラドックスである。その石を創造し得ない神は全能ではなく，創造し得たそのとき，神はもはや全能ではない15)。

　かりに主権の自己制限なるものが論理的に可能であれば，天皇主権から国民主権への変化も，法的革命ではなく法的連続性を保った主権の移行として説明されることとなり，日本国憲法の国民主権原理の基礎には，それを支える天皇主権がいまだに存続していることになるであろう。

　なお，ここで問われているのは，ゲオルク・イェリネク等により，法秩序の構成要素たる諸国家機関が当該法秩序の定める権限内でのみ行動し得ることを指して「国家の自己制限」と形容される際の「自己制限」とは意味が異なる。後者は国家を法人として（整合的な法秩序として）把握し得ることの単なる言い換えであり，国家をめぐる事象の法的理解のために必要な思惟の上の前提を静態的に描いているだけで，そこに論理的困難は全くない16)。ただし，それを「自己制限」と呼ぶことは，何らかの主体が自身を意図的に (willkürlich) 制限するという神秘的・動態的イメージを招きかねず17)，ミスリーディングではある。自己制限ないし自己拘束という概念に出会ったときは，いずれの意味で使われているかを見分ける必要がある。

II．大日本帝国憲法の基本原理

1．天皇主権原理——君主制原理の日本的現象形態

　大日本帝国憲法の起草にあたって伊藤博文たちに助言を与えたカール・ヘルマン・レスラー（Karl Hermann Roesler）は，ミュンヘンおよびチュー

---

14) 長谷部恭男『権力への懐疑』（日本評論社，1991年）160頁～161頁参照。
15) ロスの指摘する論理的困難は，彼自身が認めるように，より上位の権威を想定することで回避可能であるが（長谷部・前掲注14)），君主制原理は君主より上位の権威をそもそも想定していない。かりに上位の権威（例：王国の基本法）があるとしても，それは君主制原理の廃棄を禁止している（ウィーン大臣会議最終文書が確認するように）。
16) Georg Jellinek, *Allgemeine Staatslehre*, 3rd ed.（Athenäum, 1976 (1914)), p. 386; Maurice Hauriou, *Principes de droit public*, 2nd ed.（Sirey, 1916), pp. 31-33; ハンス・ケルゼン（長尾龍一訳）『純粋法学〔第2版〕』（岩波書店，2014年）300頁参照。
17) Jellinek, op. cit., p. 386は，国家の自己制限は意図的ではない（keine willkürliche）とする。

ビンゲンで学び,ロストックで公法学講座の教鞭を執った[18]。彼が原案を策定した憲法前文(上諭)は[19],「国家統治ノ大権ハ朕カ之ヲ祖宗ニ承ケテ之ヲ子孫ニ伝フル所ナリ。朕及朕カ子孫ハ将来此ノ憲法ノ条章ニ循ヒ之ヲ行フコトヲ愆ラサルヘシ」と述べる。「神聖ニシテ侵スヘカラ」(3条)ざる天皇は,「国ノ元首ニシテ統治権ヲ総攬シ此ノ憲法ノ条規ニ依リ之ヲ行フ」(4条)。君主制原理が直輸入され,それが天皇主権原理と呼ばれたことは,明らかである[20]。

天皇は法律を裁可し(6条),帝国議会を召集・停会し,衆議院を解散する(7条)。大臣は天皇に対してのみ責任を負い(55条),司法権は,天皇の名において裁判所が行使する(57条)。天皇は,法律の執行および公共の安寧秩序を保持するために必要な命令を発する(9条)[21]。権力の分立はなく,天皇の発議がなければ憲法の改正もない(73条)。

君主制原理に基づく制限君主制が細部に至るまで綿密に模倣されているのは,憲法のテクストのみではない。伊藤博文名義で公刊された『憲法義解』[22]は4条の注釈で,「蓋し統治権を総攬するは主権の体なり。憲法の条規に依り之を行ふは主権の用なり。体有りて用無ければ之を専制に失ふ。用有りて体無ければ之を散漫に失ふ」とする。主権の「実体 substance」とその「行使 exercice」を区別する1814年シャルト以来の君主制原理の要諦も,正しく継受されている[23]。

---

18) Stolleis, op. cit., pp. 383-84. ロェスレル,とも呼ばれる。

19) 上諭の起草の経緯については,稲田正次『明治憲法成立史の研究』(有斐閣,1979年) 239頁以下参照。

20) 稲田正次『明治憲法成立史(下)』(有斐閣,1962年) 288頁〜292頁によれば,4条はバイエルン,ヴュルテンベルク両憲法の規定を下敷きにしており,井上毅の諮問に応じたアルベルト・モッセは,その淵源がウィーン大臣会議最終文書57条にある旨を回答している。

21) 『憲法義解』は9条に関連して,「命令は独〔り〕執行の作用に止まらずして,又時宜の必要に應じ,其の固有の意思を発動することある者なり」とする。なお31条義解を見よ。

22) 実質的には井上毅の筆になるところが大きい(稲田・前掲注20)859頁以下および宮沢俊義「憲法義解解題」『憲法義解』〔岩波文庫,1940年〕所収参照)。

23) 君主制原理を井上毅が直接に学んだのは,シュルツェ(Hermann Schulze)の『国権論』からである(稲田正次『明治憲法成立史(上)』〔有斐閣,1960年〕537頁〜542頁)。井上は1881年の「独逸書籍翻訳意見」で,Schulzeに言及するとともに,バイエルン,ヴュルテンベルク両邦の憲法を引用しつつ,君主制原理が「我国体ニ適シタル」ことを指摘している(『井上毅傳史料篇第一』(1966年) 254頁以下,稲田・前掲注19)231頁〜232頁)。

明治憲法施行の初期にあっては，侵害留保の原則の妥当範囲に関して，憲法22条以下の各条に規定された事項（「憲法上の立法事項」）についてのみ法律の根拠が必要であって，それ以外の事項については，臣民の権利・自由を制限する場合であっても，行政は法律の根拠なくして行動し得るとの説が通説であったが，後半期においては，美濃部達吉の主導する一般的な侵害留保説が支配するに至った[24]。

　美濃部にとって，「臣民の権利」に関する憲法上の規定は「法律上には重要なる効果なく……其の規定なきものと雖も，其の規定あるものに比し法律上別段の差違」はない[25]。憲法上の権利規定は限定列挙ではなく，主要な権利の例示にとどまる。臣民の自由一般が一体として法律の留保による保護の対象である。「朕ハ我カ臣民ノ権利及財産ノ安全ヲ貴重シ及之ヲ保護シ此ノ憲法及法律ノ範囲内ニ於テ其ノ享有ヲ完全ナラシメヘキコトヲ宣言ス」との憲法上諭の文言は，自由一般に関する侵害留保原則を確認したものである（撮要179頁）。生来の自由に対する，行政権による違法な侵害を除去することが目的であれば，憲法に規定された権利自由のカタログにさしたる意味はない。

　ドイツにおいて政党を基盤とする内閣が，第一次大戦の敗戦間際に至るまで成立しなかったのに対して，日本では，帝国議会に与えられた立法への協賛権（5条）と予算承認権（64条）を梃子として，憲法公布の約10年後の1898年には政党内閣（隈板内閣）が組織され，1924年から1932年の5・15事件までは，憲政の常道として衆議院の多数派の支持を得て内閣が組織・運営される慣行が成立した。

2．美濃部学説の位置──学的「純化」の行方

　大日本帝国憲法下で主流の学説となった美濃部達吉の議論が，君主制原理に立脚するものではなかったことには留意が必要である。美濃部は，国家は国民によって構成される法人であるとし（撮要15頁），天皇が全統治権を始

24）塩野宏『法治主義の諸相』（有斐閣，2001年）106頁以下。当初の通説は，「特定の権利の行使」についてのみ等族会議の関与を認めるウィーン大臣会議最終文書57条の規定に忠実な立場と見ることもできる（cf. Hummel, op. cit., p. 69）。

25）美濃部達吉『憲法撮要〔改訂第5版〕』（有斐閣，1932年）177頁。以下「撮要」と略す。

源的に保有するとの考え方を否定した（撮要23頁）。このため，天皇の権限（大権）も法人たる国家の機関としての権限に過ぎず，「原則として常に憲法に其の根拠を有するものと認むべく，憲法の規定する以外に於て別に憲法に依らざる天皇の大権あることを主張する為には，其の特別の根拠を証明することを要す」る（撮要222頁）。天皇が行使する大権は，立法・司法・行政の3権のすべてを含むが，「憲法ノ条規ニ依リ之ヲ行フ」とされる以上，立法については議会の協賛が必要であり，司法は天皇の名において裁判所がこれを行い，残る行政権は国務大臣の輔弼を必要とする（撮要224頁）[26]。

つまるところ，美濃部の国家法人学説は，君主制原理の日本的現象形態である天皇主権原理を，その核心において否定していた。自説と憲法4条の文言との整合性に関して，「憲法の文字に依りて国家の本質に関する学問上の観念を求めんとするが如きは憲法の本義を解せざるものなり」（撮要23頁）とする言明は，彼の学問の面目を示している。

美濃部が継受したのは，19世紀後半にドイツで確立した近代公法学の理論枠組みである。すでに学問として確立していた私法学に遅れをとって形成された近代公法学は，政治学，哲学，歴史学等の周辺諸分野からの独立を果たし，法律学として自己を純化すること（Isolierung）を目指した[27]。条文，先例等の具体的素材から体系的な一般原理を抽出し，そこから現実の法律問題への帰結を「論理的に」導き出すこと，政治状況や哲学理論，歴史的経緯等の夾雑物を排除し，内在的かつ客観的に問題を解決し得る学問体系として自己を純化し確立することが，ゲルバーやラーバント等，近代公法学の父たちの目標であった。

そうした学問的純化の核心的手段とされたのが，国家法人理論である。国家を法人として観念し，さまざまな公法上の法律問題を国家とその機関（代表）との授権関係，機関相互の支配・服従・並存関係，国家の意思（典型は法律）とその執行の関係等として把握することで，公法学は私法学と同等の法律学たることを標榜することができた。ゲルバーによれば[28]：

---

26) 美濃部達吉『逐条憲法精義』（有斐閣，1927年）58頁および129頁も参照。
27) Yan Thomas, *Mommsen et "L'Isolierung" du droit* (Boccard, 1984), p. 32.
28) Carl Friedrich von Gerber, *Grundzüge des Deutschen Staatsrechts*, 3rd ed. (Bernhard Tauchnitz, 1880), pp. 3-4.

公法学（Staatsrecht）とは，国家権力の学であり，以下の問題を扱う――国家は何を意思し得るか（国家権力の内容と範囲），いかなる機関がいかなる形式に則って国家の意思を表明することができ，またすべきか。国家の法人格性（Persönlichkeit）にこそ，公法学の出発点と核心とがある。

したがって，こうした法律関係に還元して説明することのできない概念が憲法の条文上に現れた場合は，法的には説明のつかない「政治的」なものとして分別され，処分される必要がある。「政治的」ということばを「法学と関連のない」という侮蔑的意味合いを込めて使う例は，「政治的意味の代表」や「政治的美称」等，日本国憲法下の憲法学にも見られる。

美濃部は，法律学は純粋な論理的推理の学ではなく，社会的正義・社会的利益を考慮することが法律学者にとって遥かに重要な任務であるとするなど（撮要「序文」6頁），純化を徹底しないかのような素振りを示すこともあるが，国家法人理論を用いて制定法規の文字の背後にあるものを見定めようとする姿勢（撮要「序文」4頁〜5頁）が彼の学問の核心にあることは疑いがない。美濃部にとって，天皇一人に主権が帰属するという憲法の文面は，天皇が現人神であるとか日本の国体が万邦無比である等という神がかりの主張と同様，法律学からは排除・無視されるべきものである。「国初以来日本が万世一系の皇統を上に戴き，君民一致，嘗て動揺したことのないこと」は，「決して現在の国法を意味するのではなく，国の歴史及び歴史的成果としての国家の倫理的特質を意味する」にとどまる[29]。法律学的に見れば，天皇もあくまで国家機関の一つとして行為し得るにすぎない。

少なくとも1930年代初頭までの美濃部は，君主制原理とそれに立脚するドイツ流の官僚内閣主義に代えて国家法人学説を置き，それに立脚した英国流の立憲主義，つまり法治主義と議院内閣制とを唱導する立場をとった（撮要123頁〜125頁）。前述のように（Ⅰ3），主権者がその保有する主権に基づいて自らの権限の行使を限定するという議論に内在する克服し難い論理的困難からすれば，君主制原理の法律学からの廃棄は，公法学説のあり方とし

---

29) 美濃部・前掲注26) 73頁。

て筋の通った穏当なものと見ることができよう。存在するのは国家という法人，つまりは法秩序に過ぎず，法秩序は具体的な法の創設のあり方をも自ら規律する。法秩序を超えた立場から法秩序を創設し，破壊する主権者という観念自体が思考の混乱を示している[30]。

しかし，アングロ・サクソン流の自由主義・民主主義と君主制原理を根幹とするドイツ型立憲主義とが本質的に相容れないものとされ，第一次大戦をこれら二つの政治体制の闘争とする見方さえあったことからすれば[31]，美濃部のたどろうとした道筋が平坦でなかったことは自然なことであった。

III. 君主制原理の諸帰結と日本国憲法

1. 発生の経緯と正当化の論理

国民の権利・自由を侵害する法規範を「法規 Rechtsnorm oder Rechtssatz」として観念し，実質的法律事項とする学説や，実質的行政を全国家権力から実質的立法および実質的司法を控除したものとして観念する議論，天皇の国事行為に関する助言と承認を大臣副署制ないし大臣助言制に準える理解，さらには憲法上帰属の明らかでない権限の帰属を推定する議論など，現代日本の公法学が，大日本帝国憲法期の学説・実務から継承したものは少なくなく，しかもその中には，ドイツ諸邦の憲法を通じてフランス1814年シャルトへと遡ることのできる君主制原理から派生したものもある（それと論理的次元を異にする国家法人理論から派生したものも多いが）。

しかし，発生の起源を，自由主義・民主主義とは縁遠く，しかも克服し難

---

30) ゲルバーは，君主を「国家権力の全内容を包括する機関」として位置づけることで君主制原理との接合を図ろうとしているが (Gerber, op. cit., p. 7, note 2)，結局は君主個人の権限が憲法に先行することを認めている (ibid., p. 88)。君主制原理と国家法人理論とは，かつてゲルバー自身が指摘していたように (*Ueber öffentliche Rechte* (Laupp, 1852), pp. 19 & 61)，究極的には整合し得ない。

31) ベッケンフェルデ・前掲注9) 488頁参照。もっともシュミットは，この原理を内実の欠けた「空虚な殻 leere Hülse」だとする（前掲注8) 69頁）。これに対して，イギリス流の議会優位の体制と君主制原理とが対蹠点にあるとする典型的論者としては，シュタールを挙げることができる。彼によれば，君主制原理の下では，君主自身に統治権限が認められ，君主のみに法律案提出権が留保され，議会に予算案を否決する権限は認められない (Friedrich Julius Stahl, *Das monarchische Princip* (J.C.B. Mohr, 1845), pp. 14-18; cf. Prutsch, op. cit., pp. 190-92)。

い論理的困難を内在させる君主制原理へとたどることができるからと言って，そこから派生した学説や法原理が現代日本社会において妥当性を持ち得ないとの結論が直ちに導かれるわけではない。

　たとえば実質的法律概念に関して侵害留保の原則をとるべきか否かは，全部留保説など，それに代替し得る候補が，法律事項の該当性の判断にあたって，侵害留保に比肩し得る明確性と指導性を持ち得るか否かに即して判断されるべきものであろうし，実質的行政概念に関する控除説についても，それに代わる学説が控除説と同等の論理的一貫性と包括性とを有し得るかに即して判断されるべきであろう。現憲法下において，全国家権力を本来的に保有する憲法以前の行政権者を観念し得ないことは，現憲法が，控除説に対応する権限を各行政機関（の総体）に授権することがあり得ないことを意味しない。

　もっとも，国会を国の最高機関とする憲法41条の文言を根拠に，憲法上帰属の明らかでない権限の国会への帰属が推定されるとの学説には[32]，君主制原理の下での君主への権限推定と同等の説得力を認めることはできない。国会は，憲法以前の全権力の保有者ではない。また，国会の代表する国民がそうした保有者であるとしても，そこで言う「国民」とは，法人として国家権力を保有する「国民」である。いずれかの機関が「国民」に帰属する権限を特権的に行使し得るというのであれば，その根拠をやはり示す必要があろう。いずれにしても，発生の経緯とは異なる正当化の論理が必要となる。本質性理論と呼ばれることのある重要事項法理は，その候補の一つである。

　また，天皇の国事行為がそもそも実質的決定権限を含んだものであり，その権限を内閣に移行させるための制度装置として国事行為に関する助言と承認を位置づける学説について言えば[33]，現憲法が君主制原理を採っていない以上[34]，本来的に天皇の国事行為が実質的権限を含むと考える根拠はない。憲法典に別途その根拠を求めようとしても，天皇が「国政に関する権能

---

[32] 清宮四郎『憲法Ⅰ〔第3版〕』（有斐閣，1979年）203頁．
[33] 宮沢俊義（芦部信喜補訂）『全訂日本国憲法』（日本評論社，1978年）60頁以下．
[34] 現憲法における天皇制は，ベルギー憲法の王制と同様（ベッケンフェルデ・前掲注9）512頁注17），国民が設定したものであり，その根拠は憲法典にある。

を有しない」とする4条がその途をそもそも遮断しているのではないかとの疑問が向けられよう。とりわけ衆議院の解散権についてはそうである。

2. 君主制原理の諸帰結の否定

現在の憲法法理の中には，国会単独立法の原則や独立命令の排除，明文化された議院内閣制の諸原理など，君主制原理の諸帰結を意識的に否定する趣旨で成立した法原則もある。君主制原理を廃棄し，自由な民主制国家となることを約束することで第二次世界大戦を終結させた以上は，自然な帰結である。

ただし，これらの法原則を正当化するために，君主制原理の逆の極端に位置する人民主権原理，つまり憲法以前において憲法制定権力を含む全国家権力を保有する人民（日本国民）が存在し，その人民の自己制限を通じて憲法が制定されたとの立場をとるべき必然性はない。こうした人民主権原理は，君主制原理と同様の論理的困難――人民は自己の主権を根拠として自身の権限を制約することが論理的に可能か――に加えて35)，憲法制定以前の諸個人の集積にとどまる人民が，いかにして憲法を制定する法的意思主体として行動し得るのかという人民主権論固有の論理的困難にも罹患しており36)，首尾一貫した法理論として理解することは難しい。

人民が，たとえばレファレンダムや憲法制定会議議員の選挙という形で制憲過程に参加するためには，その制度化が必須の前提となる。法的権限を与えられ制度化された人民は，選挙人団であれ全人民集会であれ，本来の主権の保有者たる人民自体ではなく，その機関にとどまる。人民主権にあっては，主権の「保有」と「行使」の分離は本来的である。憲法の存在を前提とする主権論は，いずれの機関が最高機関と言えるか，というレベルの主権論にとどまる（撮要43頁）。

最後になるが，君主制原理がもはや廃棄された今，この原理とともに導入された天皇制という制度を憲法によって保障し続ける意味がなお残っている

---

35) Cf. Olivier Jouanjan, *Une histoire de la pensée juridique en Allemagne* (1800-1918) (PUF, 2005), pp. 252-53.

36) 長谷部恭男『憲法の境界』（羽鳥書店，2009年）第1章参照。ヘーゲル『法の哲学』273節末尾が夙に，誰が憲法制定権者であるべきかという問いの空虚さを指摘している。

かという問題がある。この制度が基本権の体系内に、生来の平等な基本権を保障されず、身分に即した特権と義務のみを有する天皇および皇族という「身分制の飛び地」を現出させていることが、日本国憲法の根底にある近代立憲主義にとって重大な不整合をもたらしていることを考慮するならば、この問題は今後も鎮静化するとは考えにくい。

天皇機関説事件

西村裕一

Ⅰ．「憲法改正」？
Ⅱ．自由の抹殺
Ⅲ．機関説排撃派の論理と心理
Ⅳ．顕教密教論？

　どうも日本人は一体王政が嫌ひで，やつぱり武家政治が向くのかな。憲法がどうしてそんなに厭なのかな——西園寺公望[1]

Ⅰ．「憲法改正」？

　それが「合法無血のクーデター」と呼ばれていたのは，事件発生からわずか5年後に当たる昭和15（1940）年のことである[2]。爾来，天皇機関説事件に対するかかる定式化は多くの研究者に影響を与えてきた。「それは，明治憲法体制の正統的学説がそのイデオロギー的母体ともども，抜本塞源的に異端として追放されたという意味で，それ自体『憲法改正』（constitutional change）ともいうべきものであった」と評価する三谷太一郎[3]も，その一人である。
　ここで天皇機関説事件を「憲法改正」と評価するためには，少なくとも次の二つの前提が置かれなければならない。すなわち，美濃部の学説が「明治憲法体制の正統的学説」であること，及び，天皇機関説事件によって現実に明治憲法体制の変革（constitutional change）が生じたこと，この2点である。そして，三谷によれば，かかる「明治憲法体制の根幹」として「立憲君

---

1) 原田熊雄『西園寺公と政局(6)』（岩波書店，1951年）200頁。
2) 社会問題資料研究会編『所謂「天皇機関説」を契機とする国体明徴運動』（東洋文化社，1975年）76頁。
3) 三谷太一郎『近代日本の戦争と政治』（岩波書店，2010年）227頁〜228頁。

主制及び政党制」が挙げられている[4]。

　しかし，もし明治憲法体制の根幹の一つが「政党内閣制」をもその構成要素とする「政党制」[5]にあるとすれば，天皇機関説事件を「憲法改正」と評価することに困難が伴うのはたしかであろう。なぜなら，事件発生当時の美濃部はすでに政党内閣制論者ではなかったし，また，事件によって直ちに政党内閣制の変革が生じたわけでもないからである。すなわち，まず前者についていえば，すでに政党内閣制の末期には美濃部が政党内閣制に見切りをつけはじめていたことは，政治史学において夙に指摘されている[6]。また後者については，昭和7（1932）年の五・一五事件によって政党内閣の連続はすでに途絶えていたし，政党内閣制への復原可能性が絶たれた地点としてはむしろ昭和11（1936）年の二・二六事件（あるいはそれ以降）が挙げられるべきであろう[7]。

　この点，当時の美濃部が政党内閣制——ひいては政党それ自体——に否定的であったことを強調するメリットの一つは，政友会が機関説排撃運動に加わったことを合理的に説明できる点にある。すなわち，もし美濃部が政党内閣制論者であったとすれば，なぜ政党が自分たちの擁護者であるはずの美濃部を攻撃する側に回ったのかを理解することは難しい。いきおい，衆議院の過半数を占めていながら時の岡田啓介内閣に対して野党的立場に甘んじていた政友会は「前後不覚に陥って」おり，ために機関説事件を倒閣の具に供するという「自滅的行動をとった」のだ，などと評されてきた[8]。それに対し，すでに美濃部が政党ないし政党内閣制に見切りをつけていたとすれば，政友会が彼を攻撃することにも倒閣のための党利党略という以上の合理性があった，ということになるだろう[9]。

　4）　三谷・前掲注3）254頁。
　5）　参照，三谷太一郎『大正デモクラシー論〔第3版〕』（東京大学出版会，2013年）4頁。同「政党内閣期の条件」中村隆英＝伊藤隆編『近代日本研究入門〔新装版〕』（東京大学出版会，2012年）68頁以下が，美濃部憲法学の通説化を政党内閣制の成立条件の一つとしていることからも，三谷の言う「憲法改正」が政党内閣制の変質を含むことは明らかだろう。
　6）　参照，坂野潤治『近代日本の国家構想』（岩波書店，2009年）261頁以下。
　7）　参照，村井良太『政党内閣制の展開と崩壊　一九二七～三六年』（有斐閣，2014年）。菅谷幸浩「天皇機関説事件から国家総動員体制へ」憲法研究36号（2004年）2頁～3頁も，「1935年の時点で明治立憲制に変革が生じたという議論には疑問が残る」としている。
　8）　升味準之輔『日本政党史論(6)〔新装版〕』（東京大学出版会，2011年）249頁，155頁。

ただし，そのような解釈が事件発生当時においても一般的であったのかというと，必ずしもそうではない。たしかに，すでに昭和9 (1934) 年において，美濃部が従来の主張に対する「ファシズム的修正」ないし「ファシズムに対する部分的譲歩」を行っていることに注意を喚起していた論者もいる[10]。しかし事件発生当時，一般に美濃部はなお政党内閣制論者であるとみなされていたようで，「排撃運動勢力による美濃部批判〔は〕政党内閣制との関係に集中していた」という[11]。実際，機関説排除を主張する政友会の衆議院議員の一人は，「大正十年あたりを頂点として，議会延いて政党の地位が相当高く評価されたことは……美濃部氏らの機関説とジャーナリズムのデモクラシー思潮の連繫で，時勢を不当に民主的に導いた」ことに乗じたものだ，と述べていた[12]。当の政友会の代議士自身が「機関説」と政党との関係をそのように認識していたとすれば，かかる「機関説」に対する政友会の攻撃が当時のジャーナリズムによって党利党略であると批判された[13]のも，やむを得ないところであろう。

　たしかに，天皇機関説（国家法人説）は特定の政治体制を要求するものではなく，それゆえ，天皇機関説の「国禁」[14]と政党内閣制の崩壊との間に直接的な因果関係があるわけではない。実際，倒閣をはじめとする政治抗争としての機関説排撃運動は失敗に終わったのである[15]。さらに，「政党政治」が必ずしも「立憲政治」を意味するわけではない以上，強い批判に晒されていた「政党政治」を犠牲にする形で「立憲政治」を擁護するために，美濃部

---

9) 参照，空井護「政党否定論者としての美濃部達吉」法学（東北大学）67巻2号（2003年）1頁以下。

10) 鈴木安蔵『日本憲法学の生誕と発展』（叢文閣，1934年）193頁。佐々弘雄「美濃部達吉論」中央公論50巻3号（1935年）290頁～293頁も，当時の美濃部が「政党政治」及び「政党内閣」から距離を取っていることを指摘する。

11) 菅谷幸浩「天皇機関説事件展開過程の再検討」日本歴史705号（2007年）53頁。

12) 竹内友治郎『天皇機関説と我憲法政治』（非売品，1936年）6頁～7頁。

13) 参照，官田光史『戦時期日本の翼賛政治』（吉川弘文館，2016年）12頁以下。例えば，阿部眞之助「美濃部問題と岡田内閣」改造17巻5号（1935年）282頁以下は，政友会が「倒閣の道具」として機関説問題を取り上げたことを「政権に眼が眩んだ政党の自殺行為」と評する（引用は283頁，285頁）。

14) 長谷川正安『日本憲法学の系譜』（勁草書房，1993年）171頁以下。

15) 参照，増田知子『天皇制と国家』（青木書店，1999年）259頁以下。

批判に加担することは政党にとって必要な譲歩であったという見解もある[16]。しかし，それが可視的な政治体制よりも深い次元における「何か」に致命傷を負わせた可能性は，否定できないように思われる。その意味において，天皇機関説事件とそれによる美濃部学説の「国禁」化は，なお constitutional change という側面を帯びていたと理解することも許されるのではないだろうか。

　結論を先取りすれば，そこで失われた「何か」とは，「自由な社会」そのものである[17]。

II. 自由の抹殺

1. 議会

　その検討のため，まずは，この事件において美濃部憲法学の何が批判されていたのかを確認しておこう。とはいえ，後述のように美濃部を批判する勢力は雑多であり，理論的にも一枚岩であったわけではない。それゆえ美濃部批判の内実を明らかにすることは容易な作業ではないのだが，ここでは美濃部の著作に対して行政処分及び司法処分を下すべき立場にあった政府当局の論理に注目したい。なぜなら，蟻川恒正が指摘するように[18]，彼らが詔勅非議自由説を以て法的裁断の対象としたことは，たしかに美濃部憲法学の核心を衝くものだったからである。

　それでは，美濃部憲法学の核心とは何か。筆者の見るところ，それは「自由」にほかならない[19]。すなわち，「天皇の大権の行使に付き，詔勅に付き，批評し論議することは，立憲政治に於いては国民の当然の自由に属する」。なぜなら，「立憲主義は政治的自由を以て其の根本主義とする。時の政府……の総ての施設は国民の批判の下に立ち，若し国民の信頼を失へばその

---

16)　参照，米山忠寛『昭和立憲制の再建』（千倉書房，2015年）58頁以下。
17)　以下の行論は，天皇機関説事件の意味を「『『自由』を抹殺し，実質的意味における『憲法改正』をもたらした」ことに見出す三谷・前掲注3)256頁の叙述を，筆者なりに受けとめたものである。
18)　参照，蟻川恒正「「責任政治」」法学（東北大学）59巻2号（1995年）31頁〜32頁注(25)。
19)　参照，西村裕一「憲法　美濃部達吉と上杉慎吉」河野有理編『近代日本政治思想史』（ナカニシヤ出版，2014年）233頁〜234頁。

職を去るべきことが,立憲政治の要求である」からだ。それゆえ,美濃部にとっては「国政に対する公の批判の機関」たる議会こそ,「立憲政治」＝「自由」を支える要石であった[20]。

　もとより,美濃部憲法学だけが「自由な社会」を支えていたわけではないし,それが否定されたからといって直ちに「自由な社会」が失われたわけでもない。実際,昭和12 (1937) 年7月に勃発する日中戦争直前までは出版物においても自由な言論がそれなりに存在し得たようであるし[21],議会という場に限れば戦時中においてもしばしば鋭い政府批判が行われていた[22]。とはいえ,「自由」をその核心とする学説に対する攻撃が「自由な社会」そのものへと向かうことはほとんど必然であろうし,事実それは,国体観念を振りかざしての「言論テロル」という様相を呈していたのである[23]。そうであるとすれば,政党による美濃部批判への加担についても,「政党政治」にとっての自殺と言えるかはともかく,「自由な社会」を支えるべき議会人が「自由を否定する自由」を行使したという意味において,なお「自殺行為」であったと言い得るのではないだろうか[24]。

2．軍部

　もっとも,政党は従来から「国体問題」によって反対党に打撃を与えるという「自らの墓穴をほるような行為」を繰り返してきたのであり,機関説事件もいわばその一例にすぎない[25]。そもそも,「国体」の名の下に特定の学説が抹殺されることが学問の自由にとって由々しき事態であることはたしか

---

20) 引用は順に,美濃部達吉『逐条憲法精義』(有斐閣,1927年) 116頁,同『現代憲政評論』(岩波書店,1930年) 436頁,同『議会政治の検討』(日本評論社,1934年) 54頁。
21) 参照,坂野潤治『昭和史の決定的瞬間』(筑摩書房,2004年)。
22) 参照,古川隆久『戦時議会』(吉川弘文館,2001年),同『昭和戦中期の議会と行政』(吉川弘文館,2005年) 第1部。
23) 参照,長尾龍一「天皇機関説事件」筒井清忠編『解明・昭和史』(朝日新聞出版,2010年) 101頁以下。
24) この点で筆者は,歴史家・渡辺幾治郎が美濃部宛ての手紙の中で書いた,「言論の自由を本領とすべき議会や政党がかかることを問題として政府に迫るまるは全く自殺的行動と存じ候」という一節 (宮沢俊義『憲法論集』〔有斐閣,1978年〕494頁) に共感を覚える。
25) 参照,石田雄『近代日本政治構造の研究〔復刊〕』(未来社,1996年) 205頁以下 (引用は206頁,208頁)。

であるが，それは明治憲法体制の下においては見慣れた光景でもあった[26]。にもかかわらず，今回に限ってなぜ「自由の抹殺」という「憲法改正」が引き起こされてしまったのだろうか。ここでも結論を先取りすれば，それは，機関説排撃運動の背後に「軍部」という暴力の影がちらついていたからではないかと思われる[27]。

　この点，機関説排撃が——少なくとも建前上は——「軍の総意」（林銑十郎陸相）として進められたことに表れているように，機関説事件においては，議会（衆議院）の多数派と軍事権力とが手を携えて政府批判を展開していたのであるが，二度にわたる国体明徴声明によって果たされた美濃部学説の「芟除」へと続く岡田内閣の一連の措置は，とりわけ陸軍内部の派閥対立を背景とした陸海両相からの要求への対応としてとられたものであった[28]。このように，軍内部の統制を図るためという理由で彼らの圧力に応じることは，結果として，暴力による言論弾圧の有効性を政府自身が認めたことを意味するであろう。事実，陸軍皇道派らによる国体明徴運動の扇動が治安上の危険を発生させ得るものであることは，機関説事件と並行して発生した相沢事件が生々しく伝えていた[29]。

　もちろん，「仮令其の目的に於いて適切であつても，其の目的を達する為に不法な権力や暴力を以てすることは立憲主義を否定するものである」[30]。しかし，ここで問題としなければならないのは，暴力による言論弾圧それ自体もさることながら，上述した岡田内閣の対応は暴力行使が容認されるかの

---

26) 具体的な諸事件については，立花隆『天皇と東大Ⅰ～Ⅳ』（文藝春秋，2012年～2013年）に詳しい。

27) ここで想起すべきなのは，「批判の自由の下支え」として日本国憲法9条を捉える見解（参照，樋口陽一「戦争放棄」同編著『講座・憲法学(2)主権と国際社会』〔日本評論社，1994年〕120頁～121頁）である。

28) 参照，滝口剛「岡田内閣と国体明徴声明」阪大法学40巻1号（1990年）75頁以下，菅谷幸浩「岡田内閣期における機関説問題処理と政軍関係」学習院大学大学院政治学研究科政治学論集18号（2005年）1頁以下，同・前掲注11)52頁以下等。

29) 「追い込まれた皇道派の反撃が，イデオロギー的には天皇機関説事件であり，相沢中佐による永田鉄山斬殺事件であり，二・二六事件であった」（北岡伸一『官僚制としての日本陸軍』〔筑摩書房，2012年〕86頁）。機関説事件における皇道派については，森靖夫『日本陸軍と日中戦争への道』（ミネルヴァ書房，2010年）144頁以下を参照。

30) 美濃部・前掲注20)『議会政治の検討』292頁～293頁。

ような当時の雰囲気31)に棹差すものであったように思われるという点であろう。なぜなら，暴力の蔓延が社会にもたらす「雰囲気」は，自由な言論活動にとって致命的な萎縮効果を生じさせ得るからである32)。機関説事件において現出したのも，機関説は異端であるという「社会的雰囲気」が一人の個人を押し潰していく過程であった33)。

　この点に関連して，文部大臣による国体明徴の訓令に対する大学の反応について記しておくべきであろう。すなわち，新学期を控えていた各大学はこの訓令を受けて，憲法講義の担当者や授業予定を「自発的に」変更したのである。他方，美濃部がかつて所属していた東京帝大法学部では目に見えた変化こそなかったものの，彼の後継者であった宮沢俊義は昭和9年度と10年度以降とでは講義内容を変更している34)。かかる措置がとられたのは「当時のふんいきというか，今日の言葉でいえばムードというか，そういうものの圧力が感じられた結果」ではないかという証言35)が残されているが，このような「何ともいえぬ重苦しい空気」36)を醸成するに当たって，社会における暴力の存在感は大きな役割を果たしたものと思われる。

III. 機関説排撃派の論理と心理

1. 論理

　とはいえ，その責任を軍部だけに帰すのは必ずしも妥当でない。そもそも機関説排撃派は民間右翼や在郷軍人などの雑多な勢力によって構成されてい

---

31) 例えば美濃部は，昭和7 (1932) 年のことであるが，「政府が左傾思想の取締にのみ汲々として，……過激な右傾的な暴力思想の取締に寛大であつたこと」を批判している（美濃部・前掲注20)『議会政治の検討』292頁）。
32) 表現の自由における「雰囲気」の重要性については，毛利透『表現の自由』（岩波書店，2008年）を参照。
33) 参照，荒瀬豊＝掛川トミ子「天皇『機関説』と言論の『自由』」思想458号（1962年）65頁以下。
34) 参照，高見勝利『宮沢俊義の憲法学史的研究』（有斐閣，2000年）136頁以下。
35) 田中耕太郎ほか『大学の自治』（朝日新聞社，1963年）101頁〔末川博〕。
36) 丸山真男＝福田歓一編『聞き書　南原繁回顧録』（東京大学出版会，1989年）175頁。当時の世情について，馬場恒吾は「普通一般の人」が「普通のことを云い得ない恐怖状態に置かれている」と喝破する（御厨貴『馬場恒吾の面目』〔中央公論新社，2013年〕116頁）。

たが[37]，その中でも国体明徴運動の先鞭をつけたのは国体擁護連合会という右翼団体である。そして，その中心にいた蓑田胸喜[38]こそ「昭和10年代の否定的な雰囲気。あの暗い雰囲気」を醸成した代表的な人物であった[39]。

　蓑田は絶叫する：「思へ，あゝ，思ふもおぞましく，また憤ろしいではないか，美濃部博士がこの思想法，この無制約の拝外思想，無生命の外国奴隷根性を以て，――その言葉を用ゆるならば，――『世界の何れの国にもその類を見ない』ところの『万世一系の皇統を戴く日本国体』を論過するの結果は！」[40]。

　このような蓑田の論法については，一方において，「いっさいの合理的・科学的思考を拒否し，ひたすら『日本国体』への帰依を説く」もので「『反』知性主義」にほかならないと断ずる見解がある[41]。この見解は，蓑田に代表される機関説排撃運動を「日本ファシズムの知性への攻撃」と表現するが――それを「ファシズム」と規定するかはともかく――，機関説事件にかかる一面があったことは否定できまい。「天皇機関説問題は，理性対理性の学問的論争ではなく，国体という政治宗教が理性にしかけた闘争であ〔る〕」[42]。言うまでもなく，ここで「反知性主義」とは「およそ知性的なことに何でも反対する」[43]という意味で用いられていると理解すべきであろう。

　もちろん，機関説排撃運動に加担した多くの者にとっては，「学問的及び政治的信念」よりも「政治的便宜」の方が重要だったかもしれない[44]。けれども，「一部の狂信的右翼」（三谷）たちは伊達や酔狂でこのような運動に従事していたわけではなく，その中には，敗戦の翌年に自殺を遂げた蓑田のように「自分の思想に命を賭けていた」者もいたのである[45]。そうである

---

37) 参照，五明祐貴「天皇機関説排撃運動の一断面」日本歴史649号（2002年）81頁～82頁。
38) 参照，平井一臣「国体明徴運動の発生」九州大学政治研究32号（1985年）107頁。
39) 参照，植村和秀「思想史からの昭和史」芹沢一也＝荻上チキ編『日本思想という病』（光文社，2010年）257頁。
40) 竹内洋編『蓑田胸喜全集(3)』（柏書房，2004年）440頁。
41) 参照，掛川トミ子「『天皇機関説』事件」橋川文三＝松本三之介編『近代日本政治思想史Ⅱ』（有斐閣，1970年）301頁以下（引用は331頁）。
42) 長尾・前掲注23）112頁～113頁。
43) 森本あんり『反知性主義』（新潮社，2015年）3頁。
44) 参照，三谷・前掲注3）254頁～255頁。

とすれば，彼らには彼らなりの「論理」があったはずだと考えるのが自然であろう。この点，慣習法や理法による「解釈改憲」を認める美濃部憲法学に対する批判として，蓑田の議論をそれなりに筋の通ったものであったと解する見解もある[46]。さらに，近年とみに進展を見せている蓑田研究の第一人者と目される植村和秀によれば[47]，宇宙にも通じる絶対的な日本と本当の自分とを一体化した蓑田は自分が敵と断定する者を日本の敵として全力で殲滅しようとしたのであって，彼が信仰する「原理日本」への信仰に基づいていないとされた美濃部の天皇機関説も議論の余地なく思想的な殲滅対象になった，とされる。これは，「世俗的・近代的・西洋的論理」から見れば理解不能な「論理」であるが，しかし断じて「狂気」ではない——あるいはそのように切って捨てるべきではない——ように思われる。

ここで我々は，彼らの心理の襞へと分け入っていかなければならない。

2．心理

先に述べたように，国体明徴運動には雑多な勢力が参加していたが，運動の拡大に当たって大きな役割を果たしたのが在郷軍人たちである[48]。機関説事件の直接的なきっかけとなる質疑を行った菊池武夫——『原理日本』に寄稿したこともある——も，事件当時は陸軍予備中将であった[49]。その際，

---

45) 参照，将基面貴巳『言論抑圧』（中央公論新社，2014年）220頁〜222頁〔引用は222頁〕。
46) 参照，増田知子「1930-1935年の美濃部達吉と日本主義者の憲法論争」横浜市立大学論叢人文科学系列46巻1・2・3号（1995年）78頁以下，林尚之『主権不在の帝国』（有志舎，2012年）43頁〜45頁，源川真希「満州事変・日中戦争の勃発と立憲政治」大津透ほか編集委員『岩波講座日本歴史(17)近現代3』（岩波書店，2014年）291頁等。なお，西村裕一「憲法改革・憲法変遷・解釈改憲」駒村圭吾＝待鳥聡史編『「憲法改正」の比較政治学』（弘文堂，2016年）461頁〜462頁でも触れたように，美濃部憲法学の性格を「解釈改憲」と表現することにはやや逡巡を覚える。
47) ここでは主に，植村和秀『「日本」への問いをめぐる闘争』（柏書房，2007年），同『昭和の思想』（講談社，2010年）を参照した。蓑田についてはほかに，塩出環「蓑田胸喜と原理日本社」国際文化学9号（2003年）178頁以下，竹内洋「帝大粛正運動の誕生・猛攻・蹉跌」竹内＝佐藤卓己編『日本主義的教養の時代』（柏書房，2006年）11頁以下，片山杜秀『近代日本の右翼思想』（講談社，2007年）92頁以下，前川理子『近代日本の宗教論と国家』（東京大学出版会，2015年）500頁以下，等がある。
48) 機関説事件における在郷軍人（会）については，戸部良一「帝国在郷軍人会と政治」猪木武徳編『戦間期日本の社会集団とネットワーク』（NTT出版，2008年）67頁以下，由井正臣『軍部と民衆統合』（岩波書店，2009年）188頁〜190頁等を参照。
49) 菊池の経歴については，『菊池武夫伝』（西米良村役場，1976年）等を参照。

貴族院本会議場で美濃部を「学匪」と罵った菊池は，事件最中に行われたとある講演においても，「国家忠孝といふことより憲法論に及び，国家忠孝の意味は支那や外国とは違い，日本人は生れたら忠であり孝である。殊に学者の憲法論の如き，すべて外国の翻訳ものでわが国体の本源を知らない。自分〔＝菊池〕から見れば学者の無学者であることを痛論」したという[50]。

この「学者の無学」とは徳富蘇峰も美濃部批判の文脈で用いていた言葉であるが，かような表現を行っている以上，彼らは帝大教授にではなく自分達にこそ「学」があるのだと考えていたのであろう。そうであるとすれば，これも一種の「学問的」な評価なのであって，「反知性主義」のもう一つの意味，すなわち「知性そのものに対する否定というより，特定の知の体系が権威を帯びることに対」[51]する異議申立てであったと解する余地もあるように思われる。実際，菊池らは帝大粛正期成同盟を結成し蓑田ら原理日本社のメンバーとともに帝大粛正運動に乗り出すことになるが[52]，これは帝大における学問のありようを「粛正」するものであって，学問それ自体を否定しようとするものでは（少なくとも彼らの主観においては）なかったであろう[53]。

では，彼らはなぜ既存のアカデミズムのありようを批判したのか。それは，菊池の「痛論」にもあったように，我が国の学問が所詮「外国の翻訳もの」でしかないという認識に発していると思われる。実際，かかる言説は菊池に限られないのであって，蓑田が美濃部を「無制約の拝外思想」と論難していたことはすでに見たが[54]，ことほどさように，西洋学説の輸入にすぎない皮相な見解であるというのは天皇機関説に対するごくありふれた批判であった[55]。さらにその余波は天皇主権説にまで及び，穂積八束や上杉慎吉

---

50) 栗林文夫「菊池武夫と鹿児島」日本歴史654号（2002年）82頁。
51) 苅部直「伊藤仁斎『童子問』」ちくま531号（2015年）24頁。
52) 参照，塩出環「帝大粛正運動と原理日本社」日本文化論年報4号（2001年）41頁以下。なお本文の記述は，瀧川事件や機関説事件と区別して，平賀粛学や津田事件を「帝大粛正運動」の代表例とする同論文の用例に従っている。
53) 例えば，東京帝大の右翼学生・小田村寅二郎による矢部貞治の講義内容への批判は，「欧米学風」と「独善思想」とを理由とする「東大学風批判」の一貫として行われていた。参照，井上義和『日本主義と東京大学』（柏書房，2008年）70頁以下。
54) ただし，蓑田は外国に由来するものをそれだけで否定するわけではない。参照，植村・前掲注47)『「日本」への問いをめぐる闘争』200頁。

までもが国体論者によって批判されるという憂き目にあったのである[56]。

IV. 顕教密教論？

　明治国家は，初等・中等教育及び軍隊において教育されていた天皇を絶対君主と解する顕教と，高等教育において教育されていた天皇を立憲君主と解する密教との調和の上に成り立っていた。しかるに，顕教によって教育された「国民大衆」が「天皇機関説のインテリくささに反撥し」，「顕教による密教征伐」へと軍部によって動員された結果，明治国家のシステムは崩壊してしまった——このように国体明徴運動を理解する顕教密教論[57]は，今なお根強く支持されているように思われる。

　もっとも，かかる顕教密教論を当時の実態に照らしてみると，疑問の余地がないわけではない。そもそも，東京帝大文学部・法学部を卒業し，慶應義塾大学予科や国士舘専門学校で教鞭を執っていた蓑田をはじめ，「軍国主義のイデオローグ」とされる人々にも「インテリ」は少なからず存在した[58]。また，「国民大衆」が国体明徴運動に動員されたという言説にも留意すべき点がある。というのも，二・二六事件直前に行われた総選挙において，機関説排撃に加担した政友会は大敗を喫しているからである。この選挙結果を機関説事件に対する積極的な意思表示と解してよいのかはともかく，国民の支持調達を狙って機関説排撃に加担した政友会[59]の思惑が外れたことはたしかであろう。

　しかし，仮にそうであるとしても，顕教密教論が一定の魅力を備えていることは否定できない。その一つは，天皇信仰が「たてまえ」化したことによって「たてまえ」（＝顕教）と「ほんね」（＝密教）とを使い分ける偽善的態度が国民を支配することになったという，戦前日本の特質を剔抉している

---

55) 例えば，『国体の本義』（文部省，1937年）133頁は「かの統治権の主体は国家であり，天皇はその機関に過ぎないといふ説の如きは，西洋国家学説の無批判的の踏襲といふ以外には何等の根拠はない」と断ずる。
56) 参照，川口暁弘「憲法学と国体論」史学雑誌108編7号（1999年）75頁以下。
57) 参照，久野収＝鶴見俊輔『現代日本の思想』（岩波書店，1956年）131頁～134頁［久野］。
58) 参照，竹内洋『学歴貴族の栄光と挫折』（講談社，2011年）316頁～318頁。
59) 参照，官田・前掲注13)15頁～17頁。

点に見出すことができよう[60]。しかしここでは，久野が「インテリ」と「国民大衆」という対抗関係を立てた上で，顕教が支配する場所——「大衆」の居場所——を「農村」に見定めているという点に着目したい[61]。というのも，顕教密教論は，「それにしてもわが国の都会の風潮はきわめてうすっぺらで，功利主義的な考え方が横行している。この都会の風潮は，わが国の最大の弱点になろうとしている」・「戦時体制下のわが国が，ほんとうにたよれるのは地方の農村だけである」という菊池の言葉[62]にあるような「都会」と「農村」というよく見られた対比[63]を前提としつつ，両者の価値をそこから反転させたものであるようにも思われるからである。

　もちろんここは，久野の都市論を考察する場所ではない[64]。むしろここで想起したいのは，「都会」と「農村」との間に抜きがたく存在していた「趣味の戦争」[65]についてである。すなわち，かつての地方人たちは「都会人の言葉づかい，服装，知識，通ぶり，機知，洗練さという『趣味の柔らかい権力』に晒され，『ひけめ』を感じ，わが身を振り返り自信を失うのが常だった」のであり，それゆえ「インテリ」になるべく農村から都会に出てきた若者は，「垢ぬけた洋風生活人に成りあがる」ために教養を身に付けようとしたのであった[66]。このような，西洋文化によって洗練された「都会」のインテリと前近代的で泥臭い「農村」に暮らす大衆との「残酷な格差」[67]は，戦後になってもしばらく変わることはなく，それどころか，軍隊生活の記憶や都市と農村との食糧をめぐる対立などを背景として，都会の「インテ

---

60) 参照，久野＝鶴見・前掲注57）136頁。
61) 参照，久野＝鶴見・前掲注57）166頁～167頁。
62) 前掲注49）150頁。
63) 参照，丸山眞男『〔新装版〕現代政治の思想と行動』（未来社，2006年）44頁以下。
64) 久野の「書かれざる都市論」については，寺島俊穂「市民的抵抗の哲学」関西大学法学論集63巻5号（2014年）80頁以下を参照。
65) 参照，佐藤卓己『言論統制』（中央公論新社，2004年）345頁以下。
66) 参照，竹内洋『教養主義の没落』（中央公論新社，2003年）174頁。
67) 参照，高田里惠子『学歴・階級・軍隊』（中央公論新社，2008年）47頁。さらに，「都会の豊かな自由主義的家庭の子弟」が「旧制高校・帝国大学ルート」に入ったのに対し「幼年学校・士官学校は……地方や農村の出身者，あるいは比較的貧しい層の優秀な子どもを吸い上げる学校になった」という「イメージ」（同書86頁～87頁）は，「農村」と「軍部」を一体として「都会」の「インテリ」との対抗関係に置くという図式化に寄与したであろう。なお参照，広田照幸『陸軍将校の教育社会史』（世織書房，1997年）103頁以下，137頁以下。

リ」たちは農村の「大衆」を激しく嫌悪さえしたのである[68]。

　このような観点から見ると，久野が唱えた顕教密教論は，「インテリ」が「国民大衆」に征伐されたという歴史的事実を語っているというよりは，ついに「国民大衆」を信じることができなかった近代日本における「インテリ」の姿を露わにしているという点にこそ意義があるようにも思われる。高田里惠子によれば，階級が切断されていない（ように見える）我が国においては，「アイツがあの高い位置にいるのは偶然なんだという気持ち」が渦巻く「嫉妬の構造」の中で，「知識人に対する大衆的ルサンチマン」が生じるだけでなく，「知識人的立場の人間」がそれを感じ取ってしまう「後ろめたさ」をもってきたのだという[69]。そのような自意識を抱えた「インテリ」たちにとって，「大衆にいじめられるインテリ」という構図に思わず説得力を感じてしまうという側面も，顕教密教論にはあったのではないだろうか[70]。

＊　　＊　　＊

　ところで，我が国においては「憲法」や「立憲主義」は完全な外来文化であって[71]，まさにあの「西洋の臭ひ」[72]が染みついたものにほかならない。そうであるとすれば，「国民大衆」がその「インテリくささ」に反発するということはなかったのだろうか。あるいはそれも，自意識過剰な「インテリ＝知識人」の思い過ごしにすぎないのだろうか[73]*)。

68) 参照，小熊英二『〈民主〉と〈愛国〉』（新曜社，2002年）96頁以下。
69) 参照，高田里惠子「文系知識人の受難」芹沢＝荻上編・前掲注39) 205頁～206頁，162頁。
70) なお参照，尾藤正英『江戸時代とはなにか』（岩波書店，2006年）226頁～227頁。
71) 参照，安念潤司「憲法と憲法学」樋口陽一編『ホーンブック憲法〔改訂版〕』（北樹出版，2000年）46頁以下。
72) 夏目漱石「三四郎」『漱石全集(5)』（岩波書店，1994年）488頁。作家の中村文則は学生時代に友人から「お前は人権の臭いがする」と批判されたことがあるそうだが（「不惑を前に僕たちは」朝日新聞2016年1月8日付朝刊13面），本文直後の「インテリくささ」も含めて，これらの言い回しにはどこか共通する心性があるようにも思われる。
73) なお本稿執筆に際して，宮沢俊義『天皇機関説事件(上)(下)』（有斐閣，1970年）を常に座右に置いていたことは言うまでもない。煩雑を避けるために逐一注記は行っていないが，その旨諒とされたい。
*) 字数の関係で詳述はできなかったが，最後の一文において筆者は，「大衆に仮託してインテリを批判するインテリ」という問題を論じたつもりであった。なお，この点との関係で，初出時の脱稿後に接した石川健治「天皇機関説事件八〇周年」広田照幸ほか『学問の自由と大学の危機』（岩波書店，2016年）39頁～40頁における，瀧川事件をはじめとする「大学の自治」の危機に対して特に在野の知識人が冷笑的な態度をとっていたという指摘が興味深い。

ポツダム宣言の受諾
——憲法的断絶について語られたことの意義と射程

高田 篤

はじめに
Ⅰ．宮沢が憲法的断絶について語ったこと
Ⅱ．宮沢理論の意義——議論文脈からの分析
Ⅲ．宮沢理論の意義——「法律理論的」な「説明」とは
Ⅳ．国民主権論に押された刻印と新たな理論展開の可能性
おわりに

はじめに

　ポツダム宣言は，その12項が「日本国国民ノ自由ニ表明セル意思ニ従ヒ……政府カ樹立セラルル」ことを求めていた。これは，大日本帝国憲法（以下「明治憲法」）では「万世一系ノ天皇」が「統治」し（1条），天皇が「統治権ヲ総攬」するものとされていた（4条）こととの関係で，憲法に内容的断絶をせまり，新たな展開を促すことを意味し得た。

　このポツダム宣言の受諾を憲法的断絶と捉え，その後に生じた憲法をめぐる新たな展開を含めて規範論的に説明したのが，宮沢俊義である。本稿では，この学説史上周知の議論を取り上げ，その内容を要約し（Ⅰ），憲法をめぐる当時の議論文脈の渦中で展開された宮沢の議論を，その文脈との関連から検討する（Ⅱ）。宮沢は，憲法的断絶を論じたが，宮沢とは対照的に連続の意義を強調したのが，尾高朝雄である。本稿では，宮沢の議論の特徴を明らかにするため，尾高の議論との比較を行う。その際，同様の目的で，ケルゼンとシュミットの理論にも言及する（Ⅲ）。この宮沢の議論には，数多くの先行研究がある[1]。そこで，本稿では，宮沢の議論が後の時代の議論に与えた刻印と，今後の議論に対する新たな影響可能性についても，独自の形

で，考察を加える（**IV**）。

I．宮沢が憲法的断絶について語ったこと

　宮沢は，1946年3月に政府の憲法改正草案要綱発表の直後に論文[2]を公表し，日本国憲法の成立の「法律理論的」な「説明」を試みた[3]。宮沢によれば，改正草案は，国民主権主義を新しい根本建前として採っている。国民主権主義下でも天皇制は可能であるが，その天皇の権威が国民に由来し，国民の意思によってそれが合法的に変革・廃止される理論的可能性が存在するという点で，それは神権主義による君主制と性格が異なるという[4]。

　そして，宮沢は，日本政治の根本建前の変革を「憲法改正」の形で行うことが憲法上許されるかを問う。なぜなら，明治憲法下では，天皇が神意に基づいて統治するという根本建前を明治憲法の改正手続で変更するのは，論理的な自殺を意味し，法律的不能だとされてきたからである。宮沢は，憲法改正手続によるこの変更を可能だとし，その理由を，終戦と共に行われた大変革の本質を明らかにすることによって示そうとする[5]。

　すなわち，1945年8月に受諾したポツダム宣言中に，日本の最終的な政治形態は自由に表明された人民の意思に基づいて決せられる，という趣旨の言葉がある。宮沢は，これは日本の政治の最終的な権威が人民にあることを意味し，日本はそれを政治の根本建前とすることを約し，神権主義を棄てて国民主権主義を採ることに改めたとする。そして，宮沢は，このような改革は合法的にはなし得ず，革命だという。この八月革命によっても憲法は形式的には変わらないが，その根本建前は変わった。憲法改正草案は国民主権主義を根本建前として規定しようとするが，八月革命においてすでに国民主権主

　1）　直近では，石川健治「八月革命・七〇年後――宮澤俊義の8・15」法時87巻7号（2015年）80頁以下。これは，宮沢の議論の内容と展開を議論の学的文脈に即して検討するとともに，宮沢の蔵書を探査し，その具体的な読まれ方を事実レベルでも分析することを通じて検討を裏付けるという，内容と方法の両面で注目されるものである。
　2）　宮沢俊義「八月革命と国民主権主義」世界文化1巻4号（1946年5月）64頁以下。
　3）　宮沢俊義「日本国憲法生誕の法理」同『憲法の原理』（岩波書店，1967年）所収376頁。
　4）　宮沢・前掲注2）64頁～67頁。
　5）　宮沢・前掲注2）67頁～68頁。

義が採用されているから，憲法改正の形式で国民主権主義を成文化することが許される，と説明するのである[6]。

II. 宮沢理論の意義 ── 議論文脈からの分析

　宮沢の議論の意味を当時の議論文脈との関連で検討する場合に注目すべきは，宮沢論文でも触れられている次の3点である。第1点は，政府憲法草案で承認されている国民主権主義が，従来の日本の根本建前と矛盾するものではない，という見解が存在したことである[7]。第2点は，天皇の神意に基づく統治という原則は憲法改正手続を以て改正することができない，というのが多くの憲法学者の意見だったことである[8]。第3点は，この時期，「国体」の護持・変革が最重要問題だったことである[9]。

　第1点について，宮沢は，「政治的権威」に注目し，それが代わったことに憲法的断絶を見出した。天皇制は維持されているが，天皇の権威が神意に由来するとされていたのに対し，今やそれは人民の意思に由来することとされた。制度的連続性はあっても，その根底が変わったというのである。第2点について，宮沢は，明治憲法が形式的に妥当し続けても，八月革命の時点で日本の政治の根本建前が国民主権主義へと変わったので，その下で憲法改正によって国民主権主義を根本建前として規定しても何も問題はないとして，憲法学の通説と日本国憲法の国民主権の採用を整合的に説明した。第3点について，宮沢は，八月革命が「国体」の変更を意味するかどうかについて，天皇制が国民の意思次第で廃止される可能性が生じ，神意と違って永劫不変のものではなくなったため，国体が護持されたことにはならないとして，明確な立場を打ち出したのである[10]。このように，宮沢の議論内容は，当時の議論の文脈に対応するものであった。

---

6) 宮沢・前掲注2)68頁～70頁。
7) 宮沢・前掲注2)66頁。
8) 宮沢・前掲注2)67頁。
9) 宮沢・前掲注2)69頁。
10) 宮沢・前掲注2)69頁～70頁。

III. 宮沢理論の意義 ――「法律理論的」な「説明」とは

（1）　宮沢の議論の意義を明確にするには，当時の理論文脈から検討するだけではなく，宮沢が自らの議論を「法律理論的」な「説明」と規定していることの意味を考察しなくてはならない。それが，事実論レベルの「説明」でなく，規範論レベルの「説明」であることは明らかである。そこで，「説明」の特徴を明確にしようとすれば，同じく規範論レベルで，宮沢とは反対に連続性を強調した尾高朝雄の議論と比較することが，有効な方法であるように思われる。

尾高は，主権は「法を作る力」であるが[11]，法の上にあって，自由に法を破り得る絶対権ではない[12]。権力者も法の根本原理・ノモスに従わねばならず，国家の最高の権威をもつもの・主権はノモスにあるという[13]。その際，主権は主体的概念であり，誰がノモスを現実に把握するか，という問題から離れることはできないから，ノモス主権は，何が法であるかを決定する力をもった人々の「心構え」の問題となるという[14]。

尾高は，このノモス主権理解に基づき，明治憲法と日本国憲法の「歴史の継続性」[15]を説明しようとする。すなわち，ルソーの主権論は，国民の「総意」（volonté générale）が法であり，常に正しいものとしており，そこでいう国民の主権は「法の理念としての主権」，「ノモスの主権」であるという[16]。そして，天皇統治の国体は，天皇が現実政治上で最高決定権をもっていたということではなく，現実の政治が「常に正しい天皇の大御心」にかなうものたるべしという理念であった。したがって，「常に正しい国民の総意」を以て最高の政治指針とすべしという理念である国民主権原理と，天皇統治は，ともに「ノモスの主権」の承認である。両者は，「ノモスの主権」を異なった主体，「国民」と「天皇」に結びつけているが，その場合の主体

---

11)　尾高朝雄『国民主権と天皇制』（国立書院，1947年）48頁。
12)　尾高・前掲注11)57頁。
13)　尾高・前掲注11)60頁～63頁。
14)　尾高・前掲注11)66頁～68頁。
15)　尾高・前掲注11)40頁。
16)　尾高・前掲注11)124頁～128頁。

は，現実の主観的権力意志主体ではなく，同じ理念をどういう形で「人の心」の中に位置づけるかという意味での主体である。実定憲法レベルの転換にもかかわらず，掲げられている理念では継続性が維持されているというのである[17]。

(2) この尾高の議論には，次のような特徴がある。第1に，ノモスは尾高が以前に「根本法」と呼んでいたものの言い換えであるが[18]，尾高はそれを次のように説明していた。法は政治によって作られるが，政治が力を発揮するには正しくなければならず，政治に正しい方向を与えるのが「政治の矩」たる法の理念である[19]。この法と政治の重層関係において，政治は法を作り，支持し，動かすが，そのような法は，「根本法」ではなく，「派生法」である。これに対し，「政治の矩」として政治の動向を規制する法が「根本法」である[20]。このように，尾高は「根本法」・ノモスを，法と政治の関係の中で説明したのである。第2に，尾高は，ノモス主権を何が法であるかを決定する力をもった人々の「心構え」の問題であるとし，結局，ノモスは，明治憲法下と日本国憲法下で，「天皇の大御心」と「国民の総意」という別個の「人間の心」を通じて見つめられている同じ理念であるとする。尾高の議論にとって重要なのは，実定憲法レベルの転換，変革にもかかわらず維持される理念である。第3に，尾高は，憲法改正の限界について，日本国憲法成立は，憲法改正の枠内で起こり得る現象ではなく，実質的には「新憲法の成立」であるとする[21]。尾高は，実定憲法レベルの断絶を，その限りでは宮沢と同様に認めている。尾高の論じる「継続性」は，実定憲法レベルの連続性を問題にしたものではないと言い得よう。

このような尾高の論じ方と比較すると，宮沢の「法律理論的」な「説明」の特徴が明確化され得る。第1に，宮沢の論じ方は，憲法的断絶についての法内在的な説明である。第2は，八月革命説では，明治憲法が形式的には妥当し続け，天皇制が維持される中で，ポツダム宣言の受諾を通じて「法律学

---

17) 尾高・前掲注11)154頁～158頁。
18) 石川・前掲注1)85頁。
19) 尾高朝雄『法の窮極に在るもの』(有斐閣，1947年) 145頁, 179頁, 180頁。
20) 尾高朝雄「法における政治の契機」法時15巻10号 (1943年) 759頁。
21) 尾高・前掲注11)23頁～24頁。

的意味における革命」[22]が起こったとされる。それは，憲法レベルでの断絶・変革が生じたことを，実定憲法規定とは別次元で，理論的に説明しようとする試みであったといえる。第3に，明治憲法の改正手続を通じた日本国憲法の制定を，八月革命によって整合的に説明し，違法ではないとする。これは，実定憲法レベルの具体的問題に答えようとする説明であるとみなし得る。

(3) 尾高との比較における宮沢の議論の特徴は，第1点と第3点について明らかである。しかし，第2点では，実定憲法レベルとは別次元に存する宮沢理論の位置を明確化しようとすれば，同じく実定憲法レベルとは異なる理念のレベルで議論を展開した尾高との比較だけではなく，宮沢が議論を練り上げる際に大きな影響を受けたドイツ，オーストリアの議論とその次元を示すことが必要であろう。

ハンス・ケルゼンは，(法的)革命を，それまで実効性を有していたイデオロギーに他のイデオロギーが代わること，すなわち「法の破砕」と捉え[23]，根本建前の変化が「法律学的意味における革命」であるとする宮沢の立場を導いた[24]。それは，法的な「革命」とは何かを一般的に (allgemein) 説明する「法律学」の理論である。しかし，それは，特定の (besonder) 国法秩序における転換について，それが革命にあたるか否かを判断するための観点を提供する理論ではない。ケルゼンは，一般国家学 (Allgemeine Staatslehre) に対して，「現実の」具体的な国家に関する特殊国家学 (Besondere Staatslehre) を並置しているが[25]，革命に関する議論は，一般国家学の一環として展開されたのである。つまり，ケルゼンの理論は，日本の憲法秩序の転換を省察する宮沢にとって，メタレベルの理論だったのである。

---

22) 宮沢・前掲注3)388頁。

23) Hans Kelsen, Allgemeine Staatslehre, Max Gehlen, 1966 (Springer, 1925), S. 128. ケルゼンは，「革命」を説明する箇所に，索引において「法の破砕としての革命」という項目をあてている (S. 426)。詳細は，石川・前掲注1)82頁。

24) 石川は，ケルゼンの「イデオロギーの内実 (Sachgehalt)」という語が「根本建前」という訳語のあてかたに結びつくことなどから，宮沢に影響を与えたテキストを，『純粋法学　初版』ではなく，『一般国家学』であると推測している (石川・前掲注1)83頁)。

25) Kelsen (Fn. 23), S. 45f.

宮沢は，1946年論文において，日本の統治の根本建前における転換を，その権威の由来の転換に見出し，それによって革命を論証しようとした。その後，宮沢は，尾高と論争する中で，ケルゼン理論に加えて，日本の国法秩序の直接的な省察を可能にする理論を求めた。それは，明治憲法や天皇制の権威の由来を論じ，その転換を示すことによって，日本の統治に革命が発生したことを説明できるものであった。すなわち，宮沢は，尾高を批判した1948年論文において，主権を「国家の政治のあり方を最終的にきめる力」と定義し，それを，「シエイエス流に，『憲法制定権力』」と言い換えた[26]。そして，1967年に1946年論文を再録した際には，憲法改正との関連で憲法制定権について詳しく論じた[27]。このように，宮沢の説明では，徐々に憲法制定権力論の比重が高くなっていたが，石川は，そこに影響を与えたのがカール・シュミットだったことを，宮沢の蔵書の具体的な読まれ方を分析することを通じて示した[28]。シュミットは，憲法制定権力を，政治的意思であり，その力（Macht）または権威によって自己の政治的実存の態様と形式について具体的な全体決定を下すものと捉え，この決定を，その基盤の上に定められた憲法法律規定と質的に異なっているものとする。また，シュミットは，革命を通じて，憲法法律や憲法だけではなく，それまで存立していた態様の憲法制定権力が取り除かれることがあるともいう[29]。シュミットの憲法論は，憲法の評釈・注釈や個別問題とは異なるレベルで，それらに体系的な枠を与えることによって，憲法の一般原理と個別問題の両方を解明しようとするものである[30]。それは，ケルゼンの一般国家学とは理論としての抽象度を異にするものであったため，宮沢が日本の憲法秩序の転換を省察する際に，参照されることとなったのである。

　このように，宮沢は，実定憲法レベルより抽象的な理論レベルにある八月革命説を，抽象レベルの異なるケルゼン理論とシュミット理論の影響の下に

---

[26]　宮沢俊義「国民主権と天皇制とについてのおぼえがき――尾高教授の理論をめぐって」国家学会雑誌62巻6号（1948年）（同『憲法の原理』〔岩波書店，1967年〕にも所収）5頁。

[27]　宮沢・前掲注3）397頁。

[28]　石川・前掲注1）85頁。

[29]　Carl Schmitt, Verfassungslehre, Duncker & Humblot, 1954（1928), S. 75f., 94. 石川・前掲注1）85頁参照。

[30]　Schmitt（Fn. 29), S. XI.

展開したのである。

　(4)　宮沢が理論的影響を受けたケルゼンの理論とシュミットの理論は，本来その性質を異にする，相互に矛盾するものである。その結果，宮沢の理論は，無理ないし不明確さを抱え込む危険をはらむこととなる[31]。

　ケルゼン理論が関係的・機能的で，そこにおける法主体は非実体的，仮象的に捉えられているのに対し，シュミット理論は実体的であり，そこにおける国民は一体的・実存的に把握されている。ここで留意すべきは，宮沢の説明が，シュミットの理論における国民の一体的・実存的な捉え方を，そのまま取り入れているわけではないということである。宮沢は，1948年論文の中で，主権は政治のあり方を最終的に決定する意志であり，その意志主体は具体的な人間でなくてはならないが，国民主権にいう国民は，君主主権における君主のような特定の誰それではなく，誰でも（Jedermann）であるとする[32]。八月革命説において重要なことは，統治の権威の由来を検討，比較することであって，権威主体としての国民を実体的に捉え，その内容，範囲，権能などを明らかにすることではない。それ故，八月革命説について，その誕生時はもちろん，その後の展開においても，「意志」，「力」，「権力」といった表記にもかかわらず，ケルゼン的側面とシュミット的側面の併存による理論的無理があらわになってはいないとも言い得る。ただし，憲法制定権力の主体としての国民という把握が宮沢の説明構造に位置を占めたことにより，国民の実体的把握が，宮沢の国民主権論や，それに影響を受けたその後の国民主権論に流入する可能性が生まれたのである[33]。

　これに対し，理論の抽象度については，宮沢がケルゼンの法的革命という一般国家学上の説明を日本という特定の国家の秩序に適用する場合，抽象レベルを一段階落とさねばならない。宮沢の講義案に示されている憲法学の体系においては，まず，「理論的認識の作用」である憲法学と，「実践的意欲の作用」である憲法解釈が区別され，その上で，憲法学が，一般憲法学（国家学）と特別憲法学とに区別される[34]。このケルゼンの影響が色濃く反映された体系において，宮沢の八月革命説は，特別憲法学に含まれる理論的認識

---

[31]　石川は，八月革命説を「ケルゼンとシュミットの野合であり，理論的には不純である」という（石川・前掲注1）85頁）。

[32]　宮沢・前掲注26）7頁。

の結果ということになる。他方，宮沢は，憲法の評釈・注釈や個別問題とは異なるレベルにあり，それらに体系化的な枠を与えるシュミットの憲法論にも影響を受けている。シュミットから影響を受けた憲法制定権力の主体としての国民という捉え方は，個別の憲法解釈問題の解明にも寄与する理論的説明と位置づけられよう。八月革命説は，この複合的影響の故に，理論的認識としての説明なのか，解釈に省察を与える理論なのかが不明確となり得るのである。

　宮沢は，科学的認識と実践的価値判断の区別を前提とするが，法の解釈は，この点で特異な位置を占めるという。つまり，解釈の枠は科学的認識になじむが，ここでの科学的認識と実践的価値判断との区別は微妙である。枠を超えた解釈をにせ解釈と呼んでも，何が枠であるかは明確を欠くことが多いので，結局，解釈とにせ解釈の違いは，望ましい解釈と望ましからぬ解釈との区別に帰着するという[35]。この法の解釈レベルにおける宮沢の考え方を前提とすれば，具体的な憲法解釈について抽象的な理論レベルで説明を与える場合，それが解釈の枠を認識することに資する理論なのか，個別の解釈に省察可能性を提供する理論なのかは微妙だということになろう。

　八月革命説は，明治憲法の改正手続によって国民主権主義を根本建前とする日本国憲法を制定することができるか否か，という具体的な憲法解釈の問題に説明を与えるものである。それが，特別憲法学に含まれる理論的認識としての説明であるのか，個別の憲法解釈問題の解明に寄与する理論的説明で

---

33)　宮沢自身について注目されるのは，1949年の教科書の代表民主制の叙述において，公務員の任免以外の事項について国民が自分で直接タッチすることはないが，憲法改正はその例外をなし，それが国民主権原理からは当然の話だとされていることである（宮沢俊義『憲法［有斐閣全書］』〔有斐閣，1949年〕84頁）。しかし，この記述は，改訂版において，代表民主制の項目が国民主権の項目に統合され，原則たる代表民主制に対して，国会議員の選挙，最高裁判所裁判官の国民審査，憲法改正国民投票，地方特別法の制定などが並立するものとされており（宮沢俊義『憲法［有斐閣全書］〔改訂3版〕』〔有斐閣，1969年〕72頁），憲法改正権力の主体としての国民という捉え方，またその特別視に強い執着を示していない。戦後の宮沢の国民主権論における実体的なものをどのように理解するかについては，今後とも慎重な検討を要するが，その構造に一体的，実存的な国民が重要な地位を占めていると捉えることは，その理論の原型からして，自然ではないように思われる。

　34)　髙見勝利『宮沢俊義の憲法学史的研究』（有斐閣，2000年）156頁。
　35)　宮沢俊義「憲法の科学と実践——自衛隊の憲法適合性をめぐって」同『憲法論集』（有斐閣，1978年）所収459頁，462頁～463頁。

あるのかは，微妙なのである。

Ⅳ．国民主権論に押された刻印と新たな理論展開の可能性

　(1)　宮沢は，日本の統治のあり方の継続／断絶が議論され，明治憲法の改正手続による日本国憲法制定の許容性という実定憲法上の具体的問題が生じる中で，統治のあり方が根本的に転換したことを，法内在的に，実定憲法の解釈論と異なる理論の次元で，しかも抽象レベルを異にする2つの理論の影響を受けながら説明し，明治憲法の改正手続によって新憲法・日本国憲法の制定が可能なことを示そうとした。この宮沢の説明は，「あの瞬間」の文脈を離れ，その後の憲法学における国民主権論を規定することとなった。

　例えば，現在の通説，芦部信喜の見解は，国民主権原理が憲法制定権力思想に由来し，国民の制憲権の本質的特徴は国民が直接に権力を行使することにあるとする。その上で，その制憲権は，日本国憲法の中に制度化され，国家権力の正当性の究極の根拠は国民に存するという建前として国民主権の原理と，法的拘束に服しつつ憲法を改める憲法改正権とに転化したという。この2つのうち，後者，権力性の側面において，主権主体としての国民は，実際に政治的な意思表示をすることのできる有権者（選挙人団）を意味し，権力性は，憲法改正を決定する権能として具体化されるという。それは制度化された憲法制定権力であるが，「個人の尊厳」の原理に支えられ，拘束される。他方，前者，正当性の側面では，主権の保持者としての国民は，全国民であり，そのような国民主権の原理は，代表民主制，議会制とむすびつくことになるとされる[36]。

　ここで，憲法制定権力が議論の出発点とされていることには，宮沢理論におけるシュミット的構成の影響を見ることもできよう。そして，国民主権原理の権力性の側面において，実体的に把握された国民＝有権者の憲法改正権能がピックアップされていることには，八月革命説の議論文脈とそれへのシュミット的構成の影響とが色濃く反映されているとも言い得よう[37]。

　(2)　しかし，今日，宮沢理論の切り口に学んで国民主権，民主制につい

---

[36]　芦部信喜（高橋和之補訂）『憲法〔第6版〕』（岩波書店，2015年）41頁〜42頁，397頁〜398頁。

て理論的に考察しようとする場合，通説に代表されるようにシュミット的構成の影響を色濃く受けた形でではなく，「ポツダム宣言の受諾」の「瞬間(とき)」の意味を説明すべく展開された宮沢理論の原初的なあり方の意義を再考し，それを行うという新たな可能性もあるように思われる。宮沢は，統治の権威の由来が国民に代わったことの憲法的意義を，実定憲法の解釈とは異なる抽象レベルで比較的・関係的に検討した。そこでの宮沢の意図は，国民を実体的に捉え，その内容，範囲，権能などを明らかにすることにあったのではない。それ故，統治の由来が国民にあることの意義を，統治主体としての国民の実体的分析や統治の担い手の「心構え」の検討という形ではなく，憲法内在的に，客観的，非実体的・関係的に追究することが，宮沢理論の原型に基づく理論展開ではないかと思われる。

　本稿では，その新たな可能性の方向を，簡単に示すこととする。その際，次の2点に留意する必要がある。第1は，八月革命説の切り口の影響の下に理論を展開する場合，それはケルゼン流の特別憲法学としてなのか，シュミット流の憲法論としてなのか，自覚的に行う必要があるという点である[38]。ただし，特定の憲法秩序に即して特別憲法学的説明や憲法論的説明を実際に行う場合，宮沢が憲法解釈の次元における認識と実践の区別の困難さを示していたように，どちらとして行われているのかが不明確な場合もあ

---

37) 芦部説における実体的なものは，シュミット的実体を拒絶した上でのものである（芦部信喜「憲法制定権力」同『憲法制定権力』〔東京大学出版会，1983年〕所収43頁，54頁）。この点について芦部理論内在的に概観・説明するものとして，高橋和之「芦部憲法学の理論的諸前提」ジュリ1169号（1999年）20頁～24頁，28頁～29頁。

38) 戦後のドイツにおいては，ベッケンフェルデなどによって，憲法解釈学に対して省察可能性を与える憲法理論が展開されたが，ベッケンフェルデはシュミットの影響を強く受けていた。ドイツの憲法理論については，さしあたり Martin Morlok, Was heißt und zu welchem Ende studiert man Verfassungstheorie?, Duncker & Humblot, 1988, 参照。これとは別に，戦後ドイツにおいてケルゼンの影響を受けたイェッシュは，ドグマーティクに省察可能性を与えるために，ケルゼンの法理論との区別を意識して独自の理論的展開を図った（Atsushi Takada, Die Eigenschaften der deutschen Staatslehre und ihre künftige Herausforderungen, in: Christoph Schönberger, Der „German Approach" Die deutsche Staatsrechtslehre im Wissenschaftsvergleich, Mohr Siebeck, 2015, S. 69 ff.）。このような戦後ドイツの憲法理論は，ケルゼンの特殊国家学と，理論的立場を異にするものである。憲法理論については，簡単ではあるが，説明を行ったことがある（高田篤「行政機関との関係における議会——行政統制を中心にして」公法研究72号〔2010年〕59頁注(21)）。また，近年のドイツにおいて，理論のあり方について盛んに議論がなされているが，それは，日本の憲法学の今後を考える上で，比較対象として注目される。

ろう。本稿では，区別の困難さを留保しつつ，宮沢のいう特別憲法学的な説明を試みることとする。

　第2は，八月革命説は，「ポツダム宣言の受諾」から日本国憲法制定までにおける課題に対して提出されたものであり，日本国憲法下の国民主権，民主制に関する規律の全体構造を詳細に分析した上で展開されたものではないという点である。我々が，宮沢理論の切り口に学んで，国民主権，民主制の現在における課題を分析するために理論を展開する場合には，日本国憲法の規律構造を包括的に把握し得るように行う必要がある。

　(3)　まず，国民について，宮沢も説くように，神権主義における神の意思は，それが具体的内容をもつ限り，実質は君主，天皇またはその祖先という特定の人間の意思である。これに対し，国民主権下の国民は，特定の誰それではない，誰でもある[39]。ケルゼン的に表現すれば，憲法を創設する国民は，憲法以前のものと想定される仮象の主体，権威の帰属点である。そのような国民は，自身で具体的に行動できる存在ではない。日本国憲法においては，「日本国民」が「正当に選挙された国会における代表者を通じて行動し」，「憲法を確定」したとされている（前文）。

　そして，一旦憲法が制定されると，国民主権下の国民は，憲法下の統治の権威主体となる。この国民は，憲法を制定する国民とは区別される憲法下のものであるが，これもまた権威の帰属点である。日本国憲法においては，「国政」の「権威」は「国民」に由来し，その「権力」を「国民の代表者」が「行使」し，その「福利」を「国民」が「享受」するとされる（前文）。

　ここで留意されねばならないのは，統治権とその行使の神権主義憲法と国民主権憲法における位置づけの違いである。すなわち，神権主義下では，君主・天皇の統治権が，神に由来する権限として，憲法前の所与のものとして想定される。この場合，統治権と憲法との関係について，統治権は欽定憲法によって事後的に規律されたという理解が妥当する。それ故，憲法の規律がない事項については，君主・天皇が，憲法に反しない限り，所与の統治権を行使することができることとなる。これに対し，国民主権下の統治権は，憲法制定によって明文で定められたもの，または，憲法の定める手続に従って

---

39)　宮沢・前掲注26)7頁。

創出されたもののみに限られることとなる。それ故，例えば主権などの概念を包括的に理解し，明文に無い権限を引き出すことは排除される。ここでの統治権は，憲法外の所与ではなく，実定憲法との関連においてのみ，つまり，非実体的，規範的に捉えられるのである。また，統治権の具体的な行使（「権力」の「国民の代表者」による「行使」）は，そのひとつひとつが国民に由来するものとして，正統性をもたねばならないこととなる。

　(4)　このような宮沢理論の切り口に沿った国民主権，民主制の理解は，日本国憲法の下における民主的統治について，包括的な理論的認識可能性を提供することができよう。

　代表民主制，議会制的民主制を採る日本国憲法下では，選挙された議員によって国会が組織されるが，有権者による選挙が国民による選挙とみなされ，議員は全国民の代表者とされ（43条1項），それによって国会による権限の行使が国民に由来することとなる。有権者による選挙が国民によるもの，議員が国民に選ばれたものとされるために，国民に対する選挙権の保障（15条1項）と選挙法についての主観法的・客観法的ルール（15条3項・4項，44条）が憲法において規定される。

　国政における国会以外の内閣・行政各部や裁判所などによる権力の行使が，国民に由来するものとされるためには，憲法と，国民代表からなり唯一の立法機関である国会の定める，内容からして国民に由来すると言い得るような法律の授権・規律を受ける必要がある（41条，73条1号，76条3項など）。また，そこにおいて権力を行使する者が国民に由来する者（前文「国民の代表者」）であるといえるためには，その任免について国民にまで途切れることなく遡る正統性の連鎖が生じていることが必要である（15条1項の「公務員」の「選定」及び「罷免」など）[40]。

　(5)　この他に，上記の国民主権，民主制の理解は，比較憲法的に見てユニークで慎重な日本国憲法下の民主的制度についても，理論的な説明を可能にするように思われる。

　最高裁判所の裁判官の任命に対する審査は，日本国憲法下の国民主権，民主制において最高裁判所が置かれている位置によって説明され得る。あらゆ

---

[40]　高田・前掲注38)41頁〜42頁。

る「権力」の「行使」は「国民に由来」するものでなくてはならないが、由来しているか否かを憲法と法律に基づいて最終的に「決定」するのが最高裁判所である（81条など）。しかしながら、最高裁判所自体をめぐっては、そこでの審査の対象とすることができない。そこで、「最高裁判所の裁判官の任命」と裁判官の権限行使が「国民に由来」するものとみなし得るかが、有権者によって「審査」され、それが「国民の審査」とされるのである（79条2項）。

　日本国憲法の憲法改正手続においては、国会の総議員の3分の2以上の賛成によって「発議」するという厳格なハードルに加えて、「国民の承認」を経ることが求められている（96条1項）。これは、憲法の重要性に鑑みて、改正内容が「全国民」を「代表」する議員の特別多数の支持に基づき決定されるだけではなく、それが「国民に由来」するものと言い得るかが有権者による「投票」を通じて確認され、「過半数の賛成」があれば「承認」されたものとして、「国民の名」で公布されるのである（96条2項）[41]。

おわりに

　本稿では、「ポツダム宣言の受諾」の「瞬間（とき）」を契機として展開された宮沢の八月革命をめぐる議論を、当時の議論の文脈と理論的布置から分析し、それがその後の国民主権論に対して有した規定力と、宮沢理論の当初における切り口を活かして新たな理論展開を図る可能性とを検討した。

　本稿で方向性が示された新たに展開され得る国民主権、民主制の理論は、実体的に捉えられた国民をめぐる論究ではなく、憲法上の組織、権限、手続とその運用を考察対象とし、それらが国民に由来すると言い得るようなあり方とルールを関係論的に追究するものである。それによれば、日本国憲法下

---

[41]　ここで獲得された理論的見地に刺激を受けて解釈論を展開する場合には、「承認（ratification）」という文言が注目されよう。憲法改正の内容は、改正に賛成する国会議員によってあらかじめ定められ、有権者の「国民投票」又は「投票」は、それが「国民」に由来することについて「承認」を与えるか否かを決するものと位置づけられる。したがって、国会の「発議」、「提案」に際して、議員は改正内容に賛成・反対の態度を取らねばならず、改正案に賛成するわけではないが国民に決定を委ねるべく国民投票を行うことには賛成する、といった理由から賛成の議決に加わることは許されない、という解釈論的帰結が導き出されよう。

の民主制をめぐる個々の憲法現象を包括し，一貫した体系的説明を与えることができよう。これまで統治をめぐる憲法現象に対して体系的説明を与えてきたのは主に権力分立論であり，現在の教科書の体系もそれに則っている。本稿で示されたような形の国民主権，民主制の理論は，それと並ぶ体系化の可能性を憲法学に提供するとともに，権力分立論では捕捉することの困難な統治現象に対しても理論の光をあてることができると思われる。

　選挙が行われる。国会で法律が制定される。行政，司法が憲法と法律に基づいている。最高裁判所の裁判官が審査される。憲法改正が発議され，投票が行われる。形式的にそれらの制度と制度運用があることの確認にとどまらない，それが国民に由来すると言い得るためのあり方とそこにおけるルールを追究すること，すなわち民主制の今を問うこと。それを可能にするような理論的展開が求められよう。

Part I	Part II
日本国憲法へ	

最高裁判例をたどる

Part III	Part IV
憲法の現況	あとがき

砂川事件最高裁判決
—— 政治と法の狭間に漂う最高裁

笹田栄司

> Ⅰ．発端——伊達判決の衝撃
> Ⅱ．伊達判決の破棄を急ぐ最高裁
> Ⅲ．最高裁大法廷判決の"再構成"

Ⅰ．発端——伊達判決の衝撃

（1） 砂川事件最高裁大法廷判決[1]（以下，本件判決とする）は，「『統治行為論』とされる部分自体を初めとして，憲法裁判史上，あるいは戦後史上の大きな『謎』として，なお学説による，時事的ではなく理論的な検討を待っている」[2]と棟居快行は言う。本件判決直後に出された論稿のなかにも，「最高裁の判決理由は，事柄の重大性にもかかわらず，はなはだ捕捉しがたい論理展開をしめしていて，たしかにひとを惑わせるにたるもの」[3]と評するものがある。以下では，この"謎めいた"本件判決を分析・検討するが，そのまえに，まずは事件の概要を見ておこう[4]。

1957年（昭和32年）7月8日，東京都砂川町（1963年に立川市に編入）にあるアメリカ軍立川飛行場内に境界柵を破壊し立ち入ったとして，地元住民及びその支援者ら7名が「日本国とアメリカ合衆国との間の安全保障条約第3条に基く行政協定に伴う刑事特別法」2条（以下では，刑事特別法とする）

1） 最大判昭和34・12・16刑集13巻13号3225頁。
2） 棟居快行「砂川判決における『司法審査と民主制』」高見勝利先生古稀記念『憲法の基底と憲法論』（信山社，2015年）966頁。
3） 祖川武夫「砂川事件上告審判決の論理とその批判」判評24号（判時211号）（1960年）6頁。
4） 砂川事件最高裁大法廷判決が「集団的自衛権」を認める根拠となりうるかが争点となったことから，多くの論稿が著されている。そうしたなか，本稿は判決後の比較的直近の時期に発表された論稿に軸足をおいて検討を行う。

に違反するとして起訴された。刑事特別法2条は，アメリカ軍の使用する一定の施設又は区域内への正当な理由なき立入又は不退去を処罰の対象としていたのである。ところで，1955年（昭和30年）5月に公表された立川飛行場拡張計画によると，「滑走路延長のため，砂川町の中心部5万3000坪が接収され，町は東西に分断される」5)ことになり，多くの町民や支援者による広範な反対闘争が展開されていた。砂川事件はまさにこの反対闘争のなかで起きたのである。

　(2)　東京地裁は1959年（昭和34年）3月30日，刑事特別法2条を違憲とし，被告人等を無罪とした6)。その骨子は以下の通りである。

　①「合衆国軍隊の駐留は，わが国の要請とそれに対する施設，区域の提供，費用の分担その他の協力があつて始めて可能となるものであるから」，実質的に考察すると，「合衆国軍隊の駐留を許容していることは，……憲法第9条第2項前段によつて禁止されている陸海空軍その他の戦力の保持に該当する」。

　②駐留が違憲である以上，「合衆国軍隊の施設又は区域内の平穏に関する法益が一般国民の同種法益……以上の厚い保護を受ける合理的な理由は何等存在しない」のであって，「国民に対して軽犯罪法の規定よりも特に重い刑罰をもつて臨む刑事特別法第2条の規定は，……適正な手続によらなければ刑罰を科せられないとする憲法第31条に違反し無効」である。

　(3)　アメリカ軍の駐留を違憲とした伊達判決は大きな反響を呼んだ。司法記者を集めた座談会で，ある記者は「記者クラブ全体の空気としては，とんでもない判決が出たという感じだった。……今度駐留軍違憲という線にしぼって，そういう判決が出るんじゃないかという予想は，中には立てていた人もあっただろうけれども，ほとんどはそういう組み立てで結論を予想してなかった」7)と述べている。

　政府の対応は迅速を極めた。検察側は異例ともいえる最高裁への跳躍上告（刑訴規則254条）に踏み切る。そして，第一審判決（伊達判決）が出され

---

5) 「戦後著名裁判④砂川事件」法セ368号（1985年）1頁。その他，山田隆司「『在日米軍基地』と砂川事件（上）（下）」法セ717号（2014年）60頁，718号（2014年）56頁がある。

6) 東京地判昭和34・3・30下刑集1巻3号776頁。

7) 荒瀬豊ほか「砂川事件を追って」法時32巻2号（1960年）216頁。

た後9カ月にも満たない1959年12月16日に，本件判決が下されたのである。最高裁がこの事件の解決をいかに急いでいたかが分かる（この点は後に触れる）。

II．伊達判決の破棄を急ぐ最高裁

1．大法廷判決に対する概括的反応

　本件判決は当然のことながら，学界・メディアの注目を集めるところとなった。判決前の大方の予想は原判決破棄というところで[8]，この点は予想通りだったが，最高裁が憲法9条に踏み込んだことは意外と受けとめられている。宮沢俊義は「今度の判決では多くの人がそういう感想を持ったようですが，最高裁は憲法31条の問題で結論を出せばいいので憲法9条の問題に正面から取組むことはないのじゃないかというような見方が多かったようですけれども，今度の判決は9条にまっ正面から取り組んで，その解釈をはっきりさせております」[9]と述べている。

　また，本件判決には反対意見がなく15人一致して合憲とした点も注目される。横田喜三郎は「全員一致となれば，きっと判決のいうところが正当に違いないと感じられ，説得力が非常に大きい。一般の人に対する影響なり，今後の政治的動きに対する影響は非常に多い」[10]と述べている。佐藤功は，「伊達判決の第9条解釈に対しては到底一点の正当性もないという強い不満が全裁判官に共通に抱かれて」いたと推測し，この点に「判決における第9条解釈の根本の問題もある」[11]と指摘している。

2．本件判決の構成

　（1）　本件判決は三部（［一］〜［三］）から構成されている。

　［一］①憲法9条は，「わが国が主権国として持つ固有の自衛権は何ら否

8）　佐藤功「砂川判決の問題点総評」ジュリ臨時増刊1960年1月号6頁。
9）　宮沢俊義ほか「座談会　砂川事件最高裁判決をめぐって」における宮沢発言（ジュリ臨時増刊1960年1月号29頁）。
10）　宮沢ほか・前掲注9)での横田発言（28頁）。
11）　佐藤・前掲注8)6頁。

定」するものではなく、「わが国が、自国の平和と安全を維持しその存立を全うするために必要な自衛のための措置をとりうることは、国家固有の権能の行使として当然のこと」である。憲法9条2項の「いわゆる戦力は保持しない」ことから生ずる「わが国の防衛力の不足」については、「国際情勢の実情に即応して適当と認められるものを選ぶことができ」、「憲法9条は、わが国がその平和と安全を維持するために他国に安全保障を求めることを、何ら禁ずるものではない」。

②憲法9条2項が「その保持を禁止した戦力とは、わが国がその主体となつてこれに指揮権、管理権を行使し得る戦力」を指し、「外国の軍隊は、たとえそれがわが国に駐留するとしても、ここにいう戦力には該当しない」。

［二］①「合衆国軍隊の駐留が憲法9条、98条2項および前文の趣旨に反するかどうか」の判断には、「右駐留が本件日米安全保障条約に基くものである関係上、結局右条約の内容が憲法の前記条章に反するかどうかの判断が前提とならざるを得ない」。

②本件日米安全保障条約は、「主権国としてのわが国の存立の基礎に極めて重大な関係をもつ高度の政治性を有するものというべきであつて、その内容が違憲なりや否やの法的判断は、その条約を締結した内閣およびこれを承認した国会の高度の政治的ないし自由裁量的判断と表裏をなす点がすくなくない。それ故、右違憲なりや否やの法的判断は、純司法的機能をその使命とする司法裁判所の審査には、原則としてなじまない性質のものであり、従つて、一見極めて明白に違憲無効であると認められない限りは、裁判所の司法審査権の範囲外」にある。

［三］①「合衆国軍隊の駐留は、憲法9条、98条2項および前文の趣旨に適合こそすれ、これらの条章に反して違憲無効であることが一見極めて明白であるとは、到底認められない」。②原判決は、「裁判所の司法審査権の範囲を逸脱し同条項および憲法前文の解釈を誤つたものであり、従つて、これを前提として本件刑事特別法2条を違憲無効としたことも失当であつて」、原判決は破棄を免れない。

(2) このような構成について、判決理由［一］は、「『一見明白違憲』の検討のための予備的判断とみられるから」、むしろ判決理由［二］の「つぎにおかれたほうが適切であつたであろう」[12]との指摘がある。判決理由

［一］と［二］の順序の問題である。鵜飼信成は，司法審査権が及ぶか否かの「判断を示すに先立って，まず憲法9条の意義について長々と判断しているのは，判決の論理からいうと，ちょっとおかしいともいえる。論理的にいえば審査権があるかないかが先決問題で，ないということなら，もはや憲法問題が本案の形で取り上げられることはないはず」[13]と批判する。鵜飼はこの点について矛盾はないとするためには，「条約一般に司法審査権が及ぶということを裁判所が認めている」[14]ことが前提と述べている。

さて，このような順序が採られた理由について，鵜飼は次のような辛辣な見解を示す。「少し悪意をもって推測する人は，そこに最高裁判所の故意を読み取るかもしれない。本来なら議論しなくてもいいことを先に長々と議論しておいて，あとで，裁判所の審査権を否定するのは（これは逆の場合とはちょっと違う），一方でこの条約が合憲であるという主張をしておきながら，それでは，すべての裁判官がついて来ないので，あとになって，この条約には審査権が及ばない，裁判所は違憲かどうかの判断はしないでそれを内閣，国会，国民に任せる，とのべたのではないかという疑惑である」[15]。この指摘は，後述する全員一致の判決を目指す田中長官の動きと重なるところがあり興味深い。

3. 憲法9条

（1）一審判決は，憲法9条は「自衛権を否定するものではない」が，「自衛のための戦力を用いる戦争及び自衛のための戦力の保持」は許さないとして，「国際連合の機関である安全保障理事会等の執る軍事的安全措置等を最低線」と判示していた。検察側の上告趣意書もこの点に留意して，「合衆国軍隊の行動は，国際連合憲章の許容する範囲内にあつて国際連合の一般的統

---

12) 祖川・前掲注3）7頁。
13) 鵜飼信成「公法雑記帳 外交・条約・政治性」法時32巻4号（1960年）25頁。この関連で，棟居・前掲注2）965頁を参照されたい。
14) 鵜飼・前掲注13）25頁。
15) 鵜飼・前掲注13）25頁。高見勝利「法／最高裁／統治」法時87巻5号（2015年）55頁以下は鵜飼の見解を詳細に検討し，「芦部のいう『国の運命に関する重要な問題』たる『外交・防衛』……についても，現憲法の違憲審査制の下では，そもそも『政治問題の法理』の出番はない」と述べている。

制に服し，合衆国軍隊が侵略のために出動したり，自衛権を濫用したりすることがない法的保障が存する」16)とする。

以上の点には本件判決〔一〕①が関係する。このあたりの経緯を，「砂川事件最高裁判決をめぐって」と題された座談会で，我妻栄は次のように手際よく整理している17)。

「第一に，自衛権はある。それは無防備，無抵抗のものでない」。第二に自衛権の手段が問題になるが，それには次の三つのものが考えられる。「その一は，日本のコントロールする自衛のための軍隊か何かを持つこと。その二は，一国または数国との安全保障条約でその国の戦力を入れてくること。その三は，国際連合の安全保障理事会のとる軍事的措置」である。

一審判決は〔その三〕に限定している。一方，検察側の上告趣旨は上述のように，〔その三〕と結びつけて，「アメリカの駐留軍は国連のとる措置のワクの中に入るものだから，憲法は禁じていない」18)とする。これに対し，本件判決は，憲法9条2項に「いわゆる戦力は保持しない」ことから生ずる「わが国の防衛力の不足」については，「国際連合の機関である安全保障理事会等の執る軍事的安全措置等に限定」されず，「国際情勢の実情に即応して適当と認められるものを選ぶことができ」，「憲法9条は，わが国がその平和と安全を維持するために他国に安全保障を求めることを，何ら禁ずるものではない」とする。この部分は〔その二〕の範疇に入るが，前掲座談会では，〔その三〕の「ワクの中に直接，間接入る限りにおいて，という要件があるのかないのか」が議論されている。つまり，〔その二〕が独立して認められるならば，〔その一〕の「自衛隊のようなものもいいという可能性が多くなる」19)からである。横田は独立していると見ており20)，宮沢も「この判決の方向が，自衛戦力は許されるという方向を向いているのじゃないかという気がする」21)と述べている。

(2) 本件判決は〔一〕②で，「外国の軍隊は，たとえそれがわが国に駐留

---

16) 最大判昭和34・12・16刑集13巻13号3225頁に掲載されている。
17) 宮沢ほか・前掲注9)での我妻発言（31頁）。
18) 宮沢ほか・前掲注9)での我妻発言（31頁）。
19) 宮沢ほか・前掲注9)での我妻発言（31頁）。
20) 宮沢ほか・前掲注9)での横田発言（31頁）。
21) 宮沢ほか・前掲注9)での宮沢発言（31頁）。

するとしても、ここにいう戦力には該当しない」と判示する。これは、わが国が条約を結ぶことで駐留を認めた外国軍隊も「戦力」(9条2項)とした第一審判決を念頭に置くものだ。この点については、「日本のコントロールの及ばない外国の軍隊」[22]の危険性を田中二郎が指摘している。

4. 司法審査——統治行為論の採用？

(1) 司法審査の根幹に関わる「統治行為論」を提示する本件判決は全員一致で出されているものの、統治行為説に立つ入江及び藤田補足意見、裁量行為説に立つ島及び河村（大助）補足意見、そして、統治行為論の採用に反対し安保条約の司法審査を可能（そして条約を合憲）と主張する石阪、小谷、奥野及び高橋意見等が付されている。このように様々な補足意見や意見が飛び交う本件判決について、当時、最高裁調査官であった白石健三は、「安保条約を違憲でないとする理由についての判断は、統治行為説と裁量行為説との総合ともみらるべきもの」[23]と説明している。

ところで、当時、憲法調査会長の任にあった高柳賢三は統治行為論について、「法の支配を制約するこの理論を不必要にもち出すことにより、最高裁は合憲性判定の責任を政治部門に転化したとの印象を与えるのみでなく、政治的に重要な法律、たとえば自衛隊法についても合憲性判定の責任は政治部門にあるとして、政治部門の行為に対する憲法上の司法的監視の責をつくさず、結局、違憲審査制を骨抜きにしてしまうのではないかとの印象を強く与えることになる」[24]と批判する。そして、奥野及び高橋意見を「結論は同じでも、理由づけは多数意見よりもすっきりしている」[25]と評価する。

(2) 高柳が評価する奥野及び高橋意見は、統治行為論に反対する理由を次のように述べている。

「多数意見は条約には裁判所の違憲審査権は及ばないという意見と本件安保条約は統治行為に属するから審査権がないという意見とを最大公約数的に包括したものと思われるが、何れにしても本件安保条約は裁判所の司法審査

---

22) 宮沢ほか・前掲注9)での田中発言（35頁）。
23) 白石健三「砂川事件の最高裁判決について《解説》」ひろば13巻2号（1960年）19頁。
24) 高柳賢三「砂川最高裁判決の批判」時の法令340号（1960年）30頁以下。
25) 高柳・前掲注24)31頁。

権の範囲外のものであるとしながら，違憲であるか否かが『一見極めて明白』なものは審査できるというのであつて，論理の一貫性を欠く……のみならず，安保条約はわが国の存立の基礎に極めて重大な関係を持つ高度の政治性を有するものであるから，一見極めて明白な違憲性についてだけ審査するに止め，更に進んで実質的な違憲審査を行わないというのであつて，この態度は矢張り前述のようにわが憲法81条，76条，99条の趣旨に副わないものと考える（しかも，多数意見は結語として安保条約は一見極めて明白な違憲があるとは認められないといいながら，その過程において，むしろ違憲でないことを実質的に審査判示しているものと認められる）」。

　高柳は，奥野及び高橋意見の「論理の一貫性を欠く」との批判に同意する。高柳は，伊達判決は「自衛のためにも戦力はもてないとの無防備主義を定めたものとの9条解釈を正しいと考えたので，この前提に立つかぎり，安保条約は"一見きわめて明白"な違憲のもの」ともいえるのであって，「多数意見の基準にしたがえば安保条約は高度の政治性をもつ統治行為ではあっても，この理由で違憲審査権の範囲を越えたとはいえないことになるのではないか」[26]と述べている。伊達判決の破棄理由（［三］②）は，「司法的審査権の範囲を越えた点」にあるのではなく，「9条の解釈そのものを誤った点」[27]にあると高柳はみている。

　同じく小谷意見も，「多数意見は本件には一見極めて明白な違憲はないと断定しながら，違憲審査の範囲外であるとする『それ以外』の事項について相当詳細に憲法的判断を下したうえ，その結論として，『アメリカ合衆国軍隊の駐留は，憲法9条，憲法98条2項および前文の趣旨に適合こそすれ，』と判示し，最後に原判決に対して『司法審査権の範囲を逸脱し』た違法ありと断定しておる」と批判する。確かに，安保条約に基づく合衆国軍隊の駐留について，それが「一見極めて明白に違憲無効」でないとする一方で，右駐留を"憲法適合的"と言い切る本件判決には疑問が残る。この点，祖川は，「もし，本件においての統治行為の容認根拠が，消極的に，司法権の政治的中立性という安全保障にあるのなら」，あえて具体的な「『推測』のためとはいえ憲法上の実質的判断をのべ一方の政治的立場の代弁をひきうけなくては

---

[26]　高柳・前掲注24) 31頁。
[27]　高柳・前掲注24) 31頁。

ならなくなるような『例外』を設定すること自体が矛盾であろう」[28]と批判している。この「矛盾」あるいは「謎」が次に検証されねばならない。

III. 最高裁大法廷判決の"再構成"

1. 補助線としてのアメリカ"政府解禁文書"

(1) アメリカ国立公文書館で発見された砂川事件に関する（マッカーサー二世駐日大使名による）14通の政府解禁文書は，砂川事件を読み解く鍵を与えてくれる[29]。砂川事件一審判決は日米安全保障条約改定交渉のさなかに出現した。アメリカ軍駐留を憲法違反とした一審判決が日米両政府に衝撃を与えたのは想像に難くない。地裁から最高裁への跳躍上告という通常見られない方法によって，短期間で一審判決を最高裁で変更することが試みられたのである。

ところで，1950年代の最高裁は未済件数の多さに苦しんでいた。その時期，最高裁の機構改革が学界や弁護士会のみならず国会でもさかんに議論されていたのである[30]。一審判決が出された1959年当時は，最高裁の抱える事件数はピークを過ぎていたとはいえかなりのものであった。一審判決の2日後（1959年4月1日），アメリカ大使館は，「法務省は目下，高裁を飛び越して最高裁に跳躍上告する方法を検討中である。最高裁には3千件を超える係争中の案件がかかっているが，最高裁は本事件に優先権を与えるであろうことを政府は信じている」[31]との情報を国務省に伝えている[32]。

上記電報には，藤山外務大臣が，「もし日本における米軍の法的地位をめぐって，米国または日本のいずれかの側からの疑問により，例えば，〔日米安保〕条約〔改定〕交渉が立ち往生させられているといった印象がつくられたら，きわめてまずいと語った」[33]ことが記されている。一審判決が1959年

---

28) 祖川・前掲注3)8頁。
29) 布川玲子=新原昭治編著『砂川事件と田中最高裁長官』（日本評論社，2013年）。
30) 笹田栄司『裁判制度』（信山社，1997年）38頁以下参照。
31) 布川=新原・前掲注29)23頁。
32) 実際，田中耕太郎最高裁長官はマッカーサー二世駐日大使に，跳躍上告された砂川事件に優先権が与えられていることを「内密の話し合い」で告げている（1959年4月24日の大使館から国務長官宛ての電報。布川=新原・前掲注29)33頁）。

3月30日で最高裁大法廷判決が同年の12月16日である。これほどの素早い事件処理は，重大な憲法事件に限ってみても希有のことであろう。アメリカ軍駐留を違憲とした一審判決を破棄することに最高裁がその力を傾注したことが見て取れる。

　(2)　アメリカ大使館から国務長官宛ての航空書簡（1959年8月3日発送）には，「共通の友人宅での会話」で，「裁判長〔田中長官〕は，結審後の審理は実質的な全員一致を生み出し，世論を"揺さぶる"素になる少数意見を回避するようなやり方で運ばれることを願っていると付言した」[34]と記されている。

　さらに，大使館から国務長官宛ての航空書簡（1959年11月5日発送）には，砂川事件についての各最高裁判事の法的アプローチを田中長官が駐日大使に説明している会話が記されている。マッカーサー二世大使は次のように最高裁判事らの動向を書き留めている。最高裁判事のあるグループは，東京地裁がアメリカ軍の駐留の合憲性について権限もないのに判決を下したという狭い訴訟手続上の理由に基づく判決を求めている。また，他の判事グループはそれより歩を進め，アメリカ軍の駐留によって投げかけられる法律問題を自ら処理するべきと考えている。さらに，他の判事は，日本国憲法の下で，条約は憲法に優越するかという憲法問題に取り組むことを望んでいる[35]。また，マッカーサー二世大使は，最高裁長官は一審判決が維持されるだろうという気配は示さなかった。反対に，長官は一審判決が覆されるだろうと考えている，との印象を私は持った[36]，と記している。大法廷判決の骨格が固まっていると推測される時期の会話であり，実に生々しい。長官にとって「評議の秘密」（裁判所法75条）とは何だったのだろうとの感を抱く。

---

33)　布川＝新原・前掲注29) 24頁以下。
34)　布川＝新原・前掲注29) 61頁。
35)　参照，布川＝新原・前掲注29) 64頁以下。なお，ここの箇所は訳に必ずしも添ってはいない。
36)　参照，布川＝新原・前掲注29) 66頁以下。なお，ここの箇所は訳に必ずしも添ってはいない。

2. 全員一致の判決

(1) 最高裁大法廷は全員一致で合憲判決を下した。その内容を見るなら，「わが憲法は自衛権そのものを否定する趣旨ではなく，第9条第2項により保持を禁止した戦力とは，わが国の指揮監督下にあるわが国自体の戦力を指すものと解すべき」とする点で意見の一致があったものの，「安保条約を違憲視すべきでないとする理由づけの部分については，合計10名の裁判官が補足意見及び意見を述べて」[37]いる。田中最高裁長官の目指した形で判決は下されたのである。

本件判決前の大方の予想は，憲法31条解釈の誤りを理由とした一審判決の破棄差戻しとするものだったが，実際には，破棄差戻しの理由となったのは，司法審査権の範囲の逸脱，及び憲法9条2項及び憲法前文の解釈の誤りであった。しかし，補足意見や意見を子細に見れば看過できない異論がある。それが，奥野及び高橋意見，小谷意見である。田中長官が判事を三つのグループに色分けしていた中の，日本国憲法の下で「条約は憲法に優越するか」を正面から議論することを目指した判事たちであろう。彼らが問題視したのは，多数意見が「安保条約は一見極めて明白な違憲があるとは認められない」とする一方で，安保条約に基づくアメリカ軍の駐留を「憲法9条，憲法98条2項および前文の趣旨に適合こそすれ」とまで言い切っている点である。

(2) この点，統治行為論に立つ入江及び藤田補足意見は，問題となる国家行為が「統治行為」に含まれるか否かは「もとより裁判所の判断によつて決すべきで」あって，「若しその行為が実は実体上不存在であるとか，またはその行為があきらかに憲法の条章に違反するがごとき，一見明白にその違憲性が顕著なる場合には」，「例外として，裁判所によつて，その不存在，若しくは違憲を宣明することができる」と述べている。

入江及び藤田意見は，「実体上不存在」等の例示について「実際問題としては，ほとんど考えられない」と限定を施し，そのうえで，「多数意見が本件安全保障条約については原則として裁判所に審査権なしとしながら，以上の限度において，同条約について，右のごとき意味における違憲の点のない

---

37) 白石・前掲注23）17頁。

旨を判示したのはこの考え方によるものであると理解する」としているが，「以上の限度」を入れることで，多数意見の射程を制約しようとするものであろう[38]。入江及び藤田補足意見からすれば，伊達判決の破棄差戻しの理由は「司法審査権の範囲の逸脱」で十分であり，憲法9条解釈に踏み込む必要はなかった。入江及び藤田は，田中長官が最高裁判事の区分けに際し最初に上げた，東京地裁がアメリカ軍の駐留の合憲性について権限もないのに判決を下したという狭い訴訟手続上の理由に基づく判決を求めている[39]判事であろう。

(3) 一つの仮説として，判決理由［一］と［三］の間に，自由裁量を加味した統治行為論を［二］として挿入することによって，すなわち「一見極めて明白に違憲」か否かを判断する「例外」を組み込むことで，安全保障条約に対する司法審査を実質的に一定程度認め，一方で安全保障条約に対する実質審査をこの程度で済ませることができたとは考えられないだろうか[40]。［二］は「伸縮自在の定式」とも言える。統治行為説に立つ入江判事と藤田判事は「以上の限度において」という制限付きであるが多数説に与し，同じく統治行為説に立つ垂水判事は，「裁判所の権限審査」のために違憲か否かの実体的審査をすることは「本件では必要でない判断であるとしても，判断しても差支えないであろう」とより多数意見に親しい。また，裁量行為説に立つ島及び河村（大助）の両判事は多数意見に対する異論を語っていない。

問題となるのは，条約に対する違憲審査の可否である。この点について多数意見は「安全保障条約」だけを取り上げているかのごとくである。しかし，石阪，奥野及び高橋，小谷判事の各意見は，条約に対する裁判所の違憲審査権を否定する見解を批判する。これは，「多数意見を形成する過程において，条約に審査権なしとの主張があらわれたことが，かかる強い反撃のあらわれた原因と思われる」[41]。この反対論の急先鋒が小谷判事であり，「一

---

38) 参照，嘉多山宗「『理想』の追求とその行方——入江俊郎（憲法学からみた最高裁判所裁判官・4）」法時87巻8号（2015年）87頁，及び石川健治「軍隊と憲法」水島朝穂編『日本の安全保障 3 立憲的ダイナミズム』（岩波書店，2014年）132頁注(5)。

39) 参照，布川＝新原・前掲注29)64頁以下。なお，ここの箇所は訳に必ずしも添ってはいない。

40) 参照，高野雄一「砂川事件上告審判決」ジュリ臨時増刊1960年1月号80頁。

41) 伊藤正己「最高裁『砂川判決』批評」法セ47号（1960年）10頁。

見極めて明白に違憲」か否かを判断する「多数意見一連の判旨には到底賛同し難い」とまで言い切っている。ただし，他の3判事の見解はそこまで峻烈ではなく，例えば，奥野及び高橋意見は条約に対する違憲審査権を詳細に基礎づけつつも，司法審査の限界について，「いわゆる統治行為ないし政治問題として審査権の及ばない或る部面のあることは必ずしも否定しない」と述べている。確かに多数意見形成の過程で条約審査権の排除を主張する見解が現れたことは推測されるが，結果として，多数意見は条約一般に対する裁判所の審査権の排除に触れず，さらに，「一見極めて明白に違憲」かどうかの判断に際し条約審査は一定程度可能となっている。ここでも，多数意見は全員一致の判決を作り上げるために工夫をこらしている。

（4）奥野及び高橋意見が指摘するように，「多数意見は結語として安保条約は一見極めて明白な違憲があるとは認められないといいながら，その過程において，むしろ違憲でないことを実質的に審査判示している」（小谷意見も同様の指摘をする）。ここは，「一見して違憲という程度でないことを簡単に示しうれば足りる」[42]ところであったろう。統治行為論が最高裁判例で再度登場するのは，本件判決から半年後の苫米地事件最高裁大法廷判決に限られる。そして，この苫米地事件では「一見極めて明白に違憲」か否かという部分は採用されていない。「解散権の行使もたしかに高度の政治性を帯びるであろうが，いずれがより『わが国の存立の基礎』に深く関連するかと言えば，それは安全保障条約の方であろう」[43]。結局，安全保障条約に対する司法審査を実質的に一定程度認めるために，「一見極めて明白に違憲」か否かを判断する「例外」が組み込まれたのではないだろうか。安保条約に基づくアメリカ軍の駐留について，それが「一見極めて明白に違憲無効であると認められない」にもかかわらず，右駐留を「憲法9条，憲法98条2項および前文の趣旨に適合こそすれ」とまで多数意見は明言するのである。

（5）伊達判決を破棄し，安全保障条約に基づくアメリカ軍駐留の合憲性を全員一致で基礎づけることに，最高裁そして田中長官は腐心している。それにより，「自説を長々と論じたがる裁判官たちの多様な見解を可能な限り広く包括する（首尾一貫性に欠ける）多数意見」[44]が形成されたのだろう。

---

42) 伊藤・前掲注41）11頁。
43) 長谷部恭男「砂川事件判決における『統治行為』論」法時87巻5号（2015年）46頁。

マッカーサー二世大使は、「全員一致の最高裁判決が出たことは、田中裁判長の手腕と政治力に負うところがすこぶる大きい」[45]と高く評価する。この判決によって、「安全保障条約改定反対勢力による憲法を援用しての扇動」[46]を封じ込めることができると大使は考えたのだ。

(6) 最後に、本件判決と集団的自衛権の関連についての当時の理解を見ておこう[47]。本件判決は、アメリカ軍の駐留が憲法9条、98条2項及び前文の趣旨に「適合こそすれ」とまで踏み込んではいるが、「一見極めて明白に違憲」か否かを判断する手法をとるため、それ以上の言及はない。「自衛権が認められている場合に、集団的自衛権はそれに含まれない、というのは筋が通らない」と主張する高野雄一は、本件判決には「安保条約問題の天目山である『極東の平和』条項や集団的自衛権に関する憲章・憲法的判断はなんらみられない。この点、結論のいかんにかかわらず、判決の含む実質的判断の面に非常な物足りなさ不満足さを感ぜざるをえない」[48]と、率直に述べている。

本件判決当時、法制局長官であった林修三は、「砂川判決をめぐる若干の問答(下)」のなかで、次のようなAとBの問答を展開している[49]。

「A——いずれにしても、自衛隊と憲法第9条の関係はなお未解決であるわけだね。未解決の問題といえば、……わが憲法がいわゆる集団的自衛権を認めているかどうかという点も、なお未解決だね。個別的自衛権のあることは今度の判決ではっきりと認められたけれども。

B——現行安保条約はもっぱら米軍の行動とか権利のことを想定しているだけで、わが国のそういう問題を具体的に規定していないのだから、判決が触れていないのは当然のことさ。」

砂川事件最高裁判決と集団的自衛権を結びつけて検討する論稿はそもそも

---

44) 長谷部・前掲注43)47頁。
45) 布川＝新原・前掲注29)69頁。
46) 布川＝新原・前掲注29)69頁。
47) 参照、笹田栄司「憲法を護るものは誰か——内閣法制局の"黄昏"」(教育×WASEDA ONLINE-読売新聞 http://www.yomiuri.co.jp/adv/wol/opinion/gover-eco_150721.html. 2015年7月21日)。
48) 高野・前掲注40)80頁以下。
49) 林修三「砂川判決をめぐる若干の問答(下)」時の法令344号（1960年）53頁。

数が少ない。そのなかで，自衛権に集団的自衛権を含めることを主張する国際法学者，そして法制実務のトップが，以上のような見解を示していたことは現在においても看過すべきではないだろう。

苫米地事件

小島慎司

I. 統治行為論
II. 衆議院の解散
結

　本論文の目的は，抜き打ち解散及び最高裁昭和35年6月8日大法廷判決（民集14巻7号1206頁）（第二次苫米地事件，以下，60年判決）の戦後憲法史上の意味を明らかにすることである。60年判決は，統治行為論を採用して7条説に基づく衆議院の解散を有効としたことで知られる。以下では，その意味を，統治行為論（I），解散権論（II）に分けて検討したい。

I. 統治行為論

1. 60年判決は異質か

　60年判決の統治行為論は，しばしば徹底したそれと引かれる。直前に，ほぼ同じ裁判官が参加して下した最高裁昭和34年12月16日大法廷判決（刑集13巻13号3225頁）（第二次砂川事件）は，内部からも「安保条約は裁判所の司法審査権の範囲外のものであるとしながら，違憲であるか否かが『一見極めて明白』なものは審査できるというのであつて，論理の一貫性を欠く」（奥野・高橋意見）と批判される変則性が見られたのに対して，60年判決にはそれがないからである。その意味で，60年判決は，徹底した統治行為論により法律上の争訟に対して裁判所の審査を及ぼさなかった例外的な場合であり，最高裁はそうした場合を「限定的に」[1]解しているとされる。

　しかし，60年判決は，7条説を根拠に内閣が行った解散を有効とし，請求棄却の結論を是認する「判断受容型」の論理に立つ[2]。そうだとすると，同

---

1) 芦部信喜『憲法訴訟の現代的展開』（有斐閣，1981年）131頁。
2) 安念潤司「司法権の概念」大石眞＝石川健治編『憲法の争点』（有斐閣，2008年）253頁。

判決は，一審と控訴審の判決を受けて発展したいわゆる内在的制約説[3]に影響されたにもかかわらず，言葉どおりのそれには与していない[4]。ゆえに，早くから砂川事件上告審判決は自由裁量論・裁量行為論に近いとされたものの[5]，より特定的には，それは，裁量の問題を法の羈束の有無から裁判所の審査権限の有無の次元に移した意味[6]でこそそういえるのであり，同じことは60年判決にも当てはまる。これは同判決への批判として[7]いえるというより，判決がそうした理解の余地を残したと思われる。

このことは，これまで60年判決とは異なり統治行為論に立たないとされた同時期の判例も，60年判決と根本的には異質でないことも意味する。たとえば，最高裁昭和37年3月7日大法廷判決（民集16巻3号445頁）（警察法改正事件）の内容は，議院の自律性という個別的根拠で説明しうるので，しばしば統治行為論に分類される[8]。こうした分類は，確かに，戦略的には有効であろう。しかし，一方で，議事手続の自律性が団体の意思決定の自律的展開の一種であり，他方で，その内部でイニシアティヴをとる者が合目的的な評価を行っていると考えるならば[9]，要するに統治行為論と同根と見ても[10]的外れではない。

同じく，最高裁昭和27年10月8日大法廷判決（民集6巻9号783頁）（警察予備隊事件）が「具体的な争訟事件」がなければ違憲審査を行いえないとして憲法裁判を原則として否定したのは，確かに，本案前の議論として別扱いにしうる[11]。しかし，60年判決での「最高裁判所の態度を推測し，或いは

---

3) とりわけ入江俊郎『憲法成立の経緯と憲法上の諸問題』（第一法規，1976年）705頁〜706頁。雄川一郎『行政の法理』（有斐閣，1986年）120頁〜122頁も参照。

4) 長谷部恭男『憲法〔第6版〕』（新世社，2014年）406頁。

5) 雄川一郎「統治行為」『憲法判例百選』（有斐閣，1963年）218頁，尾吹善人『憲法の基礎理論と解釈』（信山社，2007年）450，489頁，覚道豊治「条約の違憲審査」『憲法判例百選〔新版〕』（有斐閣，1968年）203頁など。

6) 小早川光郎「裁量問題と法律問題」法学協会編『法学協会百周年記念論文集第2巻』（有斐閣，1983年）とりわけ343頁〜344頁，350頁。

7) 最近のものとして，高見勝利「法／最高裁／統治」法時87巻5号（2015年）50頁以下の自制説への賛意を参照。

8) 高見勝利『芦部憲法学を読む』（有斐閣，2004年）340頁〜343頁を参照。

9) M. Hauriou, *Principes de droit public*, 2ᵉ éd. (1916), pp. 150-2. 小島慎司『制度と自由』（岩波書店，2013年）213頁〜215頁も参照。

10) 金子宏「統治行為」『日本国憲法体系第6巻』（有斐閣，1965年）26頁など。

予想させるような判決」と評する[12]のも間違いとはいえない。当時から，事件性の要件は，「政治的責任のない裁判所が，機の熟しない間に余り早急に決定することは，自ら政治的闘争に巻き込まれ又は利用されることとな」らないようにするための「高等政策」とされたところ[13]，これは要するに統治行為論と似た理由づけであろう。苫米地事件の第一次訴訟で警察予備隊事件と同じ争点が争われたのは偶然ではないと思われる（最大判昭和28・4・15民集7巻4号305頁）。

そうだとすれば，60年判決は，判例上の統治行為論の頂点にありながら，自らと順接で接続する形で裁判所が政治的な行為をコントロールする手がかりを残したともいえる。だからこそ，法・政治対置の伝統を解消しようとする近年の有力な学説は，81条が「憲法解釈は，政治的な問題でありうる」ことを「みこんだうえで」「憲法解釈権能をあげて裁判所にゆだねた」[14]はずであるとする統治行為否定論を，判例の動向と順接的に接続しえたのであろう[15]。

2. 利益政治を超えた政治

以上のように60年判決が他と質的に異ならないとして，同判決の統治行為論は，「主権者たる国民」と「政治部門」のいかなる「判断」を受容するものであったのか。この点はⅡで検討するが，その前に，最高裁が高度に政治的な判断であればそれを受容しようという場合の「政治性」とは何かを考えてみたい。

結論からいえば，60年判決の頃，最高裁が政治過程に見た「政治性」は，社会の集団が党派的に組織化されて，国家の根本的な方針をめぐって衝突し合う，その結果として問題の決着がつく——そうした性格を指すと思われる。

---

11) 奥平康弘「『統治行為』理論の批判的考察」法時45巻10号（1973年）65頁注(1)。
12) 雄川・前掲注5)217頁。野中俊彦『憲法訴訟の原理と技術』（有斐閣，1995年）162頁も参照。
13) 兼子一『民事法研究第2巻』（酒井書店，1954年）131頁。
14) 奥平・前掲注11)80頁。
15) 宍戸常寿「統治行為論について」山内敏弘先生古稀記念『立憲平和主義と憲法理論』（法律文化社，2010年）237頁以下。

年表

片山内閣（社会党）	1947年12月　警察法成立
芦田内閣（民主党）	1948年6月　昭和電工事件
吉田内閣（民主自由党→自由党）	1948年12月　馴れ合い解散 1950年6月　朝鮮戦争始まる 1951年6月　公職追放解除（鳩山，石橋，三木ら）　9月　講和条約・日米安保条約 1952年2月　ポポロ事件発生　8月　抜き打ち解散　10月　警察予備隊事件判決 1953年3月　バカヤロー解散　4月　第一次苫米地事件判決（15日）　10月　第二次苫米地事件一審判決（19日） 1954年4月　造船疑獄，指揮権発動　6月　自衛隊法，新警察法成立　11月　日本民主党結成／新潟県公安条例事件上告審判決
鳩山内閣（日本民主党→自由民主党）・石橋内閣（自由民主党）	1955年1月　天の声解散　10月　社会党統一大会　11月　自由民主党結成
岸内閣（自由民主党）	1957年7月　第二次砂川事件発生 1958年4月　話し合い解散　10月　警職法改正案の国会提出　11月　総評の統一行動（全農林警職法事件） 1959年3月　第二次砂川事件一審判決　8月　東京都公安条例事件一審判決　12月　第二次砂川事件上告審判決 1960年1月　日米新安保条約調印　5月　日米新安保条約承認の衆議院可決，警官隊導入　6月　全学連デモ，安保国会乱入事件
池田内閣（自由民主党）	1960年7月　東京都公安条例事件上告審判決　9月　所得倍増計画発表　10月　浅沼社会党委員長刺殺事件と池田追悼演説／安保解散

　もちろん，1952年8月28日の第三次吉田茂内閣による抜き打ち解散それ自体は，社会における左派と右派とのイデオロギー的対立というよりも，保守政党内部の複雑な党派対立から生じたとされる。すなわち，広く知られているように，自由党は憲法改正にも再軍備にも慎重であったが，内部で鳩山一郎を中心とした分派が勢力を増していた。他方で，国民民主党の後進，改進党は，再軍備と呼ぶかはともかく，芦田修正を活かした「自衛軍」の保有を訴えたが，内部は，芦田派以外に，三木武夫らの協同党系，親吉田派と分かれていた[16]。解散は，吉田とその側近が鳩山派に先手を打った策であったとされるが，その背後には，政治部門の，しかも保守政党内部の党派の多元性が控えていた。

　しかし，それでもこうした党派対立は，その指導者の，国家の方針に関す

る明確な主張に由来していた[17]。したがって，解散が有効か無効かという争点は，当時の言論空間ではただの我利・党利追求というよりも，独裁化，右傾化する吉田路線への評価に関わると受け止められた。第一次訴訟に関する前掲最大判昭和28・4・15で自律的解散説の立場から7条説を攻撃する長大な補足意見を執筆した真野毅裁判官が新聞紙上においてもそれを再論すると，裁判官が吉田内閣の独裁的手法を批判したかのように扱われた[18]のも，その現れであろう。

　そして，この点は，争点が高度に政治的であるとする限りでは同様である砂川事件上告審にも当てはまる。判決と近い時期の見方によれば，統治行為論は憲法9条についての裁判所のコントロールを限定する機能を果たしたとされる[19]。そして，砂川事件は，当時の人の目には，労働組合・学生団体の「デモ」と警備警察との衝突，社会党と自民党との衝突と映っていた[20]。同じことは，警察法改正事件についてもいえる。1954年の改正警察法は，自治体警察を廃止し，国家公安委員会の任免権によって都道府県警察をコントロールする集権的なもので，自由党と改進党の大半が支持するのに対して，両派社会党は警察国家の再現と批判していた[21]。

　直接の争点は異なるものの，同時代の最高裁の政治過程のイメージを示すものとして参考になるのは，苫米地事件とほぼ同一の裁判官たちが下した最高裁昭和35年7月20日大法廷判決（刑集14巻9号1243号）（東京都公安条例事件）である[22]。同判決は，許可制による法的な禁止か否かに拘泥せず，

---

16)　朝日1952年8月19日，「選挙にのぞむ我が党の立法政策」ジュリ19号（1952年）2頁以下。相対的には芦田に近い苫米地と，吉田，三木の関係も微妙である。前年，吉田と苫米地は「超党派」講和で手を打っている（五十嵐武士『対日講和と冷戦』（東京大学出版会，1986年）212頁～213頁）。

17)　自民党前期の派閥指導者について，北岡伸一『国際化時代の政治指導』（中央公論社，1990年）232頁～233頁。

18)　朝日1953年5月4日。

19)　奥平・前掲注11)58頁。宍戸・前掲注15)247頁のいう「平和問題の法理」である。

20)　朝日1957年9月22日。軍事・警察的な実力集団による具体的生活利益の侵害としての一面もあるが，党派対立の陰に隠れた（蟻川恒正「裁判所と9条」水島朝穂編『立憲的ダイナミズム』（岩波書店，2014年）193，195頁）。

21)　朝日1954年2月9日。広中俊雄『警備公安警察の研究』（岩波書店，1973年）139頁～146頁も参照。

22)　ただし，2名の裁判官が反対意見を出した。

裁判官がデモを社会学的に，つまり，事実としていかに評価するかを「むしろすっきり」と示したといえる[23]ところ，最高裁の描く政治的言論空間の姿は，デモによる表現者が暴徒化し警察力と向き合うものであった。

　政治史の分野では，国家の方針に関わるこうした党派対立は，55年体制の成立ではなく，1960年の安保改定と池田勇人内閣の成立を境に小さくなると説かれることがある（「60年体制」）[24]。自民党の有力党派が対米協調と経済重視に移行し，社会党とのイデオロギー的な対立でさえ，パイ増加という根本的な方針を共有した上で行われたに過ぎないと解されるからである。9条解釈でも，「自衛軍」保有論が政府によって採用されることもなかった。その後の最高裁[25]が描いた党派間の競争としての政治過程のイメージが，憲法以上の根本的な国家の方針を棚上げした利益政治に親しみやすいのは，象徴的に思われる。

　以上を要するに，60年判決は，当時は頻発していた，国家の方針に関わる党派対立が伴うことを以て「政治」的とし，それを敢えて受容する道を選んだといえる。

II．衆議院の解散

1．7条説の定着

　では，国家の方針についての党派対立に関わる解散の問題は，苫米地事件では政治部門でいかに解決され，それは憲法史上，いかなる意味を持つのか。

　この点に関しては，7条説の定着が教科書でも知られるポイントである。抜き打ち解散は，日本国憲法施行後，2度目の解散であったが，1度目の1948年12月23日の馴れ合い解散は，69条説を前提としていた。すなわち，同年秋には少数与党による第二次吉田内閣は宮沢俊義の7条説を採用し[26]，

---

[23] 兼子仁「治安立法説からみた公安条例合憲判決」ジュリ208号（1960年）58頁。
[24] 北岡・前掲注17）151頁，同『自民党』（中公文庫，2008年）104頁〜110頁。渡辺治『日本国憲法「改正」史』（日本評論社，1987年）323頁〜325頁も参照。
[25] 最大判昭和45・6・24民集24巻6号625頁，最判昭和60・11・21民集39巻7号1512頁。前者について，小島慎司「判例における『制度的思考』」法教388号（2013年）20頁〜21頁を参照。
[26] 朝日1948年11月8日，読売1948年11月13日。

解散を打とうとしたが，社会党，民主党が，吉田を警戒する民政局の69条説を持ち出した[27]ため，頓挫していたのである。この経験が「非常に不幸な先例」[28]か「幸福な先例」[29]かはともかく，60年判決は，抜き打ち解散がこの先例と異なり7条説を基礎としたことは「あきらかであ」るとした上で，それを受容した。その意味で，7条説が独立後の慣行と化するきっかけとなったといえる。

　このことは，もちろん69条の場合以外の解散を可能にした点で意義があるが，天皇制との関係でも重要である。宮沢の志向するイギリス型では，国王は「まったくノミナルな権能しかもたず，したがってその役割がきわめて不明確な世襲君主」として，内閣が実質的に決定した解散を行うとされる[30]。しかし，宮沢が下敷きにしたレズローブは，政党から中立的な元首が存在してこそ議院内閣制が機能しうると説きつつも，共和政でそうした元首を調達しがたいとも述べていた[31]。7条説は，天皇にこうした中立権を期待しているのではないか。

　もちろん，一口に「中立権（pouvoir neutre）」といっても多様である。しかし，コンスタンを参照したシュミットのワイマール大統領＝中立権論[32]について，同時代人カピタンは国王に実権を認めたギゾーにむしろ近いという[33]。天皇の権能をコンスタンの中立権とする7条説[34]に対して，批判者が戦前への回帰を懸念した[35]のは，これと同型の評価に基づく警戒であろう。さらには，コンスタンの中立権さえ実権であって天皇にはそれが伴わない[36]，また，天皇のノミナルな解散権すら4条と矛盾する[37]ともいえるのである。

---

27)　朝日1948年11月13日。
28)　毎日1951年11月14日［金森徳次郎］。
29)　小嶋和司『憲法と政治機構』（木鐸社，1988年）67頁以下。
30)　宮沢俊義『憲法と政治制度』（岩波書店，1968年）75頁～76頁。
31)　小島・前掲注9)3頁注(6)とそこで引用した文献。
32)　Schmitt, Der Hüter der Verfassung（1931），III.
33)　R. Capitant, *Écrits d'entre-deux-guerres*（1928-1940）（2004），p. 401. レズローブと1929年，1931年のシュミット，戦前・戦後のカピタンを安易に順接で結ぶべきではない。
34)　佐藤功『君主制の研究』（日本評論社，1957年）366頁。同「解散をめぐる憲法論争」法時24巻2号（1952年）36頁～37頁も参照。
35)　長谷川正安「解散論争の盲点」法時24巻7号（1952年）53頁。

確かに、抜き打ち解散前でさえ国民の意識は7条説を想定していたかに見え[38]、抜き打ち解散も60年判決もその意味で常識的である。しかし、その常識に従うことで、非政治的なはずの天皇に積極的行為を期待する矛盾を後の時代に残したといえる[39]。以上からすれば、憲法の不安定化に伴い、「戦後レジーム」への支持を一貫して表明する現天皇[40]に期待が集まるのも自然であるが、それだけに、その高齢化と今後の皇位継承が事態を一気に流動化させるおそれもあるといえよう。

2. 党利党略による解散について
(1) 懸念の記憶

他方で、吉田たちが鳩山派を出し抜こうとした抜き打ち解散の意義は、7条説が「無制約の解散（dissolution autonome）」[41]を定着させたように思わせ、かえって、党利党略による「安易な解散（dissolution de confort）」[42]への懸念をも記憶させたことにもあると思われる。

そうした懸念は、元々69条説の論者のものである。「不幸な先例」69条説を退けた、抜き打ち解散直前の両院法規委員会の結論は、当時の解散風に乗って、解散への伏線と目された[43]。しかし、その委員会では尾高朝雄が

---

36) 深瀬忠一「衆議院の解散」『日本国憲法体系第4巻』（有斐閣、1962年）197頁〜198頁。同「バンジャマン・コンスタンの中立権の理論」北大法学会論集10巻1＝4号（1960年）157頁も参照。Voir Barthélemy, *L'introduction du régime parlementaire en France sous Louis XVIII et Charles X* (1904), pp. 80-2 ; Pasquino, « Sur la théorie constitutionnelle de la monarchie de Juillet », *in* Valensise (dir.), *François Guizot et la culture politique de son temps* (1991), p. 116.

37) 「部会討議報告」公法研究7号（1952年）117頁［清宮四郎］、同『憲法の理論』（有斐閣、1969年）387頁。

38) 毎日1952年7月10日の世論調査は、講和まで吉田内閣が存続し、その後は衆議院を解散せよという意見が大勢を占めたと報じる。

39) 西村裕一「『国民の代表者』と『日本国の象徴』」法時86巻5号（2014年）28頁が描く、天皇なしで公共空間を形成しうるかという問題の1つであろう。［象徴としての活動を行うために天皇が生前退位の希望を事実上示したことも、この天皇制の構造の帰結であったといえる。］

40) 昭和天皇（藤樫準二『増訂皇室事典』［明玄書房、1989年］88頁〜89頁）と異なり現天皇が「お言葉」の文案を自ら書いている（AERA 2015年5月11日号）とすれば、2015年8月15日の戦没者追悼式でのそれの、前年からの変更に天皇の意思が働いたとの推測は十分に成り立つ。

41) Lauvaux, *La dissolution des assemblées parlementaires* (1983), p. 218.

42) Cabanis et Martin, *La dissolution parlementaire à la française* (2001), p. 165 et s.

43) 読売1952年6月7日、1952年6月17日両院法規委員会議録。

69条説を説き[44]，抜き打ち解散後も7条説からでも制約を付すべしと論じ，吉田内閣による解散を批判した[45]。

同様に，7条説の論者たちも，抜き打ち解散後は「条理から来る制限はもちろんある」との一般的な注意を再論したり，さらに具体的に，「むかしながらの権謀術数的な臭いを感じ」る「『ぬきうち』的態度にはなんら正当な理由がみとめられない」とか，与党の意思さえ無視した「非立憲的」な「このような解散の方法が今後憲法運用の先例となることには反対である」などと踏み込んでいる[46]。7条説による最初の解散が党利党略によったがゆえにこそ，制約の必要性が自覚されたともいえる。

1979年には，保利茂が，衆議院議長であった前年に，7条説に立ちつつも解散権の濫用を戒め，69条の不信任に準じる事態（予算案や重要案件の否決・審議未了，長期間にわたる審議の停止など）と選挙後に重要な争点が浮上した場合でなければ解散は不可能なはずであるとする「保利見解」の発表を考えていたことが報じられた[47]。これもまた，吉田側近として抜き打ち解散に深く関与した[48]保利の遺訓が制約説であったという，一種の逆説ゆえに注目されたと思われる[49]。

(2) 制約それ自体の党派性

反面で，その後の政治部門では解散権が"首相の専権"とされ，制約が定着していないように見えるのも事実である。

そもそも，69条説にせよ，解散権の制約にせよ，政治家がそれを唱える場合には党利党略と無縁ではなかった。馴れ合い解散前後の社会党と自由党の改説はしばしば引かれるが，ここでは苫米地義三自身に則してみたい。苫米地は，芦田内閣で官房長官在職中には解散の可能性を示唆して連立相手の

---

44) 1951年11月16日両院法規委員会議録。
45) 朝日1953年5月5日。
46) 順に，朝日1953年5月5日［金森］，宮沢俊義ほか「解散権論争」改造33巻14号（1952年）102頁［宮沢］，佐藤功「解散論争のその後」法時24巻9号（1952年）68頁。
47) 朝日1979年3月21日。全文は佐藤功『続憲法問題を考える』（日本評論社，1983年）3頁〜6頁。
48) 保利茂『戦後政治の覚書』（毎日新聞社，1975年）70頁〜71頁。
49) 高見・前掲注8)255頁。

社会党を揺さぶったのに[50]，中道政権崩壊後の第二次吉田内閣では上記のように69条説に転じ[51]，しかし，講和後には国民民主党最高委員長として早期解散を主張した[52]。それにもかかわらず，抜き打ち解散に対しては「独裁者を許す憲法」であってはならない[53]と高らかに69条説を説いたのである。政党の解釈論の変転には「皮肉な興味がそそられる」のに対して，苫米地は「昭和23年末以来その死歿まで，自己の主張を曲げずに押しとおしてきた」一徹者であったとの評価[54]は，買いかぶりすぎではなかろうか。

　同じことは，保利見解にもいえる。保利見解は1978年7月11日付けであったという。この当時，福田越夫首相が「解散権は私が持っている」として他の派閥を圧迫したのに対して[55]，自らへの政権の禅譲を信じる大平正芳幹事長は「さきの通常国会は政府提出法案を全部成立させたのだから……〔解散は〕論理に合わない。一昨年の総選挙いらい国民の声を聞かなければならないという問題も出ていない」と述べていた[56]。この大平発言は，保利見解の結論と同一である。保利見解が党派性を疑われる[57]ゆえんである。

　保利にせよ法学者にせよ，たとえ論者が誠実に唱えていても，政治的な言論空間ではまっすぐには伝わらない。解散権の制約が慣行として定着しがたいのは，そのためかもしれない。

(3) 多党制という前提

　他方で，解散権の制約の存在が習律として自覚されなくとも，結果的に濫用されないことはありうる。たとえば，保利見解が公にされずとも，福田首相は解散を避けて1978年11月末の党総裁予備選挙で敗れ，年内には大平内閣が成立した。何が解散を回避させたかの解明は難しいが，少なくとも，I

---

50) 読売1948年7月9日。
51) 加えて，毎日1948年11月15日。
52) 読売1951年9月23日，1952年1月25日。
53) 朝日1953年10月20日。
54) 佐藤達夫「解散権論議の回想」ジュリ217号（1961年）18頁〜19頁。
55) 毎日1978年6月10日。
56) 毎日1978年7月21日。北岡・前掲注24)204頁〜205頁も参照。
57) 佐藤功・前掲注47)13頁〜15頁。朝日1979年7月30日は，保利見解がその後党利党略に巻き込まれたと報じる。

2で見た「60年体制」における派閥どうしの対立や競争が影響したのは確かであろう。

この点で注意を要するのは，60年判決以前の段階で形成された憲法学の解散権論が，しばしば日本が多党制であるとの前提を置いたことである。解散権を認めると国政が安定化すると説く7条説に対して，批判者が，解散の濫発は国会を混乱させると警戒したときにも，多党制下であることが前提とされていた。与党と内閣の意向が合致しやすい二大政党制のイギリスとは事情が異なるというのである[58]。

多党制下では解散権を警戒せよとする主張に対しては，フランス第三共和政の下で，解散があればイギリスのように安定した内閣が成立すると嘆かれた[59]例が知られるように，異論もありうる。もっとも，同様の警戒論は，ワイマールでの解散の反復がナチス独裁に帰結したという強烈な先例を意識して，他の文献でも説かれている[60]。内閣の安定化だけでなく，レファレンダムの代用という解散のもう1つの現代的機能についても，まずは二大政党制のイギリスが想定されている[61]。また，良好に機能しない解散は党利党略によるとしかいえないものの，イギリスについては，政党が社会に根づいており，解散しても議会の勢力分布が変わらなかったので，それほどの危険が生じなかったとされることもある[62]。前掲最大判昭和28・4・15で真野裁判官意見が「イギリスでは，多年の伝統による国民的な政治的訓練と自覚

---

[58] 長谷川・前掲注35)55頁。

[59] Hauriou, *Précis de droit constitutionnel* (1923), 1ʳᵉ éd., p.507. 二元論者のいう安定は，内閣の存続のみならず，均衡による諸力の「政治道徳」への適合を目標とした (*ibid.*, p.421) ことに注意を要する。争点は，一元論のインパクトに抗して均衡を再建しうるかで，以下の本文は，解散だけでの再建は困難と考えている。

[60] 深瀬・前掲注36)「衆議院の解散」203頁。長谷部恭男「現代議会政における解散権の役割(2完)」国家97巻3＝4号（1984年）82頁〜83頁も参照。Capitant, *op. cit.*, p.332はワイマールと同時代の指摘である。

[61] 解散＝レファレンダム説の古典 Carré de Malberg, « Considérations théoriques sur la question de la combinaison du referendum avec le parlementarisme », *RDP*, 1931, p.244 ; Capitant, *op. cit.*, p.331 も，イギリスを例とする。深瀬・前掲注36)「衆議院の解散」173頁，205頁，長谷部・前掲注60)67，71頁〜76頁を参照。なお，第三共和政と戦後日本の構造的類似性を検討の出発点とするは（高橋和之『現代立憲主義の制度構想』〔有斐閣，2006年〕7頁注(3)）国民内閣制論も，多党制では解散が有効でないという（同『国民内閣制の理念と運用』〔有斐閣，1994年〕373頁，378頁〜379頁）。

があるが，わが国民にはそれが欠けている」とするのも，以上と適合的に見える。

そして確かに，抜き打ち解散の頃の日本は多党制であったし，その後の「60年体制」の与党も派閥の緩やかな集合であったといわれることは，すでに述べたとおりである。だとすれば，「60年体制」下の日本は，そもそも解散に良好な機能が期待しうる環境でなかった可能性がある[63]。

もちろん，だからといって，抜き打ち解散以降，解散を自覚的に制約しなかったから害悪が絶え間なく生じてきた，とまではいえないのかもしれない。多党制で解散が内閣安定化機能を見込めないならば，二大政党制と比べてどうなのかはともかく，党利党略による解散も有効な戦略でないであろう。多党制が社会に根づいている場合にはとりわけそういえるであろうが，仮に政治部門の内部で党派対立があるに過ぎないとしても，解散権が首相ではなく内閣にあるならばなおさら，対立の存在が解散権の行使へのブレーキとなりうると思われる。「60年体制」における党派対立が先に見たとおり国家の方針とは無関係であったにせよ，ブレーキの機能は残りえたと思われる。上記の福田内閣時の解散騒動の顛末はそれを示すのではなかろうか。

これに対して，政党が社会に根を下ろしておらず，選挙ごとに政党の獲得議席数が大きく振れ，しかも，与党内部にも党派対立が小さい場合には，解散権濫用の危険性は大きい。多党制や「60年体制」には，元々，国会に民意を忠実に反映させるべきだとする発想が親和的であろうが，小選挙区制の効能で巨大な与党が生じた場合にもその発想を維持するならば，競争のないままにキメラのような強者（定点でない一者[64]）が生じ，そのキメラを目指して利益集団が，献金その他の「物のやりとり」[65]を介して凝集する異様な政治過程となる[66]。そこでの党利党略による解散には，「60年体制」下のようなブレーキすらかからないであろう。

---

62) Cabanis et Martin, *op. cit.*, p. 166. 党利党略による解散を反省する近年の改革については，植村勝慶「イギリス統治機構の変容」憲法問題26号（2015年）73頁〜74頁などを参照。［植松健一・小堀眞裕「日本の解散権は自由すぎる!?」山本龍彦ほか編著『憲法判例からみる日本』（日本評論社，2016年）252頁以下は，そもそもイギリスでは党利党略による解散が認められてこなかったことに注意を求めている。］

63) 長谷部恭男「内閣の解散権の問題点」ジュリ868号（1986年）12頁〜13頁。

64) 小島慎司「選挙権権利説の意義」論ジュリ5号（2013年）49頁以下。

結

　解散権は，Ⅱ1で見た無答責の元首の存在と並んで，しばしば会議制（régime d'assemblée）と異なる議院内閣制（régime parlementaire）の指標とされる。近年の研究によれば，この分類論の含意は，会議制を敵役とすることで，議院内閣制が，その指標によって，ルールに基づく合理的な権力分立をもたらすと指摘することにある[67]。それを踏まえていえば，Ⅱ2(1)でいう解散権の濫用への懸念は，解散権が会議制と区別されるに値する合理性を政治にもたらすかを案じており，2(3)で見たのは，「60年体制」が，会議制に近い，正解を前提としない利益政治であったとして，そこから選挙制度のみを改めた現在ではその非合理性が極まり，解散権がそれを是正するどころか倍加させうることである。そうだとすれば，苫米地事件は，党利党略による解散は卑怯だというだけでない意味で，解散権に制約を設ける必要を伝えているのではなかろうか。そして，60年判決は，裁判所が制約者になるという方法の是非を考える手がかりを残したといえよう（Ⅰ1を参照）。

65)　丸谷才一『女ざかり』（文春文庫，1996年）310頁。日経2014年9月9日は，経団連会長が時の政権と「徹底的に手をつなぐ」と宣言して，献金呼びかけを再開したことを報じた。［その後の経済界の言説では，日本社会が危機に直面していることによってこうした異様な集権的政治過程が正当化されている。］

66)　石川健治「アプレ・ゲール，アヴァン・ゲール」辻村みよ子＝長谷部恭男『憲法理論の再創造』（日本評論社，2011年）6頁は，憲法の定め（小嶋・前掲注29）372頁～377頁），一党優位体制の現実（高橋・前掲注61）『現代立憲主義の制度構想』）だけでなく近年の与党巨大化も，第三共和政の短命内閣と根において通じているとする。樋口陽一『議会制の構造と動態』（木鐸社，1973年）178頁～179頁，262頁～266頁の描く「はじき出し型」も参照。

67)　Le Pillouer, « La notion de « régime d'assemblée » et les origines de la classification des régimes politiques », *RFDC*, 2004, pp. 326-328.

三菱樹脂事件
—— 復活の日なき無効力論・直接効力論

君塚正臣

Ⅰ．三菱樹脂事件とは何だったか
Ⅱ．三菱樹脂事件は憲法事件だったのか
Ⅲ．憲法の私人間効力はないのか
Ⅳ．もっぱら憲法の最高法規性の問題に純化できる

Ⅰ．三菱樹脂事件とは何だったか

　原告は1963年3月末，大学卒業直後に被告会社（三菱樹脂株式会社。現・三菱ケミカル株式会社）に管理職要員として3カ月の試用期間を設けて雇用された[1]。だが，採用試験の際に提出を求めた身上書の所定の記載欄に虚偽の記載をし，記載すべき事項（生協役員歴など）を秘匿し，面接試験における質問に対しても虚偽の回答をしたことなどを理由に本採用を拒否されたため，仮処分の申請が認容された[2]後，労働契約関係存在確認請求を行った。これがいわゆる三菱樹脂事件である。
　1審[3]は，「大学卒業の新規採用者で見習期間終了後に本採用されない事例は，かつて，なかった」と認定した上で，「質問応答をみると，原告は過去の事実に関しては正面からの回答を避けたやに思われるが，その内容において，きわめて簡単な問答の間に原告の悪意を読み取るのは余りにも酷である」と判断，「原告が従属的労働者である事実と対比するときは，会社がな

---

　1) 終身雇用制神話が根強い時代の，今ではあるいは「古色蒼然とした」事案（大内伸哉「会社の『採用の自由』はどこまであるの？」法教331号〔2008年〕121頁）であるかもしれないことにも注意したい。
　2) 東京地決昭和39・4・27労民集15巻2号383頁。詳細は，外尾健一「三菱樹脂事件和解」日本労働法学会誌48号（1976年）122頁参照。
　3) 東京地判昭和42・7・17判時498号66頁。

した雇傭の解約申入は，なお，その恣意によるものと認めるのが相当であって，解雇権の濫用にあたるものとして，効力を生じるに由がない」として，原告勝訴とした。

2審[4]は，「一方が他方より優越した地位にある場合に，その意に反してみだりにこれ〔思想信条の自由〕を侵してはならないことは明白というべく，人が信条によって差別されないことは憲法第14条，労働基準法第3条の定めるところである」などと判示し，原告一部敗訴部分をも取り消した。被告は，「凡そ憲法の中の人権宣言の規定は……国家……の国民に対する約束なのであって，国民と国民の間の法律関係を規律」しないなどとして上告した。

最高裁[5]は，「憲法の右各規定は，……もっぱら国または公共団体と個人との関係を規律するものであり，私人相互の関係を直接規律することを予定するものではない」とし，「私人間の関係においても，相互の社会的力関係の相違から，一方が他方に優越し，事実上後者が前者の意思に服従せざるをえない場合……に限り憲法の基本権保障規定の適用ないしは類推適用を認めるべきであるとする見解もまた，採用することはできない」とした。

加えて，「憲法は，思想，信条の自由や法の下の平等を保障すると同時に，他方，22条，29条等において，財産権の行使，営業その他広く経済活動の自由をも基本的人権として保障している。それゆえ，企業者は……契約締結の自由を有し，……いかなる者を雇い入れるか，いかなる条件でこれを雇うかについて，法律その他による特別の制限がない限り，原則として自由にこれを決定することができる」とも述べた。そして，「大学卒業者の新規採用にあたり，……管理職要員としての適格性の有無に関連する事項について必要な調査を行ない，……一定の合理的期間の限定の下にこのような留保約款を設けることも，合理性をもつ」としながら，「試用期間を付した雇傭関係に入った者は，本採用……の期待の下に，他企業への就職の機会と可能性を放棄し」ており，「留保解約権の行使は，……社会通念上相当〔な〕程度に至らない場合には，これを行使することはできないと解すべきである」とも

---

4) 東京高判昭和43・6・12判時523号19頁。
5) 最大判昭和48・12・12民集27巻11号1536頁。興味深いことに，芦部信喜編『憲法判例百選I』（有斐閣，1980年）35頁［深瀬忠一］は，人権総論の判決の並びではなく，「信条による差別」の表題で紹介している。

言う。そこで，原判決には「審理を尽さなかった違法があり，その違法が判決の結論に影響を及ぼす……ので，原審に差し戻」したのである。

II．三菱樹脂事件は憲法事件だったのか

1審は必ずしも憲法問題を論じていない。総じて労働法・民法の判例だとも受け取れる。2審が信条による差別を否定するのに憲法14条を持ち出しているが，労働法上の権利の強調のためとも読める。同様に，最高裁が憲法22条等を挙げたことも，これらへの単純な反駁とも取れなくもない。最高裁判決が憲法条文を援用しなければ，また，地裁で確定していれば，本件は憲法判例と認識されなかったであろう。日本では付随的違憲審査制[6]であるため，憲法判断は事案の解決に必要な限りで行われるにすぎない。また，民事訴訟ではどの段階でも上訴等を断念すれば終わり，和解もできる。「憲法事件」でもそうである。実際，本件は差戻し後の高裁で和解となり，原告は復職し，より多額の金銭を得た[7]。被告会社の部長や子会社の社長などを歴任し，2005年に逝去した。過酷な闘争を経て，要求は満たされたと言えよう。

労働事件等でリベラルな判断をした裁判官も含む時代に，本判決は全員一致である。それは意外でもなく，最高裁は下級審に事案を丁寧に見直すことを求めただけであり，だから原告有利の和解を導き得たのではないか。だが本件は，当時の憲法・民法の大学者を巻き込んでの一大憲法論争となり，憲法論が運動論の近似形だった時代の産物か，原告の思惑を超えてモンスター裁判化した。ゆえに，本事件が最高裁で「敗北」に終わると，私人間効力論の熱気は一気に終息する。そして，通説であり，この問題にも多くの研究業績を上げていた芦部信喜の，間接効力説を軸としながらステイト・アクション論まで継ぎ足す学説[8]が批判されることはなく，時が流れた[9]。

6) この肝要な点を踏まえてか，棟居快行「最高裁は何処へ？」全国憲法研究会編『憲法問題(19)』(三省堂，2008年) 59頁は「小さな憲法論」を提唱する。同「私人間適用問題の複眼的考察(上)」神戸法学雑誌38巻3号 (1988年) 559頁より私人間効力論争に着火した棟居の主張として興味深い。毛利透「法曹実務にとっての近代立憲主義(1)―表現の自由①初回は大きな話から」判時2275号4頁 (2016年) の，結局は「大きな憲法論」だという指摘も参照。

7) 外尾・前掲注2)121頁参照。

確かに，本件事案は憲法問題にせずとも解決できる[10]。否，およそ事件は，刑事事件でも行政事件でも，当事者が誰も憲法問題としなければ，「無適用説から十分説明ができる」[11]。では，本判決は無効力説に準拠したのだろうか。高橋和之はそう主張する[12]。高橋は，「憲法は（ゆえに，憲法に規定された人権は），……国家を拘束する」[13]ことを出発点に，本最高裁判決は，「このような問題への対処は，まず法律を制定して行うべきで……，憲法による『直接規律』は予定されていない，というのです。これは，完全な無適用説」だ[14]とする。だが，最高裁が憲法違反を上告理由としたと読め，憲法は「私人相互の関係を直接規律することを予定するものではない」との判示が直接効力説の否定にとどまり（間接効力説も否定するならば，別の判示の仕方があった），企業も対抗する憲法上の権利を有する[15]ことを理由とする点などから，間接効力説だと読む通説的見解が妥当である。なるほど，昭和女子大学事件[16]でも，最高裁は，「憲法19条」等が「私人相互間の関係について当然に適用ないし類推適用されるものではないことは，当裁判所大法廷判例」だとして，三菱樹脂事件判決を引用している。だが，これも，直

---

8) 芦部信喜『現代人権論』（有斐閣，1974年）2頁以下，同『憲法学Ⅱ』（有斐閣，1994年）279頁以下，同『宗教・人権・憲法学』（有斐閣，1999年）224頁以下など参照。

9) 学説状況は，君塚正臣『憲法の私人間効力論』（悠々社，2008年）63頁以下〔以下，君塚・前掲注9)書と表記〕，同「私人間における権利の保障」大石眞＝石川健治編『憲法の争点』（有斐閣，2008年）66頁〔以下，君塚・前掲注9)解説と表記〕，同「憲法の私人間効力論争は何をもたらしたか」月報司法書士447号（2009年）7頁〔以下，君塚・前掲注9)論文と表記〕など参照。

10) 大内・前掲注1)，同「会社は，どのような場合に試用期間後の本採用拒否ができるの？」法教335号（2008年）61頁などは，労働法判例として本判決を取り上げる。同判決を強く批判する萬井隆令「『判例』についての一試論」龍谷法学40巻1号（2007年）72頁も同様。

11) 高橋和之「私人間効力論再訪」ジュリ1372号（2009年）151頁。なお，高橋説の分析については，榎透「私人間効力論における憲法と立憲主義」専修法学論集126号（2016年）63頁も参照。

12) 高橋同様，奥平康弘もそう主張したという指摘もある。山元一「憲法理論における自由の構造転換の可能性(1)」長谷部恭男＝中島徹編『憲法の理論を求めて』（日本評論社，2009年）25頁。ただし，奥平は同判決否定の目的でそう論評した点で，大きく異なる。

13) 高橋・前掲注11)148頁。

14) 高橋・前掲注11)150頁。

15) 高橋・前掲注11)150頁もまた，無効力説だと言うには，「ここで22条や29条を持ち出すのは矛盾するのではないか，という批判が」あることを認識している。

16) 最判昭和49・7・19民集28巻5号790頁。

接効力説は否定したという趣旨にすぎまい。日産自動車事件[17]では,「性別のみによる不合理な差別」は「民法90条の規定により無効であると解するのが相当である(憲法14条1項,民法1条ノ2参照)」と判示するが,最高裁の立場が無効力説であれば,この憲法条文の引用は不可解である。

高橋は,プライバシーと表現の自由が衝突した「逆転」事件[18],精神的自由同士が衝突したサンケイ新聞事件[19]を取り上げ,「私人間の争いに憲法を持ち出してもダメですよ,と答えれば済んだ」[20]などと述べ,杣山事件[21]も無適用説の判例とする[22]。しかし,両当事者が民法の不法行為法の範囲内で争ったのであれば,憲法の出番は(事実関係だけが争点の刑事事件と同様)ないのであるが,一方当事者が,民法709条の合憲的解釈を求め,必要ならば,法廷は民法709条の憲法解釈を示すべきである。その意味で,これらの判決を多くの憲法判例集が取り上げることは,誤りではない[23]。逆に,民法にアクセス権規定があれば,最高裁はこれを違憲と判示したと推測できる。実際,最高裁は民法900条4号ただし書や733条を法令違憲と判断している[24]。民法条文の憲法判断は当然に可能であることは明らかであり,合憲限定解釈や適用違憲も可能である[25]。名誉と表現の自由の衝突として知られる,謝罪広告事件[26]では,民法723条の「名誉を回復するに適当な処分」として謝罪広告が憲法19条に反しないかの合憲限定解釈が求められた[27]。下級審ながら,日中旅行社事件判決[28]でも,憲法14条・22条と労働

---

17) 最判昭和56・3・24民集35巻2号300頁。
18) 最判平成6・2・8民集48巻2号149頁。
19) 最判昭和62・4・24民集41巻3号490頁。
20) 高橋・前掲注11)151頁。
21) 最判平成18・3・17民集60巻3号773頁。
22) 高橋和之+「国家と憲法」研究会「討論」法時82巻5号(2010年)70頁[高橋発言]。
23) 長谷部恭男ほか編『憲法判例百選Ⅰ〔第6版〕』(有斐閣,2013年)もこの立場である。
24) 最大決平成25・9・4民集67巻6号1320頁,最大判平成27・12・16民集69巻8号2427頁。
25) 君塚正臣「合憲限定解釈の再検討―労働基本権を制約する最高裁判決を素材に」帝塚山法学11号35頁(2006年),同「法令違憲」横浜国際経済法学20巻3号(2012年)29頁など参照。
26) 最大判昭和31・7・4民集10巻7号785頁。
27) 北方ジャーナル事件(最大判昭和61・6・11民集40巻4号872頁),高校バイク禁止校則(最判平成3・9・3判時1401号56頁),日蓮正宗管長事件(最判平成5・9・7民集47巻7号4667頁),女児交通事故死逸失利益(最決平成14・5・31交民集35巻3号607頁)なども実は同じ線上に乗る。

基準法3条の関係が示され，住友電工事件[29]でも，憲法14条と22条・29条の「間の調和」が求められた。労災認定の等級の男女差を憲法14条違反とした判決[30]や，ゴルフクラブが性別変更を理由に入会等を拒絶した事案で，憲法14条を「不法行為上の違法性を検討するに当たっての基準の一つ」とした判決[31]もある。旧態依然的な公法私法二元論により，私法関係には憲法は及ばない，「私法」と分類されれば憲法の最高法規性から逃れられるのではあるまい。無効力説はあり得ず，判例でもない[32]。

　この点，「憲法9条は……私法上の行為に対しては直接適用されるものではない」とした百里基地訴訟[33]について高橋は，「私法関係には憲法の適用はないとして三菱樹脂等の従来の判例が統一的に説明され」たと述べる[34]。ところが続けて，「公法と私法を区別することは現代社会の法関係において困難になって」おり，「日本国憲法の解釈論としては，早期に克服すべき問題点」だと批判するのである[35]。そもそも，同判決が批判されるのは，明らかに国の行為であるにもかかわらず，憲法の拘束を受けないとした点にある。立法という国の行為に憲法判断が及ぶことと同様，当然である。最近の間接効力説に分類される学説もそう言おう。高橋も結論は同じであり，「百里基地判決の射程は，国家が当事者となっている場合，つまり，非私人間関係に限定されるものと解」すべきだとする[36]のであるが，無効力説に立つならば，この判決こそ私法関係での無効力説の格好の証拠であり，判例も整合的に解せるところ，そう述べない高橋説の立場は解せない。百里基地最判は，財産権の規制として著しく不合理でないか，あるいは統治行為論などを用いるべき事案での用いるべき法理選択の失敗ではなかったか。

---

28)　大阪地判昭和44・12・26判時599号90頁。
29)　大阪地判平成12・7・31判タ1080号126頁。君塚正臣「判批」平成12年度重判解（ジュリ1202号）209頁参照。
30)　京都地判平成22・5・27判時2093号72頁。
31)　静岡地浜松支判平成26・9・8判時2243号67頁。
32)　判例の分析につき，根森健「〔憲法の人権規定の〕私人間効力」法教357号（2010年）36頁，39頁～40頁も参照。なお，私人間効力は人権規定だけの問題ではない。
33)　最判平成元・6・20民集43巻6号385頁。
34)　高橋・前掲注11）159頁。
35)　高橋・前掲注11）159頁。
36)　高橋・前掲注11）160頁。

III. 憲法の私人間効力はないのか

　判例は無効力説ではないと思えるが,より重要なのは,仮にそうだとしても,無効力説が理論的に正当か,である。この検討が必要になったのは,ひとえに,憲法学説としては絶滅していた無効力説が近時黄泉返り,一部で強く唱えられていたことによる[37]。

　高橋和之は,総じて新間接効力説,特に君塚説を批判した後,国家の基本権保護義務論[38]に言及し,「憲法の名宛人は国家である」という「憲法観を修正している」現在の「ドイツの間接適用説」も受け入れる必要はないとする[39]。その上で,「立憲主義の基本的な考えからすれば,私人間の規整は法律で行うということが原則」[40]であるので,個人の尊厳などの「根元的価値は,前憲法的価値原理としては全社会関係を基礎づけ」るものの,「私人間の関係は民法をはじめとする『私法』（法律）により規律され」,「民法も憲法と同じ価値原理にコミットして制定されて」おり[41],民法（私法）「を『合憲的に解釈せよ』という意味に理解するのは正しく」ないと断言する[42]。

　これは結局,憲法は民法（私法）の上位規範ではないとの主張であり,憲法98条と矛盾する。私法を憲法の拘束から解き放つ,旧い公法私法二元論の復活である[43]。私法は私法で,「実定法を支える根元的な価値原理に従っ

---

[37]　山元一「憲法理論における自由の構造転換の可能性（2・完）」慶應法学13号（2009年）94頁は,無効力説支持者増を語るが,筆者の認識は全く異なる。

[38]　堀内健志「基本的人権の私人間効力論の再構成をめぐって」人文社会論叢社会科学篇（弘前大学）17号（2007年）61頁,亘耳格「参入規制緩和と生命・健康そして生存権」法教335号（2008年）38頁,駒村圭吾「基本権保護義務と私人間効力論・再訪」同336号（2008年）48頁,石川健治「隠蔽と顕示」同337号（2008年）40頁,小山剛「震災と基本権保護義務」同372号（2011年）4頁,同『憲法上の権利」の作法〔第3版〕』（尚学社,2016年）129頁以下,松本和彦ほか「日本国憲法研究（12）私人間効力」ジュリ1424号（2011年）56頁など参照。

[39]　高橋・前掲注11）156頁。

[40]　高橋・前掲注11）157頁。

[41]　高橋・前掲注11）157頁。高橋和之「私人間効力論とは何の問題で,何が問題か」法時82巻5号（2010年）61頁は,「私人間には超憲法的な人権が及んでいる」とする。

[42]　高橋・前掲注11）157頁。

て解釈せよ」，例えば「民法90条の『公序良俗』の意味，709条の『不法行為』の意味は，すべての個人に平等に尊厳を認める社会においては，私人間の『公序』とはいかなるものであるべきか，どのような場合に不法行為を認めるべきかを考えて判断する」のだとし[44]，「自然権，あるいは道徳的哲学によって認められる利益を使ってバランスする」[45]として，実定法から離れる。かつ，その発見方法は語られない[46]。

　高橋が，「裁判所としては，憲法に違反しないように民法を解釈適用しなければならないという話だ」，「間接適用説というのは，実は，私人間に適用される法律を合憲的に解釈適用せよということにすぎないのではないか」[47]などと述べる点は，筆者が先行して展開したもので[48]，新間接効力説の一般的主張である[49]。仮に，旧来の間接効力説が「民法の一般条項を使って，そこに憲法価値を間接的に読み込んでいく」[50]とする意味が，まさにある私人の行為自体を間接的に憲法違反とするものだとしても，近時の新間接効力論の論者の多くはそうは言わない[51]。かくあるべき間接効力説の空想に基づく批判である。「適用するという以上，憲法が私人間に何らかの形で効力を及ぼしているということが必要」[52]，「横の関係は未確定部分に関する限

---

　43) この意味で，高橋・前掲注11)160頁注16)が引用するような多くの批判はやむを得ない側面がある。
　44) 高橋・前掲注11)157頁。
　45) 高橋・前掲注41)62頁。
　46) 高橋ほか・前掲注22)66頁［高橋発言］は，「お示しできるような結論はもっていません」と述べる。
　47) 高橋・前掲注11)150頁。
　48) 君塚・前掲注9)書262頁以下。初出は，同「第三者効力論の新世紀(2・完)」関西大学法学論集50巻6号（2001年）1297頁。
　49) 小山剛「憲法上の権利か『自然権』か」法時82巻5号（2010年）57頁は，「ドイツの学説」の文脈では，「高橋説は実は間接適用説の嫡出子である，という読み方も不可能ではない」とする。同論文58頁は，高橋説と「基本権保護義務論との相違は，前憲法的な『人権』に連結点を見出すか，それとも憲法に取り込まれた『基本権』（の客観法的次元）にこれを見出すか（だけ）」だとするが，無効力説と間接効力説の理論的差は大きい。
　50) 高橋・前掲注41)59頁。
　51) 海野敦史「憲法上の通信の秘密不可侵の権利性とその私人間効力」社会情報学研究14巻2号（2010年）25頁は「私人間にも通信の秘密不可侵の効力が及ぶ」としており，旧間接効力説に属しよう。
　52) 高橋・前掲注41)60頁。

り民法に委ねられると言うことですから，憲法は無適用になります」[53]という批判も不可解で，かつ先行業績の誤読である。しかも，私法の合憲的解釈を批判するのは，合憲的解釈を語る高橋自身の言説と矛盾する。

　高橋の主張を，もし素直にとれば，およそ私法の条項が違憲であることはないという旧来の無効力説そのものとなり，なぜ憲法違反の法令が法廷内を素通りできるのかという根本的な疑問が完全に残る。しかも，民法の根元的な価値原理がどうして存在しうるのか[54]，憲法のそれと矛盾していたらどうなるのかという疑問，端的には「民法が国家法ではないかのような」「時代遅れの主張」[55]だという痛烈な批判に答えていない。憲法と民法の価値原理は同じだ（少なくとも矛盾しない）と信じられようか。近代民法の指導原理としては，契約（法律行為）自由，所有権の絶対，過失責任主義などが思い浮かぶが，必ずしも憲法の一般的理念と一致せず，憲法の理念は私法では最優先でない。民法1条が「信義に従い誠実に」，「権利の濫用は，これを許さない」，2条が「個人の尊厳と両性の本質的平等」などを謳うことが高橋の主張の拠り所のようにも思えるが，では，この条項が民法になければ，横暴な者を利す家父長主義的な判決を下してもよいのだろうか[56]。より実践的には，いわゆる人権問題について，「民法学をどこまで信頼できるか」[57]の問題である[58]。日本国憲法は私法の一般条項等の解釈を制限し，これを修正する公権解釈を裁判所は導くべきものである[59]。高橋は，「憲法上の人権を参考にしながら，私人間関係の特質を考慮して必要な修正を加えて具体

---

53) 高橋ほか・前掲注22)65頁［高橋発言］。
54) 小山・前掲注47)58頁も，高橋説はこの「説得力と命運をともにする」とする。
55) 渋谷秀樹『憲法〔第3版〕』（有斐閣，2017年）138頁。
56) 新井敦志「人権保障規定の私人間効力について」立正法学論集44巻1号（2010年）23頁，38頁は，この問題を（民法解釈における）「リーガル・マインド論」や「姿勢・心構え」の問題に転換してしまう。
57) 高橋ほか・前掲注22)67頁［山本龍彦発言］。
58) 西村枝美「憲法の私人間効力は近代法の構成要素か」法時82巻1号（2010年）85頁の言う「私法の領域での『始原の権利』の欠落」の虞れである。他面，山元・前掲注12)19頁は「国家による憲法の名の下における個人の法的拘束」を危惧するが，広義の人権擁護に寄与するのは何れだろうか。
59) 加えて，高橋和之「人権論のパラダイム」全国憲法研究会編『憲法問題(17)』（三省堂，2006年）38頁は「国際人権」に触れるが，国内法化された条約は日本では法令に上位し，憲法と矛盾しない限りで，法令の解釈を拘束するはずである。

的内容を考えていくというアプローチ」60)を模索するが，法理論上はもっぱら民法解釈であり，上位規範たる憲法上の人権を参考にしなくてもよいことになる点もすこぶる疑問である。高橋は，「それは，憲法上の人権を直接あるいは間接に適用するという作業ではありません」61)と述べるので，そう解せる。逆に参考にせよと命じるのであれば，それは憲法の（間接）効力を認めたのである。高橋は，「憲法が人権を規定している限り，その『憲法上の人権』と法律が規定する人権の違いを識別し，両者の関係をどう捉えるかという問題は理論上存在するのであり，違憲審査制が導入され，私人間における『人権』侵害に裁判所が直面するとき，この問題が顕在化する」62)とも述べる点はもはや間接効力説であり63)，自説の看板と適合していない。

　高橋は，「相手に対しては憲法論抜きの公序良俗論あるいは不法行為論を展開する」一方，「双方が国家に対して私の人権を尊重せよと争う構図とな」るのは誤りだ64)と述べる。「原告は被告と違い，裁判所に対してそのように主張することはできない」65)と言う。裁判所が「原告の請求を認めない場合には，原告に対して何も命ずるわけではないから」66)というのがその第1の理由である。だが，それは，原告の憲法上の主張が敗れただけのことである。一般「条項を適用しなかったと言うべき」67)なのとも異なる。また，「原告の請求を認める場合には，被告に対して一定の行為（作為または不作為）を命ずることになり，その命令が被告の権利を侵害しないのかという形で問題が生じ」る68)と述べるのだが，原告と被告が逆になれば憲法問題化できるというのも不可思議である。「国家が侵害を行っているわけではありません。国家は何もしていない」69)とも言うが，国家法の違憲的適用を裁判所が見逃

---

60)　高橋・前掲注11) 157頁。
61)　高橋・前掲注11) 158頁。
62)　高橋・前掲注11) 160頁注16)。
63)　宍戸常寿「私人間効力論の現在と未来」長谷部恭男編『人権論の再定位(3) 人権の射程』（法律文化社，2010年）35頁も，高橋説を，「現実の紛争処理としては間接効力説に近い」と評する。
64)　高橋・前掲注11) 150頁。
65)　高橋・前掲注11) 152頁。
66)　高橋・前掲注11) 152頁。
67)　高橋・前掲注11) 153頁。
68)　高橋・前掲注11) 152頁。
69)　高橋・前掲注11) 153頁。

す結果を,無効力説は見落としている。「国家の責任」の問題ではない。裁判所は当事者の憲法上の主張が適切なら受け止め,解釈するのみである[70]。

高橋はさらに,「かりに原告の違憲の主張を許したとしても,……国が原告と被告の人権をどこまで制約することが許されるかを考えて線引きをする」のであるから,「原告に対する合憲的な制約の限度と被告に対する合憲的な制約の限度がぴったり一致すれば,自動的に結論がでます」が,そんな「保障はあるのでしょうか」と述べ[71],「両者の人権を合憲的に制約しうる領域には,ある程度の幅があるというのが普通」[72]だと言うのだが,これは君塚説である[73]。「合憲的に制約」するなら,無効力説ではない。裁判所の憲法解釈により,すべての事案の解決線が憲法上一義的に決まるとは思えず,批判は誤読以外の何物でもない[74]。憲法は,国による法令の解釈適用が違憲でないことを求めるのみであり,両当事者の主張が財産権的権利であれば,私法の一般条項の解釈幅が,憲法によってほとんど縮まることにはならない[75]。これは,二重の基準論とも適合的であり,宇奈月温泉事件[76]以来の類型が,私人間効力の問題と認識されなかったこととも符合する。「民法の一般条項の解釈は,社会の変化に合わせてもっと柔軟かつダイナミックに行」えるのに,「なまじっか裁判所が憲法の直接あるいは間接的な適用の結果として提示すると,法律改正によっては訂正できな」い「硬直化」が生じる[77]との主張は,硬性憲法(立憲主義)の否定に等しい。

高橋が無効力説に拘る理由は,憲法は短命だが民法は永遠で,裁判所は憲法判断をしないフランス法の伝統に依拠している[78]からとも考えうるが,

---

70) 高橋・前掲注11)154頁でも再び,「棄却により本当に自己の人権が侵害されたというなら,国に対して国家賠償を求めるべきだという理屈になるのではないでしょうか」と述べるが,これも同様に批判されよう。
71) 高橋・前掲注11)153頁。
72) 高橋・前掲注11)153頁。
73) 君塚・前掲注9)書262頁以下参照。初出2001年。
74) 君塚・前掲注9)解説67頁は,市川正人「憲法論のあり方についての覚え書き」立命館法学271・272号(上)(2000年)57頁以下,木下智史『人権総論の再検討』(日本評論社,2007年)を,「なお憲法の決定力を信じる傾向にある」と評する。
75) 君塚・前掲注9)書282頁〜287頁参照。
76) 大判昭和10・10・5民集14巻1965頁。
77) 高橋・前掲注11)158頁。

司法審査基準論をめぐる「通常審査」の主張[79]と併せると，(フランス法的伝統とも異なる) 裁判官の法解釈への全幅の信頼の表れだともとれる。しかし，まず，民主的に選ばれていない裁判官に広汎な裁量を与える憲法上の根拠が不明である。また，そうであれば，各法令の解釈に委ねるべく憲法の拘束を緩め，基本線は合理性の基準となるべきであって，「通常審査」ではない[80]。高橋説の齟齬は大きく，やはり無効力説には依拠できない。また，無効力説である憲法学者の高橋が，あとは民法の解釈に委ねるとして議論を切り上げず，各事案のあるべき結論を語り続けているのは，不思議である[81]。「国家の役割を，個人の尊厳を基礎にした社会を実現し，維持していくことだ」[82]との言も，さらに謎である。

IV. もっぱら憲法の最高法規性の問題に純化できる

　無効力説の混迷は，付随的違憲審査制下の憲法判断とは何かの誤解に基づく。民事訴訟である森林法判決[83]でも，被告やその行為が違憲とされた (直接効力論) のではなく，違憲とされたのは森林法という法令である。また，「人権」配慮的に私法が解釈されただけ (無効力論) でもない。このよ

---

78) この分析は，山元・前掲注12)27頁以下参照。高橋和之「『憲法上の人権』の効力は私人間に及ばない」ジュリ1245号 (2003年) 137頁は，日本の憲法学では「フランスの状況はまったく視野の外」だが「現代人権論においても原則」だとする。しかし，齊藤笑美子「フランスにおける憲法規範の私人間適用をめぐる考察」一橋法学9巻3号 (2010年) 19頁は真っ向からこれを否定する。水林彪「憲法と民法の本源的関係」全国憲法研究会編『憲法問題(21)』(三省堂，2010年) 7頁も参照。

79) 髙橋和之『現代立憲主義の制度構想』(有斐閣，2006年) 23頁，同『立憲主義と日本国憲法〔第4版〕』(有斐閣，2017年) 136頁〜137頁など。

80) 特に，君塚正臣「二重の基準論の意義と展開」佐藤幸治先生古稀記念論文集『国民主権と法の支配(下)』(成文堂，2008年) 31頁，39頁〜44頁参照。ほかに，同「二重の基準論の応用と展望」横浜国際経済法学17巻2号 (2008年) 1頁，同「司法審査基準」公法研究71号 (2009年) 88頁など。

81) この点，高橋ほか・前掲注22)68頁［高橋発言］は，「人権学というのを考え」，「国際人権も含めて……理論構成」するのは，「憲法学者はやってはいけないということではない」と述べるが，憲法から国際法・刑事法・私法秩序までに及ぶ理論構成をあまり見るものではない。補足すれば，この高橋発言の延長に2012年頃の新司法試験・憲法の出題や採点実感の迷走はないか。

82) 髙橋・前掲注41)63頁。憲法とは国家を創設する社会契約なのであろうから。

83) 最大判昭和62・4・22民集41巻3号408頁。

うな判決手法は（適用違憲等であっても），言わば間接効力説の立場である。これが承認できれば，私法の一般条項がその意味で特殊なものでない[84]以上，同様である。ただ，包括規定であるため，法令違憲の可能性は事実上ゼロに等しいだけのことである[85]。

　高橋は，「国家との関係は縦の関係である，私人間というのは横の関係であると表現し，縦の関係を横の関係に適用するためには，縦をどこかで横にしなければいけないけれども，……間接適用説は，この点の説明に成功していない」と論難する[86]が，憲法は法令にしか影響しない以上，縦を横にする操作は全く必要ない。「基本権から客観法的なものを抽出して，全方位的な効力を持つ憲法規範を導き出し，……私法の一般規定に充填可能」[87]だとの思考も必要ないのである。高橋の危惧する「基本権を客観法化する」懸念[88]もないのである。

　高橋はまた，「最高規範だからその下にある全法秩序に対して効力をもつと誤解されやすい」[89]とも批判するが，下位法令のすべてを拘束する点では誤解ではなく（むしろ当然），私人を拘束すると解しているのであれば誤解である。「従来の議論も，当然法律規定を合憲解釈し，適用するのを前提にしながら，それで解決できない問題が残るから，その残った部分をどうするかということを一生懸命議論してきた」[90]（ママ）と言うのであるが，従来の議論に

---

[84]　私人間効力は特に間接効力だと言う必要もない。この意味で，宍戸・前掲注63)36頁の「私人間効力という問題設定の否定」との評価もあり得る。

[85]　筆者の立場に賛同していると思われるものとして，青井未帆「人権保障と市民社会」法セ641号（2008年）26頁，原田いづみ「構造的差別解消という視点から憲法の私人間効力論を考える」明治学院大学法科大学院ローレビュー9号（2008年）61頁，宮崎哲弥「書評」産經新聞2008年12月29日，棟居快行「私人間の憲法訴訟」戸松秀典＝野坂泰司編『憲法訴訟の現状分析』（有斐閣，2012年）28頁注2)などがある。山元・前掲注37)96頁注105の木下・君塚批判は，法理論の問題を法文化の問題に変換しており，適切とは思えない。その，文化論への転換は，西村枝美「憲法の私人間効力の射程(1)〜(8)」関西大学法学論集62巻2号159頁，同3号125頁（2012年），同6号167頁，63巻1号98頁，同2号50頁（2013年），同6号73頁（2014年），65巻5号194頁，同6号86頁（2016年）にも色濃いように思われる。

[86]　高橋・前掲注41)60頁。高橋和之「人権の私人間効力論」高見勝利ほか編『日本国憲法解釈の再検討』（有斐閣，2004年）16頁注14)の君塚説批判以来そうなのであろうか。

[87]　高橋・前掲注39)60頁。

[88]　高橋・前掲注39)61頁。

[89]　高橋・前掲注39)62頁。

[90]　高橋・前掲注39)62頁。

そもそも合憲解釈との認識があったかは微妙であり，なおかつ，残る問題は憲法の手の届かない，私法解釈の問題とすればよい，なぜなら合憲限定解釈とはそういうものだから，である。基本権保護義務論的用語をあえて渋々用いれば，「過少保護」でも「過剰侵害」でもなければ憲法上は問題がなく，憲法が間接効力を有するということは憲法上許容される事案の解決が一点に絞られるということではない[91]，と言えば理解されるのだろうか[92]。「反射効」的効果[93]なのでもなく，憲法は私法の解釈を法的に制限するのである[94]。裁判所の私法解釈幅は，司法審査基準などの問題に帰着するはずである[95]。表現の自由やプライバシー権では狭く，財産権では広い。三菱樹脂事件に戻れば，裁判所は，特に思想信条の自由を無視する私法一般条項の解釈はできない（被告が傾向企業や政党であれば，両面から検討せねばならない点に注意。理論的には，株式会社側の経済的自由を無視する解釈もできない）が，経歴詐称などをどう評価するかは民法・労働法の解釈の問題ではあるまいか[96]。結論が似たようなものならばこの論争に意味はない[97]との指摘もあり得ようが，理論的適否は別問題である[98]。ステイト・アクション理論[99]は，この思考の結末であって，先行する判断枠組みではなかろう。

---

[91] 「精神的自由対経済的自由だから前者の必勝，ではない」。君塚・前掲注9)論文12頁。

[92] 高橋・前掲注41)62頁は，あくまでも新聞接効力説が結論を一点に収斂できないことは論理破綻であると繰り返し，高橋ほか・前掲注22)68頁［山元一発言］も，間接効力説とは「民法を適用するという皮を使いながら，実は憲法判断をしている」と評するが，この説の論者の多くはそのような主張を行っていない。同65頁［小山剛発言］も，「未確定部分は，民法にゆだねられます。君塚……もこの点は同じだ」とする。

[93] 高橋・前掲注41)63頁は，こう形容する。

[94] その究極的な憲法上の根拠は，私的自治の要請を鍵として，13条なのかもしれない。佐藤幸治『現代国家と人権』（有斐閣，2008年）152頁，宍戸・前掲注63)40頁参照。だが，精神的自由や生来の差別が主戦場となる私人間の紛争で，切り札は13条とは言えそうもない。なお，この組立てすら高橋説は拒絶する。高橋・前掲注78)145頁。

[95] ステイト・アクション理論に傾倒する，山本克司「キリスト教学校における人権問題」聖カタリナ大学キリスト教研究所紀要11号（2008年）39頁～41頁も，結局は，二重の基準論による調整を提唱する。

[96] 大内・前掲注1)119頁が指摘するように，労働法上，企業の採用の自由は実は意外と狭い。

[97] 長谷部恭男「基本権条項の私人間効力」法教344号（2009年）73頁。

[98] 西村・前掲注58)86頁が指摘するように，複数の解釈のうち，なぜ憲法解釈ではなく法律解釈を優先すべきかを，高橋説は述べていない。

[99] 松井茂記『日本国憲法〔第3版〕』（有斐閣，2007年）331頁～332頁など。

アメリカで何が具体的に「州の行為」と見做せるかは、判例にもブレがあり、根拠は乏しく、実際には裁判所が違憲無効としたいものを「州の行為」があると言ってきたに過ぎなかろう。連邦政府が制限政府であって、人種差別が突出していたアメリカゆえの理論ではなかったかとの印象は拭えなかった[100]。

　同様に、直接効力説も妥当ではない[101]。例えば、三並敏克は、「企業による人権侵害の温床地となっていること」、「政・官・財の三位一体の癒着構造や企業本位の政治・行政が拡大・堅持され続け、」「『企業国家』にまでしたこと」[102]から展開して、憲法の人権規定は「原則的にはすべて原則規範をもち、その法的効力として第三者効力をもつ」[103]とする。かつ、それは「『優越的効力』をもつとの意味合いで語られ得る」[104]とまで述べる。藤井樹也は、社会的権力論概念は用いず、日本国「憲法の明文規定からは侵害者が国家に限定されることが要請されているわけではな」い[105]ことを議論の発端にする。そのことから、「端的に憲法上の救済として差止を承認して直接憲法を根拠に救済するのが、法的理論構成として論理的整合性の点ですぐれている」[106]と述べ、「私人による憲法上の『権利』の侵害」という観念が成立する場合があるのであって、「民刑事法による救済が不完全な場合には直接憲法にもとづく救済が可能であると考え」られるとする[107]。

　しかし、直接効力説に対しては、そもそもそれで解決が付くのであれば、なぜ法令が必要かという根本的疑問がある[108]。人権条項の直接効力を予定

---

100)　君塚・前掲注9)書210頁～213頁、君塚・前掲注9)論文10頁参照。
101)　以下、詳細は、君塚正臣「性差別と私人間効力」ジェンダー法学会編『講座ジェンダーと法(4)』(日本加除出版、2012年) 23頁、28頁以下参照。無論、「復活の日なき直接効力論」のつもりである。
102)　三並敏克『私人間における人権保障の理論』(法律文化社、2005年) 2頁。
103)　三並・前掲注102)384頁。
104)　三並・前掲注102)400頁。
105)　藤井樹也『「権利」の発想転換』(成文堂、1998年) 261頁。
106)　藤井・前掲注105)266頁。
107)　藤井・前掲注105)274頁～275頁。この立場は、日本公法学会報告での質疑応答でも繰り返された。渡辺康行ほか「第一部会討論要旨」公法研究71号 (2009年) 138頁、147頁〔藤井樹也発言〕。
108)　新直接効力説批判については、君塚・前掲注9)書186頁～190頁も参照。

する日本国憲法が，何故，国会という機関を設け，国民主権原理を冒頭の1条で唱えたのか，また，古典的な直接効力説である三並説などに対しては，直接効力が何故，私人の中でも「社会的権力」にだけ及ぶ憲法上の根拠は何処にあるのか，それは定義できるのか，などの疑問が付き纏う[109]。直接効力説は一般に，憲法上の価値が私人に押し付けられる危険性も秘めており，区別なく，私人関係におよそ憲法が効力を及ぼすという藤井説には，逆に，人民裁判等で，お前は憲法違反の存在だと断罪される恐怖が襲いかかろう。

加えて，芦部説のように，憲法条項のうち，一部の条文が無効力，一部が間接効力，一部が直接効力を有するなどのような混在説・折衷説[110]もあり得ないということになる。憲法とは，国家を拘束する社会契約であるのか，国民をも含む社会の一般規範であるのかという根本問題に関わり，少なくとも明示的な記述もないのに，条文により，その立場が交錯することはあり得まい。ところが，以上の説は，その全く異なる憲法観を，同じ憲法が抱え込むことを黙殺する。そして，何故，その条項だけが直接効力に転ずるのかについて，自説の中での重要性以上の説得力ある説明を見ないものである。憲法18条ですら，奴隷的拘束を許容しないよう，私法の一般条項を厳格に合

---

[109] 企業にも巨大企業から町工場まであり，線引きに苦しむ。私大や宗教団体はどうか。また，一従業員にとって企業は「社会的権力」であっても，管理職や株主にとって一律にそうなのかはわからない。「夫」「妻」「父」「母」ですら「社会的権力」でないかどうかは，児童虐待やDVも頻出する中，意外と難問ではないか。

[110] 近年では，齊藤芳浩「私人間効力論の考察」阿部照哉先生喜寿記念『現代社会における国家と法』(成文堂，2007年) 271頁，同「私人間効力論に関する幾つかの問題点の検討」大石眞先生還暦記念『憲法改革の理念と展開 (下)』(信山社，2012年) 487頁，巻美矢紀「私人間効力の理論的意味」安西文雄ほか『憲法学の現代的論点〔第2版〕』(有斐閣，2009年) 259頁，糠塚康江「『憲法と民法』関係論」全国憲法研究会編『憲法問題21』(三省堂，2010年) 30頁，岩間昭道「憲法綱要」(尚学社，2011年) 48頁以下など。詳細は，君塚・前掲注9)論文25頁以下参照。なお，フランス憲法研究者のこの種の主張は，高橋説以前にもある。中村睦男「フランス法における人権の保障」公法研究38号 (1976年) 211頁，上村貞美「フランスにおける私人間の人権保障」香川大学一般教育研究16巻 (1979年) 25頁，樋口陽一「社会的権力と人権」『岩波講座基本法学(6)──権力』(岩波書店，1983年) 345頁，同「憲法・民法90条・『社会意識』」栗城壽夫先生古稀記念『日独憲法学の創造力 (上)』(信山社，2003年) 137頁，同「民法と憲法」日仏法学24号 (2007年) 34頁など。ただし，「新・無効力説がより妥当」と述べる髙井裕之はアメリカ憲法研究者である。辻村みよ子編著『ニューアングル憲法──憲法判例×事例研究』(法律文化社，2012年) 59頁［髙井］。ただ，保護義務論の否定と憲法13条の役割変化が主な論拠であり，論拠不十分に思える。君塚・前掲注101)論文34頁注24参照。

憲限定解釈すればよいのであるから，直接効力説を一部ですら動員する必要もない。新間接効力説への収束・純化は，やはり適切である。まして，具体的に挙げる条項も18条を除けば異なるように見えるのであるから，根拠にも根本原理を覆すだけの説得力はないであろう。

　補足すれば，新間接効力説の中でも，「憲法上の権利の対国家性と私人間の法関係への憲法の干渉を両立させる媒介項を保護義務に求め」[111]る必要はない。高橋は，「横関係は議論しないで縦関係で説明するのが，国家保護義務論の説明の仕方」[112]だと評するが，これを採らずとも何ら問題はない[113]。小山剛は，「基本権がもっぱら対国家的防御権であるとすれば，民事裁判官の基本権への拘束は当然には生じない」[114]と述べているが，公務員が公務上，憲法と法律に従うのは当然であって，民事裁判官も例外ではない。国際私法（公序条項の活用）や国際民事訴訟法（外国判決の受容など）についての応答[115]も難しかろう。小山は，「私人間効力が特殊な問題だと考えられてきたのは，その手法の正体が合憲限定（拡張）解釈だと気付かなかったため（だけ）ではなかろう。保護義務という，もう一つの部品を発見できなかったためでもある」[116]と，結論付けている。しかし，これには，保護義務論は不要である以上に，これを構えることによって，私法の一般条項に関する場面の問題が特殊化してしまう弊害も指摘できよう。一般的な「国家保護義務」への芦部信喜，佐藤幸治らの（特にこの語が学界外で独泳を始める）危惧[117]はなお重く，（国会が焼け落ちるような）火遊びは避けたい。

---

[111]　小山・前掲注49)論文58頁。高橋の「重要な指摘」が「私人間の法関係に対する防御権の効用を再度認識させたこと」（同論文同頁）かも疑わしい。

[112]　高橋・前掲注41)論文60頁。

[113]　詳細は，君塚正臣「二重の基準論とは異質な憲法訴訟理論は成立するか―併せて私人間効力論を一部再論する」横浜国際経済法学18巻1号（2009年）17頁，32頁以下参照。前掲注36)引用文献を踏まえても結論は変わらない。

[114]　小山・前掲注38)書139頁。

[115]　君塚・前掲注9)書415頁以下参照。

[116]　小山剛「『私人間効力』を論ずることの意義」慶大法学研究82巻1号（2009年）197頁，207頁。

[117]　芦部・前掲注8)III書230頁，佐藤・前掲注92)書150頁など参照。このことが憲法上の人権の対国家性を曖昧にし，国家の過剰な介入を助長し，人権擁護法案などを助長しているとの懸念がある。横大道聡ほか「人権教育についての覚書」鹿児島大学教育学部教育実践研究紀要19巻（2009年）1頁，5頁～6頁など参照。

三菱樹脂事件を象徴的な存在とし、芦部説が「〈国家の影〉を感知し、理論として動揺」[118]したことを原因だと評する者もある私人間効力の長き論争は、ほぼ終わったはずである。だが、随所で「延長戦」が燻る。この論点が憲法理論の十字路であったことを振り返れば[119]、主張が憲法の様々な基本理念や方法論の転換を招いてしまう重大さを嚙み締め、責任を自覚した総論的統一的理論の提示が必要である。それは、上位法は下位法を破るとの原則（憲法の最高法規性）に従えばよく、特殊な場面における特殊な法理としての私人間効力論は終わらせてよいというだけのことであろう[120]。

＊本稿では敬称はすべて略させていただきました。

---

118) 山元・前掲注12)論文16頁。
119) 君塚・前掲注9)書235頁参照。
120) 君塚・前掲注9)書554頁。

薬事法距離制限違憲判決
―― 職業選択の自由と距離制限をともなう開設許可制

松本哲治

I．距離制限・内閣法制局・議員立法
II．薬事法距離制限違憲判決

I．距離制限・内閣法制局・議員立法

1．議員立法による公衆浴場法の距離制限規定の追加

　公衆浴場法（昭和23年法律第139号）は距離制限をともなう開設許可制（2条）を採用しているが，この距離制限規定は，制定時の同法には存在しなかった。その追加については，公衆浴場業者から強い要望があり，当初，条例または規則による導入が模索されたが，法務府法制意見局が，同法がそれを許容しないとの回答を示した[1]。そこで，同法を改正して距離制限制度を導入することが模索されたが，今度は法制意見局は，憲法22条に違反するおそれがあるとして，内閣が法改正案を提案することに難色を示した[2]。そのため，上の規定を追加する法改正は，議員立法（公衆浴場法の一部を改正する法律〔昭和25年法律第187号〕）でなされた。当時，「一般の学説も，距離制限制の合憲性は疑わしいとした」[3]とされる。

　1）　福岡県知事あて回答。昭和24年11月18日。小嶋和司『憲法学講話』（有斐閣，1982年）170頁。同局は，内閣法制局の前身である。

　2）　「公衆浴場の配置規制は憲法違反か」時の法令162号（1955年）29頁。内閣法制局の合憲性統制機能については，大石眞「わが国における合憲性統制の二重構造」戸松秀典ほか編『憲法訴訟の現状分析』（有斐閣，2012年）445頁以下参照。

　3）　小嶋・前掲注1）171頁。

2. 公衆浴場法判決とその影響

　ところが，公衆浴場法判決（最大判昭和30・1・26刑集9巻1号89頁）が，同法の距離制限規定を合憲と判示した。「その偏在により，多数の国民が日常容易に公衆浴場を利用しようとする場合に不便を来たすおそれなきを保し難く，また，その濫立により，浴場経営に無用の競争を生じその経営を経済的に不合理ならしめ，ひいて浴場の衛生設備の低下等好ましからざる影響を来たすおそれなきを保し難い」というのである。

　この判決に対し，当時の学説の多くは批判的であった[4]が，法制当局が違憲の疑いありとした距離制限が最高裁に合憲とされたインパクトは大きかった[5]。まず，百貨店法（昭和31年法律第116号）は，百貨店業が中小商業者の保護のための許可制を導入し（3条・5条1項・6条），ついで，環境衛生関係営業の運営の適正化に関する法律（昭和32年法律第164号）は，営業施設の配置の基準の設定（8条1項3号）を，環境衛生同業組合の事業の1つとして掲げた[6]。さらに，小売商業調整特別措置法（昭和34年法律第155号）は，小売市場の開設を許可制とし（3条1項），「競争が過度に行われることとなりそのため中小小売商の経営が著しく不安定となるおそれがあること」[7]を不許可事由の1つとした（5条1号）。

　そして，薬事法の一部を改正する法律（昭和38年法律第135号）によって，薬事法6条2項に，「その薬局の設置の場所が配置の適正を欠くと認められる場合には……許可を与えないことができる」との規定が，4項に，「配置の基準は，住民に対し適正な調剤の確保と医薬品の適正な供給を図ることができるように，都道府県が条例で定めるものとし，その制定に当たつて

---

4) 成田頼明・続判例百選123頁，深瀬忠一・行政判例百選61頁参照。

5) 小嶋・前掲注1)175頁は，「政府法制当局者の見解」も，「学者よりは実務を知る機会に恵まれているというだけで，ときには同じ机の上の思考にすぎない」と手厳しい。これに対して，前掲注2)の時の法令誌の匿名原稿は，「統制経済なり計画経済の世の中」にならないか，「公衆の日常生活に不可欠の事業は，すべて，配置の適正という見地から，許可制を採用しても憲法違反」ではなくなってしまう，と食い下がっている。

6) 常本照樹「職業の自由」中村睦男＝常本照樹『憲法裁判50年』（悠々社，1997年）253頁。事実上の議員立法だったようである（山田隆司「『議員立法』と薬事法事件」法セ719号〔2014年〕60頁注18〔山田『戦後史で読む憲法判例』（日本評論社，2016年）164頁所収〕参照）。もっとも，法的拘束力はなかった（成田・前掲注4)123頁）。

7) この号を受けて，大阪府では許可基準内規が，700メートルの距離制限を定めていた。

は，人口，交通事情その他調剤及び医薬品の需給に影響を与える各般の事情を考慮するものとする」との規定が，やはり議員立法で追加された。

3. 立法の背景

　これらの立法の背景には，もちろん，既存業者の利益があるが，同時に，高度経済成長期の経済環境の変化を指摘できる。小売市場の保護が求められた背景には，スーパーマーケットの普及があるし，薬事法の改正についても同様である。薬事法距離制限違憲判決（最大判昭和50・4・30民集29巻4号572頁。以下「薬事法判決」という）自体は詳述しないが，調査官解説によれば，医薬品の小売業界の大きな混乱の発端は，大阪市で昭和32年頃に一部の現金問屋とその付近の小売業者の廉売合戦で，さらに，昭和35年頃から，スーパー形式等による販売形態（当時は薬局は登録制でまだ許可制ではない）の医薬品販売業への進出があり，他の商品への顧客誘引のために医薬品の原価を割った販売等をするものもあったという。これに対し，昭和37年から数都府県で，距離制限指導内規を作り，薬局等の新規開設について行政指導を行ったが，同年10月行政不服審査法の施行に伴い，行政庁の不作為に対する救済手段が新設されたため，行政指導による「解決」は困難になった[8]。そこで，薬事法の全面改正で，薬局開設の登録制は，許可制に改められた（昭和35年法律第145号）[9]。そして，さらに，薬事法の一部を改正する法律（昭和38年法律第135号）による開設距離制限の導入へと至るのである。

4. 小売市場判決

　小売市場事件の1審簡裁判決は昭和43年9月30日[10]，薬事法距離制限違

---

[8]　富澤達・最判解民事篇昭和50年度204頁～205頁。調査官解説が参照する国側の上告審での答弁書では，高野一夫氏の著書からの引用が多い。同氏は，当時，自民党参議院議員・日本薬剤師会会長で，改正法案の発議者の一人である。事件の時代背景については，山本真啓＝小石川裕介・法セ732号（2016年）62頁以下〔山本龍彦ほか編著『憲法判例からみる日本』（日本評論社，2016年）167頁所収〕も参考になる。

[9]　この許可制そのものはすでに最大判昭和41・7・20民集20巻6号1217頁で，「公衆衛生の見地からするこのような薬局に対する規制も不合理とはいえない」として合憲とされていた。

[10]　東大阪簡判昭和43・9・30刑集26巻9号603頁。

憲判決の当事者が医薬品一般販売業の許可申請をしたのは昭和38年6月25日である[11]。小売市場事件判決（最大判昭和47・11・22刑集26巻9号586頁）は，「小売市場の許可規制は，国が社会経済の調和的発展を企図するという観点から中小企業保護政策の一方策としてとつた措置ということができ，その目的において，一応の合理性を認めることができないわけではなく，また，その規制の手段・態様においても，それが著しく不合理であることが明白であるとは認められない」として合憲との判断を示した[12]。

II. 薬事法距離制限違憲判決

1. 先例との関係

小売市場判決と薬事法判決は，ともに，距離制限をともなう開設許可制の事件であり，結論が合憲・違憲と分かれた。薬事法判決は，「一般に許可制は，単なる職業活動の内容及び態様に対する規制を超えて，狭義における職業の選択の自由そのものに制約を課するもので，職業の自由に対する強力な制限であるから，その合憲性を肯定しうるためには，原則として，重要な公共の利益のために必要かつ合理的な措置であることを要」するとした上で，「社会政策ないしは経済政策上の積極的な目的のための措置ではなく，自由な職業活動が社会公共に対してもたらす弊害を防止するための消極的，警察的措置である場合には，許可制に比べて職業の自由に対するよりゆるやかな制限である職業活動の内容及び態様に対する規制によつては右の目的を十分に達成することができないと認められることを要する」としている。判決で

---

11) この申請は7月11日に受理されるが，改正法案の提出は，昭和38年3月，成立は7月4日，公布は同月12日，条例の制定は10月，不許可処分は翌年の1月27日である。最高裁は，この経緯について，「違法とすべき理由はない」とする。なお，朝日新聞昭和50年4月30日付夕刊によると，原告のスーパーは，大手スーパーの進出によって，閉店・売却され，最高裁判決当時は，レジャービルになっていた。山田・前掲注6)64頁も参照。

12) なお，この直前の部分では，「小売市場内の店舗のなかに政令で指定する野菜，生鮮魚介類を販売する店舗が含まれない場合……これを本法の規制対象から除外するなど，過当競争による弊害が特に顕著と認められる場合についてのみ，これを規制する趣旨である」ことが言及されている。冷蔵庫が三種の神器の1つとされたのが，1950年代後半であるとすれば，少なくとも小売商業調整特別措置法制定当時，冷蔵庫は一般家庭に普及しきっていたわけではない。判決の分析には，「著しく不合理であることが明白でない」というだけではない，丁寧な部分もある。

は,「小企業の多い薬局等の経営の保護というような社会政策的ないしは経済政策的目的」は意図されていないとして,「小売商業調整特別措置法……判決において示された法理は,必ずしも本件の場合に適切ではない」として明示的に区別がされた。

やや微妙なのは,公衆浴場法判決との関係である。薬事法判決は,小売市場判決に触れた直後に,「国民生活上不可欠な役務の提供の中には,当該役務のもつ高度の公共性にかんがみ,その適正な提供の確保のために,法令によって,提供すべき役務の内容及び対価等を厳格に規制するとともに,更に役務の提供自体を提供者に義務づける等のつよい規制を施す反面,これとの均衡上,役務提供者に対してある種の独占的地位を与え,その経営の安定をはかる措置がとられる場合がある」とし,薬事法の場合と区別している。

I2で,公衆浴場法判決に,学説の多くは批判的であったと述べたが,公衆浴場確保の見地から,料金統制の必要性や企業としての弾力性の乏しさ,他業への転用可能性の低さに触れつつ,判決の少なくとも結論を支持する立場13)もあった14)。薬事法違憲判決の上の引用部分は,このような立場を採用したのであろう15)。公衆浴場については,平成元年に,最高裁1月20日判決(刑集43巻1号1頁)と最高裁3月7日判決(判時1308号111頁)の2つの合憲判決がある。前者が,小売市場判決を援用しており,刑集登載判例でもあるのだが,薬事法判決との関係でみると,判決の指摘とほぼ同じ内容を指摘する後者が正統にみえる。

---

13) 小嶋和司・憲法判例百選56頁。覚道豊治・憲法の判例〔第2版〕83頁も距離制限を認めるとする。

14) 公営での確保の必要が背景にある近時の事案として,最判平成16・1・15判タ1144号158頁は,「既存の許可業者等によって一般廃棄物の適正な収集及び運搬が行われてきており,これを踏まえて一般廃棄物処理計画が作成されているような場合には,市町村長は,これとは別にされた一般廃棄物収集運搬業の許可申請について審査するに当たり,一般廃棄物の適正な収集及び運搬を継続的かつ安定的に実施させるためには,既存の許可業者等のみに引き続きこれを行わせる」こともできるとした。判タの匿名コメントは,「判決の趣旨は,既存業者を保護することにあるのではな」いとして,「廃棄物処理事業が本来市町村が自己の責任において遂行すべきもの」であることに言及している。

15) 小嶋・前掲注1)は,小嶋説をふまえて成立した覚道説とする。富澤・前掲注8)212頁は,公衆浴場に関する薬事法判決の立場は「白紙であると思われる」とする。

2.「厳格な合理性」

　薬事法判決は，我が国で2件目の法令違憲判決で，2年前が尊属殺（最大判昭和48・4・4刑集27巻3号265頁），翌年が衆議院定数不均衡の違憲判決（最大判昭和51・4・14民集30巻3号223頁）である。小売市場判決との対比で，薬事法判決は，目的二分論を示したものとされ，また，「厳格な合理性」を基準としたものとして，そしてそれは中間審査基準と同じものとして，説明されていく[16]。とりわけ，芦部信喜教授の教科書においては，薬事法判決は，目的のみに重点をおいて理解されているようにみえる。たしかに，「消極目的の規制」に「（許可制をとる警察的規制）」と付記されていたり[17]，「参入制限についても，一定の資格とか試験のような要件ではなく，本人の能力に関係しない条件，すなわち本人の力ではいかんともなし得ないような要件（たとえば競争制限的規制）による制限である場合には，薬局距離制限事件の最高裁判決のように，厳格にその合理性を審査する必要があろう」[18]ともされているが，「『合理性』の基準は，職業活動の規制の目的に応じて二つに分けて用いられるようになった」[19]とされる。また，森林法判決が，この「厳格な合理性」を採用しており，それは，「消極目的規制の要素が強いと判断したためだと解される」からだ，ともされる[20]。体系書の図解の仕方も，まさに図式的である[21]。

　16）　詳細は，市川正人「『厳格な合理性の基準』についての一考察」立命館法学2010年5＝6号91頁以下の精密な分析を参照。

　17）　芦部信喜（高橋和之補訂）『憲法〔第6版〕』（岩波書店，2015年）227頁。芦部教授の教科書では重要な内容が括弧中に示されることがある。同書210頁で，LRAの目的審査要件が，「正当なもの（十分に重要なもの）」とあるのも，その例である。

　18）　芦部・前掲注17）228頁。なお，小山剛「職業の自由・移動の自由（2・完）」法セ720号（2015年）79頁は，「『本人の力ではいかんともなし得ないような要件』という説明はミスリーディングであり，本人の資格・能力と無関係に課せられる要件と解すべきであろう」とする。なお，後掲注35)とその本文も参照。

　19）　芦部・前掲注17)226頁。

　20）　芦部・前掲注17)235頁。森林法判決については，松本哲治「経済的活動の自由を規制する立法の違憲審査基準」論ジュリ1号（2012年）59頁以下参照。

　21）　芦部信喜『憲法学Ⅱ人権総論』（有斐閣，1994年）の227頁，243頁の図，235頁〜239頁の記述，とくに239頁の厳格な合理性の基準についての目的にのみ着目した説明参照。

3.「段階理論」

　これに対して、厳しい批判を加える石川健治教授は、薬事法判決は、ドイツの段階理論（Stufentheorie）を「下敷き」に、小売市場判決でその一部を「緩和」したものとする[22]。段階理論とは、「職業『活動』の規制と、職業『選択』の規制とで段差をつけ」、さらに「自らの努力で克服できる『主観的条件』による規制と、そうではない『客観的条件』による規制とを段階づける」。薬事法判決は、「職業選択を事前に抑制する『許可制』については、『事の性質上』からみて、より厳しい審査が必要になる、と述べて、より緩やかな事後規制によることが原則であること、許可制が容認されるのは、それでは、『目的を十分に達成することができない』必要最小限の場合に限ること、を強調した」[23]。そして、「『社会経済の均衡のとれた調和的発展』『経済的劣位に立つ者に対する適切な保護政策』（つまりは護送船団方式）が憲法上の要請だとまで断言して」、「審査密度の緩和」がもたらされた。「消極・積極の規制目的二分論が持ち出されるのは、こうした局面に限られる」[24]。さらに、「申請者の努力次第でクリアできる主観的な許可条件については……問題なく合憲とされ」、「既存店からの距離という、当該場所での開業を望む申請者にとっては努力しても動かせない客観的な条件による不許可処分については、審査密度が激変した」というのである。このような理解からは、薬事法判決の規制目的二分論では不十分なので段階理論を加味すべきだという議論[25]は、「全く的外れな意見」[26]である。

22）　石川健治「30年越しの問い」法教332号（2008年）62頁。
23）　石川・前掲注22）62頁。石川・憲法判例百選Ⅰ〔第6版〕207頁にも同様の説明がみられるが、厳密にいえば、「目的を十分に達成することができない」かが問われるのは、「社会政策ないしは経済政策上の積極的な目的のための措置ではなく、自由な職業活動が社会公共に対してもたらす弊害を防止するための消極的、警察的措置である場合」であって、許可制一般についてではない。石川健治「営業の自由とその規制」憲法の争点148頁以下も参照。
24）　石川・前掲注22）62頁。なお、この「憲法上の要請」という点に関連して、石川健治「ラオコオンとトロヤの木馬」論座2007年6月号68頁は、「小泉改革は、違憲である」というのが、「最高裁判所」の「態度決定」であるという。しかし、小売市場判決が、「要請」と呼んでいるのは、「責務」として「予定」されている以上のことを言っているのだろうか。かりに、最高裁が、「許容」に留まらずに、「生存権」および「国民の勤労権」から国家に義務付けられているものを考えているとしても、その範囲は、社会権に関する最高裁判例をわざわざここに引用するまでもなく極小なものと考えられる。

段階理論の元となった（当時西ドイツの）連邦憲法裁判所の薬局判決は，早くから日本に紹介され[27]，それが，薬事法判決に影響したこと自体は，調査官解説も論じている[28]が，石川教授の議論は，「違憲審査基準というきわめて限られた視角からの，あえていえば皮相な解釈しか加えられなかった従来の憲法判例（特に堅固な議論構築を志向した1970年代から80年代のそれ）を再読し，そこに内在するドグマーティクを探る作業」が，「判決を現実に書いているのが民事・刑事の裁判官であることを考え」，「彼らの思考枠組に適合的な憲法解釈方法論を提案していく」という「高度に実践的な意味」を意識したものである[29]。

4.「段階理論」に対して

これに対して棟居快行教授は，薬事法判決の事案は，「複数の薬局を展開する株式会社が原告となった，純然たる経済事件である」[30]として，「開業許可制であることが店舗を開設しようとする個人の人格的自律に関わる規制である……ことを重視し，立法事実の丁寧な検証により違憲判決に至った，という評価もみられる」が，「同判決の論理の力点はそこにはない」と指摘する[31]。

また，長谷部恭男教授は，石川教授の論考[32]を援用しつつ薬事法判決を段階理論で解説した書物[33]の書評において，「段階理論自体は確かに傾聴に値する理論であるが，それによって日本の最高裁判例の傾向を説明するには

---

25) 芦部信喜『憲法訴訟の現代的展開』（有斐閣，1981年）301頁以下，佐藤幸治『憲法〔第3版〕』（青林書院，1995年）559頁がその例である。

26) 石川・前掲注22)63頁。

27) BVGE Bd. 7, S. 377. 覚道豊治・ドイツ判例百選（1969年）66頁。

28) 富澤・前掲注8)208頁。小山剛『「憲法上の権利」の作法〔第3版〕』（尚学社，2016年）77頁，小山・前掲注18)78頁〜79頁も参照。

29) 石川健治「夢は稔り難く，道は極め難し」法教340号（2009年）56頁。

30) 棟居快行「第22条」芹沢斉ほか編『新基本法コンメンタール憲法』（日本評論社，2011年）200頁。

31) 棟居・前掲注30)203頁。直接参照が促されているのは，LS憲法研究会編『プロセス演習憲法〔第4版〕』（信山社，2011年）311頁〔石川健治執筆〕である。

32) 石川・前掲注22)62頁である。

33) 木村草太『憲法の急所』（羽鳥書店，2011年）。とくに，同書224頁〜227頁。

無理がある」とする。小売市場判決，そして，たばこ小売事件・最判平成5年6月25日判時1475号59頁が，距離制限を置く許可制を極めて緩やかに審査していることを指摘し，「判例の適切な理解であるためには，特定の判決の特定の文言との親和性があるだけではなく，一連の判例の傾向と整合している必要」[34]だという。

　段階理論によって日本の判例を説明しようとする際に，好都合かもしれないのは，司法書士事件・最判平成12年2月8日刑集54巻2号1頁である。判決は，薬事法判決を先例としつつ，簡単に合憲と判断している。判決自身が，主観・客観ということに言及しているわけではないが，許可制ではなく資格制の事案であり，資格を取る能力があるかないかは主観的な問題であるので，簡単に合憲になったのだとも説明しうるからである。しかし，長谷部教授は，「参入制限の条件が主観的か客観的かは，それが本人の力によっていかんともし難い厳しい参入制限か否かと実は直結していない」という。「生来の能力や資質は本人の努力によってはいかんともし難いことが多いであろうし，逆に距離制限のような客観的条件であれば，本人の選択次第で乗り越えることは可能である」からである。司法書士事件については，職業区分が「個々人の人生設計および職業選択自体の前提となる社会生活のベースラインとなっており」，そのような「人生設計を狂わせないようにという観点からよりよく説明できる」から「条件が主観的か客観的かという筋の通りにくい議論を経由しないで，正面から直截にそう言うべき」だとするのである[35]。長谷部教授は，段階理論自体は傾聴に値する理論とはするが，自身は段階理論には反対なのである。

　長谷部教授はさらに，「規制の態様に応じて基準の厳格さが変化するという考え方自体」[36]を否定する。「前もって設定された基準に照らして，所与の立法手段の規制態様が権利の制約を正当化するに足りる合理性・必要性を備えているか否かを判定するのが審査基準論で」，「態様に応じて審査の厳格

---

34)　長谷部恭男「書評『憲法の急所──権利論を組み立てる』」論ジュリ1号（2012年）143頁。
35)　長谷部・前掲注34)143頁。同『憲法〔第6版〕』（新世社，2014年）251頁～252頁も同旨。なお，前掲注18)参照。
36)　長谷部教授はこれが芦部教授の立場であることを認める。それは，芦部・前掲注17)228頁に示されている考え方であり，石川・前掲注26)が，段階理論の立場であると摘示しているものに相当する。前掲注25)も参照。

さを変えるという議論は，したがって，せいぜい諸般の事情の総合的な利益衡量に指針を与えるにとどまる」。「審査基準論は，総合的な利益衡量による法令の合憲性審査を任せられるほどには裁判官は信用できないという前提に立つもので」，「2つのアプローチはあれかこれかの関係にある」[37]。

5. 検討

　この「あれかこれか」の対立については，「最高裁がようやく違憲審査基準論的な考え方を取り入れて，積極的に違憲審査を展開しようとする兆しが見え始めてい」る「時期に，違憲審査基準論は実務に受け入れられないから駄目なのだというような議論を展開すること」[38]を疑問視する見解に触れつつ，学説と判例の対話における時間のスケールの取り方について論じたことがある[39]。判例の正確な理解はそれとしてもちろん重要であるのは当然の前提ではあるが，「通常審査」がわが国における違憲審査の基本線であるとの理解[40]に対して，「わが国の学説傾向からすれば必然の帰結」としつつ，「違憲審査の意義，違憲審査と民主主義との関係，権利の性質などを考慮しての立ち入った検討が必要」[41]とされることに留意する必要があろう。他方，理論的には，「積極規制といっても様々な背景をもつ種々の内容のものが考えられるところであって，裁判所として踏み込んで判断すべき場合がありえよう」[42]との観点も重要である。

　その点にも関連して，棟居教授の指摘については，薬事法判決の事案が，「スーパーマーケットの営業の自由の事案」であることは，段階理論を説く者にも自覚されていて，「人格的アプローチは，法人企業の営業の自由への22条1項の適用を否定する議論につながり得る」[43]ともされるところである。

---

[37]　長谷部・前掲注34)143頁。長谷部教授自身の多元主義的な政治観に基づく目的二分論の説明については，長谷部・前掲注35)247頁〜251頁参照。

[38]　長谷部恭男＝土井真一「〈対談〉憲法の学び方」法教375号（2011年）64頁〜65頁〔土井発言〕。

[39]　松本・前掲注20)63頁。

[40]　高橋和之『立憲主義と日本国憲法〔第4版〕』（有斐閣，2017年）136頁〜137頁，271頁〜272頁。

[41]　市川・前掲注16)111頁。

[42]　佐藤幸治『日本国憲法論』（成文堂，2011年）303頁。前掲注12)も参照。

[43]　石川・前掲注22)62頁注13および石川・前掲注23)150頁。

判例を，その文言に即して正確に理解することは，先述の通り，もちろん重要であるが，事案を離れた抽象的な理解には注意が必要である。筆者は，経済的な自由権の分野で，人格を強調しすぎることへの違和感を重ねて表明してきたが[44]，ここでも，「規制立法は個人の経済活動を狙い撃ちにするのではなく，主体が法人であれ個人であれ，当該業態等がもたらす社会的害悪等に着目して施行されるのであるから，法令の合憲性審査も，誰に向けられているかよりも，どのような立法目的でどのような態様の経済活動に向けられているのか，に即して行われなければならない」[45]との立場が，自由な市場のもつ意味をよりよく理解したものであり，日本国憲法が，権利として社会権を認めそれによる経済活動の自由の制約を認めてはいるものの自由な市場経済を基調とする憲法である以上は，そのような理解が正統なものであろう。

---

44) 松本哲治「財産権」ジュリ1400号（2010年）107頁〜109頁，同・前掲注20)63頁。
45) 棟居・前掲注30)199頁〜200頁。

衆議院定数不均衡訴訟違憲判決

佐々木雅寿

　　　　　　　　はじめに
　　　Ⅰ．最高裁判例と下級審判決
　　　　　　　Ⅱ．学説
　　Ⅲ．昭和39年の衆議院定数是正
　　　　　Ⅳ．昭和51年判決
　　　　　　　おわりに

はじめに

　衆議院の議員定数不均衡に関する昭和51年判決（最大判昭和51・4・14民集30巻3号223頁）は，60年以上にわたって形成されてきた戦後日本の憲法判例のなかで「屈指の重要判決」[1]と評されている。この判決では，①公職選挙法（以下「公選法」）204条に基づく訴訟の適法性，②統治行為論ないし政治問題の法理の適用可能性，③投票価値の平等の憲法上の位置づけ，④違憲審査基準，⑤議員定数配分規定の可分性，⑥選挙の効力等の論点について，多数意見と個別意見とで様々な見解が示された。これらの論点の多くは，この判決以前から最高裁と下級審の判決や学説で議論されていたが，ほとんど議論されていなかった論点もある[2]。

　本稿は，昭和51年判決前の上記論点に関する議論状況を，判例，学説，国会における議論から明らかにし，昭和51年判決の意義を再確認することを目的とする。

---

　1)　山元一「議員定数不均衡と選挙の平等」憲法判例百選Ⅱ〔第6版〕326頁，327頁。
　2)　阿部泰隆「議員定数配分規定違憲判決における訴訟法上の論点」ジュリ617号（1976年）55頁，56頁。

I. 最高裁判例と下級審判決

1. 訴訟提起の背景

　昭和25年に制定された公選法は，いわゆる中選挙区単記投票制を採用し，制定当時の同法別表第1は，昭和21年4月の人口調査に基づき人口約15万人につき1人の割合で各選挙区に議員定数を配分し，「その他に都道府県，市町村等の行政区画，地理，地形等の諸般の事情」が考慮され，「制定当時の選挙区間における議員1人当たりの人口の較差は最大1対1.51」であった[3]。その後の激しい人口変動，特に人口の都市集中の結果，議員定数と人口数の不均衡が著しい選挙区が生じた。公選法別表第1の末尾には，「本表は，この法律施行の日から5年ごとに，直近に行われた国勢調査の結果によって更正するのを例とする」旨の規定（以下「5年ごとの更正規定」）があったが，国会における法改正の動きは鈍く，定数是正が最初に実現したのは昭和39年であった[4]。

　訴訟提起の背景には，アメリカ合衆国における判例の動向も影響していた[5]。アメリカの連邦最高裁は，選挙区割の問題等は政治問題であるとの立場（Colegrove v. Green, 328 U.S. 549（1946））を変え，議員定数不均衡の司法審査を容認した（Baker v. Carr, 369 U.S. 186（1962））。その後の一連の判決で，投票価値の平等は憲法上の要請で，1人1票の原則が裁判の準則となり，投票価値の平等に裁判的保障が与えられるようになった[6]。

　3）　最大判昭和58・11・7民集37巻9号1243頁。
　4）　越山安久・最判解民事篇昭和51年度129頁，134頁，芦部信喜「議員定数是正論議の回顧と問題点」ジュリ304号（1964年）40頁。中村啓一「選挙法改正」ジュリ312号（1964年）54頁参照。
　5）　越山・前掲注4）134頁。田中真次「議員の選挙区への配分と人口比率」ジュリ294号（1964年）46頁，47頁。
　6）　芦部信喜「議員定数不均衡の司法審査」ジュリ296号（1964年）48頁，51頁～54頁，同「議員定数配分規定違憲判決の意義と問題点」ジュリ617号（1976年）36頁，39頁，久保田きぬ子「政治的問題・選挙区割」英米判例百選54頁，井出嘉憲「アメリカにおける投票の権利と平等の代表」東京大学社会科学研究所編『基本的人権2歴史I』（東京大学出版会，1968年）403頁，田中和夫「アメリカにおける議員定数の是正と裁判所」ジュリ532号（1973年）78頁等参照。

2. 関連する判例・判決例

昭和51年判決以前、衆議院選挙に関し、東京高判昭和37・4・18行集13巻4号514頁、東京高判昭和39・10・20行集15巻10号1976頁、東京高判昭和41・5・10行集17巻5号503頁が、そして、参議院地方区選挙に関し、昭和39年判決（最大判昭和39・2・5民集18巻2号270頁）とその原審（東京高判昭和38・1・30行集14巻1号21頁）、昭和41年判決（最判昭和41・5・31集民83号623頁）とその原審（仙台高判昭和38・3・28行集14巻3号458頁）、昭和49年判決（最判昭和49・4・25判時737号3頁）とその原審（東京高判昭和48・7・31判時709号3頁）があった。昭和51年判決以前、参議院に関する昭和39年判決が指導的判例としての役割を果たしていた[7]。

(1) 訴訟の適法性・政治問題の法理等

議員定数配分規定の違憲性を主張する公選法204条に基づく訴訟の適法性に関し、従来の下級審はこのような訴訟が許されるとし、最高裁は許されることを前提としていた[8]。なかでも、前掲東京高判昭和48・7・31が、選挙権の重要性と、「議員定数の配分は選挙人の選挙権の享有に直接影響を及ぼす基本的に重要な問題」であることを強調し、訴えを適法と解した点は、昭和51年判決の多数意見に類似する。

それに対し、昭和39年判決の斎藤裁判官の意見は、定数不均衡問題を判断するには、「司法的判断のための満足すべき基準」がないこと、参議院の半数改選議員の選挙が全部無効となる事態が発生すれば国会の機能は全く停止されうること等を指摘し、この種の訴訟の合法性に「強い疑問」を示す[9]。昭和41年判決の田中裁判官の意見も、定数配分問題は、「司法的判断のよるべき一定の明確な客観的基準が見出しがたい以上」、「裁判所の判断すべきことがらではない」等と指摘し、公選法別表2の違憲性の主張は、同法204条の「全く予想していない」ものであり、「本来、許されない」とする。

また、昭和39年判決は、議員定数の配分という立法行為については、いわゆる統治行為ないし政治問題の理論の適用があるとは認めていなかっ

---

7) 越山・前掲注4) 135頁。
8) 越山・前掲注4) 136頁。
9) 田中真次・最判解民事篇昭和39年度31頁、32頁参照。

た[10]。従来の下級審判決も，この問題に政治問題の法理等を適用すべきとの被告の主張を退けてきた。

(2) 投票価値の平等

昭和39年判決の多数意見は，①憲法43条2項，47条は，「選挙に関する事項の決定は原則として立法府である国会の裁量的権限に委せて」おり，憲法14条，44条その他の条項も，「議員定数を選挙区別の選挙人の人口数に比例して配分すべきことを積極的に命じている規定は存在しない」，②「選挙区の議員数について，選挙人の選挙権の享有に極端な不平等を生じさせるような場合は格別，……議員数の配分が選挙人の人口に比例していないという一事だけで，憲法14条1項に反し無効であると断ずることはできない」と判示した。多数意見は，「選挙人の投票価値の平等は憲法上積極的に要請される原則ではない」と解していたとみられ，また，多数意見も「国会の裁量に一定の限界があることは認めていたと考えられるが，それは，憲法上の要請としてではなく，立法裁量の一般的限界として考えられていたもの」と解される[11]。この判決を引用する多くの判決もおそらく同じ立場をとっていたと解される。

それに対し前掲東京高判昭和48・7・31は，投票価値の平等が憲法14条から派生することを認め，最大較差1対5.08を「今日なお違憲無効のものでないと断定することは困難であるというべきであり，国会において近い将来，現情勢に即応して，不均衡を除去するため，何らかの改訂が行われることを期待せざるを得ない」と判示し，違憲の疑いが極めて強いことを指摘した。この判決は，投票価値の平等を憲法上の要請と捉えている点で，昭和51年判決に近似する。

(3) 議員定数不均衡の限界

昭和39年判決の上告理由は，アメリカの判例・学説を参照し，定数の不均衡を示す指標として，①最も有利な選挙区の1票と最も不利な選挙区の1

---

[10] 越山・前掲注4)140頁，田中・前掲注9)32頁。
[11] 越山・前掲注4)142頁，145頁。山本浩三「議員定数不均衡と選挙の平等」憲法判例百選〔第3版〕34頁，35頁参照。

票との比較，②当該選挙区における1票の価値が理論上適正な1票の価値の上下3分の1の枠外にはみ出す選挙区の数，その同時選出議員数，選挙人数と百分率，③同時選出議員の過半数を選出するのに要する最少選挙人数の全国百分率を用いた[12]。また，前掲東京高判昭和41・5・10の原告は，投票価値の不均衡と公選法別表第1が16年間改正されずに放置されていることを主張した。

昭和39年判決の多数意見は，①議員数を選挙人の人口数に比例して各選挙区に配分することは，法の下に平等の憲法の原則から「望ましいところ」であり，議員数を選挙区に配分する要素の「主要なもの」は，選挙人の人口比率であるとしても，「他の幾多の要素を加えることを禁ずるものではない」。例えば，「選挙区の大小，歴史的沿革，行政区画別議員数の振合等の諸要素」等は考慮に値する，②「選挙区の議員数について，選挙人の選挙権の享有に極端な不平等を生じさせるような場合は格別……議員数の配分が選挙人の人口に比例していないという一事だけで，憲法14条1項に反し無効であると断ずることはできない」，③所論のような不均衡の程度（最大較差1対4.1等）では「なお立法政策の当否の問題に止り，違憲問題を生ずるとは認められない」と判示し，具体的な基準や指標を示していない。また，昭和49年判決は，昭和39年判決を引用し，最大較差1対5.08等では違憲問題を生じないと判示した。下級審判決のなかには，「不均衡が一般国民の正義観念に照らし到底その存在を容認することを得ないと認められる程度」（前掲東京高判昭和38・1・30）や，「国民の正義衡平の観念に著しく反する程度」（前掲東京高判昭和48・7・31）等をあげるものがある。この時期，議員定数不均衡の限界を判断するための統一的な基準や指標がなかったことがうかがえる。

(4) 選挙の効力

昭和41年判決の田中裁判官の意見は，仮に公選法204条による選挙無効判決があっても，40日以内の別表2の改正は事実上不可能であり，無効と判断された別表2に基づく再選挙も許されないとなれば，「裁判所としては，別

---

12) 類似の指標を用いたものとして，前掲東京高判昭和39・10・20の原告，昭和49年判決の上告理由がある。

表2が憲法14条に違反するとしても、その違法は、選挙の結果に異動を及ぼさないものとして」、選挙無効の主張を排斥するほかはないと説示する。前掲東京高判昭和48・7・31も同様の立場をとる。ここには、議員定数配分規定の違憲性と選挙の効力とを区別する発想がみられる。

II. 学説

昭和51年判決以前、芦部信喜教授の学説[13]が有力であった。

1. 訴訟の適法性・政治問題の法理等

多くの学説は、この種の訴訟の適法性を肯定していた[14]。しかし、現行選挙訴訟制度の下で裁判所が審査権を有するのは、選挙管理委員会が執行の権限を付与されている範囲の事項に限られ、議員定数配分の改訂は国会の権限に属する事項であるため、議員定数配分の違憲無効を理由に選挙無効を求めることは、公選法の改正による新たな選挙制度の創設を求めるもので、現行の公選法の予定しないものであり、選挙訴訟としては不適法である[15]との少数説もあった。

また、選挙制度改革の問題は本質的に裁判所の関与すべき事項ではないとする少数説もあったが[16]、芦部教授は、争点が民主政に不可欠な選挙権の侵害の有無であり、議員定数配分問題は憲法が司法と対等の政治部門に問題の自主的決定の専権を与えた事項とはいえないこと等を重視し、統治行為論や政治問題の法理の適用を否定し、多くの支持を得た[17]。

---

13) 芦部・前掲注4)、前掲注6)、同「議員定数の不均衡と法の下の平等」憲法の判例（1966年）20頁、同「議員定数の不均衡と法の下の平等」憲法の判例〔第2版〕（1971年）22頁等。

14) 芦部説に加え、林田和博「公職選挙法別表第2と憲法第14条第1項」民商51巻5号（1965年）836頁、840頁〜841頁、樋口陽一「選挙区議員定数の不均衡と平等原則」昭和49年度重判解（ジュリ590号）6頁、7頁等。

15) 田口精一「議員定数の不均衡と平等原則」阿部照哉編『判例演習講座憲法』（世界思想社、1971年）33頁、39頁以下。

16) 田口精一「選挙区における議員定数の是正を求める訴」法学研究38巻3号（1965年）79頁、84頁。

2. 投票価値の平等

　憲法14条1項・44条が，選挙資格の平等を保障する点に異論はなかったが，各選挙区間における投票価値の平等も保障するのかについては説が分かれていた。消極説は，近代選挙制度を貫く平等の原則と憲法に定める原理により，他の選挙区との比較において投票の計算における平等はなんら要請されないと主張する[18]。それに対し芦部教授は，投票価値の平等は，憲法の保障する法の下の平等が当然に要求する原則であり，憲法が「人類普遍の原理」としての民主政を基本原理とし，国民の公務員の選定・罷免権を「国民固有の権利」とうたい，「普通選挙を保障」していること（15条1項・3項）自体に，選挙区間における投票価値の平等を要請する趣旨が包含されていると説き，有力であった[19]。

3. 違憲審査基準

　芦部教授は，少なくとも，議員1人当たりの人口の最高選挙区と最低選挙区の投票価値に約2対1以上の較差があってはならないとする。これを支持する見解は，2人が集まっても1人の投票の重さしかもてないことは明らかに平等原則違反であることと，主要でない諸要因が主要な要因を打ち消すことができる限度を根拠とする[20]。芦部教授はまた，仮に2対1程度までの偏差は直ちに違憲と断定できないとしても，人口基準のもつ意義を考えれば，半数改選制は別として，選挙区の大小等の地理的・歴史的要素は，それ単独で，国民の権利の平等原則による保護を奪うだけの価値をもたないと説く。

　それ以外に，許容される偏差の限度を，平均人口の上下25％程度の偏差（1.6対1）位を妥当とし，人口以外の基準には行政区画，地理的または歴史

---

[17]　藤馬龍太郎「議員定数の不均衡」法セ215号（1973年）88頁，92頁，鵜飼信成「選挙区における議員定数の不均衡は違憲か」判評66号（判時362号）（1964年）27頁，28頁，中野昌治「公職選挙法別表2と憲法14条1項」法学研究11巻2号（1968年）91頁，101頁，樋口・前掲注14）7頁，金子宏「統治行為」『日本国憲法体系(6)』（有斐閣，1965年）1頁，14頁。

[18]　野村敬造「選挙に関する憲法上の原則」清宮四郎＝佐藤功編『憲法講座3』（有斐閣，1964年）129頁，137頁～138頁。

[19]　藤馬・前掲注17)88頁，92頁，中野・前掲注17)97頁，101頁，鵜飼・前掲注17)27頁，小林孝輔「議員定数の不均衡と選挙権の平等」ひろば17巻4号（1964年）4頁等。

[20]　樋口・前掲注14)8頁。

的条件，社会的・経済的条件等，いわゆる地域的・社会的要素がありうるから，これを全く除外することは不合理であるが，あくまでこれらの要素には人口要素の補完的役割のみ許されるとする学説[21]や，一定の総定数の下で，各選挙実施ごとに，1対1の大原則を堅持し，コンピューター操作によって平等な選挙を実施すべきという見解[22]もあった。

4. 議員定数配分規定の可分性と選挙の効力

議員定数配分規定の可分性の問題は従来あまり論じられていなかった[23]。ただ，芦部教授は，不可分性を前提に学説を展開していた[24]。

芦部教授は，①アメリカの憲法判例にみられる判決の将来効の法理にならい，別表第2の違憲の効力を当該選挙の効力に直接結びつけないことにしつつ，②再選挙を行うまでの40日間という短期間に別表第2の改正を実現することは事実上不可能に近いので，裁判所は，別表第2が憲法14条に違反するとしても，その違法は選挙の結果に異動を及ぼさないとして訴えを棄却せざるをえないが，③裁判所は問題の重要性にかんがみ，別表第2の合憲性を進んで判断すべきであり，④もし違憲となれば，選挙は無効にならなくても，国会は判決の趣旨にしたがってすみやかに立法措置を講じなくてはならなくなると主張した。この点，「むしろ特殊な事情判決として理論構成すべきではないか」との注目すべき見解があった[25]。

III. 昭和39年の衆議院定数是正

第2次選挙制度審議会は，選挙区別議員1人当たり人口の偏差3.2以上を2倍程度に引き下げること等を基本として，昭和38年10月15日，19増1減案を答申した[26]。定数1人減については，既得権を侵害するとか，定数2人で

---

21) 作間忠雄「現代選挙法の諸問題」芦部信喜編『岩波講座現代法3現代の立法』（岩波書店，1965年）125頁，141頁。
22) 越路正巳「選挙無効請求事件」大東法学2号（1975年）279頁，286頁。
23) 越山・前掲注4)154頁。
24) 芦部・前掲注6)ジュリ617号46頁。
25) 野中俊彦「選挙制度」ジュリ586号（1975年）84頁，86頁。
26) 芦部・前掲注4)40頁〜42頁。中村・前掲注4)参照。

は中選挙区制にもとるといった強い異論が出たため、第46国会に提出された政府案は、減員なしの19人増加案となった[27]。

昭和39年3月31日の衆議院公職選挙法改正に関する調査特別委員会（以下「衆議院調査特別委員会」）で、赤澤正道自治大臣は、政府は選挙制度審議会の「答申の趣旨を尊重し」、定数是正をはかるためこの法律案を提出し、現状の3倍以上の較差を、①不均衡の特に著しい選挙区について是正し、②改正の基準は、「地域性をも考慮して各選挙区における議員1人当たりの人口が、全国平均議員1人当たりの平均人口を基準として上下おおむね7万人の幅のうちにおさまるようにする」という答申に基づくもので、③これにより、選挙区別1人当たりの人口の最高と最低の開きは「2倍程度」となると説明した。

定数是正の方法に関し、昭和39年4月15日の衆議院調査特別委員会の島上善五郎委員、同年6月25日の参議院公職選挙法改正に関する特別委員会（以下「参議院特別委員会」）の基政七委員は、議員定数の増員のみならず減員も行うべきとの考えを示した。

従来の定数配分のやり方について、昭和39年4月8日の衆議院調査特別委員会で、長野士郎政府委員（選挙局長）は、「府県を一つの単位といたしまして、そして府県単位に人口比例によりまして一応の定員の配当をしてきたのがわが国のやり方のようになっております。そして、府県の中でいまの3人ないし5人という原則以上の定員の配当がありましたところにつきましては、その中に歴史的な沿革とか行政区画とかというものをしんしゃくいたしまして選挙区の区割りをしておる」と説明した。これとは反対に、昭和39年4月15日の衆議院調査特別委員会で、島上善五郎委員は、「現行制度はあくまでも人口を基礎にしておるのですから、人口を基礎にしていくべきものだ」との考えを示した。また、昭和39年6月19日の衆議院調査特別委員会では、政府案にある6人区ないし8人区を区割りする修正案が提出され、青木正委員は、「選挙区の分割に当たっては、一、分割により設定される各選挙区の人口及び将来人口が、それぞれなるべく均衡のとれたものとなるよう

---

[27] 芦部・前掲注4）42頁。最大較差1対2.92とした昭和50年法改正の検討は、佐々木雅寿「昭和51年衆議院議員定数不均衡違憲判決の背景」法学雑誌62巻3・4号（2016年）1頁、29頁以下参照。

にすること，二，行政区域を尊重し，この区域を分割することとならないようにすること，三，分割後の選挙区の地域が，それぞれ，地勢，交通，産業，行政的沿革等諸般の事情を考慮して合理的なものとなるように定めること，四，分割後の選挙区の地域が，それぞれ，いわゆる拠点を中心として地域的なまとまりを示すこととなる等社会的，経済的観点からも地域的一体性を保持することとなるよう配慮すること等の諸原則を基本とし，かつ，地域の特殊性を勘案して分割」した旨説明した。これらに，実際に考慮に入れた人口以外の諸要素が示されている。

　5年ごとの更正規定に関し，昭和39年4月15日の衆議院調査特別委員会で，堀昌雄委員が，政府としては，「これからこの法律に従って直近に行なわれた国勢調査によってアンバランスの是正を行なうという意思があるのかどうか」を質問し，池田勇人総理大臣は，「これは法律の問題と実際の問題とのかね合いと思います。直近の国勢調査によってアンバランスを是正するのを例とする――しなければならぬとも書いてないのですが，気持ちはするべきだ，例とするというのはそうです。……今後においても，40年の国勢調査の情勢を見まして，例とするという趣旨に沿って，実情に沿ったような措置を講ずる必要があると思います」と答弁した。国会議員と政府は5年ごとの更正規定の存在を強く意識していたことがうかがわれる。

　他にも，定数是正は立法府の責任であるとする昭和39年判決（昭和39年6月25日参議院特別委員会の青木正衆議院議員，基政七委員）や，定数是正を求める強い世論（昭和39年4月8日衆議院調査特別委員会の長野士郎政府委員）を意識した発言もあった。

　昭和39年6月19日の衆議院調査特別委員会で，政府提出の法律案は修正案の通り修正議決されたが，「今回の定数改正は選挙制度審議会の答申により昭和35年度国勢調査の人口を基準にしているため，4年を経過した今日においては，東京都第6区を始め，既に多くの人口と議員定数のアンバランスを生じている。〔原文改行〕よって政府は，次期国勢調査の結果に基き，更に合理的改訂を検討すべきである」との附帯決議が付され，赤澤自治大臣は，附帯決議の「御趣旨は私は尊重いたしたい」と発言した。昭和39年の法改正後も定数是正の必要性が高いことは国会自身が認識していた。

Ⅳ. 昭和51年判決

　昭和51年判決で問題となったのは昭和39年改正後の規定であった。昭和47年12月の衆議院議員選挙当時，最大較差は1対4.99に達していた。原審（東京高判昭和49・4・30判タ308号100頁）は昭和39年判決を踏襲した。

1. 訴訟の適法性・政治問題の法理等
　天野裁判官の反対意見は，公選法自体の違憲を主張する本件訴訟は，公選法の許容する訴訟の範囲外であり，不適法な訴えとして却下するほかないとした。多数意見は，括弧書きのなかで，本件訴訟は，「これを措いては他に訴訟上公選法の違憲を主張してその是正を求める機会はない」ことと，「およそ国民の基本的権利を侵害する国権行為に対しては，できるだけその是正，救済の途が開かれるべきであるという憲法上の要請」をふまえ，本件訴訟を適法と判断した。天野裁判官以外の裁判官は，ニュアンスの違いはあるが，本件訴訟の適法性を肯定する。本判決後，多くの学説は多数意見を支持し，多数意見が判例として確立する[28]。

　また，岡原裁判官らの反対意見は，統治行為論や政治問題の法理の適用を明示的に否定し，多数意見も，明言していないが，議員定数配分規定の合憲性を判断している以上，その適用を否定していると解される。この点，判例と学説は否定説でほぼ一致した[29]。

2. 投票価値の平等と違憲審査基準
　多数意見は，憲法14条1項，15条1項・3項，44条但書をふまえ，「各選挙人の投票の価値の平等もまた，憲法の要求するところである」と判示した。この判断に，ほとんどの学説が賛同し，判例として確立するが，これが昭和39年判決と大きく異なる点である。

　多数意見は，「選挙人の投票価値の不平等が，国会において通常考慮しうる諸般の要素をしんしゃくしてもなお，一般的に合理性を有するものとはと

---

28)　越山・前掲注4)140頁。
29)　越山・前掲注4)141頁。

うてい考えられない程度に達しているときは、もはや国会の合理的裁量の限界を超えているものと推定されるべきものであり、このような不平等を正当化すべき特段の理由が示されない限り、憲法違反と判断するほかはない」という抽象的な基準を示し、具体的には、①議員定数の不均衡の程度と②合理的期間を考慮し、約1対5の最大較差がある議員定数配分規定を違憲と判示した。

多数意見は、不均衡の程度を判断する際、各選挙区の議員1人当たりの選挙人数と全国平均のそれとの偏差と、選挙区間の議員1人当たりの有権者数（または人口数）の最大値と最小値の比率を考慮した[30]。これは、昭和39年3月31日の衆議院調査特別委員会での赤澤自治大臣による昭和39年改正法の趣旨説明と同じ指標である。しかし、本判決後最高裁は、選挙区間の議員1人当たりの有権者数（または人口数）の最大値と最小値の比率を基準とするようになる。そして、中選挙区制の下で最高裁は、最大較差1対3程度を合憲とされる限界の目安とし、また、合理的期間に関し、公選法自体が5年ごとの更正規定を有していることを考慮要素の1つとしていると解される[31]。前述のように、国会議員と政府は5年ごとの更正規定の存在を強く意識していた。

学説上、1対2を基準とするものが通説的な見解となり、合理的期間論は、その理論的根拠や具体的内容が不明確であるため、「定数配分不均衡をただちに違憲と断ずることに躊躇が感じられる場合の、便利な緩衝材として機能してきた」[32]と評された。

また、多数意見は、衆議院議員の選挙について、選挙区の区分と議員定数の配分については、各選挙区の選挙人数または人口数と配分議員定数との比率の平等が「最も重要かつ基本的な基準」としつつも、都道府県、従来の選挙の実績、選挙区としてのまとまり具合、市町村その他の行政区画、面積の大小、人口密度、住民構成、交通事情、地理的状況等諸般の要素、社会の急激な変化、人口の都市集中化の現象、政治における安定の要請も、国会にお

---

30) 越山・前掲注4)148頁。
31) 佐々木雅寿「衆議院小選挙区制の下での最高裁と国会との継続的対話」岡田信弘ほか編『憲法の基底と憲法論』（信山社、2015年）755頁、756頁〜758頁。
32) 安念潤司「議員定数不均衡と改正の合理的期間」憲法判例百選Ⅱ〔第4版〕328頁、329頁。

ける高度に政策的な考慮要素であるとする。人口比率とそれ以外の諸要素の位置づけや内容は，従来の判例や国会での政府の説明との類似性が高い。

3. 議員定数配分規定の可分性と選挙の効力

多数意見は，議員定数配分規定は不可分一体で全体として違憲性を帯びると理解し，いわゆる事情判決の法理を用いて，選挙無効の請求を「棄却」するとともに「当該選挙が違法である旨を主文で宣言する」のが相当と判示した。岡原裁判官らの反対意見は，可分説に立ち，「本件議員定数配分規定は，千葉県第1区に関する限り違憲無効であって，これに基づく同選挙区の本件選挙もまた，無効とすべき」とし，岸裁判官の反対意見は，可分説に立ち，「本件配分規定のうち，千葉県第1区に関する部分は，その定数配分が過少に限定されている点において，かつ，その限度で違憲」であるから，「本件千葉県第1区の選挙を無効とする」とともに「当選人らは当選を失わない旨の判決」をすべきとする。

可分・不可分の問題は，従来あまり論じられていなかった点であり，本判決後の学説も2つに分かれた[33]。また多くの学説は，事情判決の法理に理論上多くの問題があり，これが濫用されることへの警戒を示しつつも，議員定数配分規定の違憲性と選挙無効とを分離する手法として，この判決手法に一定の理解を示した[34]。

おわりに

昭和51年判決以前，最高裁が違憲判断を示さなかった背景には，少なくとも，最高裁が，投票価値の平等の憲法上の位置づけを十分理解していなかったことと，違憲判断の影響の重大性を懸念したこと[35]があげられる。それに対し，訴訟提起を契機に学説は，投票価値の平等が憲法上の原則であることを外国憲法の研究をふまえて詳細に論じ，かつ，議員定数配分規定の違憲性と選挙無効とを分離する発想といくつかの理論を示した。それを受

---

33) 越山・前掲注4)154頁，156頁。
34) 芦部・前掲注6)ジュリ617号49頁〜52頁，越山・前掲注4)162頁。
35) 越山・前掲注4)158頁。

け，参議院に関する議員定数配分規定の違憲の疑いを強く示しつつ，国会に是正を促す前掲東京高判昭和48・7・31が出された。昭和51年判決はその延長線上に位置づけられる。その意味で，昭和51年判決は，定数是正を強く求める世論を背景にした，訴訟に関与した実務家等・学説・下級裁判所・最高裁の対話の成果であったといえる。

　また，昭和51年判決は，学説の主張に親和的な面と，従来の判例からの距離をできるだけ縮め，国会での定数是正のやり方の多くを是認し，政治への影響を極力少なくしようとする実践的配慮を重視する面とがある。このように，昭和51年判決は，学説が主張するあるべき憲法規範の内容と，従来の判例や政治の現状との間の微妙なバランスの上にある。

　しかし，昭和39年判決から最新の最高裁平成27年11月25日大法廷判決（民集69巻7号2035頁）までの大きな流れのなかでみると，最高裁は，学説の主張に，漸次的かつ限定的ながら接近する傾向も示しており，昭和51年判決はその重要な第一歩であった。

日産自動車男女別定年制事件最高裁判決
—— 両性の本質的平等を求めて

武田万里子

　　　　　　　　　　　Ⅰ．概要
　　　　　　　　　　Ⅱ．時代背景
　　　　　　　　Ⅲ．何が起こったか
　　　　　　　　　Ⅳ．法的議論
　　　　　　　　Ⅴ．その後の展開
　Ⅵ．両性の本質的平等を求めて――差別定年制裁判を振り返る

Ⅰ．概要

　1981（昭56）年3月24日，最高裁第三小法廷は，日産自動車男女別定年制事件（民集35巻2号300頁）において，定年年齢を男性60歳，女性55歳と定めた就業規則のうち，女性の定年年齢を男性より5歳低く定めた部分は，性別のみによる不合理な差別を定めたものとして民法90条の規定により無効であると判示し，参照条文として憲法14条1項および民法1条ノ2（2004年改正前。現2条）を示した。

　住友セメント結婚退職制事件以来，女性のみ結婚退職制，女性のみ若年定年制，年齢差10歳の男女別定年制を無効とする裁判所の判断が積み重ねられていたが，年齢差5歳の本件就業規則の無効が最高裁で認められたことによって，定年制における女性差別についてはもはや認められる余地はなくなった。

Ⅱ．時代背景

　労働省婦人少年局編『女子の定年制』（日本労働協会，1965年）は，同書

発行の背景事情として,数年らいの女性労働者の著しい増加,女性労働者の平均年齢の上昇,有配偶女性労働者の割合の増加にもかかわらず,加えて「経済の急速な発展のもたらした労働力不足に伴い,婦人労働力の有効活用,なかんずく中高年の労働力化は必然的と考えられる」にもかかわらず,若年・未婚の女性労働者のみを求める企業が,「中年以上の女子を排除するため,格別の手段をこうずることとなり,そのために問題が起こるという現象があらわれてきた。たとえば,ある企業では,女子の中の数職種について20才,25才,或いは30才などという若い定年制を設けたり,また,結婚を解雇の条件として雇入れたりする例が見られる」ことが,定年制問題あるいは結婚退職制問題が社会的に注目を集めることとなったと説明する[1]。

この時代の女性雇用者の平均年齢は,1963年の27.2歳から1967年の29.0歳に5年間で1.8歳上昇し,男性雇用者の平均年齢33.6歳との差は縮小している[2]。また,非農林業女性雇用者を配偶関係別でみると,同じ5年間で未婚者は5.2%減少,有配偶者は5.9%増加した[3]。有配偶者の雇用率は年々上昇し,「わが国婦人労働者の一つの特徴といわれた若年,未婚型が次第に変わりつつあることがうかがわれる」[4]時期であった[5]。

女性労働者の定年制の状況について,前掲『女子の定年制』掲載の「民間企業定年制調査」(1964年8月実施)によれば,常用労働者全部についての一律定年制が60〜70%だが,男女別定年制も2割程度みられる[6]。同じく,労働組合婦人対策部担当者に対する「女子の定年制等に関するアンケート」によれば,対象企業中,女性の結婚退職の制度があるのは,9.4%(慣行も含む)で,制度の根拠は慣行が46%,労働協約32%となっている[7]。

同書の「補遺 定年の男女差および結婚退職に関する学説」の「概要」では,当時の学説状況について,労働基準法4条に定めのある「賃金以外の労

---

[1] 労働省婦人少年局編『女子の定年制』(日本労働協会,1965年)1頁。
[2] 労働省婦人少年局編『婦人労働の実情〔1967年版〕』(1969年)13頁〜14頁。
[3] 労働省婦人少年局編・前掲注2)20頁〜21頁。
[4] 労働省婦人少年局編・前掲注2)21頁。
[5] 1969年には,未婚者と既婚者(有配偶者と死・離別者をあわせたもの)の割合は逆転し,後者が多数となる。『婦人労働の実情〔昭和44年〕』(労働省婦人少年局,1970年)21頁〜22頁。
[6] 労働省婦人少年局編・前掲注1)74頁。
[7] 労働省婦人少年局編・前掲注1)82頁〜83頁。

働条件における女子の差別は，労基法の規定には直接違反しないがその精神に反し，且つ憲法の規定に反する，したがって民法90条により無効となりうるという説が大勢を占めるということができよう」とまとめている[8]。しかし，婦人少年局自体は，女性のみに適用される若年定年制について，労基法の精神に反することは明らかであり，「憲法第14条の趣旨に鑑みても好ましくない」，と言うのみで，改善のための啓発指導の実施にとどまっていた[9]。

　企業の結婚退職制の典型が，住友セメント事件の例である[10]。被告会社は，1958年4月，会社の方針として，以後の女性職員の採用処遇について結婚退職制を定めた。原告女性は1960年9月に本採用される前に「結婚または35歳に達したときは自発的に退職する」旨の念書を差し入れていた。1964年3月，会社は，結婚したにもかかわらず退職の申し出をしなかった女性を，結婚退職に合意して採用されたとして，解雇した。

　差別定年・退職問題のリーディングケースとなった東京地裁1966（昭41）年12月20日判決（労民集17巻6号1407頁）は，性別による差別待遇の禁止について，「両性の本質的平等を実現すべく，国家と国民との関係のみならず，国民相互の関係においても性別を理由とする合理性なき差別待遇を禁止することは，法の根本原理である。憲法14条は国家と国民との関係において，民法1条の2は国民相互の関係においてこれを直接明示する」，「労基法は性別を理由とする労働条件の合理的差別を許容する一方，前示の根本原理に鑑み，性別を理由とする合理性を欠く差別を禁止」し，この禁止は，「労

---

8) 赤松良子『均等法をつくる』（勁草書房，2003年）10頁〜11頁によれば，概要を書いたのは，後に婦人少年局長（その後組織再編により婦人局長）に就任し，均等法作成の責任者となる，婦人労働課の赤松係長である。赤松は，1981年の日産自動車最高裁判決を，「解雇における女性への差別を，法律をもって禁止するための下地はこれで整ったということができる」と回想している（同書，15頁）。

9) 赤松・前掲注8)10頁〜11頁，赤松良子『詳説男女雇用機会均等法及び改正労働基準法』（日本労働協会，1985年）128頁。

10) 坂本福子『婦人の権利〔改訂版〕』（法律文化社，1977年）127頁〜128頁によると，1959年，東京電力の労働協約による結婚退職制度化の試みは，憲法違反という世論の批判によって撤回を余儀なくされた。中国電力では，1961年以来「女子の職種」の定年を25歳とする新制度を労働協約に折り込むことを組合側と交渉し，64年に労働協約を結び，65年4月採用者から適用された。労働省婦人少年局編・前掲注1)70頁。

働法の公の秩序を構成し、労働条件に関する性別を理由とする合理性を欠く差別待遇を定める労働協約、就業規則、労働契約は、いずれも民法90条に違反しその効力を生じない」とする。結婚の自由の保障についても、「家庭は、国家社会の重要な一単位であり、法秩序の重要な一部である。適時に適当な配偶者を選択し家庭を建設し、正義衡平に従った労働条件のもとに労働しつつ人たるに値する家族生活を維持発展させることは人間の幸福の一つである。かような法秩序の形成並びに幸福追求を妨げる政治的経済的社会的要因のうち合理性を欠くものを除去することも、また法の根本原理であって、憲法13条、24条、25条、27条はこれを示す」、結婚の自由の合理的理由のない制限は、国民相互の法律関係にあっても法律上禁止され、この禁止は公の秩序を構成し、これに反する労働協約、就業規則、労働契約は民法90条に違反し無効となるとした。そして、既婚女性労働者の非能率、女性が不相当に高額の賃金を得るのを是正する必要がある、といった会社側の主張を、差別又は制限の合理的理由とはならないとして退けた[11]。この裁判から多くの裁判が始まった。

結婚年齢が20代に集中する状況では、結婚退職制は、実態としては若年退職制を意味する。若年定年制の最初のケースである東急機関工業事件では、それまで男女とも55歳定年であったのが、1966年、労働組合と会社が女性の定年を30歳とする協定を結んだ。これにより定年退職とみなされた申請人女性が1967年に協定の無効を主張して地位保全の仮処分を申請した[12]。東京地裁1969（昭44）年7月1日判決（労民集20巻4号715頁）は、「憲法は私人間の行為を直接規律するものではないから、憲法で保障されている基本的人権について、私人間の合意で制約を設けることも、私的自治の

---

11) 即日会社は控訴した。二審東京高裁で、途中から交代した裁判長のもと、1968年8月和解が成立し、女性のみ結婚退職制・35歳定年制は撤廃され、原告は復職したが、女性労働者の仕事と家族責任（子育て）との両立は保障されず、「女子が第二子を出生した時」は、「勤務継続困難」として退職することとされた。鈴木節子『婦人労働者の権利を守ろう――結婚退職反対のたたかい』（全国セメント労働組合連合会・住友セメント労働組合）53頁～60頁、『日本女性差別事件資料集成2 結婚・出産退職制、若年定年制、差別定年制等資料 第1巻 住友セメント事件等』（すいれん舎、2009年）所収。

12) 協定を結んだ労働組合は、原告の裁判の支援をしなかった。『日本女性差別事件資料集成2 結婚・出産退職制、若年定年制、差別定年制等資料 第5巻 東急機関工業事件』（すいれん舎、2009年）344頁以下参照。

原則の適用により，一応は有効」だが，「制約が著しく不合理なものである場合には，民法90条により公序良俗違反として無効となる」とした上で，本件定年制は，男子の55歳に対して女子30歳と著しく低く，かつ，「30才以上の女子であるということから当然に企業貢献度が低くなるとはいえない」，他にこの差別を正当づける特段の事情もないので，著しく不合理とした[13]。

年齢差10歳の男女別定年制が問題となった伊豆シャボテン公園事件では，それまで定年制の定めがなかったところ，1971年に就業規則で女性47歳，男性57歳定年と定め，定年退職扱いとなった女性5名が，就業規則の無効を主張した。静岡地裁沼津支部1973（昭48）年12月11日判決（労民集26巻1号77頁）に続き，東京高裁1975（昭50）年2月26日判決（労民集26巻1号57頁）では，憲法14条は私人間の行為を直接規律するものではないが，憲法14条が保障する「男女平等の原理は，元来，同法24条とあいまって社会構造のうちに一般的に実現せられることを基調としているので，合理的理由のない差別の禁止は，一つの社会的公の秩序の内容を構成していると解されるから，労働条件についての差別が，専ら女子であることのみを理由とし，それ以外の合理的理由が認められないときは」，民法90条により無効であると述べたうえで，会社側の合理的理由の主張をすべて理由がないとした。最高裁1975（昭50）年8月29日判決（労判233号45頁）もこれを支持し，上告を棄却した。

III．何が起こったか

日産自動車は，1966年，原告女性が働くプリンス自工を吸収合併し，同社従業員に関する雇用契約関係を承継した。合併前のプリンス自工の就業規則では，従業員の定年に関し，男女を問わず55歳としていた。合併後にプリンス自工の従業員にも統一的に適用されることとなった日産の就業規則は，男性55歳，女性50歳を定年と定めていた。プリンス自工は合併に先立ち，従業員の4分の3以上を組織するプリンス自工労組と労働協約を締結し，

---

[13] 会社は控訴したが，1972年2月，高裁で申請人を現職復帰させる和解が成立した。坂本・前掲注10）241頁。

合併後の就業規則を日産の規則に統一するとの労働協約を締結していた。

　1919（大正8）年1月生まれの原告女性は，1969年1月に50歳に達するので，会社は就業規則の規定により1月末日をもって退職を命じる旨の通告を行い，2月以降女性の就労を拒否した。これに対し女性は，非組合員であり，不利益な変更に同意していない女性に被告会社の男女別定年制の就業規則は労組法17条によって拡張適用されない，男女別定年制は民法90条に違反し無効だなどとして，従業員たる地位の確認等を求める仮処分を申請した。仮処分一審東京地裁1971（昭46）年4月8日判決（労民集22巻2号441頁），二審東京高裁1973（昭48）年3月12日判決（労民集24巻1・2号84頁）は，いずれも差別の合理的根拠を認め，会社側が勝訴した。仮処分一審・二審では，第1に，女性の生理機能水準自体が男性に劣り，女性55歳のそれに匹敵する男性の年齢は70歳くらいとなる[14]，第2に，被申請会社の男女別定年制導入の事情として，女性の職種は概ね補助的業務に限定され，会社の年功序列賃金体系のもとで賃金と労働能率のアンバランスが男性従業員に比べて早期に生じるといった事情にもとづき合理性を認めた。

　しかし，仮処分二審判決の11日後に出された本案訴訟一審東京地裁1973（昭48）年3月23日判決（労民集30巻2号345頁）は逆の結論となり，世間から注目された。もともと本訴は，プリンス自工の前身である富士産業が1949年に行った整理解雇を無効だとして，1953年に原告女性を含む男女従業員が提起した雇用関係存続確認等請求事件（女性は，1950年6月30日東京地方裁判所の仮処分決定によって復職していた）であり，原告女性は，男性と同じ55歳までの雇用契約存在確認の主張を追加していた[15]。

　本訴一審判決後1973年4月1日から，被告会社の定年は男性60歳，女性55歳に改訂された。そのため，本訴二審以降は，男性60歳，女性55歳の5

---

[14]　中島通子「事件の現場から：男と女，どちらが劣る？――日産自動車事件で思い出すこと」法教117号（1990年）92頁は，中島は仮処分二審判決に憤って女性側弁護団に加わったが，自分を含め女性たちの怒りが特に集中したのが，この点だったと回想する。

[15]　小倉隆志「男女5歳差の定年制の効力（日産自動車事件＝昭和56・3・24）」経営法曹会議編『最高裁労働判例〔4〕――問題点とその解説』（日本経営者団体連盟弘報部，1983年）437頁。日産側弁護士として1961年から本件を担当した小倉は，1975年以降の状況を，「周辺の事情はますます会社にとって悪くなり，つれて訴訟は女性傍聴者で満員となり，一種の公害訴訟の様相すら呈した」と表現している（439頁）。

歳差の男女別定年制の問題となった。本訴二審東京高裁1979（昭54）年3月12日判決（労民集30巻2号283頁）も一審同様無効判決だったが，原告女性は1979年1月に60歳に達していたので，裁判を10年たたかったにもかかわらず，判決時，すでに復職の可能性はなかった。本訴二審判決後，同年4月1日から被告会社の定年は男女ともに60歳となった。

　1981（昭56）年3月24日，最高裁は，「原審の確定した事実関係のもとにおいて，上告会社の就業規則中女子の定年年齢を男子より低く定めた部分は，専ら女子であることのみを理由として差別したことに帰着するものであり，性別のみによる不合理な差別を定めたものとして，民法90条の規定により無効であると解するのが相当である（憲法14条1項，民法1条ノ2参照）」として，原審の判断を正当と認め，会社側の上告を棄却した。

IV. 法的議論

1. 定年制と労働権

　定年制は，就業規則ないし労働協約において，一定の年齢で，労働者の労働能力や就労意思とは無関係に，一律に労働契約が終了すべきことを定め，労働関係から排除する制度である。したがって，実際には，定年後，多くの人が生活のために働いている。民間企業においては，かつては55歳定年制が主流であったが，社会の高齢化がすすむなかで，定年制の年齢は高められていく傾向にある。1970年代半ばから高年齢者の雇用確保の観点から政府の定年延長政策が進められ，企業も60歳定年制を採用していく[16]。定年制は，雇用関係の安定をはかり年功による処遇を基本とする日本企業の長期雇用システムにおいて，賃金は上がるのに労働能率は低下する年齢に達した者を年少者に切り替えるしくみとして広く採用されてきた。最高裁は，秋北バス事件最高裁1968（昭43）年12月25日大法廷判決（民集22巻13号3459頁）において，「およそ停年制は，一般に，老年労働者にあっては当該業種又は職種に要求される労働の適格性が逓減するにかかわらず，給与が却って逓増

---

[16] 菅野和夫『労働法〔第11版補正版〕』（弘文堂，2017年）709頁。高年齢者雇用安定法は，1994年改正で，60歳未満定年制を禁止し（4条，現8条），2004年改正では，65歳までの定年の引上げなどの高年齢者雇用確保措置を義務付けた（9条）。

するところから、人事の刷新・経営の改善等、企業の組織および運営の適正化のために行なわれるものであって、一般的にいって、不合理な制度ということはでき」ないとして、主任以上の職にある者の満55歳定年制の合理性を認めた。

こうした男性の定年年齢を基準に、女性を男性より早く定年とすることの合理性が問題となった。労働条件のなかでも解雇と同様に重要なものである定年年齢についての女性差別は、女性の労働権、生存権の重大な侵害であった。

2. 男女差別定年制と平等原則

憲法25条の生存権保障を受けて、同27条1項は勤労権を保障し、2項は「勤労条件に関する基準」の法定を定め、これを受けて、労働基準法をはじめとする一連の法律が立法されている。性によって差別されずに働く権利は、女性の生存権にとって要となる。憲法は13条で個人の尊重を規定するとともに、14条1項は法の下の平等を規定し、人種、信条、性別、社会的身分又は門地により、政治的、経済的又は社会的関係において差別されない、とする。憲法14条を受けて、労基法3条は、賃金、労働時間、その他の労働条件について差別的取扱いを禁止したが、そこであげられているのは、労働者の国籍、信条又は社会的身分を理由とする差別であり、性別は含まれない。性別については、4条で賃金について女性に対する男性との差別的取扱いを禁ずるのみである。賃金以外の労働条件について、労基法3条・4条が性差別を禁止していないのは、労基法自体が労働時間などについて女性に対する異なった取扱い規定をおいているからであり、差別を許容する趣旨ではないとされるが、同法119条は3条・4条に違反した使用者に対して罰則を科しており、罪刑法定主義の原則から、法の拡張解釈はできないとされてきた。

最高裁が参照として示した条文の関係について、原審東京高裁は、「全ての国民が法の下に平等で性による差別を受けないことを定めた憲法14条の趣旨を受けて、私法の一般法である民法は、その冒頭の1条ノ2において、『本法は個人の尊厳と両性の本質的平等を旨として解釈すべし。』と規定している。かくして、性による不合理な差別を禁止するという男女平等の原理

は、国家と国民、国民相互の関係の別なく、全ての法律関係を通じた基本原理とされたのであって、この原理が、民法90条の公序良俗の内容をなすことは明らか」だとしていた[17]。

その上で原審は、「定年制における男女差別は、企業経営上の観点から合理性が認められない場合、あるいは合理性がないとはいえないが社会的見地において到底許容しうるものでないときは、公序良俗に反し無効であると解するのが相当」という枠組みをたてた。

具体的に被告会社の定年制の合理性の有無について、原審は第1に、年齢と労働能力については、一般に人間の作業は、その全能力を発揮することが要求されるものではなく、通常は、能力の5、6割のところで働いているものであり、年齢により機能が低下しても、長年携わってきた仕事であれば機能低下を補い仕事に適応することは十分可能であり、女性であっても通常の職務であれば、少なくとも60歳前後までは、今日の企業経営上要求される職務遂行能力に欠けることはないと認められる、年齢による一律排除の理由はないとした。第2に、賃金と労働のアンバランスの主張については、被告会社では、女性全体を会社に対する貢献度のあがらない従業員と断定する根拠はない、男性はともかく女性については年功序列型の賃金は支給されていない、賃金と労働のアンバランスが生じていると認めるべき根拠はない、と否定した。また、男性は一家の大黒柱であるのに、女性は夫の生活扶助者で家庭内で就業する地位にあるとも会社は主張したが、これは社会の実情に合致せず、国民一般の認識とも相異すると退けられた。

最高裁は本件で、憲法14条1項が私人間にも民法90条を介して間接適用されることを認めるが、その際に、原審同様、民法1条ノ2の存在を重視した。差別定年制に関する一連の判決のなかには、14条1項のみをあげるもの（仮処分二審）、14条1項と労基法3条、4条の趣旨をあげるもの（本訴一審）、14条、24条をあげるもの（伊豆シャボテン公園事件二審）、14条、25

---

[17] 続けて、高裁が、「夫婦の役割分担とこれに関連する女性の職業活動の是非は、直接的には当該夫婦を中心とする家庭の問題」、「妻が職業活動を行うか否かは、夫婦の責任ある決定に委ねるべきもの」と述べている部分については、「現実の処理として夫婦の協議を必要とするが、問題は、夫と妻の各々独立した労働権、生存権確立の問題」だとする、大脇の批判が正当である。大脇雅子「日産自動車差別定年制判決の意義と問題点」ジュリ695号（1979年）80頁。

条，27条の精神をあげるもの（名古屋放送事件・名古屋地判1973〔昭48〕・4・27労民集25巻6号476頁）もあった。一方，私人間に憲法の適用はないとするもの（東急機関工業事件）も含め，差別的取扱いの合理性をどうとらえるかによって，結論は分かれていた。

　会社側は上告理由で，三菱樹脂事件の最高裁1973（昭48）年12月12日大法廷判決（民集27巻11号1536頁）が，「人権の侵害が社会的に許容しうる限度を超える場合にのみ民法第90条違反の問題が生ずる」とした判例に反していると主張したが，事案を異にすると退けられた。また，労基法の女性保護規定，男女の受給開始年齢に5歳の差を設けた厚生年金保険法，民法の婚姻適齢の男女差，女性の再婚禁止期間を6カ月とする条文などをあげて，「憲法14条1項が厳格な意味での男女平等取扱いを要求しておらず」，合理的理由のない差別規定が許されているのであるから，5歳差の定年制も合理的理由がなくとも許される，あるいは，女性には労基法上の保護規定による勤務の制約等のため業務運営上支障が生ずるので補助業務しか担当させられないなどと主張していた。合理的な女性保護とされてきた規定と平等の関係はその後大議論となる。

V．その後の展開

　1歳の差別はあらゆる差別に通じるとの認識のもと，国内で男女差別定年制をめぐる裁判が進行していく1970年代，国際社会も女性の地位向上，男女平等に向けて大きく動いていた。2つの動きは合わさって，日本国内に大きな影響を与えていた。1975年の国際女性年には総理府に婦人問題企画推進本部が設置され，1977年には国内行動計画が策定された。労働省婦人少年局は，1977年6月，「若年定年制，結婚退職制等改善年次計画」を策定し，合理的理由なく定年年齢に男女の差を設ける制度及び結婚・妊娠・出産退職等女性のみに適用される退職制度等の差別的制度の解消のための行政指導を推進することとした。特に年次別重点事項として，1978年度・79年度においては，男女別定年制のうち，女性の定年年齢が40歳未満のもの及び結婚・妊娠・出産退職制の解消を図る，1980年度・81年度においては，男女別定年制のうち，女性の定年年齢が55歳未満のものの解消を図ると定めら

れた[18]）。

　1980年には，前年国連総会で採択された女性差別撤廃条約に署名，国連女性の10年の最終年に当たる1985年までに同条約を批准できるよう国内法制等諸条件の整備に努めることが，婦人問題企画推進本部申合せとなった。

　1985年5月に成立した男女雇用機会均等法によって，憲法に規定された男女平等が雇用の分野で具体的に法制化された。これをもって女性差別撤廃条約を批准するための条件が整ったとされ，同年6月批准書寄託，7月25日条約は日本国について発効した。

　均等法は，企業の募集，採用から定年・退職・解雇に至る雇用の全ステージにおける雇用管理における男女差別的取扱いを撤廃するという長期的展望に立つとされたが，実際には，判例の集積のある定年・退職・解雇（11条）および一定の教育訓練（9条）・福利厚生（10条）についての差別的取扱いを禁止したが（義務規定），募集・採用（7条），配置・昇進（8条）についての均等取扱を事業主の努力義務とするにとどまった（努力規定）。広範な女性労働者保護規定があること，終身雇用慣行を前提とする企業の雇用管理において平均的な勤続年数に男女差があることを理由に，経営側が「平等」法に強く抵抗したための「妥協」の結果であった。

　裁判を通じた救済を求めることの負担の大きさ，募集・採用から対象とすることの意義を考えれば，均等法の成立は評価された。しかし，均等法の公法上の効果とは別に私法上の効果について，努力規定の対象事項は，今後の裁判において反公序性の評価を弱められるのではないか，という懸念があった。この点，立法者は，義務規定と異なり努力規定については，もともと私法上の違法性が問題になることはなく，私法上直接これを根拠として損害賠償請求権が生ずることはないと考えられるが，この努力規定は，公序良俗等の一般的法理を積極的に排除するという趣旨で設けるものではないから，努力規定が設けられた分野における男女異なる取扱いの中に公序良俗に反する不当な取扱いがある場合には，法律行為は民法90条により無効となり，事実行為についても不法行為として損害賠償請求の対象となることが考えられる，と説明した[19]）。

---

18)　赤松・前掲注9)128頁～129頁。

実際には，1997年改正均等法によって募集，採用，配置，昇進に関する努力規定が禁止規定とされ1999年4月に施行されるまでの時期については，男女コース別雇用管理制度についての裁判で，男女差別以外の何ものでもなく，性別による差別を禁じた憲法14条の趣旨に反するが，公序違反であるとすることはできないとする判決が続出した[20]。これに対しては，「憲法の最高法規性を損なうものであり，妥当ではない」[21]，民法1条ノ2の条文を無視した解釈だ[22]などとして学説は批判した。行政的救済には，「簡易・迅速・低廉という良さがあるが，性差別是正の実効性を上げるためには，司法を通じた実効性確保手段が必要である」ことから，均等法違反の私法的効果を明確にすることが今なお課題とされている[23]。
　平等と保護の関係については，女性差別撤廃条約は，4条2項で「母性を保護することを目的とする特別措置」をとることは，差別ではないとしている。ここで母性保護とは，妊娠・出産・哺育に直接関係する保護をいう。労基法は，女性に対する広範な保護規定を有していたが，均等法の制定と同時に，女性保護規定のうち出産保護は拡充するが，それ以外の一般的女性保護を廃止する方向で見直しが行われ，1997年の均等法改正によって努力規定がすべて禁止規定化されると同時に，女性保護規定は原則的に撤廃された。しかし，男性労働者を暗黙のモデルとし，長時間労働の規制が弱い日本においては，女性保護規定を場合によっては男性にも拡大し，両性の労働条件を引き上げなければ，男女ともに家族責任と労働の両立ができなくなることは明らかであった。

---

19)　赤松・前掲注9)244頁。
20)　日本鉄鋼連盟事件・東京地判1986(昭61)・12・4労民集37巻6号512頁，住友電工事件・大阪地判2000(平12)・7・31労判792号48頁，野村證券事件・東京地判2002(平14)・2・20労判822号13頁など。
21)　辻村みよ子『憲法とジェンダー――男女共同参画と多文化共生への展望』(有斐閣，2009年)144頁。
22)　林弘子「住友電工地裁判決鑑定意見書」労働法律旬報1529号(2002年)38頁，浅倉むつ子「女性差別撤廃条約と企業の差別是正義務――男女昇格差別判例を素材に」国際人権14号(2003年)29頁。
23)　川田知子「男女雇用機会均等法の性格」法教413号(2015年)24頁～28頁。

VI. 両性の本質的平等を求めて —— 差別定年制裁判を振り返る

　男女差別定年制はもはや認められないという司法判断が確立したことで，定年制の差別は撤廃されたが，同時に，男性労働者をモデルとしたまま，女性の雇い方が，非正規や，賃金が20代後半の水準のまま上がらない雇用管理区分に変わっていった。差別定年制をめぐる裁判の成果は，女性差別をめぐるたたかいのはじまりでもあった。

　女性の労働権については，これを保障するための性差別に対する立法的規制が不十分であったことから，裁判所によって民法90条が活用された。司法判断の確立を受けて，立法化がなされた。こうした循環をつくりだすことが，人権保障をすすめる。この動きを，裁判を決意した女性たち，支援した労働組合，労働組合以外の労働者，女性法律家，法案を準備した女性官僚，議員などが作り出した。あらゆる領域における方針決定の場，指導的地位における男女共同参画が，両性の平等な人権保障への緊要の課題とされている（男女共同参画社会基本法前文，5条）。憲法28条は労働基本権を保障し，労働組合と使用者との合意事項は労働協約になる。使用者および労働組合の男女共同参画が問われる。

　国家による差別と私人による差別は構造的につながっている。日本国憲法の男女平等原則のもとで，国家による差別，法律上の差別は原則的に撤廃されたにもかかわらず，なお合理性のない性差別法が残っている。私的団体の行為・慣行の性差別性を厳格に吟味するようになれば，あらためて国家による性差別の合理性も問われることになる。女性差別撤廃条約は，国家によるか私人によるかを問わず，あらゆる形態の差別の撤廃を締約国の義務とする（2条）。法律による差別を国家はまず何よりも撤廃しなければならないが，日本国憲法は，14条とともに24条1項で夫婦間における男女平等を規定し，さらに，民法の解釈の基準として，1条ノ2（現2条）を追加した（昭和22年法律第222号）。国家による，私人間における両性の本質的平等の実現が求められている。

北方ジャーナル事件判決
―― ネット時代の名誉毀損・プライバシー侵害と「事前抑制」

山口いつ子

> Ⅰ．はじめに
> Ⅱ．本判決の検討――事前差止めの合憲性をめぐる概念と判断基準
> Ⅲ．司法的事前抑制に対する2つのアプローチ――英米での議論からの示唆
> Ⅳ．本判決の今日的含意――対抗利益間の調整に求められる姿勢とアプローチ

Ⅰ．はじめに

　いわゆる「事前抑制」の法理は，伝統的なマス・メディアに加えて，一個人でもインターネット上のブログやツイッター等を用いて，情報の瞬時での受発信が容易となった今日，名誉毀損・プライバシー侵害の救済手段としての裁判所の事前差止めの合憲性をめぐって，いかなる含意を有するのだろうか。この問いかけを考えるための重要な出発点となるのが，仮処分による事前差止めの合憲性を一定の条件の下で支持した，北方ジャーナル事件最高裁判決（最大判昭和61・6・11民集40巻4号872頁。以下，本判決という）である。本判決には多岐にわたる興味深い論点が含まれ，これまでに憲法の領域のみならず民法・民事訴訟法・民事保全法等の領域でも優れた理論的及び実務的考察が蓄積されてきた。それでも，特に差止めの要件論等について，残された課題も多い。
　本稿では，まず，事前差止めの合憲性をめぐる概念と判断基準について，(1)「検閲」，「事前抑制」，及び事前差止めとの間の関係，(2)差止めの要件論における名誉・プライバシーと表現の自由との調整，という2つの論点を中心にして検討を加える。そして，事前抑制の法理が歴史的に発達してきた英米両国での議論も，考察の視野に取り込んでおきたい。すなわち，上記の(1)に関して，アメリカでは，司法的な事前抑制に対する連邦最高裁の「ほ

ぼ絶対的な拒絶」[1]の姿勢が現在でも堅持されていることから，その姿勢を支える論理を探ってみたい。また，イギリスでは，アメリカと比較すれば，事前抑制に対するアプローチは「よりプラグマティック」[2]であるとされ，上記の(2)をめぐって，対抗利益間の調整における均衡を細密なルールをもって図ろうとする動きが見出せる。とりわけ，最近，主にプライバシー侵害の事案での救済手段として，暫定的差止命令が下されたこと自体の公表をも差し止めるいわゆる「超差止命令（super-injunction）」[3]の是非が論じられているため，そこからの示唆も得たい。

以下では，冒頭に掲げた問いかけの下で，本判決を読み返しつつ，また英米での議論にも触れながら考察を進めていくことを通じて，今日もなお本判決が有すると考えられる含意を指摘しておくことにしたい。

II．本判決の検討 ── 事前差止めの合憲性をめぐる概念と判断基準

本件は，北海道知事選挙に立候補予定の元市長への批判等を展開した「ある権力主義者の誘惑」と題する記事が掲載された雑誌「北方ジャーナル」をめぐって，名誉権の侵害の予防を理由として，債務者審尋を経ることなく，印刷・製本・販売・頒布等の仮処分による事前差止めが行われたという事案である。本判決は，この仮処分決定への異議申立事件ではなく，国等に対する損害賠償請求事件における判決であり，最高裁はここで初めて，事前差止めに関する憲法問題に正面から取り組んでいる[4]。なお，本判決には既に数多くの評釈等があることから，本稿では，事実の概要は割愛し，判旨については，適宜，以下の考察の中で触れていくことにする。

---

1) LAURENCE H. TRIBE, AMERICAN CONSTITUTIONAL LAW 1039 (2d ed. 1988).
2) ERIC BARENDT, FREEDOM OF SPEECH 117 (2d ed. 2005)［この翻訳として，比較言論法研究会訳『言論の自由』（雄松堂出版，2010年）を参照］．
3) 後掲注46)及び47)を参照．なお，injunctionについて，裁判所が不作為のみならず作為を命ずる場合も含まれるが，本稿では簡潔に「差止命令」と訳しておく．
4) 例えば，佐藤幸治『マス・メディアの現在（法セ増刊）』（日本評論社，1986年）44頁，同・法教15号（1981年）89頁，また，本件に関する一連の判決について，加藤和夫・曹時41巻9号（1989年）201頁及び脚注(1)，堀部政男ほか・法時58巻11号（1986年）6頁以下を参照．

1.「検閲」,「事前抑制」,及び事前差止めとの間の関係

　事前差止めの合憲性を判断するうえで,憲法上の「検閲」及び「事前抑制」という概念はいかなる関係にあり,そして,これらと事前差止めとの関係はどのように規定されるのだろうか。これに関して,本判決が示した以下の2つの点に注目されるが,その前提として,まずは,事前差止めは「検閲」に該当しないとした本判決の判断について見ておきたい。

　本判決では,税関検査事件最高裁判決(最大判昭和59・12・12民集38巻12号1308頁)における検閲の定義が踏襲された。すなわち,本判決によれば,憲法21条2項前段にいう検閲とは,「行政権が主体となって,思想内容等の表現物を対象とし,その全部又は一部の発表の禁止を目的として,対象とされる一定の表現物につき網羅的一般的に,発表前にその内容を審査したうえ,不適当と認めるものの発表を禁止することを,その特質として備えるものを指す」,とされた。また,税関検査事件判決がこの検閲の禁止は「公共の福祉を理由とする例外の許容」をも認めないとしたことを受けて,本判決でも,「検閲の絶対的禁止」が確認されている。

　このように検閲の主体を行政権と限定したうえに「網羅的一般的」等の絞りをかけた定義については,たとえ絶対的禁止を導くためであっても,狭隘すぎるのではないか,これに該当する具体的な制度が今日において存在しているのか,といった強い疑問が繰り返し呈されてきた[5]のも首肯できる。この定義を所与とすれば,裁判所が主体となる個別具体的な判断としての事前差止めの検閲該当性を否定することは容易に見えるが,それでも,本判決以前から,無審尋での仮処分決定の合憲性に関しては,疑問の余地が皆無ではなかった[6]。そこで,本判決で注目される点の1つが,最高裁が「いわゆる事前抑制」(傍点筆者)という概念を初めて提示したことである[7]。

---

　[5]　例えば,奥平康弘・法セ31巻8号(1986年)15頁,長谷部恭男『憲法〔第6版〕』(新世社,2014年)213頁,川岸令和「表現の事前抑制と検閲」駒村圭吾＝鈴木秀美編著『表現の自由Ⅰ』(尚学社,2011年)186頁～187頁。また,検閲概念の広狭をめぐる学説・判例の分析として,芦部信喜『憲法学Ⅲ 人権各論(1)〔増補版〕』(有斐閣,2000年)361頁～373頁を参照。
　[6]　例えば,須藤典明・ひろば39巻10号(1986年)15頁を参照。
　[7]　この点に関して,浜田純一「事前抑制の理論」芦部信喜編『講座憲法訴訟 第2巻』(有斐閣,1987年)270頁は,本判決では「検閲該当性いかんの審査とは別に,事前抑制の禁止の観点からする検討を加えており,二分論の立場をとることを明確にしている」,と指摘する。

すなわち，税関検査事件判決では，税関検査の検閲該当性を否定する際に用いられたのは，「事前規制たる側面を有する」が「事前規制そのもの」ではない8)という迂遠な言回しであったものの，「事前抑制」(傍点筆者)という用語は使われていない。同判決によれば，税関検査は，「わが国内」で「当該表現物に表された思想内容等に接する機会を奪われ」，受け手の「知る自由が制限される」点において，「事前規制たる側面を有する」が，それでも，一般に「国外」では「既に発表済み」であり「輸入が禁止されるだけ」であって「発表の機会が全面的に奪われてしまう」わけではないという意味において，「事前規制そのもの」ではない。この理屈に基づけば，本件の事前差止めは，まさしく国内での発表の機会を奪う「事前規制そのもの」となる9)ことから，その合憲性をより一層精査するための新たな道具概念として提示されたのが，「いわゆる事前抑制」だったと言える。

そして，本判決で注目しておきたい，もう1つの点が，「表現行為に対する事前抑制は，表現の自由を保障し検閲を禁止する憲法21条の趣旨に照らし，厳格かつ明確な要件のもとにおいてのみ許容されうる」という一文の意味，及び，その本判決全体の中での位置づけである。すなわち，これが，(a)21条の項までは細かく明示することなく「21条」の趣旨として，しかも検閲禁止にも言及したうえで，示されていること，また，(b)「公務員又は公職選挙の候補者に対する評価，批判等」といった表現の具体的な類型に基づく要件論に入る前に，その前提となるものとして説かれていることについて，留意されてよい。これらをいま少し展開して言えば，この判示は，(aʹ)いわば21条〈全体として〉の趣旨から導かれるために，検閲該当性が否定されても事前抑制該当性が肯定された帰結として事前差止めにかかってくること，また，(bʹ)本件で問題となった表現のような特定の個別表現類型に限定されるわけではなく，さらには，(b″)本件のような名誉毀損の事案10)の

---

8) こうした区別について，例えば，芦部・前掲注5)371頁～373頁，長岡徹「検閲と事前抑制」ジュリ1089号 (1996年) 237頁を参照。

9) これに関して，学校教育法に基づく教科書検定に関する最高裁判決 (最判平成5・3・16民集47巻5号3483頁) は，同検定の合憲性を支持した理由づけの中ではあるが，本判決について，「発表前の雑誌の印刷，製本，販売，頒布等を禁止する仮処分，すなわち思想の自由市場への登場を禁止する事前抑制そのものに関する事案において，右抑制は厳格かつ明確な要件の下においてのみ許容され得る旨を判示したものである」，と記している。

みならずプライバシー侵害の事案での事前差止めにもかかってくること、をも含意しているという理解が可能であろう。

2. 差止めの要件論における名誉・プライバシーと表現の自由との調整

ただ、こうした「厳格かつ明確な要件」の要請については、その直後に本件の具体的な表現類型に即して示されている事前差止めの実体的要件それ自体が、「厳格かつ明確な要件」と言えるのかを疑問視する見方もある[11]。この背景には、事前抑制と事後規制の要件は質的に異なるべきであるのに、後者の刑法230条の2の基準を裏返して明白性を加重したものを前者の要件とした点、また、非真実性と非公益目的性が「又は」と選択的に繋がれており、真実であっても表現者の主観的意図によっては差止めが許容されうる点、等への懸念が存在している[12]。さらに、本判決が差止請求権の根拠とした「人格権」に関して、その「範囲」をできる限り拡大して「差止めの可能性」を広く認めようとする観点から見ても、本判決の差止めの要件は、その後の名誉毀損に関する下級審の事例で踏襲されたものの結果的には多くの場合に差止めが認められたことから、「一見するほど厳しいものではな」い[13]、とされる。突き詰めれば、これらの点をいかに評価して要件論を組み立てるかは、その基底にある、憲法上の表現の自由の「優越的地位」、「萎縮効果」論、そして、差止請求権の根拠となる「人格権」に対する捉え方次第によって、大きく異なってくる状況にある[14]。

本判決後も残された課題として、とりわけ、名誉毀損とされる表現の個別

---

10) なお、本件では名誉毀損が争われたが、本件記事には、元市長の私生活に関する記述も含まれていた。この点につき、例えば、須藤・前掲注6)20頁及び脚注(17)を参照。

11) 例えば、横田耕一・判評338号（判時1221号）39頁、野坂泰司『憲法基本判例を読み直す』（有斐閣、2011年）178頁～182頁を参照。

12) 前掲注11)の文献に加えて、佐藤・前掲注4)（法セ増刊）51頁～53頁、平川宗信・法教73号（1986年）117頁～118頁、樋口陽一＝野中俊彦編『憲法の基本判例〔第2版〕』（有斐閣、1996年）104頁～106頁［高橋和之］等を参照。

13) 五十嵐清『人格権法概説』（有斐閣、2003年）275頁, 278頁。

14) 前掲注11)から注13)の文献に加えて、大塚直「人格権に基づく差止請求」民商116巻4・5号（1997年）549頁及び脚注(19)、松井茂記「変貌する名誉毀損法と表現の自由」ジュリ1222号（2002年）82頁～92頁、宍戸常寿『メディア判例百選』（有斐閣、2005年）149頁、山本敬三『民法判例百選Ⅰ〔第7版〕』（有斐閣、2015年）11頁等を参照。

類型が本件のような「公務員又は公職選挙の候補者に対する評価，批判等」ではない場合，さらには，名誉毀損の事案のように公共の利害や真実性の存否が表現の自由との調整機能を果たすことは期待できないプライバシーの侵害が争われる場合における，差止めの許否を決する判断基準は，例えば，「石に泳ぐ魚」事件最高裁判決や「週刊文春」事件東京高裁決定に示されるように，今日もなお確立を見ていない[15]。

そうした中で，本判決後の要件論をめぐる展開としてむしろ顕著なのは，手続的保障の局面における次の3点である。すなわち，第1に，本件は旧民事訴訟法の下での事件であったところ，本判決で事前差止めの手続的要件とされた，債務者審尋を要するという原則が，民事保全法の制定により23条4項で明文化された。第2に，その例外が同項ただし書に定められているが，例えば，東京地裁保全部の実務では，出版等の差止めの事案における無審尋での発令に極めて慎重であって，出版の期日が切迫している等の緊急時には裁判官が直接電話等で呼出しを行っているとされる[16]。第3に，同地裁保全部での実務に基づく指摘として，出版等の差止めの仮処分は，「本案を待っていては適切な救済が得られない」ことから，放映差止めを含めて，「近年申立てが非常に多い」ものの，「多くの場合は事実上の和解と取下げで終了している」[17]とされる点である。

もっとも，この最後の点に関して，近年，仮の地位を定める仮処分の「本案代替化」ないし「特別訴訟化」[18]という現象が指摘される中で，出版等の

---

[15] 最判平成14・9・24判時1802号60頁，東京高決平成16・3・31判時1865号12頁。こうした判断基準に関して，さしあたり，山口いつ子・判評562号（判時1906号）44頁を参照。また，近年の差止めの事案について，例えば，長谷川貞之ほか編著『メディアによる名誉毀損と損害賠償』（三協法規出版，2011年）60頁〜71頁，219頁〜235頁，佃克彦『プライバシー権・肖像権の法律実務〔第2版〕』（弘文堂，2010年）171頁〜193頁を参照。

[16] 例えば，瀬木比呂志『民事保全法〔第3版〕』（判例タイムズ社，2009年）262頁〜267頁，741頁〜744頁，柴田義明「第23条（仮処分命令の必要性等）」瀬木比呂志監修『エッセンシャル・コンメンタール民事保全法』（判例タイムズ社，2008年）194頁〜196頁，中込秀樹「書籍，新聞，雑誌等の出版等差止めを求める仮処分の諸問題」東京地裁保全研究会『詳論 民事保全の理論と実務』（判例タイムズ社，1998年）265頁〜266頁，292頁を参照。また，笠井正俊『民事執行・保全判例百選〔第2版〕』（有斐閣，2012年）185頁，宍戸・前掲注14)を参照。

[17] 瀬木・前掲注16)741頁。

[18] 瀬木・前掲注16)44頁〜63頁。

差止めの事案の多くが事実上の和解と取下げによって本案訴訟にも仮処分決定にも至らないとすれば、判断の結論や理由づけが公表される機会も減ることになり、差止めの許否をめぐる判断基準の確立は、従来以上に仮処分での実務に負うことになろう。もしそれが現状ならば、仮処分の判断は、単独裁判官の審理ではなく「できる限り合議体によって」[19]行われるのが望ましいとする実務的視点からの提言は、そこでの判断の合憲性及び妥当性を少なくとも手続的に担保するものとして、重く受け止めるべきであると考えられる。

III. 司法的事前抑制に対する2つのアプローチ
── 英米での議論からの示唆

ここで、英米両国に目を転じてみたい。というのも、両国は、かつてのイングランドでの印刷出版事業者の許可制という検閲制度からの歴史的教訓を共有しつつも、現代における司法的事前抑制の合憲性をめぐる争点に対するアプローチには顕著な差異があり、その各々に、日本での議論にとって有意義な示唆を見出せるからである。

1. アメリカにおける「ほぼ絶対的な拒絶」を支える論理

アメリカの連邦最高裁は、1970年代に決定的となった、「事前の司法的抑制に対するほぼ絶対的な拒絶」[20]の姿勢を、現在でも堅持している。すなわち、事前抑制は、「裁判官に対してさえも、推定的に禁止されている」のである[21]。こうした姿勢を支える論理とは、いかなるものであろうか。

この姿勢が最初に示されたのは、1931年のニア対ミネソタ事件判決であった。これは、私人間の権利侵害が争われた事案ではない。州法におい

---

19) 中込・前掲注16)274頁、また、梓澤和幸「差止めの現状と問題点」田島泰彦ほか編著『表現の自由とプライバシー』(日本評論社、2006年) 95頁～100頁を参照。

20) TRIBE, *supra* note 1. こうした判例・学説の展開について、例えば、阪本昌成・ジュリ867号 (1986年) 14頁～19頁、芦部信喜『人権と議会政』(有斐閣、1996年) 154頁～177頁、川岸・前掲注5)180頁～183頁を参照。

21) KATHLEEN M. SULLIVAN & GERALD GUNTHER, CONSTITUTIONAL LAW 1126 (17th ed. 2010).

て,「悪意のある, スキャンダル的及び名誉毀損的な新聞」を「公的生活妨害」として「除去」するための手続の下で, ある新聞の発行差止めを検察官が求めて, 州裁判所が発給した差止命令をめぐり, 連邦最高裁が, 同州法の手続はプレスの自由を侵害するとして違憲判断を下した事案である。留意すべきは, この命令が「正式事実審理 (trial)」後に発せられた終局的差止命令だった点である[22]。

その理由づけによれば, 記事内容は公職者の職務怠慢の告発等であり, 新聞側が裁判所において「真実」であり「善良な動機」で「正当化される目的」のために公表したと証明しなければ抑圧されることから,「これは, 検閲の本質となるものである」。プレスの自由の憲法的「保障の主要な目的」は,「公表に対する事前抑制を防ぐ」ことにある。事前抑制に関する保護でさえも「絶対的に無制限ではない」が, その制限は「例外的な事例」のみであり, ここでは適用されない。この制限が例外的とされるのも,「歴史的に考究され連邦憲法で採用されたプレスの自由とは, 事前抑制または検閲からの免責を, それだけではないが主として意味してきている」からである[23]。これは要するに, 事前抑制の推定的な禁止を, プレスの自由の憲法的保障の核に据える論理である。

そして, 連邦最高裁は, ベトナム政策に関する秘密指定文書の新聞による公表に対する差止命令を合衆国政府が求めていた, 1971年のペンタゴン文書事件判決において,「表現に対する事前抑制のいかなる制度」も,「その憲法上の有効性に反する強い推定」を受けることを確認し, 政府は抑制を正当化するための「重い挙証責任」を果たしていないとした[24]。さらに, 1976年のネブラスカ・プレス事件判決では, 差止命令の合憲性に関するニア事件判決やペンタゴン文書事件判決等の先例を貫く共通の「筋道 (thread)」は,「言論や公表に対する事前抑制は, 第1修正上の権利に対する最も深刻で最も寛容できない侵害である」とされた[25]。つまりは, 裁判所による差止めであっても, 第1修正の下で, 事前抑制にかかってくる違憲性の推定の程度

---

22) Near v. Minnesota, 283 U.S. 697, 701-707, 722-723 (1931).
23) *Id.* at 713-717.
24) New York Times Co. v. United States, 403 U.S. 713, 714 (1971).
25) Nebraska Press Association v. Stuart, 427 U.S. 539, 556-559 (1976).

は，かなり強いものである。

　こうした連邦最高裁の姿勢に対しては，当時の学界から手厳しい批判も展開された。その1つとして，問題とされる表現が明らかに第1修正の保護範囲内にある事案において事前抑制の法理を援用することは，裁判所や学者が嵌りがちな「陥穽」であって，当該事案で第1修正上の保護を同法理によって理由づけるのは「せいぜい的外れか，しばしばミスリーディング」である[26]，という興味深い指摘がある。畢竟するに，事後に保護されない表現をも事前においては憲法上で保護しうることにこそ，事前抑制の法理の独自の意義が看取できるのである。この点は，今日の憲法学のケースブックを見ると，合憲性審査に関するさまざまな法理の中で，事前抑制は，「過度の広範性」や「漠然性」とともに，言論規制の内容よりも方法・手段に着眼して，「早すぎる」，「広すぎる」，「不明確すぎる」[27]といった手続的理由に基づいて，「争われている特定の言論がその他の手段で合憲的に制約されるかもしれないのにもかかわらず」[28]，違憲判断を導くものとして位置づけられていることからも，説明できよう。

　ただ，方法や手続に着目した法理は，それを根底から支える価値原理，つまりそもそも表現の自由はなぜ憲法上で保障されるのかを根拠づける原理論[29]の蓄積があってこそ，強い説得力を持ちうる。そして，アメリカではこの原理論の豊かな蓄積に支えられた，ある種の形式主義[30]を帯びた「事前抑制」の推定的違憲の論理が強く機能しているがゆえに，表現の自由と名誉・プライバシーとの調整が必要となる私人間の権利侵害に関する事案での救済手段としての差止命令の合憲性をめぐって，個別事案に応じた細やかな指針をこの法理から導き出すことは，より一層難しくなっているとも言える[31]。

---

　26)　TRIBE, *supra* note 1, at 1040-1041; John Calvin Jeffries, Jr., *Rethinking Prior Restraint*, 92 Yale L. J. 409, 411（1983）.
　27)　SULLIVAN & GUNTHER, *supra* note 21, at 761, 1102.
　28)　GEOFFREY R. STONE ET AL., CONSTITUTIONAL LAW 1109, 1118（6th ed. 2009）.
　29)　この原理論について，例えば，奥平康弘『なぜ「表現の自由」か』（東京大学出版会，1988年）8頁以下，を参照。また，山口いつ子『情報法の構造——情報の自由・規制・保護』（東京大学出版会，2010年）23頁以下も参照。
　30)　例えば，連邦最高裁判決の理由づけに三段論法を見出して批判するものとして，*see* Jeffries, *supra* note 26, at 417-419.

2. イギリスにおける表現の自由と名誉・プライバシーとの細密な調整

事前抑制に対して，アメリカに比べて「よりプラグマティック」[32]なアプローチを採用しているとされるイギリスでは，差止めが許容される幅は，名誉毀損の事案とプライバシー侵害の事案との間，また，暫定的差止命令と終局的差止命令との間で，細密な差異がある。差止命令の発給権限は，1981年高等裁判所法（Senior Courts Act）37条1項に規定されており，高等法院は，暫定的または終局的差止命令を「公正かつ便宜（just and convenient）」な場合に発給しうるものの，暫定的差止命令の発給には種々の制限がかかる[33]。

(1) 人権法における調整の一般原則

その制限の1つが，欧州人権条約を国内法化した1998年人権法（Human Rights Act）の12条である。同条は，同条約上の「表現の自由に対する権利」の行使に影響しうる「救済」の付与を裁判所が考慮する際に適用され（12条1項），特に暫定的差止命令の発給に「最も重要な影響」を与えたとされる[34]。同条2項から4項の概要のみを見ておこう。

裁判所は，救済の被申立人本人またはその代理人が出廷していない場合に，(a)申立人が被申立人に「通知するためのすべての現実的な処置」をとったこと，または，(b)被申立人に通知すべきでない「やむにやまれぬ理

---

31) これに関して，2005年に連邦最高裁は，公的人物に対する名誉毀損の事案での救済手段としての終局的差止命令の発給が，第1修正の下で許容されうるのかが正面から争われた事案で，従来の判断以上のことは特に何も付け加えることなく，事件を処理している（Tory v. Cochran, 544 U.S. 734, 737-739 (2005). この評釈として，紙谷雅子・ジュリ1310号〔2006年〕157頁を参照）。また，メディアによるプライバシー侵害の救済手段としての差止命令の合憲性という論点についても，連邦最高裁は，「未だに真剣に取り組んできていない」（T. BARTON CARTER ET AL., THE FIRST AMENDMENT AND THE FOURTH ESTATE 253 (11th ed. 2012)），と評されている。

32) BARENDT, *supra* note 2.

33) *See, e.g.*, GATLEY ON LIBEL AND SLANDER 933 (Patrick Milmo et al. eds., 11th ed. 2008).

34) TUGENDHAT & CHRISTIE: THE LAW OF PRIVACY AND THE MEDIA 629 (Mark Warby et al eds., 2d ed. 2011). なお，イギリスにおけるプライバシー保護と人権法に関して，例えば，ジョン・ミドルトン『報道被害者の法的・倫理的救済論』（有斐閣，2010年）161頁〜215頁，内藤るり「私生活上の事実の保護における秘密保持の法理の活用」国家学会雑誌122巻1・2号（2009年）221頁を参照。

由」があることを納得しない限り,救済を与えない(12条2項)。また,裁判所は,正式事実審理前における公表禁止の救済について,申立人が公表は許されるべきではないと立証する「見込みがある(is likely to)」と納得しない限り,これを与えない(12条3項)。同条2項は,従来の法の立場を確認したにすぎないが,同条3項は,国内法の統一を図る措置であり,イングランド及びウェールズでは暫定的差止命令の発給が以前よりも制限されることになった[35]。すなわち,同条3項にいう,正式事実審理での勝訴の「見込み」の基準は,「より高く」設定されているが,それでも,「特定の状況」において必要な場合にはこの基準を裁判所が適用しないことも許される[36]。

裁判所は,同条約上の表現の自由に対する権利の「重要性」に対して,並びに,当該手続が「ジャーナリスティックな,文学的または芸術的な資料」に関する場合に,(a)(i)当該資料が「公衆に入手可能」となったもしくはなろうとしている程度,または,(ii)公表される当該資料が「公共の利益」に仕えているもしくは仕えるであろう程度,及び,(b)「あらゆる関連のプライバシー綱領(code)」に対して,「特に配慮(particular regard)」すべきである(12条4項)。この「特に配慮」の意味は,表現の自由に優越性を与えたものではないとされ,また,プライバシー綱領には,新聞・雑誌の自主規制機関(Press Complaints Commission: PCC)の倫理綱領等が含まれるとされている[37]。

(2) 名誉毀損の特別ルールとプライバシーに関する匿名化・超差止命令

以上が一般原則となるが,暫定的差止命令の発給は,名誉毀損の事案では,プライバシー侵害等の他の事案よりも厳しく制限される[38]。名誉毀損に関しては,1891年の控訴院判決で示されたいわゆるボナード・ルールが,人権法の施行後も維持されることが確認されている[39]。そのルールとは,

---

35) TUGENDHAT & CHRISTIE, *supra* note 34, at 622-626; BARENDT, *supra* note 2, at 127.
36) Cream Holdings Ltd v Banerjee [2004] UKHL 44 at [20].
37) TUGENDHAT & CHRISTIE, *supra* note 34, at 472-477, 627-629. 同条とPCCの倫理綱領等について,例えば,ミドルトン・前掲注34)188頁,252頁〜253頁を参照。なお,2014年に,PCCに代わり,Independent Press Standards Organisation (IPSO) が設立された。
38) GATLEY ON LIBEL AND SLANDER, *supra* note 33, at 298, 933-935; BARENDT, *supra* note 2, at 125.

同命令の発給は、「最も明確な事案において、すなわち、いかなる陪審であっても訴えられている事柄は名誉毀損的であると言うであろう場合で、かつ、もし陪審がそうではないと認定すれば裁判所が評決を不合理であるとして取り消すであろう場合においてのみ、行われなければならない」[40]、という極めて厳格なものである。

　これは、名誉毀損か否かを判断する権限は裁判官ではなく陪審が有することを前提としているが、同ルールを支えている理由は、陪審制度だけではなく、「裁判所が言論の自由に与えている重要性」、そして、「裁判所は、正式事実審理での書証の開示及び反対尋問が行われるまでは、被申立人が言いたいことは真実ではないとの根拠に基づいて確実に手続を進めることができない」という実務的事情でもある[41]。このルールは、実務上、表現者側は、問題とされた表現の真実性を後に本案審理で証明する意思があると宣誓供述すればよく、この段階では真実証明のための証拠を提出する必要もないことから、裁判官にとって適用が「常に容易で単純明快」[42]と評される。

　ただし、同ルールは、「秘密保持義務違反（breach of confidence）」やプライバシー侵害が真正な争点となる事案では適用されず、これらの事案での暫定的差止命令の発給の判断は、上記の人権法12条3項の下での一般原則に服する[43]。ここで興味深いのは、最近、当事者名を匿名化した暫定的差止命令のみならず、暫定的差止命令が下されたこと自体の公表をも差し止めるいわゆる「超差止命令」が相次ぎ、激しい議論を呼んでいることである。すなわち、裁判所が当事者や証人に匿名性を与える権限は、民事訴訟規則で明記されており[44]、また、差止命令においてその発給の事実の開示を一時的に禁ずることも、秘密保持義務違反やプライバシーに関する事案では1990年代頃から行われてきたとされる[45]。それでも、超差止命令は、そもそも

---

39) Greene v Associated Newspapers Ltd [2004] EWCA 1462 at [61], [66]; GATLEY ON LIBEL AND SLANDER, *supra* note 33, at 938.
40) Bonnard v Perryman [1891] 2 Ch. 269 at 284.
41) *Greene* at [57].
42) David Eady, *Injunctions and the Protection of Privacy*, 29 C.J.Q 411, 412 (2010).
43) *Greene* at [81]; TUGENDHAT & CHRISTIE, *supra* note 34, at 633.
44) 裁判所は、当事者または証人の「利益を保護」するためにその「身元（identity）」の不開示が「必要」な場合には、不開示を命じうる（Civil Procedure Rules（CPR）r. 39.2 (4)）。

存在自体が公表されないために実際の発令数を正確に把握することさえも難しく、司法運営の基本原理である「開かれた司法（open justice）」の下でいかにこれを正当化するかが、正面から問われてきたのである[46]。

とりわけ、近年の情報通信環境の変化は、匿名化差止命令や超差止命令に限らず、救済手段としての差止命令の意義と実効性について改めて考えさせる契機を提供している[47]。例えば、新聞が紙上及び自らのウェブサイト上で公表した写真入り記事によるプライバシー侵害に関する事案で、同サイトでの再公表に対する暫定的差止命令の申立てをめぐって、当該資料は既にネット上で広く入手可能となったために、ここで求められた差止命令に現実的な効果はほとんどなく、プライバシーの合理的期待がもはや存在しないまたはパブリック・ドメインに入ったとも言えるとして、発給が否定された例がある[48]。また、この事案の被害者側から、暫定的差止命令を得る機会が保障されるには、記事公表前の関係者への通知を新聞側に法的に義務づける制度が必要であり、これが存在しないイギリスは欧州人権条約上の保護義務に違反する等と主張されたが、欧州人権裁判所は、同条約8条の私生活の尊重に対する権利と10条の表現の自由に対する権利との間の調整を図るための制度の選択には国の裁量の余地が広いとし、また「事前抑制」に伴う危険や表現の自由への萎縮効果等も考慮して、事前通知義務制度の不存在による同国の条約上の義務違反はないとしている[49]。さらに、その一方で、プライバシー侵害に基づく匿名化差止命令の発給後に、匿名化されていた申立人の氏名が、ネット上で広がったうえに、状況を問題視した国会議員によって議会内で発言されたため、差止めを受けた新聞側が同氏名を報道できるように裁判所に命令の変更を求めた事案で、「現代におけるプライバシーの法」

---

45) TUGENDHAT & CHRISTIE, *supra* note 34, at 642-643.
46) *See, e.g.*, Master of the Rolls, *Report of the Committee on Super-Injunctions: Super-Injunctions, Anonymised Injunctions and Open Justice* (May 20, 2011), https://www.judiciary.gov.uk/publications/committee-reports-super-injunctions/; House of Lords, House of Commons, Joint Committee on Privacy and Injunctions, *Privacy and Injunctions* 13, 22-23 (Mar. 27, 2012), http://www.publications.parliament.uk/pa/jt201012/jtselect/jtprivinj/273/273.pdf.
47) *See, e.g.*, Ursula Smartt, *Twitter Undermines Superinjunctions*, 16 Communications Law 135 (2011).
48) Max Mosley v News Group Newspapers Ltd [2008] EWHC 687 (QB) at [36].
49) Mosley v United Kingdom [2011] 53 E.H.R.R. 30 at [117]-[132].

は「秘密（secrets）」のみではなく「侵入（intrusion）」にもかかわるものであり，全国紙で報じられることによる「嘲弄（taunting）」，侵入及び「ハラスメント」からの保護として，命令はなお効力を持つとした判断[50]があることにも，注目されてよい。

IV．本判決の今日的含意
——対抗利益間の調整に求められる姿勢とアプローチ

　本判決後，メディアに関する名誉毀損やプライバシー侵害をめぐる判例法理は，著しい発展を遂げてきた。ここ十年程の間の関連の裁判例に見出せる全体的な傾向として，訴訟数の増加，争点の多様化，損害賠償の高額化等のほか，差止めが許容された例の増加もその1つに挙げられる。加えて，下級審の判断が上級審で覆ることも珍しくはなく，特に違法性阻却・免責や救済手段に関する判断が以前よりも詳しく論じられるようになってきたことも注目される[51]。例えば，立証のタイミングに関して，新聞等の報道による名誉毀損の事案で勝敗の分かれ目の争点となることが多い真実性や相当理由の存否をめぐって，前者は，判断基準時が後者のそれとは異なり「事実審の口頭弁論終結時」に客観的に判断されるために，名誉毀損行為時点では存在しなかった証拠を考慮することも当然に許される[52]。また，名誉毀損とプライバシー侵害がともに主張される事案が少なからず見受けられるが，最高裁

---

50) CTB v News Group Newspapers Ltd ［2011］EWHC 1334（QB）at［1］-［3］; see also CTB v News Group Newspapers Ltd ［2011］EWHC 1326（QB）at［23］-［24］。なお，この判断は，タレントの住居情報を掲載した「おっかけ本」の差止めを認める理由づけにあたって，情報それ自体の性質よりも，その開示がもたらす効果ないし実害に着眼するという視点に，通底するものと言える（この視点の分析として，例えば，長谷部恭男・法時70巻2号（1998年）116頁〔東京地判平成9・6・23判時1618号97頁の評釈〕を参照）。

51) こうした全体的な傾向について，例えば，曽我部真裕「表現の自由(3)」憲法判例研究会編『判例プラクティス憲法〔増補版〕』（信山社，2014年）142頁，また，さしあたり，Itsuko Yamaguchi, *Mass Media and Privacy in Japan: Current Issues, Recent Trends, and Future Challenges toward the "Ubiquitous Network Society"*, 10 Journal of Korea Information Law 171, 177-178（2006），山口いつ子「マスコミ関係判例回顧」新聞研究655号（2006年）55頁，同645号（2005年）44頁，同633号（2004年）67頁，同622号（2003年）46頁，山口いつ子・前掲注14)『メディア判例百選』190頁を参照。

52) 最判平成14・1・29判時1778号49頁。

は，少年法61条の推知報道について争われた事件で，名誉毀損には公共の利害・公益目的・真実性・相当理由の存否，そしてプライバシー侵害には「比較衡量」といった，被侵害利益ごとに違法性阻却事由の有無等を審理して「個別具体的」に判断すべきとしている[53]。さらに，テレビジョン，インターネットといった，より新たなメディアに関する民事及び刑事上の名誉毀損についても，その媒体特性をいかにして従来の違法性阻却・免責に関する判断基準に組み込んでいくかが問われている[54]。

　これらの事後における種々の制約に関する近年の判例法理の展開から読み取れることの少なくとも1つは，表現の自由と名誉・プライバシー等の対抗利益間の調整において，従来以上に審理を尽くして判断の結論をより丁寧に理由づけることの必要性である。そして，こうした必要性は，事前抑制の場合には，たとえ迅速性が求められる仮処分であっても，なお一層当てはまるはずである。この点について，最後に，前述の英米での議論を振り返りながら見ていこう。

　まず，アメリカにおける議論で注目に値するのは，事前差止めの合憲性の論点をめぐって，司法的な事前抑制さえも推定的に違憲とする厳しい姿勢を支える論理には，事後に保護されない言論にも事前においては憲法上の保護が与えられる可能性を認めてこそ，事前抑制の法理の独自の意義があるという洞察が含まれていることである。つまり，事後に制約されることが明らかならば，事前抑制が当然に許されるわけではない。この洞察は，本判決が，検閲とは区別される「いわゆる事前抑制」という概念を新たに打ち出して，事前差止めの要件における厳格性と明確性を説いていた姿勢にも，幾分なりも含意されていたと読むことは可能である。問題は，その後の判例法理の展開において，この洞察がいかに具体化されてきたかである。

　次に，イギリスでの議論で示唆的なのは，表現の自由と名誉・プライバシーといういずれも重要な憲法及び条約上の価値間の調整において，立法措置・裁判実務・メディアの自主規制等のさまざまな局面での対応措置を組み合わせながら均衡点を模索し，名誉毀損の事案とプライバシー侵害の事案で

---

53)　最判平成15・3・14民集57巻3号229頁。
54)　例えば，最判平成15・10・16民集57巻9号1075頁，最決平成22・3・15刑集64巻2号1頁を参照。

それぞれに異なる暫定的差止命令の発給のための細密なルールを発展させてきたことである。もちろん，イギリスにおけるプライバシーに関する法理は未だ発展途上にあり，最近の超差止命令の発給状況には問題があるものの，プライバシー侵害への実効的な救済措置を，「開かれた司法」の原理との緊張関係の中で，積極的に講じようとする姿勢は評価に値する。

　このようなイギリスにおける動向は，本判決が，当時，実定法上の根拠が明らかではなかった名誉毀損に基づく差止請求権を，「人格権」の名の下で正面から肯定したこと，及び，旧民事訴訟法では明文化されていなかった必要的債務者審尋の原則を，要件論に盛り込んで，表現者側への手続的保障を前進させたことにも，相通じるものがある。こうした手続的保障は，出版等の事前差止めの仮処分の本案代替化・特別訴訟化が進行しているとされる今日こそ，本判決とその後の判例法理の展開にその志向性が見出せるところの，対抗利益間の調整において積極的な措置を講じてそれをより開かれた形で丁寧に理由づけていく姿勢とセットになることによって，より一層意義あるものとなろう。イギリスにおける議論からは，さらに，裁判実務以外の局面での対応措置も柔軟かつ実効的に組み合わせていくアプローチも読み取ることができ，とりわけ近年の新たな情報通信環境の発達をも視野に入れればこうした手法は有意義なものと考えられる。

　これらの英米での議論から示唆されるように，特にインターネットといった新たな情報通信技術がかかわる文脈における表現の自由やプライバシー等をめぐる問題解決には，法規制・自主規制・技術的コントロール・教育的措置等の複数の対応措置を柔軟かつ実効的に組み合わせて講じていくアプローチが有効となるとともに，そこでの対抗利益間の調整を図るにあたって基底的な価値原理の考察を深めていく必要があろう[55]。

---

55) さしあたり，山口・前掲注29）164頁〜186頁，327頁〜332頁，山口いつ子「スマート・サーベイランス環境におけるプライヴァシー価値の正当化と組込み」アメリカ法2012-1号（2012年）59頁，山口いつ子「インターネットにおける表現の自由」松井茂記ほか編『インターネット法』（有斐閣，2015年）25頁，山口いつ子「EU法における『忘れられる権利』と検索エンジン事業者の個人データ削除義務」堀部政男編著『情報通信法制の論点分析（別冊NBL153号）』（商事法務，2015年）181頁を参照。

人権の私人間効力と法秩序の公共性保障機能
―― 南九州税理士会訴訟最高裁判決が問いかけたもの

西原博史

　　　　　　　　Ⅰ．「団体 vs. 個人」の憲法論
　　　　　　　　Ⅱ．二段階確定論の系譜
　　　　　　　　Ⅲ．一段階確定論の構造
　　　　　　Ⅳ．「多数決の限界」と「全員一致の限界」
　　　　　　　　Ⅴ．私人間効力と団体統制の差

Ⅰ．「団体 vs. 個人」の憲法論

　自分が所属する私的団体に対する関わりにおいて自らの思想・良心の自由が侵害されるように感じられることは、日常生活の中で時折でてくる。そのような場面において、私的団体が所属構成員の思想・良心の自由を侵害することが許されないのはどのような場合なのだろうか。この問いに正確に答えることは、実は容易ではない。憲法19条の規範内容に関する理論的整理は必ずしも行き届いておらず、また、私人間効力を実現する際の媒介項の取り方にも判例上の混乱が指摘されている。そして後者の論点は、単なる技術的なものではない。そこで問われているのは、思想・良心の自由を保障できる関係性のあり方と、法秩序がその関係性を保障する枠組みの作り方である。
　この論点をめぐり、判例の流れの中で独特の立場を打ち出しているのが、1996年3月19日に下された南九州税理士会訴訟最高裁判決（最判・民集50巻3号615頁）である。この判決は、政治献金目的の「特別会費」徴収が会員の思想・良心の自由を侵害し、無効であるとの訴えに対して、これが税理士会の目的の範囲外であり、民法34条（2006年民法改正前の当時は43条）によって会の権利能力の及ばない行為だと判示した。憲法19条を私人間に適用するに際し、媒介項としての一般条項を民法90条に求めず、民法34条

に求めたものと理解できる。

　しかし，民法34条を媒介としたことには一定の問題があり，南九州税理士会判決は少なくとも同種事案の標準的な解決方法としての意味を持つものであってはならないと，私はこの判決を受けて早い時期に指摘したことがある[1]。そこで私が標準的なものとして想定していたのは，私的団体が政治活動や個人の思想・良心に関係することがらについてどこまで構成員に協力義務を課すことができるのか，という問題の立て方だった。両者の間には，後に詳述するが，微妙だが決定的な違いがある。

　だが，この私見に対しては，まさに南九州税理士会判決こそが本流だとする批判が提起されており，私人間効力を実現する上での民法34条の位置づけ方をめぐる根本的な理解の対立があることが見えてきている。その対立の背景にあるのは，団体と個人の関係について法秩序はどのように関与し，団体多数派・執行部による私的権力の行使をどこまで法的に是認すべきなのか，法的是認を与える際の基準は何であるべきなのか，という点をめぐる原理的な分岐であるように思われる。そのため，ここでもう一度論点を整理し，真に問われているものに光を当てなおしてみたい。

II．二段階確定論の系譜

　最初に，南九州税理士会判決の独自性を浮き彫りにする素材として，そこで用いられた民法34条論＝法人の権利能力論とは異なる，構成員の協力義務の限界を問題にする処理枠組みを確認しておこう。もちろん，この枠組みでも法人・団体の権利能力の問題が消え去るわけではない。そうではなく，権利能力の問題と，権利能力のある範囲の行為について構成員に協力義務を課すことができるかが，別個独立に判断される。ここでは，こうした処理方法を，すでに論争の中で定着した用語法にならい，「二段階確定論」と呼んでおこう[2]。南九州税理士会判決も引用する先例において，最高裁はすでに

　1）　西原博史「公益法人による政治献金と思想の自由」ジュリ1099号（1996年）99頁。
　2）　論争に関する比較的最近の総合的整理として，渡辺康行「団体の活動と構成員の自由」戸波江二編『企業の憲法的基礎』（日本評論社，2010年）79頁（89頁以下）。ここでは，1段階審査・2段階審査という区分が用いられる。

二段階確定論を用いていた。直接に言及されているのは、国労広島地本事件最高裁判決（最判1975・11・28民集29巻10号1698頁）である。

そこで問題になっていたのは、国鉄労働組合が決議に基づいて徴収しようとしていた臨時組合費のうちで、異業種共闘組合支援を目的とする「炭労資金」、日米安保反対闘争支援を目的とする「安保資金」、そして国政選挙において組合出身の候補者を応援するために所属政党に寄付を行う目的の「政治意識昂揚資金」の納付を組合員に義務づけることができるか否かであった。1審（広島地判1967・2・20判時486号72頁）・控訴審（広島高判1973・1・25判時710号102頁）の判決はいずれも、臨時組合費徴収の決議そのものが組合の目的の範囲外であり、無効であるとしていた。それに対し最高裁は、組合の目的を限定しようとする下級審の立場を否定し、二段階確定論を打ち立てた。

その判決で、政治意識高揚資金の納付義務づけが組合員に要求できる協力義務の範囲を超え、許されないとする判断に先だって認定されたのは、政党寄付とそのための資金拠出呼びかけは労働組合の権利能力の範囲内であることだった。それを支える認識として、労働組合の活動範囲が「本来の経済的活動の域を超えて政治的活動、社会的活動、文化的活動など広く組合員の生活利益の擁護と向上に直接間接に関係する事項にも及」び、かつ拡大傾向にあることが確認された。

もともと、労働組合の活動は、憲法28条に保障された団結権の行使と位置づけられる。最高裁は伝統的に団結権を生存権実現の手段と捉え（典型例に全逓中郵事件最高裁大法廷判決、1966・10・26刑集20巻8号901頁）、その位置づけは国労広島地本事件判決でも労働組合の「主目的」が「労働者の労働条件の維持改善その他経済的地位の向上を図ること」にあると見る視点につながる。この見方については、団結および組合活動そのものが持つ精神活動としての意義を指摘しながら、憲法28条の意義を没却する論法だとする批判があった[3]。そして1970年代後半の最高裁は、ストライキ権の意義に関しては、全農林警職法事件最高裁大法廷判決（1973・4・25刑集27巻4号

---

3) 中山和久『ストライキ権』（岩波書店、1977年）133頁。労働法学の中でもこの批判的視点の形成は最高裁の全農林警職法事件判決以降である。論争の枠組みにつき、西原博史『自律と保護』（成文堂、2009年）32頁以下。

547頁）において，手段的権利なのだから代償措置があれば制約してもよいと，手段的把握からの直接的な帰結を引き出していた。にもかかわらず，同じ時期の最高裁であっても，労働組合の団体としての権利能力の範囲を考えるにあたっては，組合活動全般を対使用者関係における要求実現だけのためのものと考えることはできなかったのである。

　その前提には，三井美唄炭鉱労組事件最高裁大法廷判決（1968・12・4刑集22巻13号1425頁）がある。組合として応援する統一候補と対立する形で市議会議員選挙に立候補しようとした組合員に対し，立候補を断念しないと資格停止処分とする旨の威圧をもって妨害した組合執行部の活動が，選挙違反に当たると認定された判決である。そこでも，労働組合が統一候補を立てて応援し，組合員に対する協力の働きかけができるところまでは承認されていた。注意を要するのは，これが，「使用者との交渉における労働者の経済的地位の向上」という労働組合の「目的」に対して政治活動が有する「手段」としての意義を踏まえたものだったことである。この判決の1年半後に，法人の人権に関するリーディングケースとされることの多い八幡製鉄事件最高裁大法廷判決（1970・6・24民集24巻6号625頁）において，「間接ではあっても，目的遂行のうえに必要なもの」と判断できる活動に対して株式会社が権利能力を持つと認められたのは，三井美唄炭鉱労組事件判決の延長線上のことだった。

　このように，目的達成の手段となる行為に関して団体の側の権利能力が認められた。そして労働組合に関しては，その範囲において統制権を及ぼすことが憲法28条の団結権を踏まえた組合の権利とされた。ただ，三井美唄炭鉱労組事件判決では，憲法15条が保障する立候補の自由の意義に照らし，立候補妨害が統制権の限界を超えたものと判断された。また，国労広島地本事件判決では，支持候補者の決定と資金拠出が「投票の自由と表裏をなすものとして，組合員各人が市民としての個人的な政治的思想，見解，判断ないしは感情等に基づいて自主的に決定すべき事柄」とされ，組合として協力を義務づけることができないものとされた。そして国労広島地本事件判決で，結論を導き出すための推論過程として示されたのが，「問題とされている具体的な組合活動の内容・性質，これについて組合員に求められる協力の内容・程度・態様等を比較考量し，多数決原理に基づく組合活動の実効性と組

合員個人の基本的利益の調和という観点から，組合の統制力とその反面としての組合員の協力義務の範囲に合理的な限定を加えることが必要」だとする比較衡量の手法である。

三井美唄炭鉱労組事件は組合活動による違法性阻却の範囲をめぐる刑事事件であるし，国労広島地本事件判決でも拠出義務づけが違法となる根拠条文は明示されていない。後者の判決に関しては，権利能力の範囲外だとする原審を，他の資金項目に関して破棄しながら，政治意識高揚資金に関して是認しただけなので，最高裁がなお民法34条的な発想を決め手としていると解釈する余地が全くないではない。しかし，選挙支援の協力要請ならば可能だが協力を義務づけることはできないとする結論を導き出す点で，権利能力を決め手とするのとは異なる，民法90条を媒介項とした私人間の人権保障という公序を目的とした無効判決と読むことのほうが説得力が高いだろう。

もちろん，民法90条はもともとの文言の構造として，公序良俗に反する事態に対して法的な是認を与えるべきでない場面を識別して，法の関与を回避することを目的としている。こうした裁判所による実定法解釈を通じた法の道徳追認機能に，どの範囲でいかなる正当性根拠があるのかについては，実は極めて興味深い点だけれども，ここでは立ち入らないでおこう。いずれにしても，民法90条が基本的人権の私人間効力を踏まえた調整枠組みとして用いられる限りにおいては，道徳の保障それ自体を帰結とするものではない。そこで生じるのは，具体的な権利衝突において，一方の権力性を踏まえた場合の侵害許容性に関わる調整である。

III. 一段階確定論の構造

それに対し，最高裁が明示的に民法34条論の中ですべての問題を処理したのが南九州税理士会判決である。この判決は，税理士法改正運動に要するものとして別働政治団体を経由して自民党議員に提供された政治資金を集めるための特別会費につき，納付強制はもとより，そもそも政党への資金提供行為全般が，税理士会の設置根拠条文である税理士法上の会の目的に関する規定の範囲に属さず，権利能力が及ばないものとした。

この結論を引き出すにあたって判決はまず，税理士会が税理士や税理士法

人の義務遵守や業務改善に資するという，税理士法49条6項に規定された目的のために，法律上設立を義務づけられた「公的な性格」のものであることを確認し，また税理士業務を営むためには強制加入のものである点を指摘した。そこから，税理士会については「会社とはその法的性格を異にする法人であり，その目的の範囲についても，これを会社のように広範なものと解するならば，法の要請する公的な目的の達成を阻害して法の趣旨を没却する結果となる」という評価枠組みが引き出される。ここで会社との相違が強調されているということは，税理士会が労働組合とも違う性質とされていることを意味し，国労広島地本事件判決の枠組みが引き継がれない旨の宣言が行われたことになる。

　それに続けて判決は，「思想・信条の自由との関係」における考慮として，国労広島地本事件判決を繰り返し，支持政党の決定と，そのための資金拠出が「各人が自主的に決定すべき事柄」である点を確認する。そして，会が強制加入であるために「その構成員である会員には，様々な思想・信条及び主義・主張を有する者が存在することが当然に予定されている」ことを踏まえ，政治資金提供が「多数決原理によって団体の意思として決定し，構成員にその協力を義務付けることはできない」ものであり，「税理士会の目的の範囲外の行為」だとする最終的な結論が引き出される。

　この判断枠組みが「一段階確定論」と呼ばれるのは，団体として構成員に協力を義務づけられるか否かを権利能力の認定と独立に判断するのでなく，少数派の存在を所与の前提としつつ，そうした状況下での政治献金行為そのものが権利能力の範囲外だとして，会内少数派との権利調整を権利能力の段階で一息に解決するからである。その際，南九州税理士会判決においては，政党への寄付を目的とするあらゆる行為が無効とされたのであり（活動目的外論），政党への寄付に向けた働きかけは目的の範囲内としつつ，拠出を強制する措置だけが無効とされた国労広島地本事件判決とは——仮にそこに民法34条論の適用を想定するとしても（強制目的外論）——判断手法だけでなく，判断の実体内容が異なる。

　抽象的にいえば，執行部が目指す具体的な団体としての活動が団体の目的の範囲外であり，団体の活動として効力を持ってはならない場合というのはありうる。法人は，あくまで人為的な目的のために法秩序が名札を貼り付け

た，単に仮想的な存在にすぎない。そうした法人の活動を法秩序として認めうるかどうかについては，独立の考慮があってよい。そして，そうした無効評価を受けるケースは，団体の活動の対外的な影響によって問題となるばかりでなく，構成員に対して生じる法的な関係をめぐる活動の対内的な効果との関係で成り立つ場合もある。執行部ないし団体多数派による懲戒権の濫用の事例などは，典型的にここに該当するだろう。ただ問題なのは，構成員の信条的多様性をめぐる調整枠組みを民法34条論の中に探ることが一貫した問題解決手法たりうるか否かである。

私が南九州税理士会判決の一段階確定論を評して「安定的な手法ではない」と断じた際に意識していたのは，2つの難点だった。それぞれが，上記の対比になぞらえていえば，構成員の信条的多様性をめぐる調整という課題の枠内において，活動目的外論として民法34条を用いることの難点と，強制目的外論としての意味まで含めて民法34条を用いることの難点に関わる。

IV.「多数決の限界」と「全員一致の限界」

強制目的外論の持つ構造的な難点は，権利能力の範囲に関する認定が団体としての意思決定時点で可能でなければならないはずだ，という点に関わる。この点を意識したところに，信条的少数派の憲法19条の権利を私人間適用するための媒介項として民法34条は基本的に不適切だという私の主張がある。

この点に関しては，私見を二段階確定論の一貫した型と捉えながら，比較衡量の要素が入ることによって民法34条解釈が「不安定化」することを懸念する私見が，民法90条解釈における不安定化を等閑視する点において一貫性を欠くとする山田創一の批判[4]がある。ただ，私が指摘したかった不安定さは，裁判所が比較衡量を経て利益調整の結果を出すまで団体の法律行為の効力が確定しないことに関わるものではなく，法律行為時点でそれが目的の範囲内か否かについて団体機関が知る由もないことの不自然さに基づくものである。ことは，信条的異議の対象が特定できないという問題に関わる。

---

4) 山田創一「法人の目的の範囲と構成員の協力義務の限界論との関係」専修大学法学研究所紀要31『民事法の諸問題 XII』(専修大学法学研究所，2006年) 1頁 (24頁)。

確かに政党や選挙候補者支持は，各人の政治的立場によって方向性が違うのが当然であって，その意味で最初から団体内に反対者がいることが想定できる。ただ，構成員に協力行為を義務づけた場合に思想・良心の自由との抵触が生じる事項は，まさに構成員個人の側の信条によって様々であって，一般的・抽象的に前もって予測可能なものではない。そのため，たとえば全員に特定行為を義務づける決議を行った時点で賛成票を投じた機関担当者全員が，当該行為が団体の目的の範囲内であることに一点の疑いも持っていなかったにもかかわらず，いざ執行の場になって思想・良心の自由に対する侵害を訴える構成員との調整が必要になるケースがありうる。こうした状況において，強制された行為が自らの思想・良心の自由と抵触すると主張する者が一人現れたら，決議の時点に遡って決議自身が目的の範囲外だと認定することには，理論的な整合性があるように思われない。

近時の判例動向とのアナロジーでいえば，ある会の総会の式次第に国歌斉唱を入れるかどうかは，基本的には多数決なり何なりの正統な意思決定手続を経て決めてよい問題であり，——反天皇制などの特殊な世界観一致の再生産を目的とする団体の場合など一部の例外を除き——決議として目的の範囲外とはみなされないことが多いだろう。しかし，この決議が有効だとしても，君が代斉唱への参加が自らの思想・良心の自由に抵触すると主張する構成員が現れた時点で，少なくとも斉唱参加を義務づける必要性・合理性が立証されない限り，斉唱参加を義務として貫徹することはできなくなる。これは，基本的に斉唱自体が反対者の登場によって突如，団体の目的の範囲外に転落するからではなく，あくまで協力義務の貫徹に限界があるからである。

瀧川裕英は，協力義務の限界に関わる論点を「多数決の限界」，それに対して団体の権利能力に関わる論点を，全員一致でもできないことの範囲に関わる「全員一致の限界」と整理した[5]。一般には，総会における国歌斉唱の実施は，何らかの事情によって全員一致の限界を超えた問題として反対者の存在如何にかかわらず許されない場合を除き，多数決の課題である。しかし，総会の式次第を多数決で決めてよいからといって，思想・良心の自由に抵触する具体的な行為を構成員に義務づけてよいわけではない。「多数決の

---

5) 瀧川裕英「集合行為と集合責任の相剋」法時75巻8号（2003年）13頁（15頁）。

限界」と「全員一致の限界」は,明らかに次元の異なる問題である。

　この状況の中で,一段階確定論を一貫して問題解決の手法として用いようとする立場は[6],結局,強制目的外論をも含めて民法34条論を展開することにならざるをえない。というのも,活動(国歌斉唱の実施)自体は目的の範囲内だが,そこへの参加協力を構成員に義務づける行為は目的の範囲外だとする区別を持ち込み,それによって憲法19条の私人間効力を実現させる媒介項として民法34条を使うという選択をするならば,一見,「多数決の限界」と「全員一致の限界」を同期させることが可能であるように見える。しかしこの立場は,一方で南九州税理士会判決が活動目的外論をとっているからこそ成り立つことを十分に踏まえることができないし,他方で予測不可能な形で提起される思想・良心の自由への侵害状況に起因して突如,全員参加方式が目的の範囲外に転落するという不思議な事態を招くことになる。この現象を説明するためには,決議の客観法的な効力に関わる民法34条ではなく,特殊な個別事情に着目して特定当事者との関係において義務づけの無効を帰結する民法90条を媒介とすることのほうが,整合性が高いものと思われる。

　実際に最高裁は,南九州税理士会判決を経た後に再び,群馬司法書士会事件判決(最判2002・4・25判時1785号31頁)において二段階確定論の手法に立ち戻らざるをえなかった。この判決では,阪神・淡路大震災の被災地司法書士会の支援を目的とした資金拠出を会員に求める決議が,税理士会と同様に公共的性格と強制加入制という属性を持ち合わせる司法書士会にとって目的の範囲内であるとされ,それとは独立に協力義務が成り立つかどうかが検討された。結論的には,協力義務も肯定された。これは,単に被災地支援ということがらの倫理性を指摘するだけで,行為を義務づけられることによって自らの思想・良心それ自体に生じる侵害的影響が立証されていない中で,私人間効力の対象となるべき憲法19条の権利侵害を認定できないのだから,当然の判断だった。ただここで重要なのは,最高裁が二段階確定論をとったことである。具体的な当事者が,どのような信条的立場を前提に思想・良心の自由に対する侵害を訴えるか想定できないような事例構造の中で

---

6) 山田・前掲注4)のほか,浦部法穂「団体の目的の範囲と構成員の思想信条の自由」判タ1108号(2003年)6頁。

は，「多数決の限界」はあくまで多数決の限界問題として鋭く問われ続けることになる。

V．私人間効力と団体統制の差

　一段階確定論を普遍化しようとする見解が，思想・良心の自由に対する侵害認定を私人間に妥当させる媒介として民法34条を使おうとする背景には，おそらく無意識に，政治献金の場合を典型として想定しながら，思想・良心の自由に対する侵害が生じるならば前もって予見可能だろうとする推定があるように思われる。これは実は，憲法19条に施された伝統的解釈の桎梏である。良心の自由という規範要素をほぼ忘れ去って，思想弾圧の禁止という点に焦点を当てた思想の自由論として組み立てられた伝統的な憲法19条解釈にあっては，弾圧の対象となるような保護領域が一定の体系性をもって固定する「思想」に限定される傾向があった[7]。それに対し，自らのアイデンティティーを支える倫理的監視機関として自らに規範を語るが，他者や法によって良心規範に反する行為を強制されることによって壊滅的な打撃を受ける「良心」の自由が意識されたのは，比較的最近のことにすぎない[8]。そして，団体との関係においても，こうした意味における良心の自由の主張が，個人の良心に反するがゆえに受け容れられない行為の義務づけを排除する方向で現れてくる。もちろん，どのような義務づけが拒絶の対象になるのかは，良心の担い手が一人決められることであり，一般的・客観的に予測できるものではない。

　こうした良心の自由の主張を意識した場合，民法34条を通じた憲法19条の私人間効力を図るにあたって強制目的外論をとった場合に固有の非整合性が生じる場面がある。しかしこの確認は，最初から見解が多様であることが想定できるような一定類型の「信条問題」が存在することを否定しない。そ

---

[7]　最高裁の判例にも現れる「思想弾圧ターゲット論」につき，西原博史「最高裁『君が代訴訟』処分違法判決をどうみるか」世界2012年5月号108頁（111頁）。

[8]　西原博史『良心の自由〔増補版〕』（成文堂，2001年）。19条論の構造の変化につき，渡辺康行「「思想・良心の自由」と「信教の自由」」樋口陽一ほか編『国家と自由・再論』（日本評論社，2012年）133頁（140頁）。

うした,見解の多様性を前提にできる場面で団体が1つの見解を前提とした行動ができるか否かが,「全員一致の限界」に関わる問題である。この問題を扱うに際して,もちろん民法34条を通じて団体・結社の本来の目的との包含関係を探ることには意味がある。

問題は,この目的との包含関係を探る上で,裁判所がどこまで団体多数派・執行部による柔軟な目的解釈を追認すべきであり,どのような場合に独自の目的解釈をもって立ちふさがるべきか,という論点が生じるところにある。南九州税理士会判決は,税理士会の公的性格と強制加入制を指摘することで,法律に規定された主目的の柔軟な拡大解釈が許されないものとする立場をとった。このうち公的性格の側に本質的な要素を見いだし,団体の公的性格が強ければ活動の公益性に対する要請が強まるとする形で目的認定の枠がかかると見るのが,先に触れた瀧川の理解である[9]。この理解が裁判所に過度に広範な団体統制権限を認める危険については,すでに指摘したことがある[10]。

こうした団体に対する外部的統制につながってしまう危険が,活動目的外論として民法34条論を展開する場合の問題の一方である。最高裁は,基本的にはその方向に進むことを自制し,本来の目的との連続性を軸に考える論法をとってきた。国労広島地本事件判決において労働者全体の利益追求としての意味を持つ限りで他業種組合員との連帯を目的とした資金提供の協力義務も肯定されたのがその例であり,同じ発想は群馬司法書士会事件判決にも現れる。そしてその「本来の目的」は,株式会社や労働組合に関しては明示的に,集合財としての私益の塊として把握されている。そこに実は,活動目的外論をとることの持つもう1つの危険がある。特に私的団体の場合に問題になる,結社することの自由そのものの持つ,精神的自由としての側面を没却することになる危険である。

いずれにしても,民法34条論を実質化しようとしたときには,憲法19条の私人間効力としての枠組みを超えた視点が組み込まれてしまう。そして,そのことこそ民法34条論の本質だと思われる。民法34条が構成員からの異議申立てを受けて対内的な関係において意味を持ち,「当該法人がなすべき

---

9) 瀧川・前掲注5)17頁。
10) 西原博史「裁判における『公共性』の位相」法時75巻8号(2003年)49頁。

行為についての内部的な統制（ガバナンス）」の問題として問われる[11]場面があるとしても，それは，必ずしも思想・良心の自由の私人間効力の問題であるとは限らない。群馬司法書士会事件判決を例に考えるなら，そこで思想・良心の自由に対する侵害状況が立証されていないことからすれば，そこで提起されたものが倫理的な反対の域を出ないのだろうという推定が成り立つ。もちろんここでも，ガバナンスの問題は生ずる。ただ，そこにおいて憲法上の権利を——対国家の関係においては，およそ援用可能でない枠組みであることを知りながら——振りかざすことは，恐らく問題の本質を見えなくする以上の意味は持たないだろう。南九州税理士会判決を支える現実的な侵害状況は，実は同種の事件の中で極めて特殊だった可能性がある。

---

11) 内田貴『民法Ⅰ　総則・物権総論〔第4版〕』（東京大学出版会，2008年）246頁。本文記載の理由で，この位置づけから「構成員の自由」を媒介に（裁判所による）目的解釈の厳格化が帰結できるかは疑問。

愛媛玉串料訴訟判決を振りかえる

阪口正二郎

　　　　　　　Ⅰ．愛媛玉串料訴訟判決の画期性
　　　　　　　Ⅱ．政教分離原則の「牙」
　　　──政教分離原則の原点としての国家神道，靖国という文脈
　　　　　　　Ⅲ．完全分離，厳格分離，相対分離？
　　　　　　　Ⅳ．目的効果基準とレモン・テストの違い
　　　　　Ⅴ．目的効果基準の「牙」と芦部による「読み替え」
　　　　　　　Ⅵ．愛媛玉串料訴訟判決と失われた思考
　　　　　　　Ⅶ．空知太神社事件判決と類型化思考の可能性

Ⅰ．愛媛玉串料訴訟判決の画期性

　1997年4月2日，最高裁大法廷は，1981年から1986年にかけて，愛媛県が靖国神社の行った例大祭にいわゆる「玉串料」を，みたま祭に「献灯料」を，さらに県護国神社が行った慰霊大祭に「供物料」として，県の公金から合計16万円あまりを支出した行為は，憲法が保障する政教分離原則に違反するとの判断を示した[1]。

　この愛媛玉串料訴訟判決（以下「本判決」とする）が「画期的」な判決であることについては，当初から，広く認識が共有されていると言っていい。訴訟を提起した原告は，「歴史は人民大衆が創造するという，一つのテーゼがありますが，判決は，日本の現代史に新たな『民衆の意志』による記念碑をうち立てたともいえるでしょう」[2]と評価している。また原告の弁護団長

　1）　最大判平成9・4・2民集51巻4号1673頁．本判決については，ジュリ1114号（1997年）の大石眞，野坂泰司，小泉洋一氏らによるものなど多くの優れた評釈が存在する．ここでは最近のものとして，野坂泰司『憲法基本判例を読み直す』（有斐閣，2011年）141頁を挙げるにとどめる．
　2）　名田隆司「おわりに」「愛媛玉串料違憲訴訟」記録集刊行編集委員会編『愛媛玉串料違憲訴訟」記録集』（1997年）458頁．

も,「1997年4月2日は,わが国の憲法裁判史において画期的な日として長く記憶されることとなろう」[3]としている。判決を報じたマスコミにおいても,読売,朝日,毎日の主要3紙が判決について「社説」を掲載している[4]。憲法学界の反応は,判決後特集を組んだ『ジュリスト』誌における鼎談「愛媛玉串料訴訟最高裁大法廷判決をめぐって」[5]における3名の憲法学者の発言におおよそ示されている。司会を務めた戸松秀典は,鼎談の冒頭で,そもそもなぜ鼎談を行うのかという理由として,「これは最高裁判所が政教分離原則違反を争う訴訟に対して,初めて違憲の裁判を行った画期的なもので,憲法学界はもとより,各方面から注目を浴びております」[6]と述べている。これを受けた横田耕一も,「従来政教分離の裁判にいろいろな形で関与していますが,この事件で違憲判決,しかも13対2という形で違憲判決が出たということは,これまでの最高裁の傾向からして,正直言って意外でした」[7]と述べている。また,長谷部恭男も,「この判決は日本国憲法下における精神的自由権プロパーに関する初めての違憲判決と言ってもよい判決で,その点で重大な意義を持っていると思います」[8]と述べている。

このように,本判決は,判決が下された当初から広く「画期的」な判決として受け止められている。筆者も,本判決は「画期的」な判決だと評価する。本判決の「画期性」は複数ある。たとえば,本判決は日本の違憲審査制の歴史において「画期的」な判決であった。本判決は特定の法令を違憲としたわけではなく,国家機関の特定の行為を違憲としたものにすぎないものの,本判決はそもそも日本国憲法が制定され違憲審査制が導入されて以降,精神的自由権の領域での史上はじめての違憲判決であった。2000年代に入って以降,法令違憲判決を含めて相次ぐ違憲判決を最高裁が出すようになり,最近では違憲審査制の「活性化」[9]ということさえ語られるようになっている[10]。このため違憲審査制の歴史において本判決が有する——精神的

---

3) 西嶋吉光「記録集の刊行にあたり」(前掲注2)4頁。
4) 新聞各紙の反応についても,前掲注2)449頁~457頁で紹介されている。
5) 戸松秀典ほか「(鼎談)愛媛玉串料訴訟最高裁大法廷判決をめぐって」ジュリ1114号(1997年)4頁。
6) 前掲注5)4頁[戸松発言]。
7) 前掲注5)5頁[横田耕一発言]。
8) 前掲注5)5頁[長谷部恭男発言]。

自由に関わる分野でのはじめての違憲判決であるという——「画期性」は見えにくくなっているが，この点の「画期性」を見落とすべきではない。

　しかし，本稿に課された課題は，日本国憲法が保障する政教分離原則との関係で，現時点で，どのような意味で本判決が「画期的」なのかを考え，同時に本判決，さらにはそれに対する学説の応答の意義と問題点を考えることである。この問題を考えるに際し，一つの視角を用意したい。周知のように，長い間，憲法が保障する政教分離原則は最も論争的な領域であり，学説の間でも対立があるだけでなく，何よりも学説と判例の間に深い溝があると考えられてきた領域であると考えられる。しかしながら，少なくとも学説と判例の間にある溝が・どのような・溝で，それが・どのくらい・深い溝であるのかはあまり明らかではないように思われる。

II．政教分離原則の「牙」
　　——政教分離原則の原点としての国家神道，靖国という文脈

　現時点から本判決を振りかえって，その「画期性」として，最初に考えられるのは，本判決が，憲法が保障する政教分離原則の下で，初めての最高裁レヴェルでの違憲判断を示したことである。

　しかしながら，本判決の「画期性」の評価として，それはいささか過小評価であるように思われる。本判決は，憲法が保障した政教分離原則の下での最高裁レヴェルでの初の違憲判決であっただけでなく，日本国憲法が政教分離原則を保障したそもそもの所以である——靖国神社をその一つの中核，象徴的存在とする——「国家神道」との対抗という主たる歴史的文脈における初の違憲判決であったのであり，そこにこそ本判決の何よりの意義があると考えるべきである。

　たとえ近代立憲主義を採用する国家においては，信教の自由を保障することは「当たり前」であるとしても，それを超えて政教分離原則まで採用する

9）　たとえば，土井真一＝蟻川恒正ほか「(座談会) 違憲審査制と最高裁の活性化」論ジュリ2号（2012年）169頁以下参照。
10）　こうした違憲審査制の動向に関する筆者の評価は，阪口正二郎「違憲審査制（論）の現在と行方」憲法問題27号（2016年）76頁以下に示しておいた。

ことは「当たり前」とまでは言えないように思われるが、今はその点は置いておく[11]。次に、近代立憲主義国家が政教分離原則を憲法レヴェルで採用する場合も、政教分離原則を採用するに至る歴史的文脈は同じであるわけではない。樋口陽一が指摘しているように、欧米と日本とでは、この点に関して、政教分離原則を採用した文脈が、真逆と言えるほど異なっている[12]。

欧米の場合、何らかの形で政治と宗教を分離する必要性が求められた背景には、もともと宗教的潔癖性が強く、社会においてカトリックあるいはプロテスタントが中心的な位置を占めていた状況の中で、国家をして互いに宗教戦争を行わせるほど宗教の力が強かったという事情――「弱い国家」と「強い宗教」という組み合わせ――がある。宗教改革後のヨーロッパにおいて、相互に対立するキリスト教の宗派が互いを邪教として激しい弾圧を行い、それが宗教戦争にまで発展した。宗教が、個人の生き方を支配し、それにしたがって他者の異なる信仰に基づいた生き方までも否定するものであるとすれば、戦争状態を終結して平和を導くためには、多様な宗教が存在することを前提にしたうえで、信仰の問題は各人の判断に委ねるという形で信教の自由を認める必要性が生じる。また、宗教の問題が、現実に国家まで巻き込んで血みどろの宗教戦争まで引き起こした以上、宗教の分野においては、単に自由の保障という形で国家の中立性を確立するだけでは不十分であり、そもそも国家と宗教の関係をできる限り切り離そうとする政教分離の思想まで生み出した。これに対して、日本国憲法が政教分離原則を採用するに至った事情は全く異なっている。そもそも日本では、宗教が国家に影響を与えることは多々あっても、宗教が国家を巻き込んで戦争を行ったという目立った歴史はない。戦国時代の一向一揆や江戸時代の天草の乱のように、宗教が時の権力を悩ませることはあっても、宗教が国家を巻き込んで戦争を行ったことはない。むしろ日本では、多重信仰という形で宗教的潔癖性が弱く、宗教が社会において中心的な位置を占めたことがない中で、戦前の国家神道のありよう

---

11) この点に関する筆者の問題意識は、阪口正二郎「リベラル・デモクラシーにとってのスカーフ問題」内藤正典=阪口正二郎編著『神の法 vs. 人の法』(日本評論社、2007年) 30頁以下、芹沢斉ほか編『新基本法コンメンタール憲法』(日本評論社、2011年) 159頁〜176頁〔阪口正二郎執筆部分〕に示しておいた。

12) 樋口陽一『個人と国家』(集英社、2000年) 143頁〜148頁。

に象徴されるように，天皇制を欧米における宗教に代わる社会の中心に据えるべく，政治が宗教を利用してきたという事情——「強い国家」と「弱い宗教」という組み合わせ——がある。欧米における政教分離が宗教による国家の利用を防ごうとするのに対して，日本における政教分離は国家による宗教の利用を防ぐことを課題にせざるを得ないのにはこうした状況の差異がある。

こうした政教分離原則が採用される歴史的事情に関する欧米と日本の違いは，実は日本における政教分離原則に関する支配的な理解——それは学説，判例の違いを超えたものである——に少なからぬ影響を及ぼしていると考えられる。

第一は，政教分離原則の根拠についての支配的な理解である。政教分離原則の根拠は，複数考えることができるが[13]，日本の最高裁判例の特徴は，政教分離原則の根拠を専ら信教の自由の保障に求めていることである。津地鎮祭判決[14]は，「一般に，政教分離原則とは，およそ宗教や信仰の問題は，もともと政治的次元を超えた個人の内心にかかわることがらであるから，世俗的権力である国家（地方公共団体を含む。以下同じ。）は，これを公権力の彼方におき，宗教そのものに干渉すべきではないとする，国家の非宗教性ないし宗教的中立性を意味するものとされている。もとより，国家と宗教との関係には，それぞれの国の歴史的・社会的条件によって異なるものがある。わが国では，過去において，大日本帝国憲法（以下「旧憲法」という。）に信教の自由を保障する規定（28条）を設けていたものの，その保障は『安寧秩序ヲ妨ケス及臣民タルノ義務ニ背カサル限ニ於テ』という同条自体の制限を伴っていたばかりでなく，国家神道に対し事実上国教的な地位が与えられ，ときとして，それに対する信仰が要請され，あるいは一部の宗教団体に対しきびしい迫害が加えられた等のこともあって，旧憲法のもとにおける信教の自由の保障は不完全なものであることを免れなかった。……昭和21年11月3日公布された憲法は，明治維新以降国家と神道とが密接に結びつき前記のような種々の弊害を生じたことにかんがみ，新たに信教の自由を

---

13) 長谷部恭男『憲法〔第6版〕』（新世社，2014年）195頁〜196頁，高橋和之『立憲主義と日本国憲法〔第4版〕』（有斐閣，2017年）195頁〜196頁。
14) 最大判昭和52・7・13民集31巻4号533頁。

無条件に保障することとし、更にその保障を一層確実なものとするため、政教分離規定を設けるに至ったのである。元来、わが国においては、キリスト教諸国や回教諸国等と異なり、各種の宗教が多元的、重層的に発達、併存してきているのであって、このような宗教事情のもとで信教の自由を確実に実現するためには、単に信教の自由を無条件に保障するのみでは足りず、国家といかなる宗教との結びつきをも排除するため、政教分離規定を設ける必要性が大であった。これらの諸点にかんがみると、憲法は、政教分離規定を設けるにあたり、国家と宗教との完全な分離を理想とし、国家の非宗教性ないし宗教的中立性を確保しようとしたもの、と解すべきである」[15]としている。

この津地鎮祭判決の件は、本判決にも少し表現を変えて引き継がれているし[16]、最近の空知太神社事件判決[17]においても、最高裁は、20条ではなく89条について語る文脈ではあるが、「憲法89条は、公の財産を宗教上の組織又は団体の使用、便益若しくは維持のため、その利用に供してはならない旨を定めている。その趣旨は、国家が宗教的に中立であることを要求するいわゆる政教分離の原則を、公の財産の利用提供等の財政的な側面において徹底させるところにあり、これによって、憲法20条1項後段の規定する宗教団体に対する特権の付与の禁止を財政的側面からも確保し、信教の自由の保障を一層確実なものにしようとしたものである」[18]とする形で引き継がれている。

ここに示されているのは、①政教分離原則は国家の非宗教性、宗教的中立性を確保するためのものであり、②明治憲法下の日本では国家が「特定の宗教」と結びつくことで、それが適切に維持されなかったが故に、国民の信教の自由の保障が不完全になった、③だから、そのことを反省して、日本国憲法は信教の自由を保障すると同時に、それをより確実に保障するために政教分離原則まで規定したのだ、という形での政教分離原則を保障する根拠を専ら信教の自由に求めるという論理である。こうした理屈によって、客観法原

---

15) 前掲注14)538頁〜539頁。
16) 前掲注1)1679頁〜1680頁。
17) 最大判平成22・1・20民集64巻1号1頁。
18) 前掲注17)9頁。

則である政教分離原則が専ら主観的権利である信教の自由との関係で説明されるという「不幸な関係」が生まれるが，今はその点にあまり深入りしないでおく[19]。

　第二は，先の津地鎮祭判決が政教分離原則の根拠を述べる文脈で言及しているように，日本で，信教の自由を「確実に実現するため」に，政教分離原則が採用されるようになった過程において，戦前の日本社会で国家神道が果たした役割に対する一定の否定的認識が最高裁レヴェルで共有されていることである。津地鎮祭判決多数意見は，「国家神道に対し事実上国教的な地位が与えられ，ときとして，それに対する信仰が要請され，あるいは一部の宗教団体に対しきびしい迫害が加えられた等のこともあって，旧憲法のもとにおける信教の自由の保障は不完全なものであることを免れなかった」という形で，国家神道への否定的評価を明らかにしている。こうした評価は，津地鎮祭判決における多数意見だけでなく藤林長官ほか5裁判官の反対意見においても共有されている。ただし，この5裁判官の反対意見は，戦前の国家神道の弊害について，注意深く，「信教の自由は著しく侵害されたばかりでなく，国家神道は，いわゆる軍国主義の精神的基盤ともなっていた」[20]と指摘していることには注目しておく必要がある。戦前における「国家神道」というものは，信教の自由や政教分離原則に関わるだけでなく，戦前の日本の国家や社会のありようそのものを本質的に規定したものである。だからこそ，現在の日本において，政教分離原則を擁護することが，民主主義運動であり，また平和運動でもありうるという特殊な構図が生じるのである。

　ともあれ，津地鎮祭判決以降，スローガンにとどまっていた感はあるにせよ，最高裁は少なくとも「国家神道」に対する「敵意」を表明していた。戦前において「国家神道」の中核に位置していたのが靖国神社であることは否定しがたい事実である。本判決はこうした国家神道への「敵意」を最高裁が，スローガンではなく具体的な形で示したものであると評価すべきであるように思われる。確かに，本判決の調査官解説が言うように，「本判決の多

---

19)　「不幸な関係」を示す例を一例だけ挙げるならば，日本では信教の自由の保障のために政教分離原則が定められたという理解が支配的であるために，両者の間にありうる理論的緊張関係がなかなか自覚されないという事情がある。

20)　前掲注14)548頁。

数意見が判断を示したのは，本件の具体的事案における玉串料の奉納行為等の合憲性であり，一般的に国や地方公共団体の玉串料の奉納行為等の合憲性について判断したものではなく，また，国や地方自治体と靖国神社等とのかかわり合いの合憲性一般について判断を示したものでもない」[21]ことは間違いない。もともと付随的違憲審査制の下での憲法判断は個別具体的な事案に対する判断にすぎないし，実際に最高裁は，その後も靖国神社に関する国家の関わりが，本件以上に問題になりそうな内閣総理大臣による靖国神社への参拝ということが問題になった事例で——下級審の中には，傍論ながらも，政教分離原則に反するとの判断を示したものもある[22]にもかかわらず——当該行為が政教分離原則に反するかどうかの判断を示してはいない[23]。それでもなお，本判決は，たとえ限られた文脈においたものであるにせよ，日本で政教分離原則が採用された何よりの理由である，国家神道という文脈で，その中核にある靖国神社と国家の特定の関わり方を対象とした違憲判決であることの意義は評価されてしかるべきであると思われる。本判決は，憲法が政教分離原則を採用した「原意」に忠実なものであり，少なくともその限りで政教分離原則には「牙」があることを示したものと受け止めるべきであると考えられる。

III. 完全分離，厳格分離，相対分離？

　現時点から本判決の意義を考えようとする場合，その第二の「画期性」は，この判決がいわゆる「目的効果基準」を用いながらも違憲判断を導いたことにある。

　津地鎮祭判決は，政教分離原則が問題になる際の基本的な判断枠組みとして，①政教分離原則は国家と宗教の厳格な分離を求めるものではなく相対的な分離を求めるものであること，②そのことを前提に国家と宗教とのかかわり合いがいかなる場合に違憲になるかを，いわゆる「目的効果基準」を用いて判断する，というものを示していた。こうした判断枠組みについては，す

---

21) 大橋寛明・最判解民事篇平成9年度572頁。
22) 福岡地判平成16・4・7判時1859号125頁，大阪高判平成17・9・30訟月52巻9号2979頁。
23) 最判平成18・6・23判時1940号122頁。

でに津地鎮祭判決における藤林長官ら5裁判官の反対意見に示されるように，最高裁内部でも当初から厳しい批判があった。

　津地鎮祭判決が示した「目的効果基準」は，そもそも①について，相対分離説を正当化するために用いられている。津地鎮祭判決は，「国家が，社会生活に規制を加え，あるいは教育，福祉，文化などに関する助成，援助等の諸施策を実施するにあたって，宗教とのかかわり合いを生ずることを免れえないこととなる。したがって，現実の国家制度として，国家と宗教との完全な分離を実現することは，実際上不可能に近いものといわなければならない。更にまた，政教分離原則を完全に貫こうとすれば，かえって社会生活の各方面に不合理な事態を生ずることを免れない」[24]と述べ，そうした「不合理的な事態」の具体例として，文化財としての神社・寺院への補助金の支出が不可能になること，刑務所等における教誨活動さえ場合によってはできなくなることを挙げている。

　この論理自体は，一見すると説得力を持つように見えるかもしれないが，実は論争相手の立場を意図的に誇大に描きだして，それを批判する粗雑な論法にすぎない。なぜなら，先の論理が説得力を有するのは，相手が文字通りの完全分離説に立っている場合に限られるからである。

　しかし，津地鎮祭判決の藤林長官らの反対意見は，「われわれのような国家と宗教との徹底的な分離という立場においても，多数意見が政教分離原則を完全に貫こうとすれば社会の各方面に不合理な事態を生ずることを免れないとして挙げる例のごときは，平等の原則等憲法上の要請に基づいて許される場合にあたると解されるから，なんら不合理な事態は生じないのである」[25]と反論している。もちろん，こうした「不合理な事態」を平等原則の適用によって回避できるかどうかは定かではないものの，少なくとも藤林長官らの反対意見は，「国家と宗教との結びつきを一切排除することが不可欠である」[26]という表現を用いてはいるものの，実際には，国家と宗教の関係について「完全分離」ではなく「厳格分離」を主張しているにすぎない。この次元における対立は，最初から，憲法が要求する政教分離原則の量的な程

---

24)　前掲注14)540頁。
25)　前掲注14)550頁。
26)　前掲注14)547頁。

度問題——「厳格分離」か「相対分離」か——の対立に設定されているのであって，質的な意味での「完全分離」は，そもそも問題になっておらず，空想の敵であるにすぎない[27]。

IV. 目的効果基準とレモン・テストの違い

さて，津地鎮祭判決が示した「目的効果基準」とは，国家の行為の「目的が宗教的意義をもち，その効果が宗教に対する援助，助長，促進又は圧迫，干渉等になるような行為」は，国家と宗教との関わり合いが政教分離原則に照らして「相当とされる限度を超える」ことになるというものである[28]。同判決によれば，この判断をなす際には，「当該行為の主宰者が宗教家であるかどうか，その順序作法（式次第）が宗教の定める方式に則ったものであるかどうかなど，当該行為の外形的側面のみにとらわれることなく，当該行為の行われる場所，当該行為に対する一般人の宗教的評価，当該行為者が当該行為を行うについての意図，目的及び宗教的意識の有無，程度，当該行為の一般人に与える効果，影響等，諸般の事情を考慮し，社会通念に従って，客観的に判断しなければならない」[29]。

最高裁は，津地鎮祭判決で明らかにした「目的効果基準」を，その後政教分離原則違反が問題になった自衛官合祀訴訟[30]，箕面忠魂碑訴訟[31]でも適用する旨宣言しており，本判決もその点では変わりはない。

「目的効果基準」は，アメリカ連邦最高裁が国家の行為が政教分離原則に反するかどうかを判断するために用いてきた，いわゆるレモン・テストと呼ばれる基準に由来する[32]。しかし，「目的効果基準」とレモン・テストは微妙に異なっており，その違いが「目的効果基準」のレモン・テストと比べた厳格度の違いをもたらしていることは事実であるが，その違いは正確に理解

---

27) この点について，小泉洋一も同様な指摘をなしている。小泉洋一「政教分離」大石眞＝石川健治編『憲法の争点』（有斐閣，2008年）112頁参照。
28) 前掲注14)541頁。
29) 前掲注14)541頁〜542頁。
30) 最大判昭和63・6・1民集42巻5号277頁。
31) 最判平成5・2・16民集47巻3号1687頁。
32) Lemon v. Kurtzman, 403 U.S. 602 (1971).

される必要がある。

　レモン・テストによれば，政教分離原則の下で，国家の行為は，①その目的が世俗的なものであること，②その主要な効果が宗教を助長したり，抑圧したりするものでないこと，③それが政府をして宗教との過度な関わり合い（entanglement）をもたらすものでないことが求められ，この三つのうちいずれか一つでも満たさない場合には，当該行為は政教分離違反になる。日本の最高裁が採用してきた「目的効果基準」はこのレモン・テストに修正を加えた可能性がある。

　第一は，アメリカのレモン・テストは，①目的，②効果，③関わり合いの3部から構成されているのに対し，日本の「目的効果基準」は，③に独立の意味が持たされているわけではなく，①と②から見て国家の宗教の関わり合いが相当とされる限度を超えたものになっているかどうかという形で，①と②によって③を判断するという2部構成となっている[33]。この点は確かに厳格度の違いをもたらす可能性がある。

　なお，しばしばレモン・テストでは，①から③の三つの要件は，それぞれ独立して充足する必要があり，三つの要件を全て充足しないと国家の行為は違憲とされるのに対し，「目的効果基準」においては，国家の行為が①「宗教的意義を持ち」，かつ，②「その効果が宗教に対する援助，助長，促進又は圧迫，干渉になる」場合にしか違憲にならないという修正が加えられており，それが両基準に厳格度の違いをもたらしているのではないかとの懸念が表明されることがある。芦部信喜は，そこまでではないものの，津地鎮祭判決の多数意見の示した「目的効果基準」に対して，「レーモン・テストのように，三つの要件のうち一つでもクリアできない国家行為はそれだけで違憲とされる，という準則か否かも，明示されていない」[34]との指摘をなしていた。先の懸念を現実のものとするのは，本判決において，多数意見と同様に目的効果基準を用いながらも，多数意見とは異なって合憲との結論を導き出した可部裁判官の反対意見である。可部裁判官は，「津地鎮祭大法廷判決が判例法理として定立した目的・効果基準とは，(1) 当該行為の目的が宗教的意義を持つものであること，及び (2) その効果が宗教に対する援助，助長，

33）　芦部信喜『憲法学Ⅲ』（有斐閣，2000年）179頁。
34）　芦部・前掲注33) 179頁。

促進又は圧迫，干渉等になるような行為であること，の二要件を充足する場合に，それが憲法20条3項にいう『宗教的活動』として違憲となる（その一つでも欠けるときは違憲とならない）とするもので，この点，合衆国判例にいうレモン・テストにおいて，a 目的が世俗的なものといえるか，b 主要な効果が宗教を援助するものでないといえるか，c 国家と宗教との間に過度のかかわり合いがないといえるか，の一つでも充足しないときは違憲とされることとの違いがまず指摘されるべきであろう」35)（傍点は引用者）としている。可部裁判官の立場は，この点で自覚的に目的効果基準とレモン・テストには違いがあるとするものである。

　しかし，現実にこの懸念を裏付ける最高裁判例は存在しない36)。可部裁判官の指摘通りであれば，目的効果基準について，目的と効果という要件のいずれか一方が充足されなくても他方が充足されていれば合憲と判断される事例が存在するはずだが，そのような事例は存在しない。最高裁において政教分離原則に反しないと判断された事例は，いずれも目的と効果の両方の面で要件を充足しないとされているし，逆に本判決のように目的効果基準を用いて国家の行為が政教分離原則違反になると判断された場合には，目的要件，効果要件のいずれも充足すると判断されている。つまり，この「懸念」は理論的なレヴェルの「懸念」にとどまっている。

　第二に，近時，長谷部恭男が目的効果基準とレモン・テストの違いについて，両基準における「目的」要件の定式化の違いを指摘している。目的効果基準における「目的」要件は，国家の行為の目的が宗教的意義を有しているかどうかというものである。それに対してレモン・テストにおける「目的」要件は，国家の行為が世俗的な目的を有しているかを問うものである。一見すると似ているように思われるかもしれないが，両者では「目的」要件を問う問題意識が180度異なっている。レモン・テストが，国家の行為について「世俗的目的」ということを問う場合には，当該国家行為が宗教的意義を有していることは前提として折込済みで，問われているのはそれが世俗的目的も有しているかどうかである。これに対して，国家の行為が宗教的意義を有するかどうかを直截に問う前提には，原則として国家の行為が宗教的意義を

---

35)　前掲注1)1731頁～1732頁。
36)　長谷部恭男「目的効果基準の『目的』」法教357号（2010年）84頁。

有することは「例外」で「原則」としてはありえないはずだ，との立場に立っている[37]。

　第三に，目的効果基準の場合には，前述のように，基準を判断する際に，当該行為の行われる場所をはじめとするさまざまな要素を考慮し，「社会通念」に従って判断される。こうした形での「総合衡量」という判断手法は，最高裁における目的効果基準の判断に限られるわけではなく，かなり一般的に使用されており，目的効果基準に固有の問題とは言い難いが，「総合衡量」という手法は一見緻密に見えるものの，最高裁の判断過程においていかなる事情がいかなる重みを与えられたのか不明確にし，最高裁の判断過程を一種の「ブラック・ボックス」にしていることも事実である[38]。

V．目的効果基準の「牙」と芦部による「読み替え」

　このように，目的効果基準とレモン・テストの間には，政教分離原則違反を問う厳格度に違いがある可能性がある。しかも日本の最高裁判例は，津地鎮祭判決以降，国家と宗教の間の緩やかな分離を肯定する方向で目的効果基準を用いてきた。このため目的効果基準自体を批判する動向が学説では有力であった。

　本判決における高橋裁判官の意見と尾崎裁判官の意見は実務の側でそうした方向を示すものである。高橋裁判官は，政教分離原則は「国家と宗教との完全な分離を理想」とする立場に立ちつつ，目的効果基準は「極めてあいまいな明確性を欠く基準」，「目盛りのない物差し」であると批判したうえで，「完全な分離が不可能，不適当であることの理由が示されない限り，国が宗教とかかわり合いを持つことは許されない」との原則に立ちかえるべきだとする[39]。尾崎裁判官も，「国家と宗教との完全分離を原則とし，完全分離が不可能であり，かつ，分離に固執すると不合理な結果を招く場合に限って，

---

37)　長谷部・前掲注36)84頁〜85頁。
38)　こうした点については，高橋和之「違憲審査方法に関する学説・判例の動向」曹時61巻12号（2009年）1頁，同「憲法判断の思考プロセス——総合判断の手法と分節判断の手法」曹時64巻5号（2012年）1頁が参考になる。
39)　前掲注1)1701頁〜1703頁。

例外的に国家と宗教とのかかわり合いが憲法上許容されるとすべき」との立場から，「国は，その施策を実施するための行為が宗教とのかかわり合いを持つものであるときには，まず禁じられた活動に当たるとしてこれを避け，宗教性のない代替手段が存しないかどうかを検討すべきである。そして，当該施策を他の手段でも実施することができるならば，国は，宗教的活動に当たると疑われる行為をすべきではない。しかし，宗教とのかかわり合いを持たない方法では，当該施策を実施することができず，これを放棄すると，社会生活上不合理な結果を生ずるときは，更に進んで，当該施策の目的や施策に含まれる法的価値，利益はいかなるものか，この価値はその行為を行うことにより信教の自由に及ぼす影響と比べて優越するものか，その程度はどれほどかなどを考慮しなければならない。施策を実施しない場合に他の重要な価値，特に憲法的価値の侵害が生ずることも，著しい社会的不合理の一場合である。こうした検証を経た上，政教分離原則の除外例として特に許容するに値する高度な法的利益が明白に認められない限り，国は，疑義ある活動に関与すべきではない」[40]としている[41]。

しかし，本判決はこれまでの最高裁判決とは異なって目的効果基準を用いながらも最高裁において初の違憲判断を示した。本判決は目的効果基準が「牙」を持ちうることを示した。これが本判決の第二の「画期性」である。もともと地方公共団体が靖国神社等の祭りに公金を支出した事例に関しては，下級審レヴェルで，目的効果基準を用いて合憲性を判断するという枠組みを共有しながらも，判断が分かれていた。本判決の控訴審判決[42]と岩手靖国訴訟の第一審判決[43]が合憲判断を示したのに対して，本判決の第一審判決[44]と岩手靖国訴訟の控訴審判決[45]は違憲判決を出している。

目的効果基準に対する批判が多い中で，自覚的に目的効果基準をレモン・テストに読み替える形で同基準を鍛えようとしたのが芦部信喜であったと考

---

40) 前掲注1)1704頁〜1705頁。
41) こうした「完全分離」論の前提を問い直す興味深い論稿として，田近肇「津地鎮祭事件最高裁判決の近時の判例への影響」法教388号（2013年）23頁。
42) 高松高判平成4・5・12行集43巻5号717頁。
43) 盛岡地判昭和62・3・5行集38巻2・3号166頁。
44) 松山地判平成元・3・17行集40巻3号188頁。
45) 仙台高判平成3・1・10行集42巻1号1頁。

えられる。

　芦部の議論にはいくつかの前提がある。第一に，芦部は「日本国憲法20条の政教分離原則に関する事件を目的効果基準で判断することには，学説は一般的に消極的です」[46]としており，芦部は学説が目的効果基準に批判的であったことを十分承知していた。第二に，芦部はレモン・テストが，「分離主義と便宜供与主義とを妥協させる意味をもって生まれたのですから，国家の宗教への絶対的不介入の基準ではなくて，その点では緩やかな側面も確かにあります」[47]としており，レモン・テストですら緩やかな適用があることを認めている。第三に，芦部は「地鎮祭判決で適用された目的効果基準そのものが，アメリカの判例の考え方よりも緩やかで，かなり曖昧なものです」[48]として，日本で目的効果基準として適用されてきたものが，レモン・テストに比べて緩やかなものであることも認めている。第四に，芦部は「レーモン・テストの本来の趣旨およびそれを分離主義的方向に発展」[49]させれば，レモン・テストは十分厳格な基準たりうることを認めている。

　このような前提に立ったうえで，芦部は自覚的に目的効果基準を分離主義の立場から理解されるレモン・テストなみの基準へと読み替えて見せた。芦部は津地鎮祭判決について振りかえる論稿の中で，「確かに，多数意見は，アメリカの目的効果基準そのものとは異なる。しかし，それと性質を異にする，より緩やかな基準だと直ちに断定してよいかどうか，私は判例というものの読み方としてその点に若干の疑問をもつ。もちろん，判例の理論は具体的な事案との関わりにおいて展開されるものであるから，当該事案の解決の仕方が憲法の趣旨を相対化したものと考えられるような場合は，判例理論そのものに厳格さに欠けるものがあるということになるだろう。ただそういう場合でも，当該判例の先例としての意味を考える際には，判例の理論構成上許されうる限度で，それを憲法の趣旨にできるだけ近づけ，憲法に適合するように解するのが，妥当であると思われる。……そういう観点から地鎮祭判決の多数意見の趣旨をみると，アメリカの目的効果の基準とほぼ同じように

---

46)　芦部信喜「国家の宗教的中立性」同『宗教・人権・憲法学』（有斐閣，1999年）50頁。
47)　芦部・前掲注46) 40頁。
48)　芦部信喜「愛媛玉串料訴訟最高裁大法廷判決管見」芦部・前掲注46) 115頁。
49)　芦部・前掲注46) 46頁。

厳格度の高い基準として運用することも可能である——というよりも，憲法の趣旨から言えばそう運用すべきではなかろうか——と私は解するのである」[50]と述べている。

こうした形で芦部は，目的効果基準は最高裁判例においてすでに定着していること，目的効果基準は厳格に運用できる余地があるという理由で，あえて目的効果基準を放棄せず，それをレモン・テストなみの基準と読み替えて見せた。本判決の多数意見が目的効果基準を用いて最高裁において初めての違憲判断を示したことで，芦部の努力はある程度報われたと言えるかもしれない。

VI. 愛媛玉串料訴訟判決と失われた思考

津地鎮祭判決において，「目的効果基準」は，直接的には憲法20条3項が禁止する国及びその機関が行ってはならない「宗教的活動」とは何かを判断するための基準として示されたものであるが，もともと同判決自身が「政教分離原則」について，それは「国家が宗教とのかかわり合いをもつことを全く許さないとするものではなく，宗教とのかかわり合いをもたらす行為の目的及び効果にかんがみ，そのかかわり合いが右の〔我が国の社会的・文化的〕諸条件に照らし相当とされる限度を超えるものと認められる場合にこれを許さないとするものであると解すべきである」（傍点は引用者）としており，「目的効果基準」は，20条3項の禁止する「宗教的活動」か否かを判定する基準ではなく，それより上位にあるはずの「政教分離原則」違反そのものの判定基準として定位されていたように思われる。

実際，その後の最高裁判例はこうした方向で展開した。津地鎮祭判決以降，自衛官合祀訴訟，箕面忠魂碑訴訟など政教分離が問題になった主要な事例において，最高裁は，問題になる条項の違いに関心を払うことはなく，政教分離原則が問題になるあらゆる事例について，それを目的効果基準で判断している。ここに生み出されたのは，林知更が指摘するように，「国家行為の類型の差異を捨象して，宗教に関わるすべての国家行為を単一の判断基準

---

50) 芦部信喜「政教分離と信教の自由」芦部・前掲注46)78頁〜79頁。

で一元的に判断するという枠組み」であり，失われたのは，「それぞれの行為類型ごとに，それぞれの規定の解釈を通じて，憲法上の禁止が及ぶ範囲を確定する」[51]という発想である。

　この点から見れば，本判決は，わざわざ「憲法89条が禁止している公金その他の公の財産を宗教上の組織又は団体の使用，便益又は維持のために支出すること又はその利用に供することというのも，前記の政教分離原則の意義に照らして，公金支出行為等における国家と宗教とのかかわり合いが前記の相当とされる限度を超えるものをいうものと解すべきであり，これに該当するかどうかを検討するに当たっては，前記と同様の基準によって判断しなければならない」[52]としており，20条3項が問題になる事例のみならず89条が問題になる事例においても目的効果基準が適用されることを示し，ますます一元的な方向に進む動きを見せたと言える。

　ところで目的効果基準については，津地鎮祭判決直後から，もともと政教分離原則違反が問題となる場面を分け，目的効果基準は一定の限られた領域で用いるべきで，国家が主体となって宗教活動を行う場面では目的効果基準を用いるべきではないという批判があった。高柳信一は，「『目的・効果論』はすべての政教分離関係事件に常に適用されるべき唯一万能の基準ではない」とし，「『目的・効果論』は，政教分離原則と社会国家原則との間の調整原理，あるいは，政教分離原則と狭義の信教保障条項との衝突の場合についての解決の基準とみることができる」とし，「国が宗教的祭祀・宗教的儀式・宗教教育等」を行う場合には目的効果基準は適用の余地はないとしていた[53]。奥平康弘も，目的効果基準について，「アメリカの場合は，学校教育・民生福祉事業などの援助に宗教関係の学校・事業をいっさい排除すべきか包含してもいいかといった種類の問題処理のために，この基準が用いられてきている。この場合には，『目的・効果』基準は一応有用・有意味である。しかし，日本のように，神道による地鎮祭やのちに考察する靖国神社の参拝

---

51)　林知更「政教分離原則の構造」高見勝利ほか編『日本国憲法解釈の再検討』（有斐閣，2004年）125頁。
52)　前掲注1)1681頁。
53)　高柳信一「国家と宗教」『思想・信仰と現代（法セ増刊）』（日本評論社，1977年）4頁〜7頁。

といった行為……の判定のためにも，同じように有意義で適切かどうかは疑わしいものがある」[54]としていた。

　こうした高柳や奥平の議論は，アメリカの連邦最高裁におけるレモン・テストの適用場面に一つの根拠を置くものであったため，アメリカにおいて1980年代以降レモン・テストの適用範囲が拡大すると梯子を外された感があった。芦部が「目的・効果基準は，アメリカでは，政教分離原則違反が問われるすべての事件に適用されるようになってきているので，これを福祉的財政援助の事件に限定する理由はもはやとくにない」[55]と反論したのもうなずける。ただし，その後のアメリカの判例の動きによって芦部の議論もまた梯子を外されている。第一に，芦部自身も気付いていた[56]ように，連邦最高裁の保守化にしたがって便宜供与派の勢力が強まり，芦部の目指す分離主義の方向でレモン・テストが使用されることが少なくなった。第二に，現在の連邦最高裁の判例にあってはレモン・テストに言及しない判例も増えてきている[57]。レモン・テスト自体が放棄されたわけではないが，現在レモン・テストは強制テストやエンドースメント・テストなどの他の有力なライヴァルに囲まれており，政教分離原則の判定基準としてどれ一つとして他に対する優位を主張しえない混沌とした状況が展開されている。

　ところで，高柳や奥平の議論は，単に目的効果基準の適用範囲を限定することにとどまらず，政教分離原則が問題となる多様な場面を類型化して問題を考えようとする発想を有していたように思われる。こうした類型化という発想を本判決は失わせたと言える可能性がある。

VII. 空知太神社事件判決と類型化思考の可能性

　本判決から13年後の2010年1月20日最高裁は再び政教分離原則の下で違憲判決を出した。いわゆる空知太神社事件判決[58]である。周知のように，

　54）　奥平康弘『憲法III』（有斐閣，1993年）173頁〜174頁。
　55）　芦部・前掲注33)181頁。
　56）　芦部・前掲注46)121頁〜122頁。
　57）　この事情については，奥平康弘「『政教分離』原則とレモン・テストの成行き」時の法令1540号（1997年）31頁が詳しい。
　58）　最大判平成22・1・20民集64巻1号1頁。

この判決には二つの特徴がある。第一の特徴は，この判決の判断枠組みである。判決は，政教分離原則の目的を信教の自由の保障を確実にすることに見ながらも，「国家と宗教とのかかわり合いには種々の形態があり，およそ国又は地方公共団体が宗教との一切の関係を持つことが許されないというものではなく，憲法89条も，公の財産の利用提供等における宗教とのかかわり合いが，我が国の社会的，文化的諸条件に照らし，信教の自由の保障の確保という制度の根本目的との関係で相当とされる限度を超えるものと認められる場合に，これを許さないとするものと解される」という判断枠組みを示した。ここまでは従来の判例と変わりがない。しかし，従来の判例がこの後「国家と宗教のかかわり合い」が，「相当とされる限度を超える」かどうかを判断するのに目的効果基準を用いてきたのに対し，この判決では目的効果基準への言及がない。しかし，この判決以降も，最高裁が目的効果基準を用いて判断した判決が存在する[59]ので最高裁が目的効果基準を放棄したとは言えないが，少なくとも政教分離原則についての最高裁の判断枠組みとして最も重要なのは，津地鎮祭判決において目的効果基準を述べた件ではなく，政教分離原則は「国家と宗教とのかかわり合いをもつことを全く許さないとするものではなく」，「国家と宗教とのかかわり合い」が日本の「社会的・文化的諸条件に照らし」，「相当とされる限度を超える」かどうかという部分であり，それを判断する際の一つの基準が目的効果基準にすぎないことを空知太神社事件判決は改めて示したのかもしれない。このように考えることができるとすれば，空知太神社事件判決によって目的効果基準は政教分離原則の判断基準として支配的な地位から陥落したと評価することができるかもしれない。しかし，空知太神社事件判決が目的効果基準を用いなかった理由については，さまざまな説明がありえ[60]，それを事案の特殊性に帰すこともできないわけではない。そうだとすれば，目的効果基準は政教分離原則に関する判断基準として絶対唯一の基準ではなくなったにせよ，未だ支配的地位から陥落したと考えるのは早計かもしれない。

空知太神社事件判決の第二の特徴は，この判決が従来あまり注目されることのなかった20条1項後段の「特権」条項に注目したことである。そもそも

---

59) 白山ひめ神社事件・最判平成22・7・22判時2087号26頁。

政教分離原則違反かどうかが問題になる国家の行為はさまざまであり，異なった類型があり，憲法は条文的に見ても政教分離原則を問題にする条項として，20条1項後段，20条3項，89条を用意しているにもかかわらず，これまでの最高裁判例は20条3項と89条を問題にし，それを統一的な枠組みの下で処理してきた感がある。実は，この点では，空知太神社事件判決は目的効果基準こそ用いなかったものの，先の一般的な枠組みに従って判断していることに変わりはない。

この点で注目されるのは，田原補足意見である。田原意見は，「国家（地方公共団体を含む。以下「国家等」という。）と宗教との関わり合いについては，国家等が，宗教上の行事等への参加や宗教団体への財政的な出捐等の行為を含む何らかの積極的な関与をなす場合と，国家等が所有する土地や施設に，歴史的な経緯等から宗教的な施設等が存置されているのを除去しないという不作為を含む消極的な関与に止まるにすぎない場合とでは，政教分離原則の位置づけは，自ら異ならざるを得ないと考える」(61)としている。そのうえで前者については，「国家等の意思の発現たる性質が顕著であり，国民の精神的自由に対して直接的な影響を及ぼし得るものであるとともに，その社会的影響も大きいことからして，政教分離原則は厳格に適用されるべきである」が，後者については，「例えば，路傍の道祖神や地蔵尊等の如く，今日では宗教的な意義が稀薄となり，習俗として存置されたままになっているものや，設置主体や管理主体も定かでない祠等のようなものが設けられてい

---

60) この判決が目的効果基準を用いなかった理由としては，①この判決の藤田補足意見が示すように，本件の対象となった行為は「宗教性」と「世俗性」が同居するものではなかったこと，②判決の調査官解説（清野正彦「判解」曹時63巻8号131頁）が指摘するように，本件で問題となった行為は，従来の事件で問題となったような一回限りの作為的行為ではなく，長期間にわたる不作為的側面も有する継続的な行為であったこと，③本件は信教の自由と政教分離原則が衝突する事例であったといったことを考えることができるが，②や③の説明は決定的とは言えないように思われる。長谷部恭男が指摘しているように，②についてはこの判決と同日に下された富平神社事件判決（民集64巻1号128頁）が，一回限りの作為的行為である譲渡行為を対象に空知太神社事件と同じく目的効果基準を用いないで合憲と判断している（長谷部恭男「神社敷地としての市有地の無償提供」長谷部ほか編『憲法判例百選Ⅰ〔第6版〕』〔有斐閣，2013年〕112頁）。③については，信教の自由と政教分離原則が対立したと思われるエホバの証人剣道授業拒否事件（最判平成8・3・8民集50巻3号469頁）で最高裁は，代替措置をとっても政教分離原則に反しないことを目的効果基準を用いて判断している。

61) 前掲注17) 22頁。

るのを除去することなく放置していたとしても，そのことが国家等と宗教との関係において，社会的に何らかの影響をもたらすとは認め難い」ので，「国家等がかかる状態の解消を積極的に図らないとの一事をもって，政教分離原則に違反し違憲であると解するのは妥当ではない」[62]としているのが注目される。

　実は，高柳や奥平の議論にあった，国家の行為が政教分離原則との関係で問題になる事例にはさまざまなものがあり，それを類型化して考えるべきだとする主張は，最近復活してきている。たとえば，高橋和之は，①国が自ら宗教的活動を行う場合（直接的宗教活動）と，②国が私人の宗教を直接支援する場合，③国が私人の宗教を付随的・間接的に支援する場合（＝正当な世俗的目的が存在し，一般的な支援の結果，付随的に宗教も支援されるという場合）に区別し，①と②の場合は原則許されないと考えるべきだとしている。①について，高橋は，国が宗教的性格をもつ行為を行う場合には，その目的は原則的に宗教的といわざるをえず，それを世俗的目的により正当化しうるのは，その目的を達成するために非宗教的方法に訴えることができない場合に限定されるとして，そうした立証を求め，また仮にそこで世俗的目的として目的審査をパスしても，次に，その効果が国と宗教との象徴的結合にならないかどうかを審査すべきであるとしている。②については，基本的に①と同様に審査を行うべきだとしている。③については，正当な世俗的目的が存在し，一般的な支援が付随的に宗教を支援することになるため，一般的な支援を宗教だけを理由に拒むとかえって宗教に基づく差別とさえなりうる以上，ここでは公平性が問題であり，支援が効果の点で宗教に対する不釣り合いな便宜供与にならないか，あるいは宗教との恒常的な関係が設定されないかを審査すべきであるとしている[63]。日比野勤も，さしあたり，国家と宗教が関わる場合を，①国が宗教活動を行う場合，②国が宗教団体を援助する場合，③国が非宗教団体が行う宗教活動に援助する場合の三類型に分けて，「類型に応じて分離の程度の再定式化」が必要になると指摘している[64][65]。

　筆者も国家と宗教が関わりを持つ場面にはさまざまなものがありえ，その

---

62)　前掲注17) 22頁～23頁。
63)　高橋・前掲注13) 199頁～202頁。

違いを捨象して類型化せずに同じように——たとえば「厳格分離」か「相対分離」かといった形で——一つの枠組みで考えたり，一つの判断基準——たとえば目的効果基準——で判断しようとすることには，そもそも限界があると考える。どのような類型化が望ましく，それぞれの類型の下でいかなる判断基準を用いるべきか地道に考えていくしかないのではなかろうか。

64) 日比野勤「神道式地鎮祭と政教分離の原則」高橋和之ほか編『憲法判例百選Ⅰ〔第5版〕』(有斐閣，2007年) 97頁。
65) 林・前掲注51) も類型化の方向を目指している。

郵便法違憲判決
―― 郵便法の責任免除・制限規定の合憲性審査

安西文雄

Ⅰ．はじめに
Ⅱ．事実の概要
Ⅲ．第1審判決および控訴審判決について
Ⅳ．最高裁判決について
Ⅴ．国家賠償請求権（憲17条）について
Ⅵ．司法審査のあり方について

Ⅰ．はじめに

　平成14年の郵便法違憲判決[1]（最大判平成14・9・11民集56巻7号1439頁）（以下，本件判決）は，最高裁判所（以下，最高裁）として，森林法判決（最大判昭和62・4・22民集41巻3号408頁）以来15年ぶりの法令違憲判決である。ただし本件判決が注目されるのは，違憲という結論のみによるものではない。その判示内容が次の2つの点につき重要な光を投げかけることにもよる。

　第1に，憲法17条が保障する国家賠償請求権のとらえ方についてである。これがいかなる性格の権利であり，権利を具体化する法律の合憲性審査においてどのような意味をもつかに関し，本件判決が示唆するところは大きい。

　第2に，司法審査のあり方一般に関してである。法令に対する合憲性審査をいかなる範囲において行うか，そして仮に違憲の判断に至った場合，その判断をどのように行うか，についても意味するところは深い。

　このように本件判決は，いくつかの側面において理論的展開の転機となる

---

[1] 判例集に掲載された先行判例として，郵便法の責任免除・制限規定に関し，簡単に違憲主張を拒否した最判昭和56・1・30判時996号66頁参照。

含意をもつ。以下，まず，その事案からみてゆこう。

II．事実の概要

1 X（原告・控訴人・上告人）は，訴外Aに対して有する債権1億3969万円のうち，金7200万円について弁済を求めるため，神戸地裁尼崎支部に対して，(1) Aが株式会社B銀行（C支店）に対して有する預金払戻請求権のうち，5000万円に満つるまでの部分について，Aを債務者，B銀行を第三債務者として，(2) Aが株式会社D社に対して有する給料支払請求権のうち，2000万円に満つるまでの部分について，Aを債務者，D社を第三債務者として，債権差押命令の申立てを行った。

裁判所は平成10年4月10日，債権差押命令を行い，その命令正本は特別送達の方法により尼崎北郵便局職員により送達された。この特別送達郵便は，4月14日D社に，4月15日B銀行に送達されたが，Aは同月14日，B銀行C支店に有する預金787万3533円を引き出した。

このようにB銀行への送達が1日遅れ，差押えを察知した債務者Aが差押債権を回収したため，原告Xは差押債権の券面額相当の損失を被ったのであるが，Xの主張によれば，B銀行への送達が1日遅れたのは，郵便局職員が差押命令正本を特別送達郵便として，「送達を受けるべき者の……営業所」（民訴103条1項）において送達すべきところ，これと異なり私書箱に投函して放置したためであるという[2]。

2 ところで郵便法の規定（平成14年法律121号による改正前のもの。本稿において以下同旨）によれば，責任原因（68条1項）および損害賠償の請求権者（73条）が限定されている。本件は郵便物の遅配であり，68条1項に規定する責任原因のどれにも該当せず，またXは73条が規定する「差出人又はその承諾を得た受取人」にも当たらない。

したがってXは，郵便法上損害賠償請求をなしえなくなるので，郵便法の責任免除・制限規定（68条・73条）の合憲性を争うこととなった。

---

[2] 「特別送達の場合，受送達者の住所等において，本人又は使用人等書類の受領について相当のわきまえのある者（民訴法106条1項）に書類を交付すべきことは，基本中の基本であ」る，とされる。尾島明「判解」最判解民事篇平成14年度598頁以下，626頁。

III. 第1審判決および控訴審判決について

1 第1審判決（神戸地尼崎支判平成11・3・11民集56巻7号1472頁参照）においては，郵便法の責任免除・制限規定の合憲性に関する判断が注目される。第1審は，国家賠償責任を定める法律に関して立法機関の幅広い裁量を前提とする。すなわち，「憲法17条を受けて制定された法律の規定が公務員の不法行為についての国等に対する損害賠償請求権を無条件，無限定に否定する，ないしは殆ど否定するに等しいような著しく不合理な内容であって，国会に与えられた立法裁量の範囲を逸脱していることが明らかな場合を除き」，法律の規定は違憲とならない，との立場が示される。

そして，本件で問題になった郵便法68条，73条については，合理性のあるものであって違憲ではなく，よって原告Xは，自らについて生じた損害につき国に賠償請求をなしえない，と判示された。

2 控訴審判決（大阪高判平成11・9・3民集56巻7号1478頁参照）も，基本的に第1審と同様の立場をとった。ただしXは控訴審において，郵便法68条，73条の限定解釈の主張を追加した。すなわち，これらの規定は，郵便局職員の故意または重過失によって遅配等の結果が生じたときには適用されず，国は免責されるべきではない，というのである。これに対し控訴審は，そのような主張は「現行郵便法の解釈としては無理がある」との立場をとった。

IV. 最高裁判決について

1 X側の上告理由は2点からなる。第1点は，郵便法68条，73条は憲法17条に反するという法令違憲の主張，そして第2点は，仮に法令違憲でないとしても，「本件の如く郵便局職員の故意又は重過失がある場合にこれらの規定を適用することは……適用違憲となる」との主張である。

2 最高裁は，まず憲法17条について次のような立場を示す。憲法17条による「国又は公共団体に対し損害賠償を求める権利については，法律による具体化を予定している。これは……国又は公共団体が公務員の行為による

不法行為責任を負うことを原則とした上，公務員のどのような行為によりいかなる要件で損害賠償責任を負うかを立法府の政策判断にゆだねたものであって，立法府に無制限の裁量権を付与するといった法律に対する白紙委任を認めているものではない」。

こういった立場を前提として，国又は公共団体の責任を免除・制限する法律の合憲性審査について次のような判断枠組みが提示される。「当該行為の態様，これによって侵害される法的利益の種類及び侵害の程度，免責又は責任制限の範囲及び程度等に応じ，当該規定の目的の正当性並びにその目的達成の手段として免責又は責任制限を認めることの合理性及び必要性を総合的に考慮して判断すべきである」。

3　では，この判断枠組みを具体的に当てはめてみるとどうなるか。まず，規定の目的に正当性があるか，についてである。

郵便法68条，73条の免責又は責任制限の目的は，「郵便の役務をなるべく安い料金で，あまねく，公平に提供することによって，公共の福祉を増進すること」（郵便1条）であり，この「目的の下に運営される郵便制度が極めて重要な社会基盤の一つであることを考慮する」ならば，目的の正当性は肯定される。

4　手段の必要性，合理性については，どうか。

まず，書留郵便物につき，郵便業務従事者の故意又は重過失による不法行為についてまで免責又は責任制限を認める規定の合憲性が審査される。

①郵便業務従事者の故意又は重過失による「不法行為に基づき損害が生ずるようなことは，通常の職務規範に従って業務執行がされている限り，ごく例外的な場合にとどまるはず」であり，②「このような事態は，書留の制度に対する信頼を著しく損なうものといわなければならない」。そうすると，「このような例外的な場合にまで国の損害賠償責任を免除し，又は制限しなければ〔郵便〕法1条に定める目的を達成することができないとは到底考えられず」，規定に合理性があるとはいえない。

なお，③「運送事業等の遂行に関連して，……事業者の損害賠償責任を軽減している法令は，商法，国際海上物品運送法，鉄道営業法，船舶の所有者等の責任の制限に関する法律，油濁損害賠償保障法など相当数存在する。これらの法令は，いずれも，事業者側に故意又は重大な過失……が存在する場

合には，責任制限の規定が適用されないとしているが，このような法令の定めによって事業の遂行に支障が生じているという事実が指摘されているわけではない」。このことからみても，書留郵便物について郵便業務従事者の故意又は重過失があるときまで，責任を免除・制限しなければ目的を達成できないという理由は見いだしがたい。

　以上からして，郵便法68条，73条のうち，「書留郵便物について，郵便業務従事者の故意又は重大な過失によって損害が生じた場合に，不法行為に基づく国の損害賠償責任を免除し，又は制限している部分」は，憲法17条に反し無効である。

　5　次に，書留のうち特別送達郵便物について検討される。

　特別送達郵便物に関しては，次のような諸点が指摘される。④これについては「適正な手順に従い確実に受送達者に送達されることが特に強く要請される」こと，⑤「書留郵便物全体のうちのごく一部にとどまることがうかがわれる」こと，⑥「書留料金に加えた特別の料金が必要とされている」こと，⑦「裁判関係の書類についていえば，……差出人は……裁判所書記官であり……訴訟当事者等は自らかかわる……手段を全く有していない」こと，そして⑧「特別送達の対象となる書類については，裁判所書記官……等が送達を実施することもあるが，その際に過誤が生じ，関係者に損害が生じた場合，……公務員の軽過失によって生じたものであっても，被害者は……国家賠償法1条1項に基づく損害賠償を請求し得る」こと，などである。

　そうだとすると，「これら特別送達郵便物の特殊性に照らすと，〔郵便〕法68条，73条に……規定する免責又は責任制限に合理性，必要性があるということは困難であ」る。したがって，書留郵便物に関する判断に加えて，郵便「法68条，73条の規定のうち，特別送達郵便物について，郵便業務従事者の軽過失による不法行為に基づき損害が生じた場合に，国家賠償法に基づく国の損害賠償責任を免除し，又は制限している部分」は，憲法17条に反し無効である。

　6　なお本件判決においては，横尾和子裁判官の意見，及び上田豊三裁判官の意見が留意される。横尾裁判官は，書留についての責任免除・制限は合憲であるとする。この点で多数意見と異なる。しかし特別送達郵便物については多数意見と同じく，軽過失の場合を含めて国の賠償責任が肯定されるべ

きであるとする。

　上田裁判官は，軽過失の場合に国の責任を免除・制限することは合憲であるとする。したがって特別送達郵便物についても，郵便業務従事者の故意又は重過失の場合に国の責任を免除・制限している部分が憲法17条に反するという立場をとる。

V．国家賠償請求権（憲17条）について

　1　本件において問題となった憲法17条は国家賠償請求権を保障しているが，「法律の定めるところにより」という条文の文言が示すように，法律による具体化を予定している。したがって，法律の合憲性審査においては，当該法律による具体化が憲法の認める立法裁量の枠を超えていないか否かがポイントとなる。

　この点を考察する前提として，そもそも憲法の保障する国家賠償請求権が，いかなる意義をもち，どのような性格の権利と把握されるのかが検討されなければならない。

　憲法17条に関しては，その歴史的意義がまず確認される。かつて明治憲法体制の下では「国家無責任の法理」が妥当していた。すなわち，公権力の行使によって国民（当時は臣民）に損害を加えることがあっても国は賠償責任を負わない，というものである（もっとも非権力的な行為については，民法による救済を認めていた。大判大正5・6・1民録22輯1088頁〔徳島遊動円棒事件〕）。

　憲法17条はこういったあり方を根本的に克服し，公務員の不法行為によって市民が損害を被ったときは，国又は公共団体が損害賠償責任を負うとすることで，権利保障の実効性を確保したものといえる。

　2　では，この憲法17条が保障する国家賠償請求権は，いかなる性質の権利であろうか。この論点はこれまで，権利を具体化する法律が仮に存在しないとするとどうなるか，という問題設定で論じられてきた[3]。

　3）　尾島・前掲注2)608頁。ちなみに，法学協会『註解日本国憲法(上)』（有斐閣，1953年）387頁～388頁は，憲法17条につき「『立法者に対する命令』に止まる」としつつ，仮に具体化法律が存在しない場合，「憲法の趣旨を尊重して，民法の類推適用を認めうる」という立場をとる。

まず，プログラム規定説が憲法制定当初，有力に唱えられた。憲法の定める国家賠償請求権は，その実現に向けて立法を行うべきであるという政治的指針にすぎないとみる。そして，もし権利を具体化する法律が存在しない場合，憲法レヴェルでは政治的指針があるにすぎないので，これを直接の根拠として賠償請求することはできない，と考えることとなる。

　これに対して，現在の通説である抽象的権利説は[4]，憲法の定める国家賠償請求権は法的権利であるとする。ただし，その権利内容はあくまで抽象的なものにとどまるのであって，法律によってはじめて具体化されるとみる。それでは，もしそういった法律が存在しない場合，どうなるか。憲法レヴェルでは権利内容が具体化されていないので，憲法の規定を直接の根拠として賠償請求をすることはできないこととなろう。

　もうひとつ，一定程度の具体的権利性を承認する立場も存在する。憲法の定める国家賠償請求権は，その「核心にかかわる領域」，あるいは基本的な骨格部分においては，憲法自体において具現されているとみる。ただし，「立法政策的に形成されるべき領域」[5]もあり，それは法律によって担われる。では，そのような法律がない場合，どうなるのか。憲法17条において既に権利の基本的骨格は具現されているとみる以上，この条文を直接の根拠として賠償請求をなしうる，と理解することとなる。

　以上の権利性格論は，本来は具体化法律が存在しない場合どうするか，という問題設定における議論であるが，本件事案で問題になった憲法17条を具体化する法律の合憲性審査に関しても，ある程度の関わりをもつように思われる。

　まず，プログラム規定説によるならば，憲法上の規定それ自体に法的性格はない，つまり法的枠としての意味はない。したがって，法律が憲法上の規定に反するという事態は考えにくい。

　では抽象的権利説ではどうか。憲法17条は具体化法律に対して法的枠付

---

[4]　佐藤功『憲法(上)〔新版〕』(有斐閣，1983年) 281頁，樋口陽一ほか『憲法 I (注解法律学全集1)』(青林書院，1994年) 358頁[浦部法穂]，野中俊彦ほか『憲法 I〔第5版〕』(有斐閣，2012年) 553頁～554頁[野中俊彦]。

[5]　佐藤幸治『日本国憲法論』(成文堂，2011年) 356頁～357頁。憲法上の権利の具体性を認める立場に立つものとしてさらに，初宿正典『憲法(2) 基本権〔第3版〕』(成文堂，2010年) 501頁など参照。

けの意味をもつであろう。ただし，抽象的権利説の典型である生存権（憲25条）の領域における事案が示すように[6]，立法裁量をコントロールする側面はそれほど強くないのが通例であろう。本件における第1審判決及び控訴審判決は，「国等に対する損害賠償請求権を無条件，無限定に否定する，ないしは殆ど否定するに等しいような著しく不合理な内容」である法律でなければ違憲とならないと判断しているが，このような緩やかな審査のあり方は，抽象的権利説の立場を前提とするものではなかろうか。

さて，一定程度の具体的権利性を認める場合はどうか。この場合，憲法自体において権利の骨格部分が既に具現化されているとみるのであるから，さらなる具体化のための法律を制定する際の立法裁量は，場合によってかなり限定されてくるのではあるまいか。

3 それでは本件判決における憲法17条のとらえ方は，以上のうちどれに該当するだろうか。さきに述べたように，現在の通説は抽象的権利説をとっており，本件判決も，憲法17条による「国又は公共団体に対し損害賠償を求める権利については，法律による具体化を予定している」と論じていることからすれば，通説と同様の立場のようにも読める[7]。しかしながら，抽象的権利説からは必ずしもうまく説明できないところがあげられる。

第1に，請求権競合問題が生じたとき，どう考えるか，という点である[8]。本件の原告Xは差出人ではないが，仮に差出人が国に対して損害賠償を請求するというケースであれば，不法行為と構成して損害賠償請求をすることも，郵便契約に基づく債務の不履行と構成して請求することも，ともに可能となる。ひとしく損害賠償を請求するにしても，不法行為的構成をとれば憲

---

6) 例として堀木訴訟判決（最大判昭和57・7・7民集36巻7号1235頁）があげられる。それによれば「憲法25条の規定の趣旨にこたえて具体的にどのような立法措置を講ずるかの選択決定は，立法府の広い裁量にゆだねられており，それが著しく合理性を欠き明らかに裁量の逸脱・濫用と見ざるをえないような場合を除き，裁判所が審査判断するのに適しない」，という立場が示されている。

7) 野坂泰司『憲法基本判例を読み直す』（有斐閣，2011年）8頁によれば「本判決も，おそらく抽象的権利説に立っていると思われるが，そのことに明示的に言及してはいない」とされる。
なお，私もかつて，本件判決は抽象的権利説の立場であろうととらえた（安西文雄「判解」『判例セレクト2001－2008』〔有斐閣，2010年〕18頁）が，本稿で論ずるように，そのようにはとらえられない点があるのではないか，と考えるようになっている。

8) 判時1801号28頁以下の匿名解説30頁参照。

法17条の問題であり，それは通説によれば抽象的権利であるが，債務不履行的構成をとれば財産権（憲29条）の問題であり，これは具体的権利である。実体として同じものを求めているのに，法的構成いかんによって権利の性質に不整合をきたすのは適切なことか，という疑問が浮上する——もちろん法的構成が異なる以上，権利の性質の違いが生ずるのは致し方ないと考えることも可能であろうが——。

　第2に，判旨における権利具体化法律の合憲性審査のフレームワークが，財産権に関わるそれに類似したものとなっていることが指摘される[9]。財産権に関わる法律の合憲性審査においては，「規制の目的，必要性，内容，その規制によって制限される財産権の種類，性質及び制限の程度等」の諸ファクターを比較考量し，規制目的の公共の福祉適合性，規制手段の必要性，合理性を検討する（前掲・森林法判決）。

　郵便法判決においても，前述のとおり，諸要素を考慮し，規定の目的の正当性，目的達成手段の合理性及び必要性を考慮するものとされている。このように合憲性判断のフレームワークが，財産権に関するそれに類似して論じられているということ自体，最高裁が，国家賠償請求権の具体化法律と財産権に関する法律を，類似した性格を帯びるものととらえていることをうかがわせる。

　第3として，判旨それ自体の論理展開をさらにみてみよう。書留郵便物に関して責任の免除・制限の合憲性を論ずる際に，商法，国際海上物品運送法，鉄道営業法，船舶の所有者等の責任の制限に関する法律，油濁損害賠償保障法などの例が引かれる。そして，これらの法令では事業者側に故意又は重過失がある場合に責任の免除・制限がないが，それによって事業に支障が生じていないことが指摘されている（前掲・最高裁判決③の部分）。

　類似する制度間の均衡[10]が論じられているわけであるが，これらの法令による事業者の責任軽減は，損害賠償請求権という債権に関わるもので，被害者の立場からすれば憲法29条の財産権の問題となろう[11]。そして財産権問題との均衡が論じられるのであるから，本件における国家賠償請求権を

---

9) 尾島・前掲注2) 609頁。
10) 飯田稔「判批」法学新報110巻5・6号241頁以下，254頁。また，芹沢斉ほか編『新基本法コンメンタール・憲法』（日本評論社，2011年）140頁［渡辺康行］参照。

29条の問題とそれほど異質なものととらえていないのではなかろうか。そして29条の財産権が，法律による制度を前提としつつも，それ自体としては具体的権利だとするなら，最高裁は暗黙のうちにそれに近いものとして国家賠償請求権を理解しているのではなかろうか。

もうひとつ，判旨それ自体から注目すべき点をひろってみたい。合憲性審査のフレームワークにおいて列挙されたファクターのなかに，公務員の「行為の態様」，「これによって侵害される法的利益の種類及び侵害の程度」が含まれている。ここに生存権の具体化立法の司法審査の場合とはかなり異なった性格が色濃く現出する。つまり生存権などとは違い，「国家賠償請求権は国の侵害行為があったことを前提に，その救済をなすものである」[12]。そうだとすると，権利保障，権利救済を徹底した現行憲法において，国家賠償請求権はその「核心にかかわる領域」を具現されているとみても，それは理に適うといえるのではなかろうか。

まとめてみよう。生存権のように憲法レヴェルでは抽象的権利であり，その実現を法律にゆだねるタイプと，権利の「核心にかかわる領域」は憲法それ自体において具体的であるが，その周辺に「立法政策的に形成すべき領域」も存在するというタイプは，やはり異なる。

最高裁は「法律による具体化を予定している」と論ずるのみで，その意味が上記のどちらのタイプか明言するところがないが，あるいは後者のタイプに近いものを念頭においているのかもしれない。

4　憲法17条に関する検討の末尾に，本件において最高裁が目的達成手段の必要性，合理性をある程度立ち入って審査した[13]背景を探ってみたい。

さきにみたごとく，憲法17条は具体性がかなり色濃く認められる権利であるとすれば，法律の合憲性審査のレヴェルが厳しくなりうる下地が肯定さ

---

[11]　船舶の所有者等の責任の制限に関する法律による責任制限が，憲法29条に違反するとして争われ，「公共の福祉に適合する定めとして是認することができ，憲法29条1項，2項に違反するものということはできない」と判断された最大判昭和55・11・5民集34巻6号765頁参照。債権も憲法29条の保障する財産権に含まれる。宮澤俊義（芦部信喜補訂）『全訂日本国憲法』（有斐閣，1978年）286頁。

[12]　安西・前掲注7) 18頁。なお，小山剛「演習」法教271号131頁は，「憲法17条は，抽象的権利であるとしても，そこに含まれる憲法上の規準は憲法25条1項に比べてはるかに具体的である」と指摘する。

れる。そのうえで，関連領域との対比に目が向けられる。(イ)書留であれば，商法，国際海上物品運送法，鉄道営業法などが事業者の故意，重過失については免責を認めていないこと，(ロ)特別送達郵便物については，裁判所書記官が送達を実施する場合，軽過失であっても関係者に損害が生ずれば国家賠償法1条1項によって賠償請求しうること，との整合性である。

とりわけ(イ)については，事業者の故意・重過失の場合にまで責任を免除することはない，という法律家集団の共通理解＝ベースラインからの乖離があるがゆえに，その必要性と合理性が入念に検討された[14]，という意味があるのかもしれない。

VI. 司法審査のあり方について

1　本件判決は，憲法17条の国家賠償請求権に関して意味するところが大きいのみならず，司法審査のあり方そのものに対しても重要な光を投げかけている。

ここでまず注目されるのは，本件における司法審査の範囲の設定方法である。そもそも本件は特別送達郵便物が問題になった事案であり，かつ，そこに適用される郵便法の責任免除・制限規定は郵便物全体に関わるものである。そうだとすると，司法審査の範囲の設定の仕方には，次の3つの選択肢が考えられる[15]。

第1．郵便法の規定するところに従い，郵便物全体について審査する。
第2．書留郵便物（特別送達郵便物を含めて）について審査する。
第3．特別送達郵便物についてのみ審査する。

---

13)　本件判決においては手段の必要性，合理性が入念に審査された，と評価されている。宇賀克也「判批」判評537号（判時1831号）8頁以下，10頁，中村英樹「判批」法政研究70巻1号（2003年）235頁以下，241頁，鈴木和典「判解」みんけん558号39頁以下，48頁，市川正人「判批」法教269号53頁以下，56頁，野坂・前掲注7)13頁など参照。

14)　長谷部恭男によれば，「国会の積極的な立法措置を前提とする制度の合憲性を審査する際，ベースラインとなる標準的な制度形態」が用いられ，その例として森林法判決，郵便法判決，国籍法判決（最大判平成20・6・4民集62巻6号1367頁）などがあげられる，という。同『憲法の境界』（羽鳥書店，2009年）73頁参照。

15)　判時1801号28頁以下の匿名解説29頁，中村・前掲注13)243頁など参照。

現実には，最高裁は第2の立場をとった。だが，仮に第1の立場であれば，事案に適用される法令につき，その訴訟提起を契機としつつも，一般的に合憲性を審査することとなる。しかし，郵便物にはいろいろなものがあるので，事案解決に必ずしも必要ではない領域にまで審査を広げなければならない，という不都合がある。事案解決に関わる領域に審査をフォーカスした方が，熟した憲法判断が可能であることはいうまでもないことである。

逆に，もし第3の立場であれば，事案に適用される法令を，その適用領域に限定して審査することとなり，付随的審査制の考え方に最も忠実かもしれない。しかし特別送達も書留の一種であるとすると，最高裁による憲法判断の射程が狭すぎることにもなりかねない。

こうして，第1と第3の中間に位置するものであるが，第2の立場が採用された[16]。ということは，具体的訴訟事件を契機として適用法令の合憲性を審査するにしても，その審査の範囲設定に関しては，裁判所の慎慮に基づく裁量が認められることになるのではなかろうか。そして，範囲設定に関し裁判所が考慮すべきファクターとして，紛争の抜本的解決の必要性や法的安定性などがあげられよう。

2　では，さらに立ち入って，審査範囲の限定的設定という手法のメリットは何か，検討してみよう。

さきに言及したが，そもそも郵便法の責任免除・制限規定の適用場面は多様であるから，すべてを審査対象とすれば裁判所のエネルギーが分散してしまう。事案解決に関連する範囲へと適切に審査をフォーカスすることで，必要な立法事実を濃密に顕出でき，それを基に熟した合憲性審査が可能となる。

また，「立法事実として用いられる司法事実」の問題も想起される[17]。事案に関わる事実（司法事実）が，当該案件に関連する一般的な法的問題の実相を典型化して表す場合，立法事実として用いられる司法事実となる。例え

---

[16]　もっとも，石川健治「法制度の本質と比例原則の適用」LS憲法研究会編『プロセス演習憲法〔第4版〕』（信山社，2011年）291頁以下，320頁によれば，本件判決の本質は，「書留郵便物の遅配についての懸案を一挙解決したところにある」とされる。

[17]　安西文雄「憲法訴訟における立法事実について(1)」自治研究64巻12号（1988年）122頁以下，124頁〜126頁参照。

ば尊属殺重罰規定違憲訴訟（最大判昭和48・4・4刑集27巻3号265頁）の具体的事実は，親の非道な行為により，子が耐えきれなくなり，ついに親を殺害するに至ったというものであるが，これは多くの尊属殺事案のあり方を典型化して表し，当時の尊属殺人規定（刑200条）の不合理性を理解せしめるがゆえに，立法事実として用いられる司法事実となるわけである。このような事実は，強い説得力をもつがゆえに憲法訴訟において有用であるが，それが有効に機能するためにも，審査の範囲をしかるべく限定的に設定することが要請される場合があるだろう。

　3　さて本件判決は，意味上の一部違憲判決を下したものとしても注目される[18]。ただし，そもそも最高裁が法令の合憲性審査の範囲を限定すれば，法令の違憲判決といっても，審査した範囲における違憲判断，つまり法令の一部に限定した違憲判決に至ることがまず考えられるであろう。もっとも，当該法令において違憲となる部分が残余の部分と不可分であれば，法令の全部違憲となるであろうが。

　さきに司法審査の範囲設定に関し3つの選択肢を提示して検討を行った。第1の立場で法令違憲の判断をする場合，法令の全部違憲，又は一部違憲，ともにありえよう。しかし，第2もしくは第3の立場であれば，法令の可分性を前提とするとき，「法令の規定のうち書留（もしくは特別送達郵便物）について，……とする部分は違憲である」と判断することとなる。つまり一部違憲判決である。

　このような視点から本件判決をみるとき，書留について，郵便「法……の規定のうち，書留郵便物について，……故意又は重大な過失によって損害が生じた場合に，……責任を免除し，又は制限している部分」は違憲無効，とする一部違憲判決の判示には，やや性質の異なる2つの部分が混在していることが理解される。「書留郵便物について」と限定しているのは，審査の範

18）　本件判決は，最高裁による意味上の一部違憲判決の初の例とされる。市川・前掲注13）57頁，宇賀・前掲注13）11頁，宍戸常寿「司法審査──『部分無効の法理』をめぐって」辻村みよ子＝長谷部恭男編『憲法理論の再創造』（日本評論社，2011年）195頁以下，201頁など参照。ただし，長谷部・前掲注14）71頁（注27）によれば，「定年年齢を男子60歳，女子55歳と定めた就業規則について『女子の定年年齢を男子より低く定めた部分』が『民法90条の規定により無効』とした日産自動車事件最高裁判決も，意味の一部を無効としたものと受け止めざるをえない」と指摘される。

囲設定から導出される一部違憲判断であり，「故意又は重大な過失によって損害が生じた場合に，……責任を免除し，又は制限している部分」と限定しているのは，審査の結果として判断された——審査の範囲設定とは関わりない——一部違憲判断，ということになる。

4 最後に，控訴審段階で主張された合憲限定解釈，及び上告理由で主張された適用違憲の手法について，若干検討を加えておきたい。

まず，合憲限定解釈であるが，郵便業務従事者に故意・重過失があるときは，郵便法68条，73条の責任免除・制限規定は適用されないと解する立場である[19]。しかし，法律の条文に全く限定の手がかりがない以上，このような解釈は，そもそも解釈として無理があろう。

では適用違憲はどうか。そもそも本件のような一部違憲は，一般的な法令違憲と適用違憲との中間に位置する。そして適用違憲については，「判決が出てみないと結論は判らない」[20]ので法的安定性に欠け適切でない，という評価がある。そうだとすれば，特定の適用事案だけではなく，それを包含する一定の適用類型について合憲性判断をすることが望ましいとの立場がありうるところであり，そこからして法令の一部違憲という手法が最高裁によって採用されるのではなかろうか[21]。

---

19) 郵便法68条に関し合憲限定解釈をした裁判例として，奈良地判平成5・8・25判タ834号72頁。

20) 長尾英彦「郵便法免責規定の違憲性」中京法学38巻1号（2003年）1頁以下，14頁。

21) 野坂泰司の次のような検討が説得的である。「一定の事例に関する限り当該規定の適用が否定されることが明確であるならば，結局それは法令の意味の一部を切り取る効果をもち，法令の一部を違憲とするに等しいと見ることもできよう。しかし，そうだとすれば，このような場合には適用違憲ではなく，法令の規定の一部違憲の判断を示したほうが法的安定に資するということになるのではないか。」野坂・前掲注7)11頁。また，市川正人「文面審査と適用審査・再考」立命館法学5・6号（2008年）21頁以下，36頁によれば，「『適用上違憲』の手法に対するわが国における抵抗感を考えれば，裁判所に対して一部違憲の判決を求めていくことも有力な戦略として考慮される」という。

ちなみに，山本龍彦「違憲審査の対象と憲法判断の方法」『国公法事件上告審と最高裁判所（法時増刊）』（日本評論社，2011年）171頁以下は示唆に富む。適用違憲が「当該訴訟事件との関係で微細に切り取られた法令部分が対象とされ」(173頁）るものとみるなら，一部違憲は，当該訴訟事件を含む一定の類型に関して法令を違憲とするものとなろう。

なお，法令違憲（全部違憲，一部違憲）及び適用違憲の基本的理解について，青柳幸一「法令違憲・適用違憲」芦部信喜編『講座憲法訴訟(3)』（有斐閣，1987年）3頁以下参照。

在外邦人選挙権訴訟最高裁判決

喜田村洋一

        I．提訴まで
        II．最高裁まで
        III．最高裁
      IV．大法廷判決の影響
        V．おわりに

 最高裁大法廷[1]は、標記事件の判決で、日本国外に居住する上告人が、次回の衆参両院議員選挙における（小）選挙区選出議員の選挙において、在外選挙人名簿に登録されていることに基づいて投票することができる地位にあることを確認するとともに、被上告人（国）に対し、1996年10月20日の衆議院議員選挙において投票できなかったことに対する損害賠償として上告人1人当たり5000円の支払を命じた[2]。

 この大法廷判決は、主権が国民に存する日本における選挙権の重要性を改めて確認するとともに、在外投票を認めなかった公職選挙法の違法（違憲）性を国民がどのように争いうるかを示し、また、立法不作為を理由として国家賠償を求めうる場合を明示し、実際にも賠償の支払を命じたという点で、画期的なものである[3]。

---

 1) 最大判平成17・9・14民集59巻7号2087頁。
 2) 1996年11月の提訴時点では原告53名はいずれも国外に居住していたが、その後、何人かが帰国していた。このため、上告人（一審原告）13名中、11名は国外居住であり、2名は国内居住であった。次回の選挙で投票できる地位にあることを確認されたのは国外居住の上告人11名である。これに対し、損害賠償は13名の上告人全員に認められた。
 3) 筆者はこの事件の原告（上告人）代理人であるが、本稿中の意見は個人のものである。

I．提訴まで

1．全世界から原告が結集

　国外居住の日本人が国政選挙で投票できないことに不満を抱いたのは，政治意識の高まりを示しているが，この事件でその端緒となったのは，1993年6月18日に自民党の宮沢内閣に対する不信任案が可決され，同年7月18日に総選挙が予定されたことだった[4]。

　このため，アメリカに居住する日本人が中心となって，「海外有権者ネットワーク」が設立され，在外選挙制度を導入するよう衆参両院議長や，自治省，外務省などに申し入れ，また，国会議員に対するアンケートも実施した。ほぼ全員の議員が在外選挙制度に賛意を示したが，自治省は慎重な姿勢を崩さなかった。

　このように，立法府や行政府への陳情・請願が実を結ばなかったため，最後の手段として司法府に救済を求めたのが，この裁判である。提訴は1996年11月20日であり，1993年の内閣不信任，総選挙から3年以上が経過していた。

　53名の原告の居住国は，アメリカ，オーストラリア，フランス，イギリス，ドイツ，イタリア，アイルランド，フィリピンであったが，その多くで在外選挙が認められていた[5]。

2．立ち塞がる2つの先例

　当時の公職選挙法の下では，選挙人名簿が調製され，この名簿に登録されていないと投票できないとされ（42条1項），また，選挙人名簿の登録は，

---

　[4]　同年7月7日に羅府新報（ロサンゼルスの邦字新聞）に掲載された投書は，「自分もこのチャンスに政治改革を実行させなければ金権政治から脱出できないと思い，衆院選挙に一票を投じようと総領事館に問い合わせたが，驚くべきことに海外居住者は投票できないことがわかった」と訴えていた。

　[5]　国立国会図書館調査立法考査局が発行する『外国の立法』33巻3号（1995年2月）によると，サミット参加国であるアメリカ，イギリス，フランス，ドイツ，イタリア及びカナダに，スイス，オランダ，スウェーデン，オーストラリアを加えた10カ国を対象として調査した結果，イタリアを除く9カ国で在外選挙が認められていた。

日本国民で住民票が作成された日から3箇月以上，住民基本台帳に記録されている者について行うとされていた（21条1項）。そうすると，在外の日本国民は，日本の最高法規である憲法（15条1項・3項，43条1項，44条ただし書）で選挙権が認められているにもかかわらず，下位法である公職選挙法によって，その権利行使が阻まれていることになる。法律の世界で下剋上が起こっていたのである。

これを是正するためには，公職選挙法の規定が違法（違憲）であることを裁判所によって認定してもらえばよい。しかし，ここで問題になるのは警察予備隊に関する最高裁大法廷判決[6]である。同判決では，裁判所に判断を求めることができるのは特定の者の具体的な法律関係につき紛争の存する場合のみであり，裁判所が具体的事件を離れて抽象的に法律命令等の合憲性を判断できるとの見解には根拠がないとしていた。この判示を形式的に当てはめると，原告の訴えは，抽象的に公職選挙法の違憲性を主張するものであり，裁判所の違憲審査権の枠外とされてしまうおそれが十分にある。

これを避けるためには，1996年10月20日の衆議院議員選挙で投票できなかったことが違法であるとして国家賠償を求め，その中で公職選挙法の違憲性を主張してこれに対する判断を得るのが，いわば定石であった。しかし，法律の規定が違憲であることを理由とする国家賠償請求については，在宅投票制度の廃止に関する1985年の最高裁判決[7]が，国会議員の立法行為は，立法の内容が憲法の一義的な文言に違反しているにもかかわらず国会があえて当該立法を行うというがごとき例外的な場合を除き，国家賠償法1条1項の規定の適用上，違法の評価を受けないと判示していたため，これが大きな障碍となることは当初から予測されていた。

3. 行政法学者からの示唆——従った点と従わなかった点

私たちは，「在外日本国民が選挙権の行使ができなくてよいのかという問題は，初めての憲法判断となるから，最高裁大法廷で審理されるべき事件である（裁判所法10条1号）」と考えていた。しかし，そこに行きつくまでに，この問題が司法審査の対象となることを明確にしておかなければならない。

---

6) 最大判昭和27・10・8民集6巻9号783頁。
7) 最判昭和60・11・21民集39巻7号1512頁。

このため，私たちは行政法学者からのアドバイスを受けた。

私たちの訴状は，当初，請求の趣旨として，「公職選挙法が，日本国外に居住し，住民基本台帳に記載されていない日本国民に衆参両議院議員の選挙権の行使を認めていない点が違法であることを確認する」としていた。

しかし，これについては，行政法の学者から，「この請求では，抽象的規範統制訴訟と理解され，却下される可能性が極めて高い。公職選挙法によって，原告個人の権利行使の機会が奪われていることを明示しなければならない」という指摘を受けた。このため，私たちは，請求の趣旨をより明確にするため，「公職選挙法が，<u>原告らに</u>，衆参両院議員の選挙権の行使を認めていない点において違法であることを確認する」（要旨。下線引用者）に変更した。在外国民一般ではなく，当事者となった原告との関係で，その権利行使が制限されていることを違法と明示したのである。

行政法学者からは，別の示唆も受けた。「公職選挙法の規定に従って，原告となろうとする在外国民が，選挙人名簿に登録されていないことに不服があるとして，市町村の選挙管理委員会に異議を申し出て（同法24条1項），これが容れられなければ，選挙管理員会を被告として提訴する（25条1項）」というものである。これは，法律の違憲性を抽象的に主張するのではなく，原告となろうとする者が，選挙管理委員会から具体的な決定（「選挙人名簿に登録されていないことに対する異議の申し出は正当でない」との決定）を得て，これに対する不服申立てとして提訴するというものであり，行政法のオーソドックスな考えに基づくものである。

しかし，私たちはこの方法はとらなかった。在外選挙制度が存在しないのは違憲であるが，どのような在外選挙制度を作るかについては，立法府の広範な裁量が認められる。たとえば，在外国民だけを選挙人とする海外選挙区を作るという方法もあるし[8]，現在のように，在外国民を日本国内のそれぞれの選挙区に所属させ，そこでの候補者に投票させるという方法もある。しかし，その場合も，在外国民が投票できる選挙区として，日本国内の最後の住所地の選挙区，本籍所在地の選挙区，在外国民が選択した選挙区など，さまざまなものが考えられる。そうすると，原告となろうとする者が，たとえ

---

8) フランスはこのような制度を採用しているようである。国立国会図書館調査立法考査局・前掲注5)参照。

ば日本国内の最後の住所地を管轄する選挙管理委員会に，「自分はこの選挙区で投票できるはずだ」として，当該地の選挙人名簿の不登録に異議を申し出ても，「あなたがこの選挙区の選挙人名簿に登録されることの根拠となる法律は存在しない」とされることは確実である。また，これを不服として提訴しても，裁判所でその訴えが認められることは期待できない。各人の具体的な権利行使は，それを認める制度の存在が前提となるのであり，そのような制度が創設されていないときに，裁判所が原告となった者の権利行使を認めることは考えにくい[9]。

　本件は，在外日本人が国政選挙で投票できないことが問題なのであり，これは全原告に共通である。そうであれば，端的に公職選挙法が違法（違憲）であることを争点として掲げて裁判所の判断を得ることが相当であると考えた[10]。

4. 提訴

　こうして，私たちは，1996年11月20日，東京地方裁判所に提訴した。
　求めたのは，公職選挙法が原告らに国政選挙での選挙権行使を認めていないことの違法確認と，その直前の同年10月20日の衆議院議員総選挙で選挙権を行使できなかったことの損害賠償として各原告に対する5万円の支払である。

　9）　この事件では，下級審に係属中に公職選挙法が改正され，在外選挙制度が創設され，在外選挙人名簿も作成されたが，附則において，「当分の間」，在外選挙は，衆参両院選挙のうち比例代表選出議員の選挙についてのみ行われることとされていた。このように制度が創設され，ただその適用の一部が附則によって制限されているのであれば，当該附則を違憲とすれば，原則どおり，（小）選挙区選出議員の選挙にも，在外選挙が及ぶことになる。これに対し，最高裁裁判官の国民審査では，在外選挙に対応する在外審査という制度は創設されていないから，在外国民が「在外選挙人名簿に登録されていることに基づいて在外審査をすることができる地位にあることの確認」を求めた事件で，裁判所は，原告の請求を却下した。後掲注28)参照。
　10）　実務上の問題でいうと，選挙人名簿の登録に関する不服→異議の申し出→地方裁判所への提訴という経路を採った場合，各事件は，各市町村の選挙管理委員会の所在地を管轄する地方裁判所の専属管轄となる（公職選挙法25条2項）。53人の原告の日本における最後の住所地は都道府県単位で見ても，少なくとも10以上に及ぶであろうから，10以上の地方裁判所に提訴しなければならなくなる。すべての事件の争点は，「在外国民に選挙権の行使が認められないのは違憲か」であり，単一かつ共通であるから，これについて10以上の裁判所の判断を得なければならない理由は見いだし難い。

II. 最高裁まで

1. 東京地裁

　提訴してから約1年半が経過した1998年5月6日，在外選挙制度を創設する公職選挙法の改正法が公布された（平成10年法律第47号）[11]。

　しかし，この改正法は，附則8項で，在外選挙の対象を，「当分の間」，衆参両院議員選挙のうち，比例代表選出議員の選挙だけに限定していた。国内在住の日本国民が（小）選挙区選挙と比例代表選挙の2票を投じることができるのに，国外在住の日本国民は比例代表選挙の1票しか投じることができないのである。

　このため，私たちは，1998年11月，改正後の公職選挙法が，原告らに両院の選挙区選出議員の選挙について選挙権の行使を認めていないのは違法であることの確認を追加した。

　東京地裁は，1999年10月28日に判決[12]を下したが，原告らが求めていた公職選挙法の違法確認を求める部分は却下，国家賠償を求める部分は棄却というものだった。障碍になると思われた2つの最高裁判決を機械的に適用したものであった[13]。

2. 東京高裁

　この判決は到底受け入れられるものではなく，私たちは，東京高裁に控訴した[14]。

　東京高裁で，私たちは予備的請求として，控訴人（一審原告）が，両院議

　11）最初の在外選挙の実施は2001年の参議院議員選挙である。衆議院での最初の実施は2003年の総選挙である。
　12）判時1705号50頁。
　13）たとえば，違法確認請求について，東京地裁は，「公職選挙法において，選挙権を有する在外日本人一般について右各選挙権行使の方法が確保されていないという一般的状態を現在の原告らの立場に当てはめて表現したにすぎないというべきであり，この意味における原告らの立場は，選挙権を有する他の在外日本人と特に異なるところはなく……したがって，本件各違法確認請求に係る訴えは，結局のところ，具体的紛争を離れて……公職選挙法の違法の確認を求める訴えであるというべきであり，法律上の争訟には当たらないと解すべきである」として，原告らの訴えを却下した。

員の選挙区選出議員の選挙において選挙権を行使する権利を有することの確認を追加した。これは，既に在外選挙制度が設けられ，権利行使を阻んでいるのは附則8項だけとなっていたため，消極的に公職選挙法の違法を確認するのではなく，積極的に控訴人らが選挙権を行使できることの確認を求める方が適切と考えられたからである。

しかし，東京高裁も，2000年11月8日，控訴人の控訴を棄却し，追加した予備的請求も却下した[15]。

III. 最高裁

1. 最高裁へ

当然のことながら，この判決に対して，私たちは上告及び上告受理申立てを行った[16]。

上告事件は，在外国民に選挙権の行使を認めないことが憲法及び市民的及び政治的権利に関する国際規約（ICCPR）に違反するとし，上告受理申立て事件は，本件においては国家賠償が認められるべきであるとするものであった。

これらの事件は，第二小法廷に係属したが，それから長い間，何の音沙汰もなかった。上告人・申立人の側から見ると，審理期間が長いのは，原審（高裁）の判決に問題点があると最高裁が認識している可能性が高いので，どちらかといえば良い徴候と考えられる[17]。しかし，それでも，何のヒントもなく待っているのは気が休まらないものである。

この状態が終わったのが2004年12月8日であった。この日，上告事件が第二小法廷から大法廷に回付されることが決まったのである。続いて，2005

---

14) 控訴人は24名で，その居住国はアメリカ，ドイツ，イギリス，イタリア，フィリピンであった。
15) 判夕1088号133頁。
16) この時点までに日本に帰国していた人がいたため，上告及び上告受理申立ては日本在住の2名（2000年11月）と，国外在住の11名（2000年12月）の2回に分けて行われた。後者の居住国はアメリカ，ドイツ，イギリス，イタリア，フィリピンであった。
17) 後に仄聞したところでは，本件では，主任裁判官と行政の調査官室の間で何度も激しい議論が交わされたという。

年3月14日には，上告受理申立事件が上告審として受理されるとともに，大法廷に回付された。上告ないし上告受理申立てから4年以上が経過していた[18]。

2. 大法廷弁論——2つの工夫

本件の口頭弁論は2005年7月13日と指定された。

私にとって大法廷弁論は2回目であったが，やはり緊張する。上告理由書と上告受理申立理由書は「陳述します」だけで済むが，これ以外に口頭弁論が行われる。弁論要旨を何度も推敲し，耳で聞いているだけで問題の所在を理解し，上告人の言い分が正しいことを素直に納得してもらうことが絶対に必要となる。

そのために，特に2つの点を工夫してみた。1つは，在外選挙がどれほどの重要性を持つのかということを，そのときの状況に即して，数字で理解してもらうことである。そのために，私は，弁論で次のように述べた。

> 海外に在留する日本人の数については，1960年から統計がありますが，同年は約24万人でした。その後，この数は，日本の復興，発展とともにほぼ一貫して伸びており，上告人らが本訴を提起した1996年及び最新の総選挙が実施された2003年には，それぞれ約76万人及び約91万人となっています。このうち選挙権を有する者は，これらの年でそれぞれ約61万人及び約72万人であり，これだけの有権者が選挙権を行使できなかったと思われます。
>
> 他方，衆議院小選挙区の有権者数の最少のものは，1996年では約19万人，2003年では約21万人でした。つまり，在外日本人が選挙権を行使できないために，1996年でも2003年でも，有権者数最少の小選挙区で換算すれば，衆議院議員3人を選びうるだけの有権者が，その声を反映させることができなかったのです。

---

[18] 「平成17年民事事件の概況」（曹時58巻11号）によると，平成17年に既済となった事件のうち行政訴訟事件では，最高裁に係属後6月以内の処理が59.4％，6月超1年以内の処理が14.3％，1年超2年以内の処理が15.6％，2年超の処理が10.7％とされている。本件は，最終処理まで約4年10カ月を要しているのであり，極めて長期間を要した事件といえる。

これは，ここだけ読めば，単なる数字である。しかし，この弁論が行われた2005年7月13日の時点では全く別の意味が現れる。この年，最大の政治課題は「郵政民営化」の是非であった。政権与党の中にもこれに反対する声が大きく，民営化法案が可決されるかどうかは予断を許さない状況だった。そのような中で，衆議院は2005年7月5日に辛うじて民営化法案を可決したが，その票差はわずか5票だった。3人の議員が反対に回れば否決されていたのである。かつての55年体制であれば，3人の議員の賛否がどうであろうと国政にはほとんど影響がなかったかもしれない。しかし，2005年には3人の議員は国の針路を変えるかもしれないのである。
　もちろん，弁論において政治状況を語ることはしなかった。しかし，弁論を聞いていた最高裁裁判官には，私が何を言いたかったのかは理解できたと思われる。
　もう1つの工夫は，情理を兼ね備えた弁論にしたいということだった。普段はこのようには考えないが，大法廷では，裁判官に，論理の一貫性・整合性で納得してもらうだけでなく，聞いていると素直に「そうだなあ」と思える気持ちが湧いてくるようにしたいと思ったのだ。そのためにはどうしたらよいかと，大法廷回付の連絡を受けてから，あれこれ考えていたが，その年の年末ころ，ある詩が浮かんできた。それから半年以上かけて練ったのが，以下の弁論である。

　〔上告人となっている〕これらの日本人は，海外にいるというそのユニークな立場によって，国政にとってかけがえのない貢献をなしうる人々です。「ふるさとは遠きにありて思ふもの」と詩人が詠ったのは大正時代でしたが[19]，その心は海外にいる現代の日本人にとっても変わりません。明治以降の日本の発展は，海外に出た日本人がその地で学び，働き，その成果を日本に持ち帰ってきたことに大きく拠っています。この人たちは，日本から地理的に離れることによって，さらに深く日本のことを理解し，思うことができるのです。これらの人々の声を国政に反映させないことは日本社会全体の損失です。

---

19)　室生犀星『抒情小曲集』(1918年〔大正7年〕)。

これらの人たちが国政に参加する道は，かつては，日本に戻ってきた後でなければありえなかったかもしれません。しかし，現代においては，それを待たずとも，海外にいるまま，そのような道を開くことができるはずです。
　それを実現することこそが，憲法を実現する最高裁判所の崇高な責務であると信じます。

　日本の最高裁では，結論が決まった後に，原判決を破棄する場合に弁論を開くのが慣行とされているので，これらの弁論は結論を動かすものではなかったと思われる。しかし，代理人としては，どこまでも努力すべきなのである。

3. 大法廷判決，そしてその後

　弁論から約2カ月後の9月14日午後3時，大法廷判決が言い渡された。
　主文の要旨は冒頭に記載したとおりであり，衆参両院の（小）選挙区での選挙権の行使を認めるだけでなく，国に対して，各上告人（一審原告）に5000円の損害賠償を支払うよう命じる完全勝訴の判決だった。
　このとき印象的だったのは，午後3時に言い渡された判決が，午後3時12分には，早くもインターネットのニュースで全世界に報じられたことだ。私たちが判決主文を聞いて，その趣旨（大勝利！）を法廷に来ていた上告人や関係者に説明し，次いで判決書の交付を受けて判決の論理構成を検討しているときに，この判決の結論は世界中の人に伝えられていたのである。まだ最高裁の中にいた上告人に，アメリカからもオーストラリアからも，「おめでとう」のメールが殺到していた。大法廷判決の中でいわれた「通信手段が地球規模で目覚ましい発達を遂げていること」[20]が，正にこの判決の伝達において実証されたのである。
　この大法廷判決は，そのとき施行されていた公職選挙法の附則8項の規定（在外選挙の対象を両議院の比例代表選出議員の選挙に限定する部分）を憲法15条1項及び3項，43条1項並びに44条ただし書に違反するものとした

20）前掲注1）2098頁。

が，この部分は関与した14裁判官のうち12名の多数意見である[21]）。

　これを受けて，内閣は，2006年3月27日，附則8項を削ることなどを規定した公職選挙法の改正案を提出し，同法案は同年6月7日に可決成立し，同月14日に公布された（平成18年法律第62号）[22]）。

IV．大法廷判決の影響

1．選挙権行使の制限に関する違憲審査基準

　この大法廷判決は，「選挙権又はその行使を制限することは原則として許されず，国民の選挙権又はその行使を制限するためには，そのような制限をすることがやむを得ないと認められる事由がなければならない」とし，さらに，その「やむを得ない事由」は，「そのような制限をすることなしには選挙の公正を確保しつつ選挙権の行使を認めることが事実上不能ないし著しく困難であると認められる場合」（下線引用者）でなければ認められないとした。これは，それまでの違憲審査基準より，はるかに厳しい基準を定立したものと評価される。

　また，選挙権又はその行使の制限が原則として許されないとしているのであるから，例外的にその行使の制限を認める「やむを得ない事由」の存在を証明する責任は国の側にあると解される。

　このように見ると，この大法廷判決の違憲審査基準は，米国でいう「厳格な審査」（strict scrutiny）に近い面を持つと思われる。

　ただ，この審査基準が選挙権行使の制限以外の場面でどこまで適用ないし準用されるかは不明である（選挙権行使についても，最高裁第一小法廷平成18年7月13日判決は，2000年6月の衆議院議員総選挙までに国会が精神的原因によって投票所に行くことが困難な者の選挙権行使の機会を確保するための立法措置を執らなかったことは国家賠償法1条1項の適用上違法の評価を受けるものではないとした[23]）。優越的地位を占めるとされる表現の自由の

21）　津野修裁判官は，前身の内閣法制局長官時代に，在外選挙制度を創設した平成10年法律第47号の法案段階での審査に関与したため，本判決には関与しなかった。
22）　選挙区選出議員の選挙に在外選挙が適用されたのは2007年の参議院選挙が最初である。
23）　集民220号713頁。

制限について当てはまる可能性は高いのではないかとも推測されるが[24]，表現の自由の行使ないしその制限の態様は多種多様であり，一律にこの審査基準が適用・準用されるとも思われない。

　抽象的にいえば，民主主義政体における当該権利の重要性，あるいは問題となる制限が当該権利の行使に与える影響の有無ないし程度等に応じて判断されるということになろう。

2. 公法上の当事者訴訟

　この大法廷判決は，「選挙権は，これを行使することができなければ意味がないものといわざるを得ず，侵害を受けた後に争うことによっては権利行使の実質を回復することができない性質のものであるから，その権利の重要性にかんがみると，具体的な選挙につき選挙権を行使する権利の有無につき争いがある場合にこれを有することの確認を求める訴えについては，それが有効適切な手段であると認められる限り，確認の利益を肯定すべきものである。そして，本件の予備的確認請求に係る訴えは，公法上の法律関係に関する確認の訴えとして，上記の内容に照らし，確認の利益を肯定することができる」とした[25]。

　公法上の法律関係に関する確認の利益を認めたこの考え方は，その後，他の場面でも広く適用されている[26]。これらの判決で問題とされているのは，患者の生命・健康（混合診療のケース）や，教師の思想良心の自由（日の丸君が代のケース）など，後に争ったのでは，権利ないし自由の行使の実質を

---

24)　最大判平成元・3・8民集43巻2号89頁は，「表現の自由に制約を加える場合に一般に必要とされる厳格な基準」と述べる。
25)　前掲注1）2099頁～2100頁。
26)　たとえば，最判平成23・10・25民集65巻7号2923頁（保険診療となる療法と，自由診療となる療法を併用する混合診療を受けている者が，保険診療に相当する診療部分について保険給付を受ける権利の確認請求），最判平成24・2・9民集66巻2号183頁（公立の高等学校の教職員が，各学校の式典における国歌斉唱の際に国旗に向かって起立して斉唱する義務等のないことの確認請求），最判平成25・1・11民集67巻1号1頁（薬事法施行規則の改正で，郵便販売を行う場合は第1，2類の医薬品の販売は行わない旨の規定が設けられたことにより，インターネットを通じた郵便販売を行う者が，改正後も郵便販売をすることができる権利ないし地位を有することの確認請求）などがある。この種の訴訟の先駆的なものとして最判昭和47・11・30民集26巻9号1746頁（勤評長野方式事件）がある。

回復することができないといいうる事例[27]である。このような場合に確認の利益を認め，問題の早期解決を可能にしたこれらの判決の考え方は妥当と思われる。

このように，公法上の当事者訴訟は，この大法廷判決後，新たな発展を遂げているが，権利の内容ないしその行使方法が法律によって認められる分野では，そのような法律が制定されていないときにはこの訴訟類型によって新たな権利を求めることは難しい。たとえば，この大法廷判決の後，「在外国民が次回の最高裁裁判官国民審査において，在外選挙人名簿に登録されていることに基づいて投票をすることができる地位にあることの確認を求める訴え」について，東京地裁は，この地位は，国会において在外審査制度は在外選挙人名簿への登録に基づいて審査の投票を行うことを認める旨の立法を新たに行わなければ，存在しない法的地位であるとして，この紛争は法令の適用によって終局的に解決できるものではなく，法律上の争訟には当たらないとした[28]。

代理人としては，権利の性質に応じた適切な訴訟類型を選択することが必要となる。

3. 立法の内容又は立法不作為の違法を理由とする国家賠償請求

大法廷判決のこの部分に関する判示部分[29]については，在宅投票廃止に関する先例[30]を拡大したものとの意見が強いと思われる。ただ，現実に国

---

27) 混合診療のケースは，直接には患者の負担する金額の問題であるが，その額によっては混合診療を止めることにもなるので，患者の生命に直結する。日の丸君が代のケースでは，問題となる場面が卒業式・入学式と年2回あるので，早期に解決しないと教師が極めて重い処分を受けるおそれがある。薬のインターネット販売のケースは，直接には薬事法施行規則が薬事法の委任の趣旨を逸脱していないかが争点であり，憲法上は販売業者の営業の自由の問題となろうが，その背後には，離島あるいはへき地などに居住し，インターネット等でなければ薬を注文できない者がいるのであり，やはり生命ないし健康が問題になりうる。

28) 東京地判平成23・4・26判時2136号13頁。もっともこの判決は，無名抗告訴訟として立法不作為の違憲確認請求に係る訴えを提起する方法を用いる可能性についても言及している。なお，この問題は，本件大法廷判決に関する杉原則彦調査官の解説でも触れられている（最判解民事篇平成17年度603頁，特に（注32）673頁参照）。

29) 前掲注1) 2101頁。

30) 前掲注7)参照。

家賠償を認めた事例が多いとは思われず,大法廷判決の射程がどこまで及ぶかは明らかでない[31])。

これについては,民法733条1項(再婚禁止期間)に関する最近の大法廷判決で,千葉勝美裁判官が補足意見を述べているところでもあり[32]),未だ共通認識ができているとはいい難いように思われる。

V. おわりに

以上のように,在外邦人選挙権訴訟は,主権者である国民が自らの権利行使を求めて,司法,行政,立法を動かした稀有の事例であると同時に,その大法廷判決は多くの新しい判断を示した。その射程ないし影響がどこまで及ぶかは,10年が経過した現在もまだ定まっているとはいえないのであり,これからも常に立ち戻って検討すべきものである。

---

31) 大法廷判決は,「国民に憲法上保障されている権利行使の機会を確保するために所要の立法措置を執ることが必要不可欠であり,それが明白である」(下線引用者)とき,国家賠償責任が生じる場合があることを認めたが(民集59巻7号2101頁),この「権利行使の機会の確保」という概念は,ICCPRの註釈(M. Nowak, CCPR Commentary)で,「締約国は,正式の有資格者に対して,彼らの政治的権利が行使できる現実の機会を有するような積極的措置を保障しなければならない義務を負っている。……海外居住者などを含むすべての市民に対して正式な選挙権を認めたとしても,同時に,これらの者が現実に選挙権を行使できることが保障されていなければ不十分である」(下線引用者)とされているところと呼応するように思われる。

32) 最大判平成27・12・16民集69巻8号2427頁,2443頁。

住基ネット訴訟
――単純個人情報の憲法上の保護

小山 剛

> I．はじめに
> II．住基ネット最高裁判決
> III．自己情報コントロール権と情報自己決定権――似て非なる概念
> IV．むすびにかえて

I．はじめに

 (1) 情報処理技術の高度化と情報化の進展は，われわれの生活に豊かさと利便性をもたらした反面，自己に関する情報が予期しない形で流通し，利用されるという問題を生じさせた。多くの訴訟が提起された住民基本台帳ネットワークシステム（以下，「住基ネット」と呼ぶ），法律の根拠なしに設置・運用されるNシステム，監視カメラ（防犯カメラ）やDNA型データベース，共通番号制度など，その運用いかんでは「監視社会」[1]が現実化する状況が生じている。

 個人に関わる情報を，秘匿性の高い情報と単純な個人情報とに区別した場合，前者については，すでにその一部が通信の秘密（憲21条2項）や住居の不可侵（憲35条）として明文で保障されているほか，その余についてもプライバシー権として憲法13条の保護が及んでいる。一方，後者について，憲法学説では「自己情報コントロール権」という観念が提唱され，急速に浸透したが，判例・裁判例は，その保護に積極的ではない[2]。住基ネット最高裁判決（最判平成20・3・6民集62巻3号665頁。以下，「本判決」と呼ぶ）もまた，基本的にはこのような消極的な裁判実務の流れに属する。

---

1) 比較的初期の雑誌特集に，法と民主主義377号（2003年），法時75巻12号（2003年）などが，単行本に，田島泰彦ほか編『住基ネットと監視社会』（日本評論社，2003年）などがある。

(2)　もっとも，学説と裁判実務・行政実務の齟齬を，「進んだ」憲法学説と「遅れた」実務という，ありがちな対立図式で説明できないところに，この問題の特殊性がある。

おそらく，（とりわけ行政の）実務の側には，次のような素朴な疑問がある。《紙や単体のコンピュータで住民基本台帳を管理していた時代には憲法問題は生じなかったではないか》。《住基ネットによって何か具体的な害悪が発生したのか。行政は効率化され，住民の利便性も高まったではないか》。《Ｎシステムや監視カメラも，警ら中の警察官が目で見，メモをとるのと基本的には同じではないか。場所も公道である》。《Ｎシステムや監視カメラで誰が困っているのか。一般市民は，むしろこれによって安全・安心という利益を享受しているではないか》。

そして，憲法学説は，これらの素朴な疑問に対する説得力のある回答を与えることができていなかったのではないか，さらには憲法学説自体が，これらの疑問と発想の前提を共有し，同じ隘路に陥っていたのではないかという，（これまた素朴な）疑問が生じる。

(3)　本稿では，本判決および自己情報コントロール権説を手掛かりに，単純な個人情報の憲法的保護のあり方について考察する。結論として，本稿は，ⓐ客観法ではなく，個人の主観的権利として，ⓑ請求権ではなく，防御権として，ⓒ古典的プライバシーとは別の権利として個人情報の保護を構想すべきであり（情報自己決定権），ⓓその制約には，比例原則に加え，取得・利用目的の法律での特定と，濫用防止のための組織・手続的な措置が要求されると解するものである。

自己情報コントロール権説は，ⓑⓒについて過剰ないし不徹底を残し，適切な問題意識から出発しつつ，それは結局，判例や行政実務の消極的態度に基盤を与えてきたのではないかという疑問がある。一方，本判決は，ⓐⓒについて曖昧であるが，その説示にはⓓの要請が含まれており，情報自己決定権に向けた発展の萌芽を認めることができる。

2）　消極的態度が端的に現れているのが，後述のＮシステムをめぐる一連の判決である。例外的に単純な個人情報の侵害に法的救済を与えたものに，早稲田大学江沢民講演会事件判決（最判平成15・9・12民集57巻8号973頁）や，本文で後述する住基ネット大阪高裁判決などがある。

II．住基ネット最高裁判決

（1） 住基ネット[3]の導入後，各地で個人情報削除や損害賠償などを求めた訴訟が提起された[4]。原審の大阪高判（平成18・11・30判時1962号11頁）は，①自己情報コントロール権は人格権の一内容であるプライバシーの権利として憲法13条によって保障されている，②一般的には秘匿の必要性の高くない情報も，その取扱い方によっては個人の私生活上の自由を脅かす危険を生ずることがある，③個々の住民のプライバシー情報が住民票コードを付されて集積・データマッチングされ，本人の予期しないときに予期しない範囲で行政機関に保有され，利用される具体的な危険が生じている，として，住基ネットの運用は，制度自体の欠陥により人格権を違法に侵害するものであって，その人格的自律を脅かす程度も相当大きく，違憲であると判断した。

（2） これに対して，本判決は，次のように説示して，住基ネットを合憲であるとした（破棄自判）。（下線は筆者）

①［私生活上の自由］「憲法13条は，国民の私生活上の自由が公権力の行使に対しても保護されるべきことを規定しているものであり，個人の私生活上の自由の1つとして，何人も，個人に関する情報をみだりに第三者に開示又は公表されない自由を有する」。

②［秘匿性の程度］ 住基ネットによって管理，利用等される本人確認情報は，氏名，生年月日，性別および住所から成る4情報に，住民票コードおよび変更情報を加えたものにすぎず，これらはいずれも，個人の内面に関わるような秘匿性の高い情報ではない。住民票コードも，住基ネットによる本人確認情報の管理，利用等を目的に利用される限り，その秘匿性の程度は本人確認情報と異なるものではない。

3） 住基ネットの法的仕組みにつき，久保信保「『改正住民基本台帳法』の概要」ジュリ1168号（1999年）72頁。

4） 本判決原審のほかに，金沢地裁（金沢地判平成17・5・30判時1934号3頁）が違憲の判断をしたが，控訴審で破棄されている。下級審の状況の整理として，工藤敏隆「住基ネット訴訟最高裁判決」ひろば61巻8号（2008年）57頁，59頁以下を参照。

③［漏洩の具体的危険の有無］「住基ネットによる本人確認情報の管理，利用等は，法令等の根拠に基づき，住民サービスの向上及び行政事務の効率化という正当な行政目的の範囲内で行われているものということができる」。住基ネットのシステム上の欠陥等により本人確認情報が容易に漏えいする具体的な危険はなく，「受領者による本人確認情報の目的外利用又は本人確認情報に関する秘密の漏えい等は，懲戒処分又は刑罰をもって禁止されていること，住基法は，都道府県に本人確認情報の保護に関する審議会を，指定情報処理機関に本人確認情報保護委員会を設置することとして，本人確認情報の適切な取扱いを担保するための制度的措置を講じていることなどに照らせば，住基ネットにシステム技術上又は法制度上の不備があり，そのために本人確認情報が法令等の根拠に基づかずに又は正当な行政目的の範囲を逸脱して第三者に開示又は公表される具体的な危険が生じているということもできない」。

④［目的外利用の禁止］　行政個人情報保護法は行政機関の裁量により利用目的を変更して個人情報を保有することを許容しているが，住基法30条の34等の本人確認情報の保護規定は，行政機関個人情報保護法に優先して適用される。また，「データマッチングは本人確認情報の目的外利用に当たり，それ自体が懲戒処分の対象となるほか，データマッチングを行う目的で個人の秘密に属する事項が記録された文書等を収集する行為は刑罰の対象となり，さらに，秘密に属する個人情報を保有する行政機関の職員等が，正当な理由なくこれを他の行政機関等に提供してデータマッチングを可能にするような行為も刑罰をもって禁止されていること，現行法上，本人確認情報の提供が認められている行政事務において取り扱われる個人情報を一元的に管理することができる機関又は主体は存在しないことなどにも照らせば」，住基ネットの運用によって個々の住民の多くのプライバシー情報が住民票コードを付されてデータマッチングされ，本人の予期しないときに予期しない範囲で行政機関に保有され，利用される具体的な危険が生じているとはいえない。

⑤［結論］「行政機関が住基ネットにより住民である被上告人らの本人確認情報を管理，利用等する行為は，個人に関する情報をみだりに第三者に開示又は公表するものということはできず，当該個人がこれに同意していない

としても，憲法13条により保障された上記の自由を侵害するものではない」。また，住基ネットによる本人確認情報の管理・利用等によって「自己のプライバシーに関わる情報の取扱いについて自己決定する権利ないし利益が違法に侵害されたとする……主張にも理由がない」。

(3) 本判決は，自己情報コントロール権に基づく削除請求を認容した原判決を破棄したものであったため，学説の評価は芳しいとはいえない[5]。そして，上記引用の①②⑤だけを読めば，確かにその内容は，単純な個人情報の保護について請求を退ける場合の常套句に終始している。とりわけ，原判決とは異なり，憲法上の権利に対する制限という認識が希薄であり[6]，記載情報の単純性の強調とあいまって，一般的自由に対する制約の客観法違反の審査に近い構造となっている。

その一方，上記引用③は，「法令の根拠」と個人情報保護のための「制度的措置」の存在を指摘し，引用④では，「目的外利用」に対する法律による禁止が強調されている。情報の取得・管理について法律（作用法）上の根拠を要求せず，また，目的の正当性や利用・管理方法の適切性を簡単に肯定したNシステム訴訟判決[7]と比べるとき，本判決は，重要な要求を含んでいると思われ，学説でも，「構造審査」として本判決を肯定的に評価する見解がある[8]。

---

5) 憲法学者による批判的な評釈として，榎透「判批」法セ647号123頁，門田孝「判批」速判解（法セ増刊）3号27頁，松本和彦「判批」セレクト2008（法教342号別冊付録）4頁，平松毅「判批」民商139巻4・5号522頁。一方，肯定的な評釈に，中岡小名郎「住基ネット合憲判決」自治研究87巻9号（2011年）131頁がある。

6) 松本・前掲注5)4頁は，本判決は「憲法13条の権利の範囲を狭く絞り，限定された視角から住基ネットの合憲性を判断したにすぎない」と批判する。

7) 東京地判平成19・12・26訟月55巻12号3430頁，東京高判平成21・1・29判タ1295号193頁，および上告を棄却した最判平成21・11・21判例集未登載。特に高裁判決は，類似の事案につき法律の根拠と規範の特定性を要求したドイツ連邦憲法裁判所の違憲判決について，「念のため，その判示に関連づけて，Nシステム等の合憲性につき検討することとする」とした上で，「ドイツ憲法裁判決は，そのような公権力の行使は法律の定めに基づくことを要するとしていると理解されるが，我が国においては，警察は，警察法2条1項の規定により，強制力を伴わない限り犯罪捜査に必要な諸活動を行うことが許されていると解される」と簡単に片づけている。

8) 山本龍彦「プライバシーの権利」ジュリ1412号（2010年）80頁，86頁。

III. 自己情報コントロール権と情報自己決定権——似て非なる概念

　提唱者である佐藤幸治は，自己情報コントロール権（情報プライバシー権）を，次のように説明している。
　　個人情報は，①個人の「道徳的自律の存在にかかわる情報」と，②「個人の道徳的自律の存在に直接かかわらない外的事項に関する個別的情報」とに区別される。前者は「プライバシー固有情報」と呼ばれ，政治的・宗教的信条にかかわる情報，心身に関する基本情報，犯罪歴にかかわる情報等などがこれにあたる。プライバシー固有情報については，その意に反した情報の取得・利用がただちにプライバシー侵害となる。後者は「プライバシー外延情報」と呼ばれ，税に関する情報や単純な情報がこれに含まれる。プライバシー外延情報については，正当な目的・方法により情報を取得・利用する限りにおいては，違法なプライバシー侵害は生じない。しかし，プライバシー外延情報であっても，そうした情報が悪用または集積されるならば，個人の自律的生存に影響を及ぼすことになる。このため，自己に関する情報の収集・管理・利用・開示・提供のすべてについて，原則として本人の意に反してはならない9)。

　一方，ドイツでは，自己情報コントロール権に似た権利として，情報自己決定権が判例上，確立しており，平松毅は，「憲法の解釈論としては，日本の憲法と構造を同じくするドイツ基本法に基づく自己情報決定権が，実効的でより説得力を有する」10)と主張する。では，情報自己決定権は，自己情報コントロール権とどこが異なるのであろうか。

1. 防御権か，請求権か

　まず，情報自己決定権は，請求権的内実を含まず，防御権として構成される11)。
　（1）　1983年12月15日のドイツ連邦憲法裁判所国勢調査判決は，「人格の自由な発展は，データ処理に関わる現在の条件の下では，個人情報の無制約

---

9)　佐藤幸治『憲法〔第3版〕』（青林書院，1995年）454頁。さらに，同『日本国憲法論』（成文堂，2011年）182頁以下も参照。
10)　平松毅『個人情報保護——理論と運用』（有信堂，2009年）36頁，第1章第2節「自己情報コントロール権説の検討」。

な収集，蓄積，利用および流布に対して各人が保護されることを前提とする」と説き，基本法1条1項と結びついた2条1項の一般的人格権の一内容として，「基本権は，個人情報の放棄および利用について原則として自ら決定する各人の権限を保障する」と説示した[12]。この権利の意義について，同裁判所は，大要次のように説示している[13]。

　情報自己決定権の射程にとって重要なのは，市民に申告を求めた情報の有益性および利用可能性である。これは，収集した情報が奉仕する目的に依存するほか，情報技術に固有の処理の可能性と結合の可能性にも依存する。「それだけを見れば些細なデータでも，新たな重要性を獲得する。その限りで，自動データ処理という条件の下で『些細』なデータは，もはや存在しない」。したがって，あるデータの人格権上の重要性を認定するためには，その利用の連関について知る必要がある。いかなる目的のためにデータ提出が要求され，いかなる結合可能性や利用可能性が存在するのかが明らかであって初めて，情報自己決定権の制限がどこまで許されるのかという問いに答えることができる。

　(2)　以上の限りでは，自己情報コントロール権との差異は，それほど明瞭ではないかもしれない。加えて，情報自己決定権の制限に際して連邦憲法裁判所は，優越する公益，法律の根拠，規範とりわけ目的の明確性と目的拘束，比例原則のほか，組織・手続的予防措置を要求した。詳述する余裕はないが，組織・手続的な予防措置の中には，説明義務，情報提供義務，独立したデータ保護受託者の関与など，国家の積極的措置を要求するものが含まれている。

　しかし，積極的措置を要求することと，ある権利が防御権であることとは，矛盾するものではない。刑事被告人は，「公平な裁判所」で憲法上・法

---

11)　平松・前掲注10)46頁は，「自己情報決定権の侵害を防ぐためには，立法により，第三者が自己に関する情報を得る場合には，適正な手続きを遵守させ，必要な場合にはその流通を阻止する権利を与える必要」があるが，「その本体の権利は，情報に関する自己決定権であるから，……社会権である自己情報コントロール権と異なる」とする。自己情報コントロール権を社会権とみるのは適切ではないが，請求権的側面を含むとされる同権利説との差異の指摘としては，妥当であろう。

12)　BVerfGE 65, 1. 藤原静雄「西ドイツ国勢調査判決における『情報の自己決定権』」一橋論叢94巻5号（1985年）728頁，松本和彦『基本権保障の憲法理論』（大阪大学出版会，2001年）131頁以下，玉蟲由樹「ドイツにおける情報自己決定権について」上智法学論集42巻1号（1998年）115頁など。

13)　BVerfGE 65, 1 (45). 訳は筆者による。

律上の手続にのっとった裁判を受ける権利を有する。これは，国による憲法に適合した組織・手続の整備と結びついているが，だからといって，憲法が要求する質を備えない裁判による自由の剥奪が，自由権（防御権）から請求権の問題へと質的に転化することにはならないであろう。国家による刑罰権の行使は，本来的に自由の制限なのであり，それが違憲とならないための条件整備が，たとえ積極的措置の要求を伴うものであるとしても，その権利から自由権としての性格を奪うことにはならないのである。

さらに，憲法が要求する組織・手続上の予防措置の内容が一義的に明確ではないとしても，その権利が抽象化するものではない。憲法31条や35条の保障が行政手続に妥当する範囲・程度が，行政手続の性格に応じて異なるからといって，その具体的権利性が奪われるものではないのと同じことである。

2.（古典的）プライバシー権との関係

自己情報コントロール権説のもう1つの特徴は，本来的に秘匿性が高く，従来は古典的プライバシー権として保護されてきた私生活上の事実と，情報通信技術の高度化に伴う単純な個人情報の保護とを統合して，一元的に扱うことである[14]。これに対して，情報自己決定権説によれば，単純な個人情報保護は古典的プライバシー権等と同じく，人格権の一内容であるが，どちらかが他方に吸収・統合されるのではなく，併存すると解する（二元的構成）。

(1) 佐藤幸治は，「何故に人はそのように自己情報をコントロールできなければならないのか」と問い，「個人が自律的存在として人格的統一を図る上で必要な道徳的・良心的決定過程を保全するために不可欠のものであるから」[15]と自答する。「人は誰でも完全ではない。人を愛したり，憎んだり，信じたり，迷ったり，等々様々な思いをもつ。しかし，人の人たるゆえんは，そうした様々な思い——善きものも，悪しきものも——の葛藤の中で，

---

14) 指摘として，杉原泰雄編集代表『新版 体系憲法事典』（青林書院，2008年）437頁［根森健］など。

15) 佐藤幸治「プライヴァシーの権利と個人情報の保護」同『現代国家と人権』（有斐閣，2008年）485頁。

悪しきものを克服しながら，善きものに向けて努力し，彼（彼女）ならではの統一性をもった自律的存在として生を全うしようとするところにある。それなのに，日々のそういう努力の過程が他者によってのぞきみられ，あるいはその過程の断片が全体的脈略抜きに探られ，流布せしめられるとき，自律的存在性が危機にさらされる」[16]というのである。これは，単純な個人情報も人格権により保護されるべき理由を端的に示すものであると同時に，佐藤がプライバシーを一元的に把握することの根源的な理由を示すものであるように思える。しかし，保護されるべき根源的理由が同一のものに帰着するとしても，そこから必然的に，一元的構成が帰結されるわけではないであろう。

　（2）　二元的構成は，ドイツに固有のものではない。1999年のスイス憲法は，13条1項において「私的生活および家族生活，住居，信書，郵便および通信の尊重を求める請求権」を定め，2項において「個人的データの濫用からの保護」を求める請求権を保障している。欧州基本権憲章もまた，7条で「何人も，私的生活および家族生活，その住居とコミュニケーションの尊重を求める権利をもつ」とうたうとともに，8条において，自己にかかわる個人情報の保護を求める権利を規定する。古典的プライバシー権と単純な個人情報の保護は，それぞれ特性と守備範囲を異にし，人格発展の異なる場面の保護を提供すると解すべきであろう[17]。

　Nシステム訴訟のように，（裁）判例には，《正当な目的・方法であればよい》→《目的・方法は正当》→《合憲》と簡単に論じているものがある。自己情報コントロール権説を逆手に取ったともいえるが，上述の一元化が，このような論証に土壌を与えていたことも否定できないであろう。二元的に構成すれば，情報それ自体の秘匿性の低さが，要保護性の低さに直結することにはならない。

---

16)　佐藤・前掲注15) 486頁。
17)　もとより，このことは，古典的プライバシー権や通信の秘密等について，情報自己決定権の思考が妥当しないという意味ではない。連邦憲法裁判所は，通信の秘密が問題となった事案で，「連邦憲法裁判所が国勢調査判決において基本法1条1項と結びついた2条1項から展開した諸規準は，特別な保障である基本法10条にも用いることができる」と説示し，国勢調査判決で示された判例法理が通信の秘密の制限にも妥当するとした。BVerfGE 100, 313 (359).

3. 憲法上の権利か，客観法か

　これに関連して，単純な個人情報の保護が，主観的権利の話なのか，憲法上の客観原則からの帰結なのかという問題がある。情報自己決定権は，個人の主観的権利であり，人格権の一内容として保障されるものと解される。

　(1)　本判決も引用している京都府学連事件判決について，刑事訴訟法学説には，強制処分の枠外で公権力を拘束する比例原則を確立した判例であると位置づけるものがある[18]。警察行政法学でも，監視カメラについて「強制でないことは明らか」であるとしつつ，撮影録画が行われる場所，通行人への明示，利用目的や保存期間について限定を加える見解がある[19]。本判決についても，同様の非権利論的構成がとられていると指摘されている[20]。

　この点，自己情報コントロール権説は，単純な個人情報の保護を，主観的権利の問題として観念する（一元的理解からすれば当然であろう）。しかし，その制約に当たり法律上の根拠が必ずしも要求されていないこと，情報を取得・利用する目的・方法の正当性にもっぱら焦点が当てられていることからすれば，その実体は，一般的自由に対する客観法的な意味における介入限界論と，さほど異ならないものと見ることもできる。

　もっとも，ここで述べた問題は，《情報自己決定権は古典的プライバシー権とは別の憲法上の権利である》と主張するだけで，解決するものではない。本判決が客観法的構成をとると解され，また，自己情報コントロール権説が単純な個人情報については客観法的構成に接近するのも，結局のところ，本稿の冒頭で述べた素朴な疑問が未解決なためであろう。個人の人格的生存に対する具体的害悪が発生していないのに，なぜ憲法上の権利に対する制限が発生したといえるのか。

　ドイツにおいても，情報自己決定権は「法学上の誤った構成」であり，「保護領域なき基本権」であるという批判がある[21]。この論者は，「ビデオ

---

[18]　井上正仁『強制捜査と任意捜査』（有斐閣，2006年）12頁以下。

[19]　田村正博『全訂　警察行政法解説』（東京法令，2011年）301頁以下。また，Nシステムについて，308頁以下。

[20]　増森珠美「判解」曹時62巻11号147頁，170頁(注14)は，自己情報コントロール権は「憲法上の人権とは認められないとの判断を前提にしたもの」と指摘する。中岡・前掲注5)141頁も，「基本的に秘匿性原則に立って保護範囲の有無を判断してきた従来型判例の枠組みを一方で守りつつ，他方で柔軟なアプローチの余地を生み出している」とする。

監視の事例でなぜ侵害があるとされるのかといえば、それは『データ保護論者』がその手段を拒絶するからである」[22]と皮肉を述べるが、もしそうであれば、情報自己決定権論は説得力の以前に、解釈論ですらない。

(2) 具体的害悪が発生しない段階で、なぜ憲法上の権利に対する制限となるのかは、自明ではない。そして、本稿も、この問いに対して確信の持てる回答を与えうるものではないが、とりあえずは、次のように考えている。

「テロの未然防止」を目的に、入国管理当局が外国人の指紋を取得・保管できるようになった。その指紋が、テロ容疑者データベースだけではなく、退去強制者リストとも照合され、不法入国防止目的に用いられるようになり、さらに、警察による捜査関係事項照会に対しても照合が行われるとすればどうであろうか。このような利用範囲の拡大は、現実に生じている。仮に指紋自体は秘匿性の低い情報であるとしても（このこと自体に争いがあるが）、当初説明された目的とは明らかに異なる目的で保存・利用されるのはおかしいと考えるのが普通ではないだろうか。講演会参加者名簿を私立大学が本人の同意なしに警察に提供するのと、テロの未然防止のためとして取得された指紋を犯罪捜査の利用に供するのと、どこが異なるのであろうか。情報には汎用性があり、その利用価値は拡大しうる。本人の同意に代わりうるものは、法律である。法律で取得目的・利用範囲を特定しないと、行政機関個人情報保護法に反しない範囲で利用範囲が自己増殖的に拡大していくのは、自然なことである。そして、権利制限および違憲性がどの時点で発生したのかについても、事後的な利用の段階ではなく、何のために取得・保管され、どのように利用されるのかが特定されていない中で指紋押捺が強制された段階で発生したと考えるべきではないだろうか。利用範囲の自己増殖の危険は、法律による「特定」の欠如と不可避に結びついているためである[23]。

情報自己決定権に対する「制限」は、古典的プライバシー権よりも早い時点ですでに発生する。「みだりに公開されない法的保障ないし権利」としての古典的プライバシー権に対する侵害は、具体的害悪発生の段階で考えられてきた。しかし、情報自己決定権の制限は、取得の時点で発生する。情報自

---

21) K.-H. *Ladeur*, Das Recht auf informationelle Selbstbestimmung: Eine juristische Fehlkonstruktion?, DÖV 2009, 45ff. m. w. Nchw.

22) *Ladeur*, 前掲注21) DÖV 2009, 52.

己決定権が，情報それ自体の価値ではなく，人格的自律を脅かすような結合・利用からの保護にあるとすれば，情報自己決定権の保護領域は，侵害可能性から逆算して設定されることになろう[24]。

IV. むすびにかえて

本判決は，住基ネットを合憲と判断するにあたり，「法令の根拠」，個人情報保護のための「制度的措置」，「目的外利用」禁止を指摘している。この点は，ドイツ連邦憲法裁判所の国勢調査判決——優越する公益，法律の根拠，目的の特定性，比例原則，組織・手続的予防措置——と，相当程度に一致する。本判決が客観法型審査であったことからすれば，奇妙な一致に映るかもしれない。おそらくこの一致は，原審の綿密な審査と，住基法というそれなりに出来の良い根拠法の存在によるものであり，これを客観法型審査の標準形と見ることはできないであろう[25]。情報自己決定権は，これを標準形とする。

わが国において，プライバシーをめぐる判例・裁判例は，「宴のあと」事件判決（東京地判昭和39・9・28下民集15巻9号2317頁）におけるプライバシー侵害3要件の呈示に始まり，後の事案においてその緩和が試みられるという経緯をたどった。また，私法上の権利・利益の保護からスタートしたために，公権力による介入についても，法律の根拠を要求するという視点が欠

---

23) これについて，行政事件訴訟法3条2項の「処分」についての，最近の判例が参考になるかもしれない。病院開設中止勧告取消事件判決（最判平成17・7・15民集59巻6号1661頁）は，形式的には行政指導である病院開設中止の勧告について，これに従わない場合の効果（保険医療機関の指定を受けることができず，結果的に病院の開設自体を断念せざるをえない）を指摘し，処分性を肯定した。また，浜松市土地区画整理事業計画事件判決（最大判平成20・9・10民集62巻8号2029頁）は，土地区画整理事業の事業計画の決定につき，「施行地区内の宅地所有者等の法的地位に変動をもたらすものであって，抗告訴訟の対象とするに足りる法的効果を有するものということができ，実効的な権利救済を図るという観点から見ても，これを対象とした抗告訴訟の提起を認めるのが合理的である」としている。

24) Ladeurの「保護領域なき基本権」という批判は，その限りではこの権利の特質を捉えている。

25) 客観法型審査の標準形は，行政機関個人情報保護法＋組織法上の根拠＋αという程度にとどまろう。

落していた。しかし，情報処理技術の発展の下，犯罪化の前倒し[26]が検討されていることは，基本権制限についても，従来の考え方——具体的不利益が生じなければ制限ではない，強制的な措置でなければ制限ではない——が，もはや妥当しないことを裏面から語っている。従来は基本権の制限であると観念されず，特別な法律上の授権なしに行われた国家の情報取得・保管・利用も，特定性，比例性，組織・手続的保障を充足する法律上の授権なしには，行いえなくなったと考えるべきであろう[27]。共通番号制度の運用に際しても，本判決でその萌芽が示されたこのような認識の徹底が求められる[28]。

---

[26] たとえば，2012年不正アクセス禁止法改正により，偽サイトを作成し，入力を促すメールを送信すれば摘発されるなど，いわゆる「フィッシング」が処罰されることになった。

[27] 本稿筆者は，「情報自己決定権」という言葉を，従来の議論との差別化の便宜として用いてきた（小山剛「自由・テロ・安全」大沢秀介＝小山剛編『市民生活の自由と安全』〔成文堂，2006年〕305頁など）のであり，自己情報コントロール権説の再構成や，「構造審査」として同じ保障に到達するのであれば，この言葉にこだわるものではない。しかし，それぞれの立場からの最近の論考について，簡単な感想を述べておくことにしたい。

まず，右崎正博「住基ネットとプライバシー・再論」獨協ロー・ジャーナル4号（2009年）3頁は，自己情報コントロール権の防御権的側面を鍛錬し，「侵害」発生の時点等について本稿と同じ結論をとる。しかしながら，古典的プライバシー権との区別を徹底しないことには，そのような結論を導くのは困難であり，区別を徹底するのであれば，一元的構成という理解が定着している「自己情報コントロール権」という概念を用いることは混乱の要因となろう。

一方，山本・前掲注8)80頁以下によれば，アメリカでは，1990年代になってプライバシー権論の「構造論的転回」が生じ（第3期プライバシー権論。自己情報コントロール権説＝佐藤説は，「第2期」に属するとされる），「構造審査」という統制手法が登場したとされる。山本説は，その結論のみならず，古典的プライバシー権との区別の徹底という点で本稿の立場に近いが，第3期プライバシー権論の特徴を「権利本質主義」批判として説明する点が気にかかる。すなわち「核心的・本質的価値と原理的に結びついた権利のみが『権利』であって，予防的・政策的性格を有するものは『権利』ではない」という考え方に対する批判である。しかし，本稿の情報自己決定権論は，そのような権利の発想転換を前提とするものではない。現在の技術の下では，核心的・本質的価値に対する危険が単純な個人情報であっても生じうることが，予防的保障の理由なのであり，その限りでは，従来の権利論を前提としつつ，自由なり価値の個別的な連結的・補完的保障を試みるにすぎない。

[28] 三宅弘「個人情報の保護と個人の保護」ジュリ1422号（2011年）75頁，80頁以下。

広島市暴走族追放条例事件判決
―― 過度広汎性・明確性の理論と合憲限定解釈

青井未帆

```
Ⅰ．はじめに
Ⅱ．広島市暴走族追放条例事件
Ⅲ．形式における瑕疵の治癒と合憲限定解釈
Ⅳ．「形式における判断にとどめる手法」の意義
Ⅴ．むすびにかえて
```

Ⅰ．はじめに

　本稿が検討の題材とする判例は，広島市暴走族追放条例事件判決（最判平成19・9・18刑集61巻6号601頁。以下，平成19年最判）である。表現の自由を制約する刑罰法規を主たる対象に，法文の過度広汎性・不明確性と，これを除去する方法としての合憲限定解釈に焦点を当てる。
　すべて法令は一定程度抽象的な文言を使用せざるをえず，また，そうだからこそ時代の変化に柔軟に対応しうる。しかし過度に広汎で明確性に欠ける刑罰法規は，何が罪であるかにつき被適用者に公正な告知を与えず，法執行者に過大な裁量を与えてしまう。わが国では，そのような刑罰法規は罪刑法定主義の一内容（あるいは派生原理）に反し，違憲無効（憲31条）と解されている[1]。さらに，規制対象に表現の自由が関わる場合，より高度の明確性が必要とされることは，少なくとも憲法学では，通説的な理解である[2]。過度広汎・不明確な法は，その存在自体が言論活動への萎縮効果をもたらす

　1）　芝原邦爾『刑法の社会的機能』（有斐閣，1973年）147頁以下，曽根威彦「罪刑法定主義と刑法の解釈」西田典之ほか編『刑法の争点』（有斐閣，2007年）4頁など。
　2）　芦部信喜（高橋和之補訂）『憲法〔第6版〕』（岩波書店，2015年）205頁〜206頁，佐藤幸治『日本国憲法論』（成文堂，2011年）259頁など。

からであり，31条とともに，21条にも違反するのだ。以上の理論を過度広汎性・明確性の理論[3]と呼ぶこととする。この理論を用いる審査の手法は，「法文自体を文面で判断して合憲か違憲かを決定する『文面判断のアプローチ』」[4]であり，形式面の審査をなすものと位置づけられている。

　本稿の関心は，かかる《形式》における合憲性の議論と，合憲限定解釈の際に問題となる刑罰法規の内容という《実質》における合憲性の議論との関係にある。考察に当たっては，議会と裁判所という統治機関間の役割分担に関する視点を踏まえることとしたい。

　なお用語について，平成19年最判が「過度の広汎性」と「明確性」とを区別した点に意義を認める学説もあり[5]，確かに両理論は概念的に区別されるものの，差し当たり本稿では両理論の「重なり」（過度に広汎な法は不明確でもある）[6]を重視して，特に区別しないでおく。

II．広島市暴走族追放条例事件

1．背景

　広島市暴走族追放条例（以下，本章内で本条例）制定に至った背景を概説する。広島都市圏の暴走族は暴走行為だけでなく，公園等で「特攻服」を着用し，グループごとに円陣を組み，「声だし」と称する行為を繰り返し，公共の広場を事実上占拠していた。また付近には「チーマー」と称する非行少

　3）　文献として，木下智史「明確性の原則について」阿部照哉先生喜寿記念論文集『現代社会における国家と法』（成文堂，2007年）229頁以下，佐藤文哉「法文の不明確による法令の無効(1)(2・完)」司法研修所論集1967-Ⅰ号24頁以下，1967-Ⅱ号32頁以下〔以下，［佐藤・1967-Ⅰ］，［佐藤・1967-Ⅱ］〕，毛利透『表現の自由』（岩波書店，2008年）第5章，門田成人「『刑罰法規明確性の理論』と罪刑法定主義」島大法学35巻4号（1992年）295頁以下〔以下，［門田・1992］〕ほか一連の論稿，君塚正臣「明確性の原則」戸松秀典＝野坂泰司編『憲法訴訟の現状分析』（有斐閣，2012年）324頁以下など。

　4）　芦部信喜『憲法学Ⅱ』（有斐閣，1994年）229頁。

　5）　渡辺康行「集会の自由の制約と合憲限定解釈」法政研究75巻2号（2008年）159頁以下，171頁。

　6）　重なりについて，ERWIN CHEMERINSKY, CONSTITUTIONAL LAW 977 (4th ed. 2011) など。また前田巖・最判解刑事篇平成19年度379頁以下，391頁は，法文起草技術の稚拙さから生じる広汎性を，「法文の不明確さが過度の広汎性を生じさせる」と説明している。

年グループも集まり，相まって周囲の市民や観光客に威圧感や恐怖感を与えていた。そして「面倒見」と呼ばれる暴力団員の指示により集会を開催したり，暴力団へ「上納金」を納めたりするなど，暴走族と暴力団とのつながりも濃厚であった。

　暴走族による集団暴走行為は道交法68条が規制しているが，広島市の暴走族に特有の行為である「公園等でのたむろ，集会」を直接に犯罪とする法令は存在していない。《いまだ犯罪ではない，集会の自由（憲21条）の要素を併せ持つ社会的迷惑行為》に規制の照準を合わせる点で，本件条例は冒険的であったといえる。

　市議会での審議の過程でも，集会の自由への制約につき，懸念が表明されていた。市民局長の答弁によれば，本条例案作成に当たって県警及び地検と協議した結果，本条例上の暴走族として，いわゆる暴走族だけでなくチーマーをも含むようにし，一般的な規制対象を「何人も」とした上で，目的条項も含め条例の内容により，市民団体には規制が及ばないようにしたとのことである[7]。そして「何人も」を「暴走族の構成員は」とする修正案が提出されたものの，否決されて原案どおり可決された。ここに「何人も」という文言により，社会的に迷惑な集会と関わりをもつ者を広く規制対象とする余地を残そうとした等の立法者意図を読み取ることは，可能だろう。

2．本条例の概要

　本条例16条1項1号では，「公共の場所において，当該場所の所有者又は管理者の承諾又は許可を得ないで，公衆に不安又は恐怖を覚えさせるような い集又は集会を行う」行為が一般的に禁止されており，当該行為が「本市の管理する公共の場所において，特異な服装をし，顔面の全部若しくは一部を覆い隠し，円陣を組み，又は旗を立てる等威勢を示すことにより行われたとき」という要件を満たす場合に，中止・退去命令という行政的規律が発動される（同17条）。さらにそれが違反されることで刑事的規律が発動されることとなっている（同19条）。つまり，市長による中止・退去命令違反が罪の実体であり，命令対象行為について，段階的に2つの手法を用いて規制する

---

7)　平成14年第1回広島市議会定例会会議録5号295頁，299頁〔三宅吉彦市民局長〕。

ものである（ハイブリッド型規制[8]）。

3. 被告人

　本条例施行後，市が条例を周知し説得することで，退去解散する暴走族がほとんどであり，約8カ月間にわたって中止・退去命令は出されていなかった。そこへ生じたのが，この事件である。

　指定暴力団Aの準構成員である本件被告人について，条例による事前の告知を確認しておこう。被告人は「暴走族を大人が規制するだけでは問題の解決にはならないと考え，暴走族追放のための集会や非行少年の母の会に参加していた」（上告趣意）のであり，かねてより本条例に反発していた。A組組合員から本条例の施行により，祭りに特攻服を着て出られなくなったと言われていたため，彼は祭りの期間中の引退式を断念し，直後の土曜日に挙行することとした。

　つまり被告人は自らの行為が市長による中止・退去命令の対象となり，従わなかった場合には罰則が科せられることを知りながら，敢えて暴走族構成員約40名による本件集会を主催し指揮したものといえる。少なくとも彼との関係においては，本条例は明確な告知を果たしていたといえるだろう。そして彼は，広島市長の権限を代行する地位にある職員による「命令を出す」との警告に対しても，「出してみいやあ。何が条例やあ。怖ないんじゃ」などと反発し，中止・退去命令に従わず，現行犯で逮捕されたのであった。

4. 原審判決

　弁護人は本条例の形式と実質の両面について，同16条1項1号，17条，19条は違憲無効であるために被告人は無罪と主張していた。まず形式面については，条例で使用されている「い集又は集会」，「公衆に不安又は恐怖を覚えさせるような」という文言がいずれも不明確であり，本来許されるべき集会に対して萎縮効果をもたらすので，憲法21条及び31条に違反するとした。そして実質面について，本件条例は暴走族構成員が参加する集会を特に区別して規制する表現内容規制であり，「明白かつ現在の危険」基準による厳格

---

8)　葛野尋之「社会的迷惑行為のハイブリッド型規制と適正手続」立命館法学327・328号（2009年）1699頁以下。

な審査をなすべきであり,これを満たさない以上,憲法21条に違反する,と主張した。

広島高判(平成17・7・28判タ1195号128頁)は形式面について,「い集又は集会」は文言自体において不明確ではないこと,「公衆に不安又は恐怖を覚えさせるような集又は集会」とは,「暴走族集団に見られる」ような,本条例17条の規定する「い集又は集会」であり,それは客観的に判断することが特に困難とはいえず,不明確ではないとした。そして実質面について,本条例の趣旨と経緯に照らし,制定目的には十分な合理性及び必要性が認められ,規制のために他にとりうる手段は事実上想定し難く,規制の態様も必要最小限度にとどまるとした。

この実質面についての判断は,本条例が集会の自由に一定の制約を課すことを前提に,少なくとも表面上は比較的厳格な審査を行ったものである。同判決が,本条例は「暴走族集団の『い集又は集会』自体を規制したものでないことは,規定上明白であ」り,「表現内容中立的制約と考える余地もないではない」とする点,そして処罰対象としての暴走族集団に特徴的に認められる集まりは,「他人の自由を侵害する具体的な危険が予見されるものといえないでもない」とする点が注目される。もし暴走族という地位に基づいた,具体的危険性を持たない集会の規制であったなら,憲法21条と抵触するおそれがあるとの思考が裏に透けて見えることに,注意を払っておきたい。

5. 平成19年最判

弁護人の上告趣意は,本条例16条1項1号が「何人も」と規定していることから,ヒップホップ・ファッションや,暴走族風のよさこい用ハッピも適用範囲に入ってしまうおそれがあって同規定は一義的に明確ではないと主張した。また原審判決が「公衆に不安又は恐怖を覚えさせるような」集会につき,「暴走族集団に見られる」という限定を付したことは,同2条7号の定義規定からすれば,結局のところ,同様の言葉を繰り返すだけのものであり,規定は不明確なままであるなどと主張していた。同2条7号は暴走族を「暴走行為をすることを目的として結成された集団又は公共の場所において,公衆に不安若しくは恐怖を覚えさせるような特異な服装若しくは集団名を表示

した服装で，い集，集会若しくは示威行為を行う集団をいう」としていたためである。

　最高裁が注目したのは，規制の対象が広すぎるという点であった。いわく，「本条例がその文言どおりに適用されることになると，規制の対象が広範囲に及び，憲法21条1項及び31条との関係で問題があることは所論のとおりである」（傍点引用者），と。もっとも，具体的にそれがいかなる「問題」であるかは述べられておらず，事実に基づく検討もなされていない。なお，萎縮効果という言葉は用いられていない。

　その上で最高裁は，本条例1条につき条例による諸対策の対象として，本来的意味における「暴走族」を想定するものと解し，条例全体から読みとりうる趣旨や，本条例施行規則の規定等を総合して，「本条例2条7号の定義にもかかわらず」，規制対象の「暴走族」を「暴走行為を目的として結成された集団である本来的な意味における暴走族の外には，服装，旗，言動などにおいてこのような暴走族に類似し社会通念上これと同視することができる集団に限られるもの」とし，それらによる集会が同16条1項1号，17条所定の場所及び態様で行われている場合へと，規制対象を限定したのであった。これにより同2条7号の「又は」という選択的等価の接続詞や，審議過程からうかがわれる立法者意図は軽視されることとなった。

　そして，①この限定的な解釈を前提とし，②条例が「公衆の平穏を害してきた」暴走族による規制に係る集会等を「直ちに犯罪として処罰するのではなく」，「事後的かつ段階的規制」をなしていること等に鑑みると，③「その弊害を防止しようとする規制目的の正当性，弊害防止手段としての合理性，この規制により得られる利益と失われる利益との均衡の観点に照らし」，憲法21条1項，31条に違反するとまでいえないことは，猿払事件最大判（昭和49・11・6刑集28巻9号393頁）と成田新法事件最大判（平成4・7・1民集46巻5号437頁）の趣旨に徴して明らか，とする。また，本条例16条1項1号，17条，19条の文言の明確性については，「不明確であるとはいえない」と斥けた。③は，利益衡量を判断手法として採用したものと解しうるが，具体的な判断要素の検討はなされていない。また下級審では，集会の自由への制約の表現内容規制性が検討されていたが，この点についての判断はなかった。

さて，考えるに，本件被告人は何が罪であるのかを知りつつ敢えて違反したともいえるのであり，また本条例の執行状況を見ても法執行機関による恣意的運用は認められない。とすると，なぜ最高裁は本件への適用のみを射程に，形式についての違憲無効の主張を斥けなかったのだろうか。最高裁は，文言の不明確性については弁護人の主張の単なる否定にとどめたものの，広汎性については規制対象に限定的な解釈をなし，更に実質について利益衡量により判断して憲法適合性を肯定したのだった。

この思考方法は，表現の自由規制に係る刑罰法規について合憲限定解釈の限界を示した札幌税関検査事件最大判（昭和59・12・12民集38巻12号1308頁。以下，昭和59年最大判）や，同判決で示された基準（以下，税関検査基準。Ⅲ2で検討する）を──引用してはいないが──，前提にしているとの理解が示されている[9]。平成19年最判は，形式面に問題を抱える条例に合憲限定解釈を施し，ほとんど審査らしい審査をすることもなく，実質における合憲性を宣明したものと理解できる。

しかし，そもそも「形式における規制対象が広すぎる」との主張を否定するために，「形式において広すぎない」というだけでなく，なぜ実質についての合憲性もいわなくてはならないのか。形式における瑕疵を合憲限定解釈で治癒することは，実質についての憲法適合性判断とどう関係するのか。次章において，合憲限定解釈という手法の意味及びその存在意義を，検討することとしたい。

Ⅲ. 形式における瑕疵の治癒と合憲限定解釈

1. 不明確，過度に広汎な法への対処方法

不明確な刑罰法規が違憲無効となること自体は，日本国憲法制定後，初期の頃から前提とされていたとの指摘もある[10]。しかしこれまで，不明確で

---

9) 平成19年最判の那須弘平裁判官補足意見，藤田宙靖裁判官反対意見，田原睦夫裁判官反対意見，渋谷秀樹「憲法判例研究(1)」立教法務研究1号（2008年）169頁以下，194頁，前田・前掲注6)397頁など。

10) ［佐藤・1967-Ⅰ］43頁。

11) 類型を示したものとして，小田健司・最判解刑事篇昭和50年度156頁以下，199頁～203頁，芝原・前掲注1)221頁～223頁など。

あることを理由に文面上違憲無効とされた例はなく，法令の不明確性に関する裁判所の対応は，次の4類型に分けられる[11]。それは，(イ)文理上明確（最決昭和45・7・2刑集24巻7号412頁など），(ロ)解釈を施せば明確（最大判昭和37・2・21刑集16巻2号107頁など），(ハ)法文中に例示があり不明確ではない（最大判昭和36・12・20刑集15巻11号2017頁など），(ニ)本件に適用されるにおいて不明確ではない（最大判昭和47・11・22刑集26巻9号554頁など），である。(ロ)型が法令の違憲無効を避けるための伝統的な手法であり，平成19年最判もこれをとった。

対照するため，適用関係に限定して判示をなす(ニ)型について，例を見ておきたい。最高裁昭和36年12月6日決定（集刑140号375頁）は，職業安定法63条2号の「公衆衛生又は公衆道徳上有害な業務に就かせる目的で」という文言につき，本件は売春を業とする接客婦の雇用を斡旋した場合であり，それは「公衆衛生又は公衆道徳上有害な業務」に該当することは明白であるから，この規定を本件に適用する限りにおいて何ら明確を欠くところはない，とした。当該事件における明確性のみを問い，文面における判断は下されなかったのであった。

一方，広島市暴走族追放条例事件では，いずれの審級でも裁判所は，過度広汎性・不明確性について条例の適用の審査にとどめることなく，文面における一般的な審査をなした。

その理由は本件が集会の自由（憲21条）に関わるものであったためと推測できる。

2．先例

そこで憲法21条に関わり，また限定解釈のあり方が問題とされた先例として，不明確な刑罰法規は31条に違反し無効であることを最高裁として初めて明らかにした徳島市公安条例事件最大判（昭和50・9・10刑集29巻8号489頁。以下，昭和50年最大判）と，法文の不明確性を正面から21条の問題として扱った昭和59年最大判を考察することとしたい。

(1) 徳島市公安条例事件最大判（昭和50年最大判）

昭和50年最大判は，憲法31条違反となる理由として，①通常の判断能力

を有する一般人に対して，禁止される行為とそうでない行為とを識別するための基準を示さず，刑罰の対象となる行為を予め告知する機能を果たさないこと，②これを適用する国又は地方公共団体の機関の主観的判断にその運用が委ねられて恣意に流れる等，重大な弊害を生ずること，を示した。また識別基準としては，通常の判断能力を有する一般人の理解において，具体的場合に当該行為がその適用を受けるかどうかの判断を可能とする基準が読みとれるか，とした。

　この事件で問題となった徳島市の集団行進及び集団示威運動に関する条例（以下，本節内で本条例）3条は，「集団行進又は集団示威運動を行おうとする者は，集団行進又は集団示威運動の秩序を保ち，公共の安寧を保持するため，次の事項を守らなければならない」とし，「交通秩序を維持すること」（3号）を掲げている（以下，本節内で本件規定）。この違反は，同5条の主催者，指導者又は煽動者を処罰する規定の犯罪構成要件となっている。昭和50年最大判は，本件規定の不明確性について判断するに当たり，《集団行進等が秩序正しく平穏に行われ，不必要に地方公共の安寧と秩序を脅かす行動にわたらないことを要求しても，表現の自由を不当に制限することにはならない》という実体的な憲法判断を踏まえている。それは本件規定が純粋な表現の自由規制とは異なるとの理解を前提とするものである。

　このような規制の実質面に関わる見解の上で，昭和50年最大判は本件規定にいう「交通秩序を維持すること」を，「道路における集団行進等が一般的に秩序正しく平穏に行われる場合にこれに随伴する交通秩序阻害の程度を超えた，殊更な交通秩序の阻害をもたらすような行為」と限定解釈したのであった。そして，かかる行為に該当するかは「通常さほどの困難なしに判断し得る」ため，本条例により憲法上の権利の正当な行使が阻害されるおそれもなく，また国又は地方公共団体の機関による恣意的な運用を許すおそれも，ほとんど考えられないとしている。また直後に付された括弧内でのなお書で，「本条例の運用の実態」に着目し，恣意的運用が生じた形跡が全く認められないとの旨を述べている。

　本稿の関心との関係で興味深いのは，団藤重光裁判官補足意見が，犯罪構成要件の明確性につき，表現の自由行使への萎縮効果を，「国民一般の表現の自由に対する重大な侵害である」と述べた点である。つまり個人的な権利

侵害を超えた客観的な違憲が観念されている。そして、多数意見が「運用実態」につき付言したことについて、これも「萎縮効果を懸念する意図による」との趣旨の指摘をなしているのである。

そうであったとすると、昭和50年最大判は問題を憲法31条違反と把握していたのではあるが、背後には21条への配慮があったものといえるだろう。

(2) 札幌税関検査事件最大判（昭和59年最大判）

当時の関税定率法21条1項3号（以下、本節内で本件規定）は、輸入を禁ずる貨物として「公安又は風俗を害すべき書籍、図画、彫刻物その他の物品」（以下、本節内で3号物件）を掲げていた。なお、禁止規定には罰則もつけられていた。

昭和59年最大判は、まず本件規定が「所論のように明確性に欠けるか否かについてはのちに論及することとして」と述べながら、3号物件に関する税関検査による輸入規制の憲法21条1項適合性について、国内の健全な性的風俗を維持確保する見地から、わいせつ表現物がみだりに国外から流入するのを阻止することは公共の福祉に合致し、違憲ではない、と判断した。つまりこの判決も、形式についての判断に先行させて、実質面に関する見解を示している。

次にこの憲法判断を前提に、本件規定の明確性につき、3号物件の中でも本件で適用された「風俗」の規制対象に関して、旧刑法、現行刑法、その他の法令における用語法を理由に、既に上で見たように合憲性が確認されているところの「わいせつな」表現物へと限定的に解釈することは十分な合理性を持ち、そうである以上は明確性に欠けないとしたのであった。

以上の判示の後に、昭和59年最大判は合憲限定解釈の限界について、憲法の保障する基本的人権の中でも特に重要視されるべき表現の自由は、「基準の広汎、不明確の故に当該規制が本来憲法上許容されるべき表現にまで及ぼされて表現の自由が不当に制限されるという結果を招くことがないように配慮する必要があり、事前規制的なものについては特に然りというべきである」として、表現の自由への《特段の配慮》を示す。萎縮効果の発生を避けるために示された基準（税関検査基準）は、次のとおりであった。

①-1 その解釈により、規制の対象とそうでないものとが明確に区別さ

れ，かつ，①-2 合憲的に規制しうるもののみが規制の対象となることが明らかにされる場合で，また，②一般国民の理解において，具体的場合に当該表現物が規制の対象となるかどうかの判断を可能とする基準をその規定から読みとれなければならない，と（この文章の直後に付された括弧内で，昭和50年最大判が参照されている）。

(3) 検討

　昭和50年最大判では，表現の自由への萎縮効果という懸念が必ずしも前面に出されてはいないが，背後に認めることは可能であろう。そして昭和59年最大判では，まさに表現の自由の価値や萎縮効果の防止に重きが置かれているのであった。そこで示された，形式の瑕疵を治癒する合憲限定解釈の限界についての税関検査基準は，論理の上で元来，実質面における表現の自由保障への傾きが強いことに，注意を払いたい。

　《実質》と《形式》という区別より見るに，税関検査基準はこれら2つの次元に跨っている。前者が「合憲的／違憲的規制」の判断，後者が「規制対象の明確性」である。この基準は合憲的規制の最大範囲を，法令の規制対象の明確性の最大範囲とするのであり，形式における規制対象の曖昧性の治癒を目的とする場合，実質における「合憲的規制の最大範囲」についての判断が前提とされることとなる。(1)(2)で見たように昭和50年最大判・昭和59年最大判はともに，規制対象の限定と限定後の範囲の合憲性とを「調和的に」描き出していたのであった。これは人為的な調和なのではないかとの疑念も抱かれるところであり，この点は後に検討する（Ⅲ4）。ここではこの基準の審査基準としての厳しさに注目しておきたい[12]。

　判例において，違憲無効という強烈な結果は実際には発生していないので

---

[12] なお，理論の母国アメリカについて，判断基準の厳しさという点に絞って述べておく。統治機構上の制度の違いから簡単な比較はできないが，いわば合憲性と規制対象の明確性とを調和させる「ためにする」，限定解釈の限界基準が設定されているわけではない。もともとアメリカで表現の自由規制立法については高い明確性が求められ，一定の違憲判断の蓄積も見ているのだが，表現の自由に関連する領域で，「明確に禁じられた対象者は不明確性の主張をなしえない」とする判例も出されている（*e.g.*, Holder v. Humanitarian Law Project, 561 U.S. 1 [2010]）。そして今日，広汎性を理由に違憲無効とされる際の基準は，「実質的過度広汎性」であり（*e.g.*, Broadrick v. Oklahoma, 413 U.S. 601 [1973]），つまり違憲適用「量」が少なければ，違憲無効にはならない。

表面化しているわけではないが，税関検査基準はかなり厳しい基準である[13]。それは，表現の自由に対しての特段の配慮ゆえなのであった。更にこの観点を徹底させて昭和59年最大判の伊藤正己等4裁判官による反対意見は，文面において違憲無効という結論に踏み込んでいたことを想起したい。このような表現の自由保障を前面に押し出す理解は，過度広汎性・明確性の理論の母国アメリカで，判例展開が示す中心的な関心事に近いものといえる。かの地の判例展開は複雑であり，また混乱も指摘されるところであるが[14]，形式面での瑕疵を捉えて違憲無効という強い効果を発生させる事例のほとんどが，合衆国連邦憲法修正1条（中でも表現の自由）規制立法についてであり，それは主として表現の自由の脆さに起因した萎縮効果に対する配慮ゆえである点に注目したい[15]。表現の自由につき，形式的瑕疵を手段的に利用して違憲無効とすることによって，当該事件を超えた広い範囲を，多めに，予防的に，守るための議論と位置づけることもできるだろう[16]。

3. 憲法31条と実体的な適正の保障

このような表現の自由優先型思考に対し，わが国で見られる——特に刑事法学での——ひとつの傾向は，過度広汎性・明確性の理論をより一般的に，刑罰法規の適正性として論じるものである。すなわち，刑罰法規の内容自体の適正を，罪刑法定主義の一内容（あるいは派生原理）として（根拠規定は

---

13) 平成19年最判の田原睦夫裁判官反対意見は，限定解釈により合憲となしうる基準を，総合衡量的に捉えていて興味深い。また刑法学者・曽根威彦は合憲限定解釈の限界を，「解釈の対象となる法文の大部分が合憲的な規制範囲に属するものでなければなら〔ない〕」（傍点引用者）と説明する（曽根・前掲注1）5頁）。

14) See e.g., Luke Meier, *A Broad Attack on Overbreadth*, 40 VAL. U. J. REV. 113 (2005); Robert Batey, *Vagueness and the Construction of Criminal Stastutes*, 5 VA. J. SOC. POL'Y & L. 1 (1997).

15) See e.g., NAACP v. Button, 371 U.S. 415 (1963). また，わが国の通説が過度広汎性・不明確性の理論を形式面における審査と位置づけてきた背後には，表現の自由という憲法上の価値実現への深いコミットメントがあることを，改めて確認しておきたい。

16) See e.g., United States v. Stevens, 130 S. Ct. 1577 (2010); Talley v. California, 362 U.S. 60 (1960); Frederick Schauer, *Fear, Risk and the First Amendment*, 58 B. U. L. REV. 685 (1978).

17) たとえば，[門田・1992] 299頁参照。また，刑事法学で昭和59年最大判への言及があまりないのは，これが行政事件であるからという理由に加え，明確性理論を「表現の自由のための手段」と捉えることに違和感があるのではないか。

憲31条)，刑罰法規が備えるべき一般的合理性に引きつけて思考する議論が勢力を有している（実体的合理性優先型思考)17)。

　判例に見られる，かかる理解の系列にある言明として，たとえば福岡県青少年保護育成条例事件（最大判昭和60・10・23刑集39巻6号413頁。以下，昭和60年最大判）の谷口正孝裁判官反対意見では，憲法31条がその規範内容として「実体的適正処罰の原則」をも内包しているとの理解が示された。また平成19年最判の藤田宙靖裁判官反対意見による，「過度の広汎性の故に違憲無効となれば，違憲無効の法令によって処罰されないという被告人自身の憲法上の権利の問題も生じうる」との趣旨の指摘も，この系列に位置づけられよう18)。

　このような理解について，もし刑罰法規の実体的合理性についての憲法上の権利なるものを認めると，最高裁は議会が制定した法律の合理性を常に監視すべき立場におかれ，まさに超立法府となってしまわないか19)，との批判もなされている。実体的適正性は個々の基本的人権の侵害と理解すれば足りる，と。

　たしかに，もし裁判所が積極的にすべての刑罰法規について，厳格な審査により憲法上の実体的適正処罰原則の実現を要求するとしたら，そうした懸念も妥当しよう。しかし，わが国の場合はそのような可能性は低いのであって，むしろ立論の可能性を拡げるメリットが指摘しうるのではないか。

　敷衍すると，通常は，何らかの行為がなされ，犯罪構成要件に該当すると思われる場合に刑事事件となる。憲法上の権利は，基本的に，具体的事件で適用される法令に対して作用するものであり20)，個別の事件での処罰の合理性や刑罰権行使の妥当性が様々な要素を衡量して検討される際に働く21)。それは，構成要件・違法性の各段階での考慮要素の1つ，あるいは犯罪論体系外在的に処罰が不正義である理由を供するものであり，相応の内実を備え

---

18)　アメリカでもかかる理論構成は見られる。See e.g., Henry Monaghan, *Overbreadth*, 1981 SUP. CT. REV. 1.
19)　松井茂記「実体的デュー・プロセス理論の再検討」阪大法学141・142号（1987年）297頁以下，322頁〜223頁。
20)　乞参照，青井未帆「憲法訴訟論」安西文雄ほか『憲法学の現代的論点〔第2版〕』（有斐閣，2009年）191頁以下。
21)　乞参照，青井未帆「最高法規性」南野森編『憲法学の世界』（日本評論社，2013年）。

なければ，実際上，実効性を持たない。衡量の結果として場合によっては，刑罰法規が違憲無効という形で大元から覆されることもあるが，わが国では合憲解釈等により合理的な処罰範囲を導き，刑罰権行使の妥当性を確保せんとする思考法が一般的である[22]。

そこで，処罰の合理性や妥当性を問う理論的道筋をなるべく多く確保するためにも，実体的適正処罰権という論理構成の可能性は否定されるべきではないと考える。

4. 小括

そもそも日本国憲法の構想において，憲法上の権利の具体化に第一義的な責務を負うのは，民主的正統性を背景にもつ国会であり，憲法上の権利は立法過程で種々の利益を衡量する際に作用して，法律という形式へと執行される（憲41条）。そして法律の範囲内で条例が民主的正統性を背景に制定される（憲94条）。統治機関間の任務分担という面から考えて，具体的な事件の解決において裁判所が，形式における瑕疵を捉えて法律や条例の効力を否定することは，たしかに相当に強力な手法といえる。その点からいえば，わが国の判例が形式面を捉えて法令違憲としてこなかったことは，理解できる。

しかしながら，日本では合憲限定解釈により形式面での問題を解決することが基本であるところ，《形式》と《実質》という位相の違いに起因する次のような危険が伏在しているものと考える。

第1に，両位相の狭間で，論証の説得性の欠如という問題が起きやすくならないか。解釈によって形式面での広汎性・不明確性を除去することが先にありきであるため，焦点は実質に関する処罰の妥当性判断に置かれることとなる。とすると限定解釈の限界は，問題となった規制の合憲的適用範囲に関する判断も含めて，社会通念を背景とした法律家集団の共通了解と重なる部分が大きいだろう。そこで一般人による素朴な理解可能性よりも，「正しい解釈」という側面に焦点が当てられることは不思議ではない[23]。またわが

---

22) 合理的な処罰範囲の探究が先導した合憲解釈の1つの極にある判例としては，昭和60年最大判がある。この点につき前田雅英「法文の明確性と解釈の明確性」ジュリ853号（1986年）52頁参照。

23) 最高裁の「正しい解釈」志向の指摘として，木下・前掲注3)234頁。

国では，この過程における憲法上の権利の存在は軽いのである。その上，平成19年最判のように，立法過程や立法者意図をすら軽視できるとしたら，限定解釈が可能な範囲は極めて広くなる。つまり過度広汎性・明確性の理論は，そもそも出番のない，いわば「張りぼて」理論ともいえる。

　しかし「張りぼて」と評するには，そもそも実質の妥当性にかかわる論証の説得性が十分である必要がある。形式における限定の装いのもとで結論先取り的に，実質に関わって本来なされるべき議論が欠如させられていないか，細心の注意が払われなければならない。しかし，これまでの過度広汎性・明確性に関する判例に多くの反対意見や意見が付されていることは，多数意見の論証の説得性が不十分である可能性を示唆するものともいえよう。仮にそうである場合には，過度広汎性・明確性の理論は「張りぼて」という無益な存在にとどまらず，むしろ有害ですらありうる。

　第2に，上記とも重なる部分があるが，税関検査基準のように法文の過度広汎性・不明確性を，合憲性の確保を厳格に求めながら解釈で救う手法は，巧妙に実質面での問題の所在を隠すものとしても働きうるのではないか。この基準を用いて規制対象を限定し，合憲の結論を導くにあたっては，「合憲」解釈と「限定」解釈の間が調和的に，人為的に描かれる傾向を助長するからである[24]。萎縮効果ゆえに合憲的範囲の確定が問題となっているところ，範囲を狭く設定してこれを合憲としても，その外側がなぜ違憲であるかの論理を伴わなければ，曖昧さの残る部分についての萎縮効果は除去されず，かえって不問に付されてしまう。税関検査による輸入規制を例に挙げるなら，昭和59年最大判の理屈から「極端に残虐な表現物」が「風俗を害すべき書籍，図画」に当たらないことを引き出しうるのかは，疑問が残ろう。本来，過度広汎性・明確性の理論では，そのような部分について萎縮効果が発生してしまうことが問題とされたがために，違憲無効という強い効果をもたされていたはずである。

　このように，形式面での判断をなすにあたって違憲無効とせずに解釈で法令を救う際に，いたずらに実質に踏み込むことは，問題点も含んでいる。

24）　同旨の指摘かと思われるものとして，橋本基弘「合憲限定解釈の限界」法学新報115巻5・6号（2008年）1頁以下，30頁。

IV．「形式における判断にとどめる手法」の意義

1．形式における判断と実質における判断

　脆さを孕む自由の保障には，予防的に早期に害悪性を除去するという，いわば「衡量を否定する」論理が必要であり，過度広汎性・明確性の理論は，そのための強力な手段となりうる。また，実体的適正処罰権が主張されるにふさわしい場面もあるだろう。しかし更にこのような実質の保護と結びついた違憲無効に加え，形式と実質を切り離しての保障方法も，わが国では探究される余地があるのではないか。私見によればその1つは，「形式における判断にとどめる手法」の活用である。

　このような主張をなすに当たっては，①不明確な法に対するわが国の判例の態度には，「文言上明確」との判断にとどまる類型も，「本件に適用するにおいて不明確ではない」とする類型も見られること，そして②「表現の自由優先型思考」と「実体的合理性優先型思考」のいずれの思考法も存在していることの2点につき確認し，③一般論として，司法府が安易に実質における合憲性判断に踏み込むべきではないことを前提としたい。

　形式における判断にとどめる手法は，次のような効用を持つ。第1に，実質における合憲性判断に踏み込まずに，形式における違憲性を示すことは，別の形式をとれば実質において合憲な政策を執行しうる可能性を示唆する。これは議会に再度チャレンジする機会を与えることにもなる[25]。第2に，形式における合憲性は，実質における合憲性と論理を異にするのであり，前者は後者を必ずしも意味するものではない。そこで形式における合憲性の判断にとどめることは，実質における判断について，憲法上の争点等が成熟するまで待つという戦略的な判断を裁判所がとることを可能とする。第3に，形式・実質いずれかあるいは両方の抱える問題点を示唆しながらも「本件に適用するにおいて不明確ではない」との判断にとどめることは，議会に改正を促し，かつ裁判所としての確定的な憲法判断を延期する効用を期待できる。

　25）　［佐藤・1967-Ⅱ］60頁以下，芝原・前掲注1）231頁～232頁。

2. 平成19年最判
(1) 条例制定権の簒奪
　そこで再び平成19年最判に戻って検討するに，そもそもこの判決が本条例の形式面が抱えていた問題を限定解釈により治癒可能と考えた点には，大きな疑問がある。本判決は条文の用いた文言と立法者意図を軽視し，法文を書き直したものであって司法権の範囲を超え，広島市議会の条例制定権の簒奪に当たるとの疑いが濃厚である[26]。

(2) 合憲的規制範囲の妥当性
　仮にこの限定解釈が司法権の範囲内であるとしても，表現の自由に制約を課す刑罰法規の明確性を解釈により確保する際に，税関検査基準による場合，実質における合憲的規制範囲が限定解釈の限界を画するがゆえに，この点に関する論証の説得性が重要な鍵となるはずである。しかしこれについても，以下の理由により批判を免れないと考える。

　なにゆえに当該被告人への適用における形式面での判断にとどめずに，より一般的に条例の効力を判断したのかといえば，昭和50年最大判及び昭和59年最大判を前提にすれば，それは市民の集会の自由への萎縮効果を除去するためであったといえよう。しかし，法執行機関（県警，地検）との事前協議があったとはいえ，「平和を訴える手段として骸骨や髑髏をプリントしたシャツを着用〔した者〕」（田原裁判官反対意見）へ本条例が適用される「おそれ」は否定できないのではないか。萎縮効果とは，市民が抱いてしまう，かかる「おそれ」に向けられた概念であるはずだ。ところが平成19年最判は予防的救済の必要性に関し，既述のとおり「文言どおりに適用されることになると，規制の対象が広範囲に及び……問題がある」というにとどまり，関心は希薄なのであった。しかし条例を文面において合憲とする以上は，萎縮効果や恣意的な法執行の助長を生ぜしめないことについての，より説得的論拠が必要であったといえよう。

　さらに，本件で集会の自由への制約が問題とされた条例は，広島市が地域的特性をもつ暴走族問題に合わせて試みた，ハイブリッド型規制なのであっ

---

[26] 平成19年最判の多数意見自身も「規定の仕方が適切でない」としていた。また藤田裁判官反対意見，田原裁判官反対意見も参照。

た。未だ犯罪とはなされていない社会的迷惑行為を規制することの是非という，厄介な問題が含まれていたのである。通常の刑罰法規とは違うつくりになっている点は，最高裁ももちろん着目していたが，この点についての批判的検討はなく，「事後的かつ段階的規制」であるとして合憲性に寄与する要素と扱われたのだった。しかしながら，社会的迷惑行為である「たむろ，集会」が本当に刑罰に値する具体的な危険があるのか[27]，事後的かつ段階的規制をとれば当該行為を事実上刑罰の威嚇のもとに置いてよいのか，といった適正手続条項違反の問題が伏在していたのであり，事実に基づくより詳細な検討を必要としていたといえよう。またその際には，下級審が扱っていたところの，本条例の表現内容規制性についても，取り上げる（か，あるいは取り上げない理由を示す）べきだったものと考える。

　このように，安易に実体判断に踏み込み，全面的な合憲判決を出した本判決は，大きな問題を抱えている。これがもし，「形式において違憲無効」と判示するか，あるいは広汎性についての問題を示唆しながら確定的な判断を下さず，「本件への適用において不明確ではない」としていたなら，どうであったか。実質についての検討を再び市議会に委ねることは，裁判所と市議会との間の，憲法解釈をめぐる対話をもたらしたかもしれない。そしてまた議会の条例制定能力を高める機会にもなりえたことだろう。それこそが地方分権の時代に即した対応だったのではないか。

V．むすびにかえて

　本稿では平成19年最判を検討対象として，《形式》と《実質》という区別を用いながら，過度広汎・明確性の理論と不明確性を除去する方法としての合憲限定解釈を考察した。そして，形式的瑕疵を捉えて違憲無効との結論を導き出す過度広汎・明確性の理論よりはパンチ力に劣るものの，実質に踏み込まない中間的な方法である「形式における判断にとどめる手法」の効用を論じたものである。

　特に本件のような地方自治体の挑戦自体は大いに肯定されるべきであり，

---

[27] 曽根威彦「判批」判評604号（判時2036号）34頁以下，38頁～39頁。

形式面で問題を指摘される法文につき,立法事実の収集に困難を抱える裁判所が,安易な合憲限定解釈によって実質における合憲判断にまで踏み込むべきではないだろう。判断を形式面にとどめる手法は,問題を民主的正統性の色彩の下で解決することを促しうる。このような手法を活用する途を探ることは一定の意義を有するものと考える[28]。

---

28) *See e.g.*, Anthony Amsterdam, *Note, The Void-for-Vagueness Doctrine in the Supreme Court*. 109 U. PA. L. REV. 67 (1960).［佐藤・1967-Ⅰ］,［佐藤・1967-Ⅱ］。

国籍法違憲判決
——平等判例における違憲判断と救済方法の到達点

常本照樹

I．はじめに
II．問題の所在
III．国籍法3条1項による国籍取得の区別の憲法適合性
IV．救済——国籍付与の可否
V．本判決の影響

I．はじめに

　平成20年6月4日に最高裁大法廷は国籍法（平成20年法律第88号による改正前のもの。以下，特に断らない限り同じ）の規定の一部を違憲無効とする判決を下した[1]。これは最高裁として8件目の法令違憲判決として注目を集めただけでなく，国民の自由を制限する法律ではなく，権利利益を付与するとみえる規定の一部を違憲とし，残りの規定に基づいて権利利益を付与したこと，そして法律制定後の国内外の社会的環境等の変化を理由に違憲判断を行ったこと，違憲判断を導く事情の1つとして国際人権法を援用する仕方など，平等判例の到達点を示しているだけでなく，違憲審査権の行使のあり方についても重要な論点を提起している。
　以下で，まず問題の所在を明らかにしてから，大きく論点を分けて検討を進めていくことにしよう。

　1）　最大判平成20・6・4民集62巻6号1367頁。なお，日本国籍を有する父とフィリピン共和国籍を有する母との間の生後認知子9名が日本国籍を有することの確認を請求した別件についても，最高裁は同日に同内容の判決を下している。集民228号101頁。

II. 問題の所在

　憲法10条を受けて国籍法が国籍取得の要件について定めているが，同法2条1項は，出生による国籍取得について父母両系血統主義を原則として採用している。そのため，①日本国民を父又は母とする嫡出子はもとより，嫡出ではない子であっても，②日本国民を母とする場合（分娩の事実により親子関係が生ずる）及び③日本国民である父から胎児認知された場合は，出生により日本国籍を取得する。さらに同法3条1項は，「父母の婚姻及びその認知により嫡出子たる身分を取得した子で20歳未満のもの（日本国民であった者を除く。）は，……法務大臣に届け出ることによって，日本の国籍を取得することができる」と規定しており，これによる届出をした者は，届出の時に日本国籍を取得する（2項）。なお，同項の定める国籍取得要件のうち，父母の婚姻により嫡出子たる身分を取得したという部分を「準正要件」という。準正とはlegitimizeすることを意味する。

　これらの規定のゆえに，日本国民たる父と日本国民ではない母との間に出生した子は，嫡出子及び胎児認知された子については2条1項に基づき出生により国籍を取得するのに対し，生後認知された子は，準正要件を満たす場合は3条1項に基づき届出による国籍取得が認められるが，父母が婚姻せず（すなわち準正要件を満たさず），父が認知したにとどまる場合は，帰化によらなければ国籍の取得は認められないことになる（以下，生後認知子にかかるこの区別を「本件区別」という）。なお，民法上，認知の効力は出生時に遡ることとされているが（784条），国籍法2条1号の解釈においては，国籍の浮動性防止の観点から，認知に遡及効はないと解されている[2]。

　国籍法8条1項は，日本国民の子（養子を除く）で日本に住所を有する者については，5条1項各号所定の条件のうち素行条件（同項3号），重国籍防止条件（5号）及び憲法遵守条件（6号）を備えれば帰化を許可することができることとしている（簡易帰化）。しかし，簡易帰化であっても法務大臣の許可を得なければならないことには変わりはない。

---

2) 最判平成9・10・17民集51巻9号3925頁。

本件の原告Xは，日本国籍を有する父とフィリピン共和国籍を有する母（両者は法律上の婚姻関係にない）との間に平成9年に出生したが，出生の2年後に父から認知されたため，平成15年に法務大臣あてに国籍取得届を提出したところ，国籍取得の要件を満たしておらず，日本国籍を取得していないものとされたことから，準正を国籍取得の要件とする国籍法3条1項の規定が憲法14条1項に違反すること等を主張して，日本国籍を有することの確認を求めた[3]。

III. 国籍法3条1項による国籍取得の区別の憲法適合性

1. 平等判例の審査基準

本件の第1の論点は，Xの届出による国籍取得を妨げている国籍法3条1項の合憲性である。最高裁は，この論点にかかる前提問題として，憲法10条が国籍の得喪要件については立法裁量に委ねているとしつつ，その限界につき，「国籍の取得に関する法律の要件によって生じた区別が，合理的理由のない差別的取扱いとなるときは，憲法14条1項違反の問題を生ずる……。そのような区別をすることの立法目的に合理的な根拠が認められない場合，又はその具体的な区別と上記の立法目的との間に合理的関連性が認められない場合には，当該区別は，合理的な理由のない差別として，同項に違反する」と述べる。

憲法14条1項の解釈に関する判例の立場を振り返ってみると[4]，最高裁昭和25年6月7日大法廷判決（刑集4巻6号956頁）及び最高裁昭和39年5月27日大法廷判決（民集18巻4号676頁）によって，法令による区別の合理性の有無に基づきその合憲性を判断すること，及び憲法14条1項後段列挙事項は例示的なものであるとする判例が確立し，これは本判決でも基本的に維持されている。

3） 本件1審判決（東京地判平成17・4・13判時1890号27頁）及び控訴審判決（東京高判平成18・2・28家月58巻6号47頁）の救済手法に関するコメントとして，常本照樹「国籍法の性差別とその救済方法」高橋和之ほか編『憲法判例百選Ⅰ〔第5版〕』（有斐閣，2007年）74頁，75頁。

4） 判例の流れについては，常本照樹「平等権判例と司法審査」法教200号（1997年）87頁，渡辺康行「平等原則のドグマーティク」立教法学82号（2011年）1頁。

これに対し，近時の憲法学説においては，14条1項後段列挙事項に特別の意味を認める立場が強い。すなわち，前段において一般的に平等が要求されるとした上で，それに加えて後段列挙事由に該当する場合にはさらに強い平等保護が行われるとするのである。さらに，前段の保障の中に「二重の基準」的考慮を導入することによって，精神的自由にかかる区別には積極的司法審査が妥当するという考え方や，後段列挙事由該当の場合でも審査の厳格さに差を設けるという考え方もある。

これらの考え方は，アメリカ合衆国最高裁の平等保護に関する一連の積極的判例から導かれた憲法法理にその淵源がある。すなわち，合衆国判例においては，人種，国籍，性別，嫡出性に基づく法令上の区別は憲法適合性が「疑わしい区分」であり，選挙権や裁判を受ける権利といった基本権に関する区別とともに厳格または中間的審査を受けることとされている[5]が，そこでの「疑わしい区分」が日本国憲法14条1項後段の列挙事由と重なり，しかも，その背後にある「自らの意思によっては左右することができない事由による区別は本質的に不当である」という考慮も基本的に共通しているという事情が，この考え方を支えていると言うことができよう。

しかし，他方でアメリカの場合には，平等保護にかかる積極的司法審査が「司法審査の民主主義的正統性」の問題に火をつけ，今に至るまで激しい議論の応酬が続いており，日本においても，程度の差はあれ同じ問題が伏在していると言うことができる。したがって，14条の下での積極的審査が正当化されるのは，後段列挙事由該当のように憲法の明文により根拠付けられるときと，二重の基準的考慮により根拠付けられるときに限られると考えるべきであろう。

この問題を念頭に置きつつ，尊属殺にかかる最高裁昭和48年4月4日大法廷判決（刑集27巻3号265頁）を読み直してみると，興味深いことに同判決を解説した調査官は，刑法200条は経済的自由の規制と精神的自由の規制のいずれにも属さないが，どちらかと言えば後者に近い，と指摘している[6]。また，民法900条4号ただし書にかかる最高裁平成7年7月5日大法廷決定（民集49巻7号1789頁）についても，調査官は「区別の性質の対象等」を考

---

5) 樋口範雄『アメリカ憲法』（弘文堂，2011年）440頁〜441頁。

6) 田尾勇「判解」曹時25巻12号200頁。

慮して審査基準を決定すべきであると明言した上で,「相続制度は基本的には財産関係の規律であること」を指摘している[7]。また,同決定における5裁判官の反対意見は,「財産的利益に関する事案におけるような単なる合理性の存否」では足りないと論じているが,財産的利益に関するかどうかで審査基準が変わるという発想に立っている点では同じと言えよう。こうみると,最高裁は前段につき二重の基準的考慮を踏まえているとみる余地が皆無とは言えないようにも思われる[8]。

2. 本件区別の合憲性

マクリーン事件にかかる最高裁昭和53年10月4日大法廷判決(民集32巻7号1223頁)は,「外国人に対する憲法の基本的人権の保障は……外国人在留制度のわく内で与えられているにすぎない」としており,このような条件付きでない人権保障を受けるためには国籍が必要である。本件多数意見も,「日本国籍は,我が国の構成員としての資格であるとともに,我が国において基本的人権の保障,公的資格の付与,公的給付等を受ける上で意味を持つ重要な法的地位でもある」ことを確認した上で,本件区別の合理性の審査については,「父母の婚姻により嫡出子たる身分を取得するか否かということは,子にとっては自らの意思や努力によっては変えることのできない父母の身分行為に係る事柄である〔から〕日本国籍取得の要件に関して区別を生じさせることに合理的な理由があるか否かについては,慎重に検討」すべきであるとする。

そして,慎重な検討の結果,本件区別は「我が国との密接な結び付きを有する者に限り日本国籍を付与するという立法目的との合理的関連性の認められる範囲を著しく超える手段を採用しているものというほかなく,その結果,不合理な差別を生じさせている」という結論に至るのである。

ここで指摘されている国籍が「重要な法的地位」であること,及び「自らの意思や努力によっては変えることのできない」行為により区別されることは,前述の学説における考慮事由に通ずるものがあり,それを理由に「慎重に検討」を行うという行論は,昭和48年の尊属殺判決と同様に判例法理の

---

7) 野山宏「判解」ジュリ1079号56頁。
8) 常本照樹「平等権判例の到達点」法教201号(1997年)55頁,59頁。

基本的枠組みを維持しながら、その中でぎりぎりの実質的審査を行ったことを窺わせるものがある。

この点に関し、本件における泉徳治裁判官の補足意見は、「この差別は、差別の対象となる権益が日本国籍という基本的な法的地位であり、差別の理由が憲法14条1項に差別禁止事由として掲げられている社会的身分及び性別であるから、それが同項に違反しないというためには、強度の正当化事由が必要であって、国籍法3条1項の立法目的が国にとり重要なものであり、この立法目的と、『父母の婚姻』により嫡出子たる身分を取得することを要求するという手段との間に、事実上の実質的関連性が存することが必要」であると言う。泉裁判官は、国籍に基本的権益性及び後段列挙事由該当性を挙げて厳格な合理性基準による審査が妥当すると明言しており、学説の枠組みと極めて親和的である。しかし、この補足意見に同調する裁判官が1人もいないという点が興味深く（珍しいという意味ではないが）、判例法理の基本的枠組みを明示的に変更することの困難さを窺わせる[9]。

多数意見は、このような「慎重な検討」により、国籍法3条1項の立法目的の合理性及びそれと本件区別との合理的関連性を検討し、2点において問題を指摘する。

第1に、立法目的及びそれと本件区別との関係については、3条1項は、血統主義を基調としつつ、「日本国民との法律上の親子関係の存在に加え我が国との密接な結び付きの指標となる一定の要件を設けて、これらを満たす場合に限り出生後における日本国籍の取得を認めることとしたものと解される。このような目的を達成するため準正その他の要件が設けられ、これにより本件区別が生じたのであるが、本件区別を生じさせた上記の立法目的自体には、合理的な根拠がある」と言うべきであり、本件「規定が設けられた当時の社会通念や社会的状況の下においては……認知に加えて準正を日本国籍取得の要件としたことには、上記の立法目的との間に一定の合理的関連性が

---

9) 最大判昭和60・3・27民集39巻2号247頁における伊藤正己補足意見が想起される。同意見は、「租税法の分野にあっても、例えば性別のような憲法14条1項後段所定の事由に基づいて差別が行われるときには、合憲性の推定は排除され、裁判所は厳格な基準によってその差別が合理的であるかどうかを審査すべき」と論じているが、この意見自体には都合4人の裁判官が同調しているものの、後段列挙事由に関する部分は同調の対象から除かれていた。

あった」のであるが，その後の国内外の社会的環境等の変化により，Xが国籍取得届を提出した時点では立法目的との合理的関連性を失っていたと言うのである。

　判決は，「国内外の社会的環境等の変化」として「家族生活や親子関係に関する意識も一様ではなくなってきており，今日では，出生数に占める非嫡出子の割合が増加するなど，家族生活や親子関係の実態も変化し多様化してきている」ことと，「日本国民である父と日本国民でない母との間に出生する子が増加しているところ，……その子と我が国との結び付きの強弱を両親が法律上の婚姻をしているか否かをもって直ちに測ることはできない」こと，そして，「我が国が批准した市民的及び政治的権利に関する国際規約及び児童の権利に関する条約にも，児童が出生によっていかなる差別も受けないとする趣旨の規定が存」し，本件「規定が設けられた後，自国民である父の非嫡出子について準正を国籍取得の要件としていた多くの国において，今日までに，認知等により自国民との父子関係の成立が認められた場合にはそれだけで自国籍の取得を認める旨の法改正が行われている」ことなどを挙げている。

　これに対しては，法律の規定の背景にあってその合理性を支える社会的事実である立法事実の検証により法律の合憲性を客観的に審査しようとする手法であるとの評価があるが[10]，他方，「国内外の社会的環境等」が抽象的にしか引証されておらず説得力に欠けるという批判も少なくない。とりわけ，横尾和子，津野修，古田佑紀3裁判官の共同反対意見が，典拠は示していないものの，統計上の数値を引用して約20年の間における非嫡出子の増加が「わずか」であることを示しつつ，「家族関係の在り方については，国民一般の意識に大きな変化がないことの証左と見ることも十分可能」と指摘し，また，諸外国における立法例の背後にある社会状況の違いなどにも説き及んでいる点に聴くべきものがあるとの意見もある[11]。

　しかし，統計は取り方次第で様々な解釈が可能になるとも言われる。例えば国際化の促進が家族関係に及ぼす影響を国際結婚数でみることも可能であ

---

10)　市川正人「判批」判評599号（判時2021号）2頁。
11)　野坂泰司「届出による国籍取得における準正子と非準正子の区別と違憲判断のあり方」同『憲法基本判例を読み直す』（有斐閣，2011年）445頁。

り，その場合，改正国籍法が施行された1985年に1万2081組だった国際結婚が2003年には3万39組と3倍に増加している。また，子どもの国籍に対する懸念が出産を抑制している可能性もあり，そのような数字に表れない事情も無視できないであろう[12]。いずれにせよ，多数意見の書きぶりには，国内外の社会的環境等を本件区別の合理的関連性を判定するための総合考慮の一要素としているという事情もあるのかもしれない。

　また，多数意見が指摘する問題は，時間の経過に従って発生したというより，3条1項の立法当時から存在していたはずであるから，経時的変化を言うまでもなく端的に本件規定は立法当時から違憲とすべきであったとの見解もある[13]。しかし，法律をその立法時において違憲とするのは立法府と正面から対決することになり，制定後の社会変化に伴って合理性を失っていったという判断手法のほうが，それが可能であり，国民の理解を得られる限り，司法審査権の行使としては妥当であるとの見方もありうるところであろう。

　第2に，多数意見は，合理的関連性の審査に当たってもう1つの考慮を行っている。すなわち，本件では国民である父から出生後に認知された子につき，届出による国籍取得の可否が準正の有無によって左右されるという区別が問題とされているが，そのほかにありうる類型，すなわち，日本国民である父又は母の嫡出子として出生した子，国民である父から胎児認知された非嫡出子及び国民である母の非嫡出子の場合は出生により国籍を取得できるのであって，これらと比べても「国民である父から出生後に認知されたにとどまる非嫡出子のみが，日本国籍の取得について著しい差別的取扱いを受けている」と指摘するのである。本件多数意見がこれらのほかの類型をとりあげているのは本件区別が準正要件まで要求することの不合理性を強調するためであり，ほかの類型そのものの合憲性を問題にする趣旨ではないと考えられる。これらの合憲性も合わせて問題にしていたら，それでなくても高い救済のハードルがはるかに高くなってしまっていたであろう[14]。

---

12) 近藤博徳ほか「〈鼎談〉国籍法3条1項から見える『日本』」Law & Practice 3号（2009年）21頁，38頁［木棚照一発言］。

13) 野坂・前掲注11)465頁，伊藤朝日太郎「判批」Law & Practice 3号65頁，76頁。

14) 松本和彦「判批」民商140巻1号59頁，74頁。

多数意見は，これら2つの「事情を併せ考慮する」ことにより，国籍法は本件区別を設けている点で「立法目的との合理的関連性の認められる範囲を著しく超える手段を採用」しており，違憲という結論に達するのである。

3. 国際人権条約の参照

多数意見が国内外の社会的環境等の変化を論じる中で，国際人権B規約と児童の権利条約を参照していることが注目を集めた。「これらは，あくまで内外の社会的環境等に関する一つの事情として考慮されている」[15]とするものから，「人権条約の規定を考慮に入れて，憲法14条違反という結論を導いたということができ，大変注目され」[16]るという見方まであるが，多数意見による両条約の参照に対して好意的な論評においても，少なくともB規約は国籍法3条1項の制定の約5年前には日本に対して発効していたのであるから，同規約における「児童が出生によっていかなる差別も受けないとする趣旨の規定」の存在を法制定後の社会的環境等の変化の1つにカウントする意図を測りかねるという疑問を呈するものがある[17]。

この問題に関し注目されるのが，本件担当調査官による次のような記述である。すなわち，「日本政府の第4回報告書に対するB規約委員会の最終所見（1998年（平成10年））は，我が国の国籍法における非嫡出子差別について懸念を表明し，日本政府の第2回報告書に関する児童の権利委員会の最終所見（2004年（平成16年））も，同法における差別を取り上げ，懸念を表明していた。」[18]そして，これらの最終所見の背景にあったのは，「自由権規約では1989年ごろから，児童の権利条約においては21世紀に入ってから，婚外子の国籍取得についてそれぞれ国際人権条約の違反を構成するとみなす」[19]国際的な状況であると言われる。多数意見を構成した裁判官は，調査官報告書等を通じてこのような状況を認識していたと思われるのであり，多数意見が「児童が出生によっていかなる差別も受けないとする趣旨の規定が

---

15) 森英明「判解」曹時62巻7号240頁，269頁〜270頁。
16) 高橋和之ほか「〈鼎談〉国籍法違憲判決をめぐって」ジュリ1366号（2008年）44頁，73頁[岩沢雄司発言]。
17) 今井直「判批」季刊教育法159号74頁，78頁，同旨，野坂・前掲注11)468頁。
18) 森・前掲注15)265頁〜266頁。
19) 立松美也子「判批」平成20年度重判解（ジュリ1376号）319頁，320頁。

存する」と言うときの「趣旨の規定」とは，国籍法3条1項が制定された後に示されたこれらの最終見解や，「規約は，児童が……出生等のいかなる理由による差別に対しても保護されることを要求する。国籍取得に関するいかなる差別も，例えば，嫡出子及び非嫡出子は両親が無国籍者の子との間において，あるいは，片方又は双方の親の国籍上の地位に基づいては，国内法上許されるべきではない」とするB規約に関する一般的意見17（1989年採択）[20]によって事後的にその趣旨が明らかにされた規定を意味すると解することもできなくはないように思われる[21]。そうだとすれば，本判決は，条約のみならず，規約委員会のような条約機関の見解を考慮に入れて，憲法14条違反という結論を導いた例として重要な意味を持つということになろう。

ちなみに，B規約や女子差別撤廃条約が定める個人通報制度への加入については，自民党政権は，国連の委員会が最高裁判所と異なる決定をする場合を懸念して消極的だったが，本判決の翌年に政権についた民主党はそのマニフェストで個人通報制度にかかる選択議定書の早期批准を謳っており，そのための検討を続けていると言われる[22]。このような事態においては，日本の終審裁判所たる最高裁としても，国際人権法とシリアスに向き合うことが避けられないことになるのであり，その意味でも本判決の該当部分の読み方を三思すべきであるように思われる。

IV. 救済——国籍付与の可否

本判決多数意見は，国籍法3条1項が国籍取得について準正という過剰な要件を課したことにより本件区別が生じたからといって，同項の規定自体を全部無効として，準正子の届出による国籍取得をも否定することは，採りえない解釈であると言う。したがって，準正要件を満たさない子についても，準正要件以外の同項所定の要件が満たされる場合に，届出により国籍取得を

---

20) http://www.nichibenren.or.jp/activity/international/library/human_rights/liberty_general-comment.html#17
21) 齊藤正彰『憲法と国際規律』（信山社，2012年）94頁～96頁。
22) 読売新聞2011年5月26日夕刊，朝日新聞2011年6月29日朝刊。

認めることによって,「同項及び同法の合憲的で合理的な解釈が可能となるものということができ,この解釈は,本件区別による不合理な差別的取扱いを受けている者に対して直接的な救済のみちを開くという観点からも,相当性を有する」と述べて,救済方法を提示するのである。さらに,この解釈は,過剰な要件のみを違憲無効として除いたものであって,その結果も,準正子と同様の要件による国籍取得を認めるにとどまるから,「この解釈をもって,裁判所が法律にない新たな国籍取得の要件を創設するものであって国会の本来的な機能である立法作用を行うものとして許されないと評価することは……当を得ない」として司法作用を超えるとの批判を退ける。

　従来,法律中のある文言を違憲無効としつつ,その他の文言は合憲として適用できるかの判断基準は,法律の違憲の部分がほかの部分から可分であるとして除去されてしまえば,議会は,残りの部分だけを有効な法として存立させるかどうか,であるとされる[23]。日本の最高裁においては,議員定数不均衡訴訟にかかる最高裁昭和51年4月14日大法廷判決(民集30巻3号223頁)で不可分論を採ったほか,規定の可分性については「裁判所は,容易に認めることはな」[24]いと言われる。それでも,近時の最高裁判例においては,郵便法にかかる最高裁平成14年9月11日大法廷判決(民集56巻7号1439頁)や在外選挙権にかかる最高裁平成17年9月14日大法廷判決(民集59巻7号2087頁)のように一部違憲判決を下している例があるが,前者は,郵便法が定める国の損害賠償責任制限規定のうち損害賠償請求権を制限する部分を違憲無効とすれば国家賠償法により損害賠償請求ができる事案であり,後者は公職選挙法の規定のうち衆議院小選挙区選出議員の選挙等における在外国民の選挙権の行使を制限する部分を違憲無効とすれば,在外国民の選挙権の行使を認めることが可能な事案であった。これらに対し,本件においては,問題の規定のうち権利利益を制限する部分を違憲無効としても当然には当該権利利益が実現されるとは言えないのであり,そのような場合において一部違憲の手法により当該権利利益の実現を図ったという点で,本件多数意見は特に注目すべき特徴を有していると言うことができる。

　このような手法は,法律の規定の一部を違憲無効とした上で,残りの規定

---

23) 芦部信喜『憲法訴訟の理論』(有斐閣,1973年) 172頁〜173頁。
24) 戸松秀典『憲法訴訟〔第2版〕』(有斐閣,2008年) 222頁〜223頁。

を適用することになるため，当初の規定が対象としていない者にも権利利益を付与することになり，立法と類似の作用と言えないこともなく，本件においてもこの点をめぐって個別意見から次のような批判を受けることになった。

　横尾，津野，古田裁判官の反対意見は，本件区別は立法裁量の範囲内にとどまるとし，多数意見の解釈に対しては，「認知を受けたことが前提になるからといって，準正子に係る部分を取り除けば，同項の主体が認知を受けた子全般に拡大するということにはいかにも無理がある。また，そのような拡大をすることは，条文の用語や趣旨の解釈の域を越えて国籍を付与するものであることは明らかであり……実質的には立法措置である」と言う。

　また，甲斐中辰夫，堀籠幸男裁判官の反対意見は，本件区別が違憲であるとする点では多数意見と同旨であるが，「違憲となるのは，非準正子に届出により国籍を付与するという規定が存在しないという立法不作為の状態」であるとし，多数意見の解釈に対しては「実質的に司法による立法に等しい」と横尾裁判官らの反対意見と同じ批判を加えている。

　これに対し，今井功裁判官は司法救済のあり方について特に多数意見を支持する補足意見を書いている（那須弘平，涌井紀夫裁判官同調）。すなわち，国民に権利利益を与える規定が，「Ａ，Ｂの二つの要件を定め，この両要件を満たす者に限り，権利利益を与える（反対解釈によりＡ要件のみを満たす者には権利利益を与えない。）と定めている場合において，権利利益を与える要件としてＡ要件の外にＢ要件を要求することが平等原則に反し，違憲であると判断されたときに，Ａ要件のみを備える者にも当該権利利益を与えることができるのか」が，ここでの問題であるとし，法律全体の仕組み，当該規定が違憲とされた理由，結果の妥当性等を考慮して，Ｂ要件のみが無効であるとし，「Ａ要件のみを満たした者についても，その規定の定める権利利益を与えることになると解することも，法律の合憲的な解釈として十分可能である」とする。

　要するに，3条1項の趣旨は，準正要件を満たさない非嫡出子を届出により国籍を取得できる者から除外することにあるとみて，これは立法府が積極的に定立した規範であり，これを違憲無効とした結果，残りの規定により国籍が付与されても司法による立法作用には当たらないと言うのである。多数

意見が，「過剰な要件を設けることにより本件区別を生じさせている部分のみを除いて合理的に解釈」すると言うのも同旨と言いうるであろう。

　国籍を付与するという結論においては一致していながら，そこに至る理由付けが異なるのが藤田宙靖裁判官の意見である。同意見は，3条1項は殊更に非準正子を排除しようという趣旨ではなく，非嫡出子が届出によって国籍を取得できないのは国籍法2条及び4条の必然的結果なのであって，3条1項の問題は多数意見が言うように過剰な要件を定めていることではなく，「不十分な」要件しか定めていないことにあるとする。したがって，違憲状態を解消するためには，不十分な要件を補充するための拡張解釈が必要であり，立法的選択肢が「極めて限られていると考えられる場合」に，「立法府が既に示している基本的判断に抵触しない範囲で，司法権が現行法の合理的拡張解釈により違憲状態の解消を目指すことは，全く許されないことではない」として，3条1項の「対象には日本国民である父親による生後認知を受けた非準正子も含まれる」という拡張解釈を採るのである。

　合憲拡張（補充）解釈の手法については学説においても必ずしも十分に検討が行われているとは言えないものの，さしあたり，具体的状況に照らして，立法府がある特定の内容の規定を選択する高度の蓋然性が認められるなど，立法的選択肢が事実上1つに絞られているような場合には，立法権の司法的簒奪とまでは言えないと考えられる[25]。本件の場合にはほかに合理的な選択肢はないという藤田裁判官の意見には聴くべきものがあり，今後の合憲拡張解釈の手法の展開に重要な意義を有すると言うことができよう。

　本件におけるような柔軟な救済方法の妥当性を検討するに当たっては，次のような考慮も重要であろう。すなわち，今井裁判官が，裁判所が国籍法の「合憲的解釈として，非準正子について国籍取得を認めたからといって，今後，国会がその裁量権を行使して……憲法に適合する要件を定める新たな立法をすることが何ら妨げられるものでない」と指摘し，藤田裁判官も，このような解釈に「国家公益上の見地から著しい不都合が存するというのであれば，立法府としては，当裁判所が行う違憲判断に抵触しない範囲内で，これを修正する立法に直ちに着手することが可能なのであって，立法府と司法府

---

[25]　常本・前掲注3)75頁。

との間での権能及び責務の合理的配分については，こういった総合的な視野の下に考察されるべき」と述べているように，最高裁の憲法解釈については，国会は憲法改正によらない限り対抗することができないが，法令解釈に対してはその前提となっている憲法解釈の枠内において法改正等による対応ができるのであって，その反面として裁判所はその違憲無効判決につきものの民主的正統性の問題を回避しつつ，踏み込んだ法令解釈によって具体的妥当性を有する実質的な人権救済を行うことができるのである。このような観点に立てば，多数意見や藤田意見は，最高裁と国会の関係をダイナミックな対話的関係としてとらえ，それによって柔軟かつ創造的な人権救済の途を開くものとしても注目されるのである[26]。

V．本判決の影響

本判決後，国会は，国籍法3条1項から準正要件を外す旨の法改正を行った（平成20年法律第88号）。これによっても，日本国籍を有する父による胎児認知子と生後認知子の間には，国籍を出生により当然に取得するか届出により取得するかの区別が残ったが，これについては，「『国籍の浮動性防止』の要請とともに，生後認知子の意思の尊重という点からも，このような差異が生じることには，なお合理性がある」[27]と言われる。

また，本判決が非嫡出子に関する区別に対して違憲判断を示したことから，民法900条4号ただし書にかかる平成7年決定への影響に関心が持たれることがある。同決定が生来の嫡出子と非嫡出子との区別の合憲性を正面から扱っているのに対し，本件ではあくまでも非嫡出子の中での準正の有無による区別が問題とされていることから，当然に判例変更が予想されるとは言えない。しかし，本件多数意見が理由付けの中で非嫡出子差別に関する国内外の社会的環境等の変化を引証していることなどに照らすと，多数意見を構成する裁判官が非嫡出子に対する差別的取扱いの合理性に対して疑念を有していることは否定できないであろう。

---

[26] 佐々木雅寿「法の下の平等と刑事規制に関する日仏比較」北大法学論集59巻5号（2009年）172頁，191頁。

[27] 佐野寛「国籍法違憲判決と国籍法の課題」ジュリ1366号（2008年）85頁，91頁。

最高裁においては，その後，第二小法廷が平成7年決定を引用するのみで900条4号ただし書が違憲ではないとしたが[28]，多数意見は国籍法判決で反対意見を書いた古田裁判官のほか，同判決以降に就任した中川了滋裁判官及び竹内行夫裁判官で構成されており，しかも，竹内裁判官は，同規定は違憲の疑いが極めて強いが立法的改正を待つべきだとの補足意見を付している。他方，国籍法判決で補足意見を書いた今井裁判官は，違憲とする反対意見を書き，法制審議会による900条改正の「答申以来十数年が経過したが，法律の改正は行われないまま現在に至っているのであり，もはや立法を待つことは許されない時期に至っている」と指摘した。平成22年7月には同種事件が大法廷に回付されたため，大方の注目が集まったが，その後裁判外の和解が成立し，憲法判断を経ることなく訴訟が終結した[29]。

　なお，国籍法判決を引用する下級審としては，平成23年8月24日の大阪高裁決定[30]が，900条4号ただし書を裁判により違憲無効とすると法的安定性が大きく害されるという指摘もあるが，すでに「非嫡出子が少数者として民主過程における代表を得難いことが明らかになった」と言えるから，違憲判断を避けるべきではないとしているのが注目される。

---

28) 最決平成21・9・30判時2064号61頁。
29) 最決平成23・3・9民集65巻2号723頁。
30) 大阪高決平成23・8・24金判1382号40頁（確定）。

政教分離原則の現況
―― 空知太神社判決を受けて

西村枝美

> I．事例の類型化――条文の組合せの個性
> II．空知太神社最判の問題提起

　空知太神社最判は，津地鎮祭最判の判断枠組みを用いていない。とはいえ，空知太神社最判以前の最高裁判決の中にも，一見，津地鎮祭最判の判断枠組みを用いてはいるものの，その適用に際しては，空知太神社最判と同程度に津地鎮祭最判から乖離していたものがあることからすると，空知太神社最判のみが判断枠組みとその適用を変質させているとも言いがたい。

　この事態を整理するため，まず，これまでの最高裁判決[1]の事例の類型化を行う。そして，これらに共通する判断枠組みの適用方法を整理し，最後に空知太神社最判により，いままでと何が変更されることになりそうかについて提示する[2]。

---

1)　本稿で対象としている最判は，津地鎮祭訴訟・最大判昭和52・7・13民集31巻4号533頁，自衛隊員合祀訴訟・最大判昭和63・6・1民集42巻5号277頁，稲荷神社参道補修訴訟・最判昭和63・12・16判時1362号41頁，大阪地蔵訴訟・最判平成4・11・16判時1441号57頁，箕面忠魂碑・慰霊祭訴訟（ただし事例の類型化の際には前者と後者の事件を区別する）・最判平成5・2・16民集47巻3号1687頁，愛媛玉串料訴訟・最大判平成9・4・2民集51巻4号1673頁，箕面遺族会補助金支出等訴訟・最判平成11・10・21判時1696号96頁，主基斎田抜穂の儀参列訴訟・最判平成14・7・9判時1799号101頁，大嘗祭参列訴訟・最判平成14・7・11判時1799号99頁，即位礼正殿の儀参列訴訟・最判平成16・6・28判時1890号41頁，空知太神社訴訟・最大判平成22・1・20民集64巻1号1頁，富平神社訴訟・最大判平成22・1・20民集64巻1号128頁，白山ひめ神社訴訟・最判平成22・7・22判時2087号26頁，空知太神社差戻後上告審・最判平成24・2・16民集66巻2号673頁。これに対してエホバの証人剣道受講拒否訴訟（最判平成8・3・8民集50巻3号469頁）は対象から外す。争点の中心が退学処分という個人の権利侵害の問題にあり，政教分離原則の論点はこれに対する抗弁としての位置づけにとどまるため，上記の諸判決のような客観法レヴェルでの国家と宗教との関係での論点と性質が異なるからである。

Ⅰ. 事例の類型化——条文の組合せの個性

　事例の類型化[3]を行う際に，最高裁判決にて用いられている条文に注目する。津地鎮祭最判により定立された判断枠組みでの焦点は20条3項で禁止された「宗教的活動」にあたるかどうかであるはずだが，津地鎮祭最判も含めて，結論部分で動員されている条文はこれ1つとは限らないからである。パターンとして，①89条と20条1項後段のペア，②20条3項と89条のペア，③20条1項後段，20条3項そして89条の3つすべて，④20条3項，⑤89条，がある。これらの条文の使い分けの背景には，宗教とのかかわり合いが継続するのか単発なのか，宗教へ接近するのか離れるのか，国家の活動には主たる世俗的要素があり宗教とのかかわり合いはそれに付随して生じただけなのかそうではないのか，といった複数の違いが同時並行的に働いていると思われる。このうち，政教分離原則領域の2つの違憲判決，愛媛玉串料最判と空知太神社最判を区別する指標となる，継続か単発か，を分類軸の1つにして整理してみよう。

1. 法的関係が継続する場合

　①を空知太神社最判は用いたが，①は過去にも④と切り離されて扱われたことがある。①が「宗教団体」「宗教上の組織若しくは団体」に関わる規定であるので，宗教的活動を本来の目的としない団体（以下「非宗教団体」という）は，たとえ会員の要望により時として宗教的活動を行うことがあっても，①の対象とはならない，という形で，である[4]。①は，適用に際して，

---

　2)　本稿は判例解釈に徹するが，そもそも政教分離原則においては，制度，共同体，個人，それぞれに国家とのかかわり合いが問題になるはずであるものの，判例におけるこれらの区別の曖昧化，制度の次元に関わる憲法20条1項の存在感のなさ，に疑問を呈するものとして，林知更「『国家教会法』と『宗教憲法』の間——政教分離に関する若干の整理」ジュリ1400号（2010年）83頁以下。また憲法が要請するのは政教「分離」原則だったのかにつき，山本龍彦「政教分離と信教の自由」南野森編『憲法学の世界』（日本評論社，2013年）205頁以下。

　3)　判例を時系列ではなく，事例類型に基づき整理する，高橋和之『立憲主義と日本国憲法〔第4版〕』（有斐閣，2017年）199頁〜202頁。

　4)　箕面忠魂碑最判，箕面遺族会補助金支出等最判。

入口段階で対象を絞ってしまうペアなのである。宗教的活動を本来の目的とする団体（以下「宗教団体」という）への公金支出・公の財産利用提供（以下「公金支出等」という）の事件は，津地鎮祭訴訟以降の最高裁判決では，愛媛玉串料訴訟，空知太神社訴訟，富平神社訴訟に限られている。しかし，これら津地鎮祭訴訟を含めて4つの事件のうち，①が使われたのは，空知太神社最判だけである。今後，どういった事例に①を用いるべきか。解釈の手がかりは，同日に出された富平神社最判と，空知太神社差戻後上告審である。前者は，②を用いた。後者は，①を用いた。富平神社訴訟も空知太神社訴訟と同じく，神社への市有地無償貸与が絡む事件ではあるが，富平神社訴訟は，それを解消するために土地を自治会へ無償譲渡した事件，空知太神社訴訟は，解消することなくそれを継続していた事件である。両者の違いとして，作為（かかわり合いの解消）と不作為（かかわり合いの解消をしない），があるものの，他方で，空知太神社差戻後上告審（違憲状態にあるかかわり合いを解消するために賃貸契約という作為あり）でも，依然として①が用いられたため，不作為かどうかが①と②の区別の鍵ではない。ならば，もう1つの違いとして，法的関係の継続性，という要素が残る。富平神社訴訟の事件では無償譲渡という単発の行為である。空知太神社訴訟の事件では，無償貸与にせよ，賃貸契約にせよ，法的関係が継続している。他方，愛媛玉串料最判で用いられたのも②であることから，単発の行為が数年にわたって行われるだけでは①にならない。したがって，公金支出等を伴う法的関係が継続している事例では，①が問題になる。

　では，市有地の無償貸与，という点で空知太神社訴訟と類似性がある箕面忠魂碑訴訟や大阪地蔵訴訟は，仮に今後起こされたら①になるか。違う。①は宗教団体との関係が問題になる場合，である。遺族会や町内会が無償貸与の相手方である場合，これらの団体は宗教団体ではない，というそれだけで，前述したとおり①では問題にできなくなる。これは，非宗教団体が宗教性の問われる施設を管理しているとしたら，その部分が①では問題にできないことを意味する。このような部分，すなわち国家のかかわり合いの直接の相手方が非宗教団体であった場合で，かつそれ以外の要素で政教分離原則違反が問われる場合は，④が引き受けてきた[5]。したがって，①が用いられる場合以外に法的関係の継続性が問題になる場合は，④が中心となる（①は用

いられないことを前提に④が中心となる)[6]。

2. 単発の行為である場合

　次に，単発の行為が問題になる場合であるが，これまでの最高裁判決は，宗教団体への公金支出等を伴う形での単発の行為と宗教団体がかかわり合いになっていない単発の行為[7]とに分けられる[8]。後者の場合，④が用いられる。問題は前者の場合である。津地鎮祭訴訟，愛媛玉串料訴訟，富平神社訴訟はここに分類されるが，一番前が③，後ろ2つが②，と，用いられた条文が異なるからである。このずれを解釈する手がかりは，富平神社訴訟のみがこれまで継続していた法的関係（しかも①に反するおそれと，判決理由中も言及あり）を解消するための行為が問題となっていること，②と③を分ける条文である20条1項後段について，津地鎮祭最判において問題になった起工式は同条項の禁止する特権付与に該当しないが空知太神社最判において問題となった無償貸与は該当すると最高裁判所が判断しているということ，空知太神社最判は20条1項後段の特権付与の禁止を財政面から確保するものとして89条を位置づけ，89条を中心に検討し，89条違反が20条1項後段違反に連動する方式を採ったこと，そして愛媛玉串料最判が理由中20条1項後段に言及するものの結論ではこの条文を用いなかったこと，である。これらを踏まえると，宗教団体が絡んでいるこの事例類型で合憲とする場合にはすべての条文の点検を経ることが必要であるから③を基本とするが，かかわり合いを解消する方向への行為に，特権付与禁止という20条1項後段を問うことはちぐはぐであることから，その行為が問題になる場合については例外的に③のうち20条1項後段だけが省略される，ということであろう。また，空知太

　5）　髙橋・前掲注3）201頁。

　6）　ただし，さらに細分化するならば，箕面忠魂碑訴訟では遺族会の宗教団体性が争われたのに対して，大阪地蔵訴訟では町内会が宗教団体という主張は原告からもなされていないため，前者では①と④，後者では④と⑤で最高裁は判断している。

　7）　箕面慰霊祭最判，主基斎田抜穂の儀，大嘗祭，即位礼正殿の儀，各参列についての最判，および白山ひめ神社最判。これらは公金支出はしているが，この参加のための必要経費であり，宗教団体に渡したわけではないので，訴訟形式との関係で，参加の態様が争点となる。

　8）　これ以外に，「宗教団体との公金支出等を伴わないかかわり合い」がありえ，自衛隊員合祀訴訟がここに分類できるものの，宗教団体との関係が「間接的」という点で政教分離原則の判例から外れてしまった事例であるので，この事例類型の最高裁判決はまだないといってよい。

268

神社最判を応用すれば，単発の行為であっても公金支出等が主たる問題になる場合，例えば国公有地を特定宗教団体に何ら世俗的必然性もないのに無償譲渡（返還でも世俗的理由からの換地でもなく）することは20条1項後段にも抵触しうるが，愛媛玉串料最判のような単発の行為では20条1項後段の禁止する特権付与にはなお至らないことから，こうした事件で違憲と結論するに際しては抵触しない憲法条文への言及は省略されるということではないか。

最後に⑤であるが，稲荷神社参道補修最判がこれにあたる。上述したとおり，富平神社最判が②であり，箕面忠魂碑最判が④を中心としていたことからすると，⑤は，国家の世俗的な公金支出等により，宗教団体が管理する宗教施設への便益があくまで付随的に生じる場合，20条3項は省略され，89条のみが問題となる，ということであろう。

3．小括

これまでの最高裁判決の事例の類型化を，用いられる条文に応じて行えば，(1)宗教団体との公金支出等を伴う法的関係の継続（①），(2)非宗教団体との法的関係の継続（宗教団体ではないことを確認した上で④），(3)宗教団体との公金支出等を伴う単発のかかわり合い（基本は③，場合によって②），(4)非宗教団体との単発のかかわり合い（④），(5)世俗的公金支出等に付随して宗教団体ないしそれが管理する施設に影響が及ぶ場合（⑤），となる。

この用いられる条文のばらつきをどのように理解すればいいのだろう。

憲法との関わりで判断しなければならないのは，1つの認定事実に対して国家と宗教とのかかわり合いが違憲かどうかという二者択一（訴訟類型ごとの違法判断を行うためのいわば前提）だけであり，複数の憲法条文に違反すればするほど賠償額が上がったり刑罰が加重されたりする関係にはない。したがって，実は津地鎮祭最判時点から，特定の憲法条文に反するかどうかよりも，事例類型に対応しての，「かかわり合いが相当とされる限度を超えているかどうか」を判定することが主眼だったのだとすれば[9]，事例に応じて関連する条文を融合させる解釈も許容されよう。

II. 空知太神社最判の問題提起

　条文の組合せの多様性に比して，上記事例類型の(2)(3)(4)は，判断枠組みとして津地鎮祭最判のそれを一貫して用いてきたが，事例類型(1)だけが，空知太神社最判により独自の判断枠組みを定立してここから抜け出した[10]。これについては空知太神社最判だけがなぜ独立したのかを問うより，むしろ，そもそも(3)の類型の判断枠組みを(2)(4)にも用いてよかったのかを問うたほうがよい。現に，(5)は津地鎮祭最判の判断枠組みを用いていないし，(3)に属する津地鎮祭最判と，(2)，そして(4)に属する最判で，判断枠組みの適用の仕方が異なっているからである。

　したがって，空知太神社最判の解釈上の意味は，(1)の類型の判断枠組みを(2)(3)(4)から独立させたこと，だけではなく，判断枠組みの事件への適用の仕方についての問題提起も含んでいるとみるべきだろう。それは何か。

1. 共通する適用の仕方

　まず，政教分離原則領域に共通する判断枠組みの適用の仕方を確認しておこう。未知の事例に対して判例に即した判断を行うために，過去の事例を解釈する際に，重要なことは3つだけである。それは，考慮要素の抽出，比較衡量をしない，「一般人」の用い方，である。

(1) 考慮要素の抽出

　まず，考慮要素の抽出であるが，この際，津地鎮祭最判の判断枠組みにおいて列挙されている考慮要素は，すべての事例類型に対応したものではない

---

9) 空知太神社最判後この方向へと展開することを予測する，安西文雄「政教分離と最高裁判所判例の展開」ジュリ1399号（2010年）63頁，林・前掲注2)85頁，土井真一・セレクト2010〔Ⅰ〕（法教365号別冊付録）3頁。

10) 空知太神社最判の判断枠組みを「かなり抽象度の高い，汎用性のある一般的基準を提示している」とする，清野正彦「判解」曹時63巻8号1921頁。なお，空知太神社最判の89条と，愛媛玉串料最判における89条の判断基準との関係であるが，愛媛玉串料訴訟と空知太神社訴訟とは別の事例類型に属する（事例類型(3)と(1)）上に，事例類型(1)は最高裁においてそれまで争われたことがなかったため判例変更は伴わない。

ので，実質的に参照すべきは同じ事例類型の先例である。事例類型(2)の場合であれば，考慮要素は，法的関係を持つ相手方の団体の性格，法的関係の対象となっている施設の性格，法的関係が生じた経緯，の3つであり，事例類型(4)では，問題となっている国家行為の目的，国家が関わった式典等の性格，国家が式典等で行った行為の方式や発言，の3つ，である（この時点ではかかわり合いの対象の性質，経緯，国家行為の性質等の各考慮要素を確定するだけであり，かかわり合いについて目的効果の観点からの法的評価はしない）。

各事例類型に即した考慮要素の抽出と事実認定に際して，判例は，国家があくまで直接関わっている式典等や団体の性格のみを対象としており，国家の行為の背景全体から判断していない（自衛隊員合祀最判や白山ひめ神社最判参照）。また，考慮要素1つひとつの性格を判断する際（この段階では総合考慮はしない），人によってはその考慮要素に宗教的感情を抱いている場合があることをもって判断するのではなく，国家がその考慮要素との関係で特定の宗教とどのように関わっているかをもって判断する（箕面忠魂碑・慰霊祭最判の園部逸夫裁判官の補足意見参照）。これら考慮要素が1つでも世俗的性格であるとならなかった場合にどうするか（事例類型(1)(3)は，常にそうなる事例である。なぜなら，宗教団体が相手方になっているからである）。

考慮要素が宗教性ありとなった場合に，直ちに違憲とはならないのが判例である[11]。その場合，共通して登場する考慮要素がある。「一般人」の評価である。この「一般人」の評価は，判断枠組みにおいて言及されるときには他の考慮要素と並列の扱いなのだが，適用部分では，宗教性が消えなかった考慮要素に対して向けられる，という特殊な地位にある。そうした宗教性がある考慮要素と国家がかかわり合いを持つことを一般人は目的や効果の観点からどのように評価するのか，という形で，である。したがって「一般人」の評価は考慮要素に宗教性が残った事例でのみ登場する。最高裁では，津地

---

11) これと異なる考え方として，1つは，宗教性があれば即違憲とする考え方（習俗的行事化していてもなお宗教性があれば，憲法20条3項に反するとした，津地鎮祭最判の藤林益三裁判官ほか4名の反対意見），もう1つは，宗教性のない代替手段を検討し，同程度の世俗的代替手段があるならば憲法違反とする考え方（愛媛玉串料最判の尾崎行信裁判官の意見）である。

鎮祭最判，愛媛玉串料最判，空知太神社最判だけで用いられている[12]。

　これらのことから，すべての事例類型に共通して，適用の仕方が2段階に実質的に区別できる。第1段階では，考慮要素を抽出（事例類型ごとに考慮要素は異なる）した上で，それぞれの性格の事実認定，そしてこの段階ですべての考慮要素が世俗的であるとの認定がなされれば，かかわり合いが「相当とされる限度を超えていない」ので合憲と結論，逆に，考慮要素に1つでも宗教性があれば，第2段階に移行し，「一般人」の評価によりその宗教性がある考慮要素と国家とのかかわり合いにつき，社会通念に従って判断する，という段階になる[13]。

(2)　比較衡量はない

　各考慮要素に宗教性がありとされた場合に，直ちに違憲とはならずに，その考慮要素に対する「一般人」の評価が始まる第2段階に移行するのが判例である（津地鎮祭最判であれば，宗教的儀式それ自体および宗教的儀式と国家がかかわり合いを持つことについて「一般人」の評価が向けられている。かかわり合いの相当性についての評価は目的効果の観点から行われる）。

　しかし，ここで強調しておかなければならないのは，第2段階になった事例で，合憲となったパターンは，これまで1つしかない，ということである。津地鎮祭最判のように，習俗化した社会的儀礼となっている場合，である。つまり，一般人の評価により宗教的意義を消すことによってしか，合憲

---

[12]　富平神社最判では「一般人」が用いられていないが，この事件は，政教分離そのものの事例というよりその分離方法の適切性が争われ（解消される前の無償提供行為の継続については「一般人」登場），その分離方法については，法律により複数無償提供されている同質の先例があり，適法であることに争いがないことから，かかわり合いの法的評価に「一般人」が不要であったことによる。なお，その法律の憲法89条との適合性については，最判昭和49・4・9判時740号42頁。

[13]　判例の審査手法を「かかわり合い」審査とその「かかわり合い」の正当化の2段階に分ける渡辺康行「政教分離規定適合性に関する審査手法──判例法理の整理と分析」季刊企業と法創造9巻3号（2013年）54頁以下。この渡辺による2段階区分は，確かに，津地鎮祭最判を踏襲する場合の構造に沿ってはいるが，それでも事例によっては「かかわり合い」審査に相当する記述がないものがあること（それにもかかわらず正当化部分に相当する記述があること），空知太神社最判における立論の配列の変更をくみ取れないこと，から，本稿では別の観点（考慮要素の事実認定が第1段階，かかわり合いの相当性が法的観点から審査されるのは第2段階に移行した事例だけである）からの2段階を区分した。

となるルートはないのである。他の領域できわめて一般的な，比較衡量は，政教分離原則領域には存在しない。宗教的意義を消さないまま，世俗的な公益と，宗教性を衡量し，世俗的公益の重要性を説くことによって合憲となった事例はない。空知太神社最判は，世俗的な公益との比較衡量を明確に拒否した[14]。

(3) 「一般人」の用い方

さて，「一般人」の用い方である。この「一般人」という考慮要素の解釈が事例を通じて不安定である。したがってこの部分についての津地鎮祭最判の射程を見極めることが必要である。

津地鎮祭最判は，「一般人」を媒介に，国民の「宗教意識の雑居性」を持ち込んで，考慮要素の宗教性を「慣習化した社会的儀礼」に変えてしまうという，国家と宗教とのかかわり合いにまといつく宗教性の否定のルートを設けたかにみえる。しかしながら，考慮要素の宗教性を否定するために，やみくもに「国民は宗教意識の雑居性があるので，一般人は宗教と思わない」と主張するのは，実は津地鎮祭最判からも逸脱している。津地鎮祭訴訟はあくまで建築の着工に際しての起工式という世俗的行事に，地鎮祭という宗教儀式を採用する，という，世俗性と宗教性が混在した事例[15]であるからである。主となる世俗的行事が一切ない愛媛玉串料訴訟のような事件でなお，宗教意識の雑居性に依拠することはできない。

他方，国家と宗教とのかかわり合いにベースとなる世俗的行事等がなく，宗教的性格の行事等しかない事例での，「一般人」の用い方は，事例類型によって異なる。空知太神社最判では，宗教とのかかわり合いが「特定の宗教に対して特別の便益を提供し，これを援助していると評価」されるかどうかの視点として用いられている。他方，愛媛玉串料最判は，一般人に「他の宗教団体とは異なる特別のものであるとの印象」を引き起こすかどうかに着眼

---

14) これに対して，小学校増設に伴う土地の寄附という世俗的要素について審理を尽くすべきとして，差戻しという結論には賛同するが，憲法適合性判断部分について賛成しない，との意見が甲斐中辰夫裁判官ほか3名から出されている。

15) 空知太神社最判の藤田宙靖裁判官補足意見での，宗教性と世俗性との同居ゆえに目的効果基準が機能してきた事例とは，この意味であると解釈した。

している。新たな事例を判断する際には，法的関係が継続している場合と，単発の行為である場合とで，判例の「効果」の認定方法が違うことに注意し（便益と印象），事例類型がいずれであるのかによって，一般人の観点からみた効果の判定の仕方を変えるべきであろう。

（4）応用

上記のことを確認するために，1つ事例を想定しよう[16)17)]。宗教団体の宗教行事に，国家機関（総理大臣，首長等）が参加，ただし，私費で，かつ，当該宗教儀式の形式による拝礼はしなかった場合，である。「私費」である場合，裁判所に的確にこれを問題にできる訴訟類型が存在せず，この事例類型についての最高裁判決は存在しないが，事例類型(3)から89条を除いた事例である。この事例の場合，宗教団体という考慮要素が別途あるため，国家自身が宗教儀式の形式に則した行為を行わなかったという考慮要素により，「一般人」の評価が必要な第2段階に移行することは阻止できない。第2段階では，世俗性と宗教性が混在する場合にはその参加が社会的儀礼となる可能性があるが，宗教的儀式のベースとなる世俗的行事がなければ，違憲である。この事例は違憲である。

2. 目的効果の位置づけ

以上を踏まえた上で，空知太神社最判の特徴を検討する。この最判の「目的効果基準」の用い方には3つ特徴がある。1つ目は，一般人の観点からの評価は行われているが，考慮要素の判断が終わった後の総括部分（「以上の

---

16) 長谷部恭男『続・Interactive憲法』（有斐閣，2011年）125頁以下にて，考慮要素の下調べもせずB准教授に質問に行き，いなされたD君の事例ならば，稲荷神社の管理者の性格により事例類型(1)(2)のいずれかになり，(2)ならば，主たる争点は，大阪地蔵訴訟における宗教団体の管理していない地蔵のように，稲荷の宗教性が希薄と言えるかである。

17) 宍戸常寿『憲法 解釈論の応用と展開〔第2版〕』（日本評論社，2014年）118頁以下での設問(1)(2)を，判例そのままに立論するならば，設問(1)は事例類型(4)であり国の行為形式が宗教的形式に則ったものであれば違憲の可能性が高い。なお，1つの宗教ではなく，相手方により2つの宗教の形式を併用しているものの，これが客観訴訟であること，および，箕面忠魂碑・慰霊祭訴訟での慰霊祭参列の市長の抑制ぶり，を念頭に置けば，これで宗教性を緩和できるかは疑わしい。設問(2)は事例類型(5)であり，Y市に当該宗教を振興させたいといった隠れた目的が別途認定できる，といった要素がない限り合憲である。

諸事情を総合的に考慮して判断」[18]する部分）に目的効果基準が登場しないこと，2つ目は，判断枠組みにおいて目的効果基準に言及がないこと，3つ目は，一般人の評価に際して効果基準の判断しかしていないことである。

　まず，1つ目の特徴についてであるが，そもそも津地鎮祭最判の判断枠組みで，個別の考慮要素を評価する部分で一般人の観点から目的効果を判断した上で，さらに，総括部分でもう一度目的効果に言及するのには意味がある。津地鎮祭最判の判断枠組みでは，目的効果基準が，憲法20条3項の「宗教的活動」の文言解釈としての位置づけを持たされているからである。この条文の文言に反しているか判断している以上，総括部分にて目的効果基準に言及するのは当然である。他方，空知太神社最判は総括部分で目的効果基準に言及しておらず，さらに白山ひめ神社最判でも総括部分での言及は行われていない。このことからすると，この目的効果基準が言及される位置の変更は，目的効果基準が特定の憲法の文言解釈としての地位を失ったことを示唆する。これは，今後，憲法適合性判断が，特定の憲法の文言に違反しているかどうか，の解釈ではなく，複数の条文を組み合わせた事例類型ごとの国家と宗教とのかかわり合いの判断に移行することに伴うものではないか。

　2つ目の特徴については，空知太神社最判の判断枠組みにおいて，かかわり合いの「相当とされる限度」を超えているかどうかについて判断する基準が指定されていないことから，この判断に際して，目的効果基準以外の基準を用いる可能性に開かれたようにみえる。しかし，例えば，比例原則を代わりに用いることができるか想定した場合，比例原則もある意味で目的と効果を斟酌している一方で，客観法違反を問題にしており名宛人がおらず比較衡量をしない政教分離原則の領域に沿うように比例原則を軌道修正する必要性があることからすると，結果として目的効果基準と似通った基準になるのではないか。それならば先例と完全に異なる解釈基準が今後登場する必要性は低い。ただし，3つ目の特徴を考え合わせると，判断枠組みにて目的効果基準に言及しなかったことに戦略的意図も感じる。

　その3つ目であるが，空知太神社最判は，一般人の評価として「効果」についてしか判断を行っていない。確かに判決理由中「目的」にも言及はある

---

[18]　津地鎮祭最判の表現。事件により若干表現は異なる。

が，事実認定を経緯の説明のために繰り返しただけであり，無償貸与によって生じている「かかわり合い」の「目的」としての一般人による評価を別途することはしていない[19]。これは重要である。判断基準が，「目的効果」というワンセットではなく，「目的」基準，もしくは「効果」基準という別個の基準として扱われ，当該事件で問題になっているかかわり合いを判断するのに適した基準のみで判断する手法を採用したことを意味するからである。目を転じて，行政法の一般的な裁量統制基準ならば，目的拘束原則と考慮不尽・他事考慮禁止[20]とは別の基準であり，すべての事例で同時に登場するわけではない。目的効果基準とは，こうした行政裁量統制基準を「宗教」の観点に特化して応用しているものであるとみれば（宗教的目的を持てば常に目的外考慮で裁量権逸脱。特定宗教を振興・弾圧することになれば考慮すべきことを考慮しておらず裁量権濫用。ただし問題になっている国家機関は法律により授権された裁量行為とは限らない），常に目的基準と効果基準の両方を判断しなければならないわけでもあるまい。この解釈が意味するのは，事例類型に即して基準が多様化する可能性である。レモン・テスト[21]の3番目の基準，「過度のかかわり合い」は，もともとの事例からして，目的基準や効果基準とは異なる要素を問題にしており，津地鎮祭訴訟のような単発の行為に対してではなく，事例類型(1)(2)のように法的関係が今後継続することを想定した場合に活きる基準である可能性があることも踏まえると，事例類型に即した基準が今後それぞれ構築されることになることをむしろ推奨すべきだろう。

---

19) 目的基準判断をしなかった理由につき，清野・前掲注10)1934頁〜1935頁。これに対し，レモン・テストの目的基準の判断方法，基準としての比重につき，長谷部恭男「判批」憲法百選Ⅰ〔第6版〕（2013年）112頁，長谷部・前掲注16)130頁。

20) 周知の基準であるため，さしあたり，原田大樹『例解 行政法』（東京大学出版会，2013年）19頁，65頁〜66頁。

21) これについては，芦部信喜『宗教・人権・憲法学』（有斐閣，1999年）37頁以下等。またレモン・テストを用いた事例が法律の合憲性審査に関わるものであり，事実行為が問題になっている日本の事例と文脈が異なることを指摘する，大石眞『憲法講義Ⅱ〔第2版〕』（有斐閣，2012年）166頁。

3. 小括

　空知太神社最判は，条文の文言解釈から事例類型に対応した国家と宗教とのかかわり合い解釈へ，さらには目的効果基準から事例類型に対応した判断基準の構築へ，と移行すべく，これまでの判例を受け継ぎつつ仕切り直しを試みたものである。今後，目的効果基準の形式的適用からの離脱と事例類型ごとの判断枠組みの定立（とりわけ新しい事例類型での判断に対しては）が求められよう。

「日の丸・君が代訴訟」を振り返る
―― 最高裁諸判決の意義と課題

渡辺康行

        I．はじめに
       II．ピアノ判決再読
   III．ピアノ判決以降の下級審判決と起立斉唱判決
   IV．ピアノ判決以降の下級審判決と懲戒処分判決
        V．むすびにかえて

I．はじめに

 本稿が「日の丸・君が代訴訟」として考察の対象とするのは，公立学校における卒業式や入学式に際して，国旗に向かって起立し，国歌を斉唱すること，国歌斉唱に際してピアノ伴奏することなどを，職務命令によって教職員に義務づけることの合憲性，およびそうした職務命令に違反した教職員になされた懲戒処分や再雇用拒否等の不利益措置の合法性などが争われた訴訟である[1]。最高裁の判決としては，ピアノ伴奏を命ずる職務命令の合憲性に関して，最高裁2007（平成19）年2月27日第三小法廷判決（民集61巻1号291頁〔以下では「ピアノ判決」という〕）があり，起立斉唱についての職務命令の合憲性に関して，最高裁2011（平成23）年5月30日第二小法廷判決（民集65巻4号1780頁〔以下では「起立斉唱判決」という〕）を始めとする一連の判決があった[2]。また職務命令違反に対する懲戒処分の適法性に関しては，最高裁2012（平成24）年1月16日第一小法廷判決（判時2147号127

---

 1) かつては，国旗・国歌に対する積極的な反対行動を理由とする懲戒処分などを争う事例が多かった。一覧として，森英明「判解」最判解民事篇平成19年度（上）146頁以下。それに対して近年では，不起立不斉唱など消極的な行為を理由とする懲戒処分などを契機とした事件が多くなっている。本稿は，この類型の事案に関する判例を検討の対象とする。

頁①事件，②事件〔以下では「懲戒処分判決」という〕）が出た。さらに，国歌斉唱などの義務不存在確認等を求めた訴訟（以下では「予防訴訟」という）に関して，最高裁2012（平成24）年2月9日第一小法廷判決（民集66巻2号183頁）がある。しかしこの判決は，行政訴訟法上の論点について主に判断しているため，本稿では対象外とする。

これらの判決は社会的に大きな反響を呼び，学界でもさまざまに論じられてきた。また本稿筆者も，たびたび論ずる機会があった[3]。本稿は，「日の丸・君が代訴訟」に関する最高裁判決がほぼ出そろった現時点において，それぞれの判決を再読し，相互の関係等を分析するものである。その際には下級審判決の動向にも目を向けることによって，最高裁判決の意義を文脈のなかで理解したい。このような考察を通じて，最高裁判決に対する「建設的批判」（執筆依頼より）を試みることが，本稿の目的である[4]。

II. ピアノ判決再読

1. ピアノ判決以前の下級審判決の動向

（1）　最高裁でピアノ判決が出される前の時期における下級審判決の代表例は，同事件に関する1・2審判決である。これらの判決の論理は，こうである。「人の内心領域における精神的活動は外部的行為と密接な関係を有す

---

2) 最高裁の各法廷で，ほぼ同じ趣旨の判決が出た。その一覧として，渡辺康行「憲法判例の動き」平成23年度重判解（ジュリ1440号）3頁。本稿では，皮切りとなった第二小法廷判決から判旨を引用する。最三小判2011（平成23）・6・14民集65巻4号2148頁については，渡辺康行「判批」セレクト2011［I］（法教377号別冊付録）10頁。

3) 渡辺康行「『思想・良心の自由』と『国家の信条的中立性』(1)」法政研究73巻1号（2006年）1頁（①論文），同「公教育における『君が代』と教師の『思想・良心の自由』」ジュリ1337号（2007年）32頁（②論文），同「職務命令と思想・良心の自由」ひろば61巻1号（2008年）60頁（③論文），同「職務命令および職務命令違反に対する制裁の措置に関する司法審査の手法」法政研究76巻1・2号（2009年）1頁（④論文），同「憲法訴訟の現状」法政研究76巻1・2号（2009年）33頁（⑤論文），同「『思想・良心の自由』と『信教の自由』」樋口陽一ほか編『国家と自由・再論』（日本評論社，2012年）133頁（⑥論文）など。これらの拙稿は，三段階審査の枠組みを用いて判例を分析したものである。この試みは，最高裁の結論には影響を与えなかったものの，判決の論理構成の明確化には一定の寄与をしたように思われる。

4) 本稿では，紙幅の余裕がないため，諸判決に関する事案の紹介は省略し，主に扱う最高裁判決の多数意見については，引用頁も割愛する。

る」から,「『君が代』を伴奏することができないという思想・良心を持つ原告に『君が代』のピアノ伴奏を命じることは,この原告の思想・良心に反する行為を行うことを強いるものである」。しかし,「地方公務員は,全体の奉仕者であって」,「思想・良心の自由も,公共の福祉の見地から,公務員の職務の公共性に由来する内在的制約を受ける」。つまり,職務命令は原告の思想・良心の自由を制約するが,その制約は正当化される,という論理である5)。

(2) しかしこの時期には,これとはかなり異なった判決もあった。1つは,「北九州ココロ裁判」に関する,次のような福岡地裁判決である。①学習指導要領のなかの入学式などに際する国旗・国歌の指導に関する定めは,大綱的基準ではなく細目に当たるため,法的拘束力はない。②「君が代を歌えないという考えは,個人原告らの人間観,世界観と直接に結び付くものではな」い（つまり保護領域に入っていない）。したがって,起立斉唱の職務命令は憲法19条に違反しない。③北九州市教育委員会が同市立学校の校長に対してした起立斉唱に関する指導は,旧教育基本法10条1項の「不当な支配」に当たる。④原告らに対して戒告処分をすることは,裁量権の濫用ではない。しかし,減給処分は裁量権の濫用として違法である6)。憲法上の権利ではなく,「不当な支配」の禁止という客観法に対する違反を認めた上で,減給処分を違法とする,珍しい判断であった。

もう一例は,予防訴訟に関する東京地裁判決である。憲法にかかわって注目できる判示は,こうである。①「宗教上の信仰に準ずる世界観,主義,主張に基づいて」起立斉唱ピアノ伴奏を拒否する者がいるため,教職員に対し,一律にそれらを義務づけることは,「思想・良心の自由に対する制約になる」。②学習指導要領の国旗・国歌条項は,教職員に対して起立斉唱ピアノ伴奏の義務を負わせるものではない。③東京都教育委員会による各校長に対する通達および指導等は,旧教育基本法10条1項に反し,憲法19条にも違反する。④校長の職務命令は,「必要かつ最小限度の制約を超えるものであり,憲法19条に違反する」。こうして教職員は上記の義務を負わない,と

---

5) 東京地判2003（平成15）・12・3民集61巻1号426頁（447頁〜450頁）,東京高判2004（平成16）・7・7民集61巻1号457頁（465頁〜469頁）。
6) 福岡地判2005（平成17）・4・26LEX/DB28101269。

された[7]。「日の丸・君が代訴訟」における，唯一の違憲判決である。

2．ピアノ判決

（1）　予防訴訟に関する東京地裁判決の衝撃を受けて，最高裁で塩漬けになっていたピアノ伴奏拒否事件に関する判決が，その約5カ月後に出された。

　判決は，①原告が主張する，「『君が代』が過去の日本のアジア侵略と結び付いており，これを公然と歌ったり，伴奏することはできない」などの考えは，原告「自身の歴史観ないし世界観及びこれに由来する社会生活上の信念等」だ，という。これは，憲法19条の保護領域にかかる判断である。判決は，これに続けて，②a「ピアノ伴奏を拒否することは，上告人にとっては，上記の歴史観ないし世界観に基づく1つの選択ではあろうが，一般的には，これと不可分に結び付くものということはできず」，b「本件職務命令が，直ちに上告人の有する上記の歴史観ないし世界観それ自体を否定するもの」ではない，という。②が①の直後にあるという文脈からすると，少なくとも②aは，「ピアノ伴奏を拒否すること」という受動的な外部的行為は19条の保護領域に入らず，職務命令はそもそも憲法問題を生じさせない，という趣旨に受け止められる。しかし，②bは，同一の文章中にありながら，職務命令は思想・良心の自由に対する直接的な制約ではない，という制約論に転調する。あるいは，②aも制約論のつもりだったのかもしれない。そうであるならば，①と②の間で段落を区切り，②を次の判示と同一の節ないし段落に置くべきだった。

（2）　続く節において，判決は制約がないことを，次のように論ずる。③「客観的に見て，入学式の国歌斉唱の際に『君が代』のピアノ伴奏をするという行為自体は，音楽専科の教諭等にとって通常想定され期待されるものであって，上記伴奏を行う教諭等が特定の思想を有するということを外部に表明する行為であると評価することは困難なものであり，特に，職務上の命令に従ってこのような行為が行われる場合には，上記のように評価することは

---

[7]　東京地判2006（平成18）・9・21判時1952号44頁（63頁～67頁）。職務命令を違憲だということの行政法的含意について，金子正史「公務員の職務命令不服従をめぐる紛争」曽和俊文＝金子正史編著『事例研究　行政法〔第2版〕』（日本評論社，2011年）304頁以下。

一層困難である」。④本件職務命令は,「上告人に対して,特定の思想を持つことを強制したり,あるいはこれを禁止したりするものではなく,特定の思想の有無について告白することを強要するものでもなく,児童に対して一方的な思想や理念を教え込むことを強制するもの」でもない。

　この判決は,判決末尾で謝罪広告判決[8]を参照判例の1つとして挙げている。謝罪広告判決を先例と据えた理由は,ここでの主たる制約類型を「内心の告白の強制」だと捉え(判旨③),それが存在しないとする点に両事件の共通性を見い出したということであろうか。謝罪広告判決とピアノ判決の関係は近年の学説がようやく論ずるようになった点にかかわるため,機会を改めて考察したい。いずれにせよ,謝罪広告判決を先例としてこの種の事案を考察することは,従来の判例・学説にはなかった観点であり,ピアノ判決による独創的なアイディアだったと評しうる。しかし少なくともこの事件では,思想・良心に反する外部的行為の強制こそが問題ではなかったか。この批判に対して,判決は既に②においてこれを否定する趣旨で回答済み,と考えているのかもしれない。そうなるといよいよ,この判決における②の置き場所は不可解である。また同時に,②aの判示は謝罪広告判決と一致していないのではないか,という疑問も生ずる。謝罪広告判決を先例とした趣旨は③にあり,②の判示には及ばない,ということであろうか。

　(3)　判決は節を改めて,地方公務員の「地位の特殊性及び職務の公共性」や小学校学習指導要領などに言及しつつ,⑤「本件職務命令は,その目的及び内容において不合理」ではない,という。この判示は,制約がないということを別の観点から検討したのか,制約があったとしても正当化されることを論じたのか,明確ではなかった[9]。本稿は,決定的な論拠ではないが,②～④では制約がないといっていたはずであることや,制約の正当化としては⑤の定式や検討が簡単にすぎることなどを考慮して,⑤は制約がないことを別の観点から述べていると読むほうが合理的ではないか,と解している[10]。

---

8)　最大判1956(昭和31)・7・4民集10巻7号785頁。
9)　「匿名解説」判時2123号(2011年)5頁。

III. ピアノ判決以降の下級審判決と起立斉唱判決

1. ピアノ判決以降の下級審判決の動向

(1) ピアノ判決は,起立斉唱職務命令の合憲性を争点とするその後の下級審判決に,大きな影響力をもった。しかし当初は,職務命令の合憲性を判断するに当たり,ピアノ判決とは論理構成を異にする判決も有力だった。

その代表的判例は,「嘱託採用拒否事件」に関する2008(平成20)年2月の東京地裁判決である。この判決の保護領域に関する判断は,ピアノ判決と大きな違いはない。しかし,制約判断はやや異なる。①本件職務命令は,「直接的に原告らの歴史観ないし世界観又は信条を否定する行為を命じるものではない」。また「客観的にみて」,起立斉唱は「卒業式等の出席者にとって通常想定され,かつ,期待されるもの」であり,「一般的には,これを行う教職員等が特定の思想を有するということを外部に表明するような行為」ではない。この部分は,ピアノ判決と同旨である。しかしその後に,新たな観点が付加される。②本件職務命令が命じる起立斉唱は,「原告らの前記のような歴史観ないし世界観又は信条と緊張関係にあることは確かであり,一般的には,本件職務命令が原告らの歴史観ないし世界観又は信条自体を否定するものといえないにしても,原告ら自身は,本件職務命令が,原告らの歴史観ないし世界観又は信条自体を否定し,思想及び良心の核心部分を否定するものであると受け止め」ることも考えられる。「そうだとすると,本件職務命令は,原告らの思想及び良心の自由との抵触が生じる余地がある」。③しかしながら,「本件職務命令には,その目的及び内容において合理性,必要性が認められる」として,制約は正当化された[11]。

(2) この判決は,思想・良心の自由に対する直接的制約はないとしつつ

---

10) ピアノ判決の調査官による解説も,この趣旨であった。森英明「判解」ジュリ1344号(2007年)85頁,同・前掲注1)157頁。これに対して,第三小法廷の起立斉唱判決における那須弘平裁判官の補足意見は,ピアノ判決の判旨⑤を正当化判断だったとして,ピアノ判決に付した自らの補足意見に引きつけて理解する(民集65巻4号2148頁〔2160頁〕)。以上の判例について,より詳細には,渡辺・前掲注3)①論文5頁以下,同・前掲注3)②論文32頁以下,同・前掲注3)③論文60頁以下など。

11) 東京地判2008(平成20)・2・7民集65巻4号1974頁(2012頁〜2017頁)。

も，②の判示により間接的制約となりうることを認めた上で，それも正当化される，と論じた。これは，ピアノ判決自体よりも，むしろ同判決の調査官解説[12]から影響を受けたものである。この判決後，下級審ではこのような論理構成が一般化するかと思われた[13]。ところが，この傾向は拡がらず，直接的な制約のみを問題とし，制約はないとする，ピアノ判決本来の論理が起立斉唱職務命令の事案に関しても下級審の主流となった。「嘱託採用拒否事件」東京地判に関する控訴審判決が上記②③の判示を削除し，代わりに直接的制約はないという文章で置き換えたことは，この状況を象徴的に表している[14]。その後は，「東京『君が代』裁判一次訴訟（04年処分取消）」に関する2009（平成21）年3月の東京地判[15]，その控訴審である2011（平成23）年3月の東京高判[16]，予防訴訟に関する2011（平成23）年1月の東京高判[17]などが，間接的制約となりうることを認めた上で，それも正当化される，としている。しかしこれらは，判例のなかでは傍流的な存在だった。

2．起立斉唱判決

（1）起立斉唱判決はこのような状況のなかで出たことを，この判決を評価する際に見落としてはならない。

この判決は，①原告が主張する，「日本の侵略戦争の歴史を学ぶ在日朝鮮人，在日中国人の生徒に対し，『日の丸』や『君が代』を卒業式に組み入れ

---

12) 森・前掲注10）84頁～85頁。
13) 本文で取り上げた判決に先だって，東京地判2007（平成19）・6・20判時2001号136頁（154頁～155頁）も，間接的制約を認めた上で正当化する，という論理構成を採用していた。なおこの判決は，最一小判2011（平成23）・7・14LEX/DB25472449の原原審。この時期までの下級審判決を分析したものとして，渡辺・前掲注3）④論文1頁以下。
14) 東京高判2010（平成22）・1・28民集65巻4号2038頁（2068頁）。注13)で言及した東京地判の控訴審である，東京高判2010（平成22）・2・23LEX/DB25472455も，直接的制約がないことのみを述べる。
15) 東京地判2009（平成21）・3・26判タ1314号146頁（162頁）。
16) 東京高判2011（平成23）・3・10判時2113号30頁②事件（94頁～95頁）。なおこの判決は，懲戒処分判決の原審の1つ。
17) 東京高判2011（平成23）・1・28判時2113号30頁①事件（60頁）。倉田原志「『日の丸・君が代』裁判（二つの高裁判決）と思想・良心の自由」労旬1746号（2011年）21頁は，この判決を，間接的制約に言及しつつも制約があったこと自体を否定している，と理解する。この判決の論理は，いずれとも理解できる微妙なものである。

て強制することは，教師としての良心が許さないという考え」は，原告「自身の歴史観ないし世界観から生ずる社会生活上ないし教育上の信念等」だ，とする。これは，憲法19条の保護領域に入るという趣旨であろう。②しかしながら，「起立斉唱行為は，一般的，客観的に見て，これらの式典における慣例上の儀礼的な所作としての性質を有するものであり，かつ，そのような所作として外部からも認識されるもの」である。「したがって，上記の起立斉唱行為は，その性質の点から見て，上告人の有する歴史観ないし世界観を否定することと不可分に結び付くものとはいえず，上告人に対して上記の起立斉唱行為を求める本件職務命令は，上記の歴史観ないし世界観それ自体を否定するもの」ではない。③「また，上記の起立斉唱行為は，その外部からの認識という点から見ても，特定の思想又はこれに反する思想の表明として外部から認識されるものと評価することは困難であり，職務上の命令に従ってこのような行為が行われる場合には，上記のように評価することは一層困難である」。④「本件職務命令は，特定の思想を持つことを強制したり，これに反する思想を持つことを禁止したりするものではなく，特定の思想の有無について告白することを強要するもの」でもない。「そうすると，本件職務命令は，これらの観点において，個人の思想及び良心の自由を直ちに制約するもの」ではない。

ここまでの行論は，ピアノ判決とほぼ等しい（ピアノ判決〔Ⅱ2〕の判旨①～④との対応性を確認のこと）。第1の違いは，職務命令の対象がピアノ伴奏ではなく起立斉唱だということに鑑みて，②において「慣例上の儀礼的所作」だという議論が組み込まれたことである[18]。第2の違いは，①と②が切り離され，②～④が同一の段落にまとめられたことである。これによって，②が制約に関する判示だということが明確化された。しかしそれと同時に，当該の不起立不斉唱という消極的行為が19条の保護領域に入るかは，

---

[18] この「慣例上の儀礼的所作」という性格づけは，それまでの下級審でもなされてきたものである。例えば，先にも触れた，東京地判2007（平成19）・6・20判時2001号136頁（154頁）は，起立を「儀礼的行為」と性格づけていた。ただしこの判決において，斉唱行為はこの性格づけから除外された。この論理を発展させたのが，第三小法廷判決における田原睦夫裁判官の反対意見である（民集65巻4号2148頁〔2173頁以下〕）。学説では，高橋和之「憲法判断の方法との関連でみた近時の最高裁判決の新動向」法律時報編集部編『国公法事件上告審と最高裁判所（法時増刊）』（日本評論社，2011年）30頁（注21）が，起立と斉唱を区別して論ずる。

明確には判断されないこととなった[19]）。

　(2)　しかしピアノ判決との最大の相違は，次の判断が付加されたことである。⑤a「起立斉唱行為は，教員が日常担当する教科等や日常従事する事務の内容それ自体には含まれないものであって，一般的，客観的に見ても，国旗及び国歌に対する敬意の表明の要素を含む行為である」。b「そうすると，自らの歴史観ないし世界観との関係で否定的な評価の対象となる『日の丸』や『君が代』に対して敬意を表明することには応じ難いと考える者が，これらに対する敬意の表明の要素を含む行為を求められることは，その行為が個人の歴史観ないし世界観に反する特定の思想の表明に係る行為そのものではないとはいえ，個人の歴史観ないし世界観に由来する行動（敬意の表明の拒否）と異なる外部的行為（敬意の表明の要素を含む行為）を求められることとなり，その限りにおいて，その者の思想及び良心の自由についての間接的な制約となる面があることは否定し難い」。

　ピアノ判決では直接的制約がないことだけが述べられたのに対し，起立斉唱判決では直接的制約はないが間接的制約となる面はある，とされた。この論理構成の違いは，⑤aに記されたように，起立斉唱は教師の本来的職務ではないこと，それが敬意の表明の要素を含む行為であること，という事案の相違によって説明された。起立斉唱の職務命令が思想・良心の自由に対する間接的制約となる面があることを最高裁が認めたことには，大きな意義がある。しかもそれは，下級審の大勢が起立斉唱命令についても直接的制約のみしか論じない傾向にあったなかでの判断であるだけに，なおさらである。

　(3)　この判決はさらに，⑥「間接的な制約が許容されるか否かは，職務命令の目的及び内容並びに上記の制限を介して生ずる制約の態様等を総合的に較量して，当該職務命令に上記の制約を許容し得る程度の必要性及び合理性が認められるか否かという観点から判断するのが相当である」，という判断枠組みを設定する。その上で，当該職務命令については，⑦「外部的行動の制限を介して上告人の思想及び良心の自由についての間接的な制約となる面はあるものの，職務命令の目的及び内容並びに上記の制限を介して生ずる

---

[19]　この点で千葉勝美裁判官の補足意見は，「この歴史観等及びこれと不可分一体の行動」が「憲法19条による直接的，絶対的な保障の対象となる」，としている（民集65巻4号1780頁〔1808頁〜1809頁〕）。この見解は，本文の判旨②を再び保護領域判断と結合させて理解するものである。

制約の態様等を総合的に較量すれば，上記の制約を許容し得る程度の必要性及び合理性が認められる」，と判断した。

職務命令が思想・良心の自由に対する間接的制約となる可能性を認めた若干の下級審判決においても，その正当化をいかに判断するかについて，一般的な手法を提示した例はなかった。それだけに，この判決が審査枠組みを設定した上で当該職務命令の合憲性判断をしたことには，重要な意義がある。

3. 残された課題

（1） 起立斉唱判決は，上述のようにピアノ判決と事案を区別したため，ピアノ判決を先行判例として挙げていない。しかし当然ながら，この判決を強く意識している。ピアノ判決に対して根本的な批判を行ったのが，同判決に付された藤田宙靖裁判官の次のような反対意見である。①本件において問題とされるべき思想・良心には，「『君が代』が果たしてきた役割に対する否定的評価という歴史観ないし世界観それ自体」だけではなく，「『君が代』の斉唱をめぐり，学校の入学式のような公的儀式の場で，公的機関が，参加者にその意思に反してでも一律に行動すべく強制することに対する否定的評価」が含まれている可能性があり，また，後者こそが重要なのではないか。②「このような信念・信条を抱く者に対して公的儀式における斉唱への協力を強制すること」は，「当人の信念・信条そのものに対する直接的抑圧となる」。③「ピアノ伴奏を命じる校長の職務命令によって達せられようとしている公共の利益の具体的な内容は何かが問われなければならず，そのような利益と上記に見たようなものとしての上告人の『思想及び良心』の保護の必要との間で，慎重な考量がなされなければならない」[20]。この保護領域，制約，正当化それぞれにかかわる有力な批判に対し，起立斉唱判決はいかに向き合ったのか。

（2） 起立斉唱判決は，この事案で問題となっているのは思想・良心の自由だと受け止めた上で，その捉え方について，Ⅲ2(1)①のように「歴史観ないし世界観から生ずる社会生活上ないし教育上の信念等」と述べたり，④のように「個人の思想及び良心の自由」と述べたりする。さらに，ピアノ判

---

20) 民集61巻1号291頁（301頁以下）。

決で藤田裁判官が述べた「学校の卒業式のような式典において一律の行動を強制されるべきではないという信条」も，そこに「包摂される」という[21]。学説では，制約されているのは，個人の思想・良心の自由か，教師の教育の自由か，あるいは職務権限ないし職責か，それらが複合したものか，などが盛んに論じられてきた。しかし最高裁は一貫して，これらの間に意味のある違いを認めていないようである。

　(3)　起立斉唱判決は，間接的制約と直接的制約を概念上いかに区別しているか。一般的にも両者の区別の仕方は明確ではないが，制約の狙いまたは効果・影響が基準となっているものと思われる[22]。起立斉唱判決は，Ⅲ2(2)⑤bで紹介したように，(ア)「個人の歴史観ないし世界観に反する特定の思想の表明に係る行為」の強制と，(イ)「個人の歴史観ないし世界観に由来する行動（敬意の表明の拒否）と異なる外部的行為（敬意の表明の要素を含む行為）」の強制を区別し，前者を直接的制約，後者を間接的制約，と理解しているかのようである[23]。後者は，ピアノ判決が明示的には扱っていなかった，思想・良心に反する外部的行為の強制という制約類型である[24]。ここで再び，この判決が明確な保護領域判断を行っていないことに直面する。この判決は「歴史観ないし世界観」だけを19条の保護領域に入ると考え，「歴史観なし世界観に由来する行動」はそうではない，と考えているのだろうか。もっとも判決が，直接的制約と間接的制約の区別を，制約される事柄の保護領域該当性に因らしめるという理解を採っているとしても，職務命令は「由来する行動」の制約を目的としており，「歴史観ないし世界観」それ自体に対する影響・効果は間接的であると説明する仕方と，結論は合致

---

21)　これに対して第三小法廷判決における那須裁判官の補足意見は，藤田反対意見による指摘を意識しながら，「個人としての思想及び良心」と「教師という専門的職業における思想・良心」を区別し，後者のほうがより一層「外部的な制約」を受ける，という。民集65巻4号2148頁（2162頁～2164頁）。

22)　渡辺・前掲注3)⑥論文157頁～158頁，阪口正二郎「憲法上の権利の制約類型を考える必要性について」高橋滋＝只野雅人編『東アジアにおける公法の過去，現在，そして未来』（国際書院，2012年）280頁以下など。

23)　小島慎司「判批」憲法判例研究会編『判例プラクティス　憲法［増補版］』（信山社，2014年）78頁は，多数意見と須藤正彦裁判官の補足意見との間における理解のずれを指摘する。

24)　渡辺・前掲注3)⑥論文144頁，駒村圭吾『憲法訴訟の現代的転回』（日本評論社，2013年）148頁。

する[25]。

　では，当該職務命令はどちらの類型の制約と捉えられるのか。最高裁2011（平成23）年6月6日第一小法廷判決における宮川光治裁判官の反対意見は，東京都教育委員会が各都立高等学校等の校長に出した「10・23通達」は，「式典の円滑な進行を図るという価値中立的な意図で発せられたものではなく，前記歴史観ないし世界観及び教育上の信念を有する教職員を念頭に置き，その歴史観等に対する強い否定的評価を背景に，不利益処分をもってその歴史観等に反する行為を強制することにあ」り，この通達に基づいてなされた本件職務命令も同様な性格をもつ，と述べる[26]。この見解は，狙いに着目して，通達および職務命令が思想・良心に対する直接的制約だ，とするものである。このような見方が学説では多数であるだけに，裁判所がこの疑問に答えきれているかが問われる。

　(4)　比較較量論は，憲法上の権利に対する制約の正当化に関して，最高裁が採用する一般的な審査枠組みである。それが起立斉唱判決（Ⅲ2(3)⑥）によって，思想・良心の自由の領域にも導入されたこと自体は，前述したような下級審の状況に鑑みると，理論的な進展である[27]。今後の課題は，この審査を目的・手段審査に再編し，比例原則の思考を基礎に置く審査を行うことである。当該職務命令については，仮にそれが直接的制約に当たらないと理解されたとしても，問題となっている思想・良心の自由の重要性や職務命令による制約の実際上の重大性に鑑みて，審査の密度はより濃くあるべきだった。この観点からすると，起立斉唱判決に対して，多数意見が採用した

---

　25)　この判決の匿名解説・前掲注9)5頁も，直接的制約と間接的制約を，制約目的による区別と理解している。判決の趣旨は，判決文では定かではないが，そのようなものだったのかもしれない。これに対して，この判決による区別を，直接的制約は「一般的・客観的」に判断でき，間接的制約は「本人基準」で判断するという形で，先行する下級審判決（Ⅲ1）に引きつけつつ再構成して理解する見解として，西原博史『「君が代」不起立訴訟最高裁判決をどう見るか』季刊教育法170号（2011年）16頁～18頁。

　26)　民集65巻4号1855頁（1873頁～1874頁）。

　27)　下級審判決のなかには，「自らの意思で公立学校教員の任務に就き」という事情を，正当化審査の考慮要素とするものがある。例えば，東京地判2009（平成21）・3・19民集65巻4号2234頁（2250頁），東京高判2009（平成21）・10・15民集65巻4号1840頁（1852頁～1853頁）。学説では，花見忠「判批」ジュリ1397号115頁，同「判批」ジュリ1412号135頁。しかし最高裁は，この要素を考慮に入れなかった。

「必要性・合理性の認定方法は極めて抽象的な周辺事情の羅列にとどまっており」、「合理性・必要性を実質的に検証しなかった」、「判断過程を構造化」すべきだといった、これまで多くなされてきた批判は正当だと思われる[28]。

(5) 起立斉唱判決はピアノ判決と事案を区別していた(Ⅲ2(2))。しかし起立斉唱判決が間接的制約というカテゴリーを認めたことから、翻ってピアノ判決の事案でも少なくとも間接的制約はあったと見るべきではないか、という疑問は当然に生じうる[29]。他方で、間接的制約の存在を認めたこの判決が、先行判例の1つとして(制約の存在を否定した)謝罪広告判決を挙げたままにしている意味も、再び問われる。

Ⅳ. ピアノ判決以降の下級審判決と懲戒処分判決

1. ピアノ判決以降の下級審判決の動向

(1) ピアノ判決の判断対象は、職務命令の憲法19条適合性のみである。したがって、職務命令に反した教職員になされた懲戒処分や再雇用拒否などの不利益措置の適法性判断に対しては、先例とならない。ピアノ判決の後、比較的早い時期の下級審では、不利益措置を違法とする2件の判決があった。

その代表例は、先にも扱った(Ⅲ1(1))「嘱託採用拒否事件」に関する2008(平成20)年2月の東京地裁判決である。この判決は、およそこう述べた。①都教委が再雇用職員の選考に当たって有する裁量は広範ではあるが、「当該不合格に客観的合理性や社会的相当性が著しく欠ける」場合には、「都教委はその裁量を濫用、逸脱」している。②原告らの職務命令違反行為は不起立不斉唱だけであり、それによって「具体的に卒業式等の進行に支障が生じた事実は」ない。③「本件職務命令が、他の職務命令と比較して、とりわ

---

28) 西原博史「判批」世界821号121頁、佐々木弘通「第19条」芹沢斉ほか編『新基本法コンメンタール 憲法』(日本評論社、2011年)159頁、青井未帆「演習」法教373号(2011年)157頁、青野篤「判批」大分大学経済論集63巻4号188頁、金井光生「判批」法教377号53頁、戸波江二「判批」平成23年度重判解(ジュリ1440号)19頁、倉田原志「判批」速判解(法セ増刊)10号16頁など。

29) 戸波・前掲注28)19頁は、意図ではなく効果に着目した上で、2つの事案における制約は共に直接的だと論ずる。

け重大なものとはいえないし、これのみで教職員の勤務成績を決定的に左右するような内容のもの」でもない。④「過去においては、争議行為で2度の停職処分を受けた職員が嘱託員に採用された例もあったのに」、本件の不起立行為により原告らは戒告と減給処分を受けたにとどまるにもかかわらず、「再雇用職員の選考で不合格にされたというのは、選考の公平さに疑問がある」。⑤「都教委が、本件職務命令違反のほかに、原告らの勤務成績に関する事情を総合的に考慮して再雇用の合否を判断した形跡は全くみられない」。⑥「以上の諸事情に照らすと」、「本件不合格は、従前の再雇用制度における判断と大きく異な」り、「本件職務命令違反をあまりにも過大視する一方で、原告らの勤務成績に関する他の事情をおよそ考慮した形跡がない」ため、「客観的合理性や社会的相当性を著しく欠くもの」であり、「都教委はその裁量を逸脱、濫用した」[30]。

(2) この判旨については、③が「比例原則違反」、④が「平等原則違反」を示唆し、さらに⑤⑥では「判断過程統制」の手法が採用されている、と評される[31]。下級審では、このような判決傾向が拡大するかに見えた[32]。ところが、この傾向は拡まらず、懲戒権者や再雇用権者の広い裁量を認める裁判例が支配的となった。上述した2つの違法判決に関する東京高裁判決が、いずれも一転して裁量権の逸脱、濫用を認めなかったことは、この状況を象徴的に示している[33]。その後の例外として、これも先に触れた（Ⅲ1(2)）、「東京『君が代』裁判一次訴訟（04年処分取消）」に関する2011（平成23）年3月の東京高判が、不起立行為等を理由とする、166名の教職員に対する戒告処分と1名に対する減給処分を、「社会観念上著しく妥当を欠き、重きに失する」として違法と判断している[34]。また同日に同一裁判体が、「アイム'89・04年処分取消訴訟」に関して、2名に対する戒告処分を違法とし

---

30) 民集65巻4号1974頁（2025頁〜2033頁）。
31) 戸部真澄「判批」速判解（法セ増刊）3号59頁〜60頁。
32) 東京地判2009（平成21）・1・19民集65巻4号1821頁（1831頁〜1837頁）も、類似する理由づけにより再雇用拒否を違法と判断した。
33) 「嘱託採用拒否事件」に関する東京高判2010（平成22）・1・28民集65巻4号2038頁（2068頁〜2071頁）。また注32)で掲げた東京地判の控訴審である、東京高判2009（平成21）・10・15民集65巻4号1840頁（1848頁〜1854頁）。
34) 判時2113号30頁②事件（96頁〜98頁）。

た[35]）。しかしその約2週間後，「河原井・根津06年停職処分取消訴訟」に関する東京高裁の別の部の判決は，懲戒権者の広い裁量を前提として，2名に対する停職処分を適法と判断した[36]）。さらに，最高裁の起立斉唱判決後に出された，「東京『君が代』裁判二次訴訟（05年・06年処分取消）」に関する2011（平成23）年7月の東京地判も，66名の教職員に対する戒告，減給，停職処分すべてを適法としている[37]）。

2. 懲戒処分判決

（1）懲戒処分判決を評価する際にも，この判決がこうした判例状況のなかで出されたことを見落としてはならない。

　最高裁は，懲戒処分の適法性を中心的争点とする事件に関して，同日に2件の判断を行った。前述した「河原井・根津06年停職処分取消訴訟」に関する判決は，職務命令の憲法19条適合性について，起立斉唱判決等を挙げることによって，簡単に肯定する。懲戒処分の適法性審査に関しては，①「懲戒権者は，懲戒事由に該当すると認められる行為の原因，動機，性質，態様，結果，影響等のほか，当該公務員の上記行為の前後における態度，懲戒処分等の処分歴，選択する処分が他の公務員及び社会に与える影響等，諸般の事情を考慮して，懲戒処分をすべきかどうか，また，懲戒処分をする場合にいかなる処分を選択すべきかを決定する裁量権を有しており，その判断は，それが社会観念上著しく妥当を欠いて裁量権の範囲を逸脱し，又はこれを濫用したと認められる場合に，違法となる」，という伝統的な判断枠組みを受け継ぐ。当該事案については，一方で，②「不起立行為の性質，態様」として，「重要な学校行事である卒業式等の式典で行われた」職務命令違反であること，また「その結果，影響」も「式典の秩序や雰囲気を一定程度損なう」ものであることをいう。しかし他方で，③「不起立行為の動機，原因」が「個人の歴史観ないし世界観等に起因するものであ」り，「性質，態様」は「積極的な妨害」ではなく，「結果，影響」も「客観的な評価の困難な事柄である」という側面を指摘する。④「本件職務命令の違反に対し，

35）東京高判2011（平成23）・3・10判例集未登載。
36）東京高判2011（平成23）・3・25判例集未登載。
37）東京地判2011（平成23）・7・25LEX/DB25472504。

……重きに失しない範囲で懲戒処分をすることは，基本的に懲戒権者の裁量の範囲内」である。しかし，不起立行為の動機，原因が個人の歴史観ないし世界観等に起因するため，「戒告を超えてより重い減給以上の処分を選択することについては，本件事案の性質等を踏まえた慎重な考慮が必要となる」。⑤「卒業式や入学式等の式典のたびに懲戒処分が累積して加重されると短期間で反復継続的に不利益が拡大していくこと等を勘案すると」，「停職の処分を選択することが許容されるのは」，過去の処分歴等に鑑み，「学校の規律や秩序の保持等の必要性と処分による不利益の内容との権衡の観点から当該処分を選択することの相当性を基礎付ける具体的な事情が認められる場合であることを要する」。⑥X_2に対する停職処分は違法であるが，X_1に対する停職処分は適法である。

(2) また，「東京『君が代』裁判一次訴訟（04年処分取消）」および「アイム'89・04年処分取消訴訟」に関する判決は，上記の判断と同様な思考をたどりつつ，次のように結論した。職務命令違反に対し戒告処分をすることは懲戒権者の裁量権の範囲内に属し，168名に対する戒告処分は適法である。しかし1名に対する減給処分は，前記⑤の「具体的な事情」があったとは認め難いため，違法である。

(3) 「日の丸・君が代訴訟」に関しては，「北九州ココロ裁判」の福岡地裁が減給処分を違法とし（II 1(2))，また再雇用拒否を違法とする2件の東京地裁判決があった（IV 1）。それ以外はすべて適法判断が積み重なっていたという状況のなかでは，戒告処分等をすべて違法とした2011（平成23）年3月の東京高判が異例だった。最高裁の懲戒処分判決については，減給処分や停職処分を違法と判断することにより，職務命令違反に対する厳罰化に歯止めをかけた側面に注目すべきである。

懲戒処分判決が減給以上の処分を選択することについて「慎重な考慮」（判旨④）を要請できた1つの要因は，先行する起立斉唱判決が思想・良心の自由に対する間接的制約を認めたことにある。第2の要因は，この判決が判旨①の先行判例として挙げた神戸税関事件判決や伝習館高校事件判決に存在した，「平素から庁内の事情に通暁し，部下職員の指揮監督の衝にあたる者の裁量に任せるのでなければ，とうてい適切な結果を期待することができない」[38]旨の文章を，意識的に引き継がなかったことにある。それによっ

て，この判決は，懲戒権者が考慮すべきとした，懲戒事由に該当する行為の原因，動機，性質，態様などを自らもある程度立ち入って審査した。その際に，この判決において憲法上の権利は，「不起立行為の動機，原因」という考慮要素に重みづけを与えると共に，そうした事情がある場合には，減給以上の処分を選択することについて「慎重な考慮」を求めるという形で，行政裁量審査の密度を高めるためにも役割を演じている[39]。起立斉唱判決では，数名の裁判官が憲法論と不利益処分にかかる行政裁量論との「棲み分け」について語っていた[40]。懲戒処分判決は，その問題意識を引き継ぎ，発展させるものであった[41]。

3. 残された課題

（1） 憲法学の観点から懲戒処分判決と比較の対象としうる判決として，エホバの証人剣道受講拒否事件判決がある。この判決は，学生に対する原級留置・退学処分について，裁量権の逸脱・濫用審査の形式を採りつつも，判断過程統制の手法を導入して，違法という結論を導いた[42]。「日の丸・君が代訴訟」においても，「嘱託採用拒否事件」に関する2008（平成20）年2月の東京地判が同様な手法を用いた（**IV 1**）。「河原井・根津06年停職処分取消訴訟」に関する行政法学者の意見書も，判断過程統制の手法を提言していた[43]。こうした試みは重要だったと思われるが，懲戒処分判決は，判旨④⑤のように，比例原則の思考を基礎に据えた総合衡量の手法を行政裁量審査

---

38) 最三小判1977（昭和52）・12・20民集31巻7号1101頁（1117頁），最一小判1990（平成2）・1・18民集44巻1号1頁（11頁）。

39) 櫻井龍子裁判官の補足意見は，本文で述べたことをより端的に示している（判時2147号127頁①事件〔137頁〕，同号②事件〔144頁〕）。さらに，渡辺康行「憲法上の権利と行政裁量審査」長谷部恭男ほか編『高橋和之先生古稀記念　現代立憲主義の諸相　上』（有斐閣，2013年）325頁以下，357頁，渡辺康行ほか『憲法Ⅰ基本権』（日本評論社，2016年）90頁以下，169頁以下〔渡辺執筆〕を参照。

40) 須藤正彦裁判官（民集65巻4号1780頁〔1806頁〕），岡部喜代子裁判官（同号2148頁〔2165頁～2166頁〕），田原睦夫裁判官（同号2148頁〔2185頁～2186頁〕）。

41) これまでの下級審における違法判断は，この最高裁とは論理が異なっていた。例えば，「北九州ココロ裁判」の福岡地判についてはⅡ1(2)。また注32)で挙げた東京地判は，間接的制約も認めなかったが，再雇用拒否を違法とした。

42) 最二小判1996（平成8）・3・8民集50巻3号469頁（476頁～480頁）。

に導入したように見える。

　懲戒処分判決が，判旨①の先行判例の1つとして挙げた神戸税関事件判決は，「社会観念」に基づく逸脱・濫用審査の代表例である。しかしその調査官解説は，当該判決を判断過程統制の観点から説明した[44]。このように，行政裁量審査の諸方式は相互に融合して用いられうるようである。懲戒処分判決にも判旨①〜③から，判断過程統制的な側面がある，と読むことも可能かもしれない。エホバの証人判決と懲戒処分判決は，共に重い処分を選択することに対して「慎重な」配慮を要請した上で，処分を違法と判断したという重要な類似性をもつ。ただし，両判決の「慎重な」審査の手法は必ずしも同一ではない。今後，少なくとも「日の丸・君が代訴訟」においては，懲戒処分判決の判断手法が主に用いられるであろう。これとエホバの証人判決の審査手法はなぜ異なり，いかに使い分けられるのかなどは，紛争類型の異同を踏まえて，今後の判例・学説により明らかにされるべき課題である。

　(2)　東京都では，懲戒処分判決における櫻井補足意見が触れているように，「日の丸・君が代」に関する職務命令違反の行為に対しては，1回目は戒告，2回目で減給1カ月，3回目で減給3カ月，4回目以降は停職処分にする方針がとられていたようである[45]。これは裁量基準であろう。行政法学では，裁量基準を機械的に適用してはならない，と説かれてきた[46]。懲戒処分判決は，減給処分以上に関する裁量基準の機械的適用に対して「慎重な考慮」を要求した判決だ，と読むこともできる[47]。ここからはさらに，裁量基準自体の適法性如何という論点も生じうる[48]。

　(3)　懲戒処分判決には，宮川裁判官の反対意見があった。この反対意見

---

43)　世取山洋介「国歌斉唱儀式における不起立・不斉唱を理由とする教員懲戒処分における裁量権濫用の有無について」法政理論44巻1号（2011年）193頁以下，岡田正則「教育公務員の懲戒処分に関する裁量権の逸脱・濫用の違法について」Law & Practice 5号（2011年）171頁以下。

44)　越山安久「判解」最判解民事篇昭和52年度430頁。橋本博之『行政判例と仕組み解釈』（弘文堂，2009年）53頁〜54頁，159頁〜160頁など。

45)　判時2147号127頁①事件136頁，②事件144頁。

46)　近年の文献として，深澤龍一郎「行政基準」法教373号（2011年）18頁以下，曽和俊文『行政法総論を学ぶ』（有斐閣，2014年）127頁以下など。

47)　北村和生「判批」速判解（法セ増刊）11号52頁。

48)　常岡孝好「行政裁量の手続的審査の実体（下）」判評638号（判時2139号，2012年）2頁以下など。

は，多数意見の審査手法を前提とした上で，①不起立行為の動機は真摯であり，態様は消極的不作為にすぎず，法益の侵害はほとんどないこと，②戒告処分であっても，その不利益は過小評価できないこと，③他の非違行為に対する処分，他地域の処分例と比較すると，不公正であることを指摘し，戒告処分であっても「比例原則に反し」違法となる，という[49]。この反対意見は，判旨の紹介を略した「東京『君が代』裁判一次訴訟（04年処分取消）」の東京高判（Ⅳ1(2)）と同趣旨である。「日の丸・君が代」関係で戒告処分が課される事例にも，様々なものがある。今後裁判所が懲戒処分判決の審査枠組みに依拠して判断する場合でも，宮川反対意見の論旨を参酌して，戒告処分であっても違法とする余地が完全に閉ざされたわけではない[50]。

Ⅴ．むすびにかえて

　起立斉唱判決や懲戒処分判決は，大阪府や大阪市で当時進行していた，「日の丸・君が代」問題に関する公務員の規律の厳格化を目的とする条例制定をめぐる政治状況を意識していたはずである。確かに，公務員が職務命令に従わないことは通常は正当化されない。しかし，本稿で扱った諸事例は，一般職とは別の考慮を要する教育職の公務員に対して，本来的職務ではないことを義務づける職務命令に，思想・良心の自由などに反するという理由で，消極的な態様によって従わない行為であった。最高裁の諸判決は，ここでの問題に関して公権力の側に最小限度の寛容を求めたものと解しうる。

【補記】
　本稿が公表された2012年5月以降も，「日の丸・君が代訴訟」は継続しており，多くの判決が出ている。それらの判決は，起立斉唱・ピアノ伴奏に関する職務命令の合憲性を前提としつつ，職務命令違反に対する懲戒処分や再雇用拒否の適法性を中心に置いた判示を行っている。そこでは，2012年1月16日の懲戒処分判

---

49)　判時2147号127頁①事件137〜139頁，②事件144〜146頁。
50)　懲戒処分判決は，戒告処分について，「裁量権の範囲内における当不当の問題として論ずる余地はあり得る」と述べるにとどまるが，「その一事をもって直ちに」違法とはならない，と含みは残している。判時2147号127頁①事件135頁。本節の叙述の前提として，渡辺・前掲注3)④論文25頁以下，同・前掲注3)⑥論文163頁以下。

決の判断枠組みが支配的な影響力をもっており，主に事案の違いによって結論が分かれているのであるが，それにとどまらない側面もある。以下では，それらのなかで特色のある判決をいくつか挙げておきたい。

　① 最高裁2013（平成25）年9月6日第二小法廷判決（LEX/DB25501766）

「東京『君が代』裁判二次訴訟（04年・05年処分取消）」に関する東京高裁2012（平成24）年10月31日判決（LEX/DB25483345）は，2012年懲戒処分判決に倣って，戒告処分については適法としつつ，減給以上の処分については具体的な事情を個別的に審査し，減給21件・停職1件を取り消した。職務命令の違憲性などを理由としてなされた上告に対して，最高裁2013（平成25）年9月6日第二小法廷判決は，先例を列挙して簡単に合憲と判断した。ただしこの判決では，主任だった鬼丸かおる裁判官が，「命令の不服従が国旗国歌に関する個人の歴史観や世界観に基づき真摯になされている場合には，命令不服従に対する不利益処分は，慎重な衡量的な配慮が求められる」，とする補足意見を書いている。この種の訴訟に関して，最高裁が判決という形式を採用した，近年では唯一の例である。

　② 東京高裁2015（平成27）年5月28日判決（判時2278号21頁）

「河原井・根津07年停職処分取消訴訟」に関する東京高裁は，懲戒処分判決の原告だった2名に対する3カ月（X_1）と6カ月（X_2）の停職処分を，処分の重さなどを理由に取り消した。さらにこの判決は，都教委は処分量定表を作成しているところ，不起立に対して機械的に一律に処分を加重していくと，個人の思想・良心に対する「実質的な侵害につながる」と指摘することなどにより，都教委の過失を認め，国賠まで容認した。一連の最高裁判決の枠内ではあるが，近年では最も原告側の主張を汲み，理論的発展可能性をもつ判決である。この判決に対する都側の上告は，最高裁2016（平成28）年5月31日第三小法廷決定（LEX/DB25543369）により，棄却・不受理となっている。

　③ 東京高裁2015（平成27）年12月10日判決（LEX/DB25541917）

「再雇用拒否撤回第二次訴訟」に関する東京高裁は，定年後の再雇用に関する都教委の裁量は，全く新規に採用する場面と同一ではなく，職務命令には必要性および合理性が認められるものの，思想・良心の自由に対する「間接的な制約となることに鑑みると」，その違反を理由に「懲戒処分を科す場合と基本的に類似する状況にある」とする。その上で最高裁の懲戒処分判決を援用しながら，当該再雇用拒否は「本件職務命令に違反する行為の非違性を不当に重く扱う一方で他の具体的な事情を考慮することがなかった」ため，国賠法上違法だと判断した。この判決に対しても都側は上告しており，現在最高裁に係属中（第一小法廷）である。

　④ 東京高裁2016（平成28）年7月19日判決（LEX/DB25543465）

公立小学校の音楽教諭に対するピアノ伴奏職務命令を，信教の自由と思想・良

心の自由を理由として拒否した事例であるため、職務命令の憲法適合性が再び争点となった。判決は、職務命令が信教の自由との関係では制約となることを認めた上で、起立斉唱判決に倣って総合衡量の手法により正当化を行う。これに対して思想・良心の自由との関係では、ピアノ判決に倣って職務命令が制約とはならないという趣旨の判断を行う。本稿の立場からは、二つの自由に関するこの峻別論には、きわめて疑問がある。さらに減給1カ月の懲戒処分については、懲戒処分判決を踏まえつつも、「考慮すべき事項を十分に考慮せず、考慮すべきでない事項を考慮した」として、判断過程審査（考慮要素審査）に引きつけた理由づけによって、違法と判断した。国賠は認めていない。この判決は確定している。

⑤ 大阪地裁2015（平成27）年12月21日判決（LEX/DB25541957）

「日の丸・君が代」訴訟は、近年では東京都を主な舞台としてきた。他方、大阪府では「大阪府の施設における国旗の掲揚及び教職員による国歌の斉唱に関する条例」（平成23年6月13日、条例83号）4条で「起立により斉唱を行うものとする」という規定が設けられた。また「大阪府職員基本条例」（平成24年3月28日、条例86号）27条1項は、職務命令違反に対する標準的な懲戒処分を戒告とし、同条2項は、違反行為の内容が同じ場合、累計3回となる職員に対する標準的な懲戒処分を免職と規定した。大阪府教育委員会の教育長は、上記条例83号に基づいて教職員に対して、国歌斉唱に当たって起立・斉唱することについて通達を発出し、さらに府立学校の校長Aは、教職員に対して同旨の職務命令を出していた。Xは、思想・良心および信教の自由などを理由として、これらに従わなかったため、1カ月の減給処分を受けた。これに対する取消訴訟に関して、大阪地裁は、およそ次のように判断した。①本件通達および職務命令は、Xの思想・良心の自由についての「間接的な制約となる面はあるものの」、必要性および合理性が認められ、これらの根拠となった条例83号についても違憲・違法はない。②本件通達および職務命令は、Xの信教の自由についての「間接的な制約となる面」はあるものの、必要性および合理性が認められる。③本件減給処分の理由となった非違行為の性質、態様は、卒業式終了まで式場外での受付業務を命じられながら、これを放棄して勝手に式場内に立ち入って、本件不起立に及んだというものであり、減給処分が重きに失するものとはいえない。いずれも最高裁判例に従った判断であり、この事案では上記条例制定による影響はまだない。判旨②は、起立斉唱判決は信教の自由に対する制約の事例にも及ぶ、という趣旨である。判旨③は、減給以上の懲戒処分には慎重な考慮を必要とした懲戒処分判決を踏まえつつも、本件事案における行為態様の積極性を考慮して、減給処分を適法としたものである。

公務員の政治的意見表明
―― 堀越事件判決を受けて

大河内美紀

Ⅰ．はじめに
Ⅱ．堀越事件判決
Ⅲ．堀越事件判決の残したもの
Ⅳ．むすびにかえて

Ⅰ．はじめに

　本稿に与えられた課題は，日本国憲法の下における公務員の政治的意見表明の現況を明らかにすることである。周知のように国家公務員法（以下「国公法」という）102条1項は国家公務員の政治的行為を制限しており，それを受けた人事院規則14-7は政治的目的を有する文書の配布や意見表明，演劇の演出など幅広い行為を禁止し，罰則規定（国公法110条1項19号）によってそれを担保している。今日では比較法的[1]にも稀なこの広範にわたる国家公務員の政治的意見表明の制限の合憲性が争われたのが，約40年前に起こった猿払事件である。郵便局勤務の郵政事務官が特定の政党を支持する目的で選挙用ポスターを掲示・配布したことで逮捕・起訴された同事件において，最高裁[2]は，後に「猿払基準」と呼ばれることになる審査枠組み――立法目的・目的と手段の関連性・利益衡量――を用いて国公法102条1項および110条1項19号ならびに人事院規則14-7をいずれも合憲と判断した（ただし，4裁判官による反対意見が付された）。

　「悪しき最高裁判決」[3]として名高いこの猿払事件判決を，爾来，憲法学説

---

1) 諸外国の公務員の政治的意見表明規制については，晴山一穂ほか『欧米諸国の「公務員の政治活動の自由」』（日本評論社，2011年）が詳しい。
2) 最大判1974（昭和49）・11・6刑集28巻9号393頁。

はこぞって批判してきた。また，実務上も国公法102条1項の定める政治的行為の制限に違反したことを理由とした起訴は長らく行われてこなかった。ところが，30年余経った2004年および2005年に2人の国家公務員が相次いで政党機関紙等のポスティングを行ったとして国公法違反で逮捕・起訴され，この規制が再び世間の耳目を集めることになる。下級審で判断の分かれたこの2つの事件に，2012年12月7日，最高裁第二小法廷は1つの審査枠組みに基づいて，事例判断により1件は無罪（堀越事件[4]），もう1件は有罪（世田谷事件[5]）の判決を下した。小法廷が下した——したがって，本来ならば憲法判断の変更を伴わないはずの——この堀越事件判決が国家公務員の政治的意見表明に対する国公法上の規制の合憲性をどのように捉えているのか，そして，それは猿払事件判決とどのような関係にあるのか。本稿では，それを確認する作業を通じて，公務員の政治的意見表明の現況の一端を探ってみたい。

II．堀越事件判決

1．堀越事件判決の判断枠組み

　堀越事件判決については既に数多くの紹介・分析がなされているが，本稿に必要な限りでまずはその判断枠組みを確認しておく。同判決は，議会制民主主義によって決定された政策の忠実な遂行の必要性を指摘した上で，国公法102条1項の立法目的を「行政の中立的運営を確保し，これに対する国民の信頼を維持すること」とし，他方で，表現の自由は民主政過程にとって不可欠の人権であり，前記目的に基づく公務員に対する政治的行為の禁止は「必要やむを得ない限度」に限定されるべきとする。そして，それらを考慮すると，国公法102条1項の禁止する政治的行為とは「公務員の職務の遂行の政治的中立性を損なうおそれが，観念的なものにとどまらず，現実的に起こり得るものとして実質的に認められるもの」を指す，と言う。したがっ

3）　室井力「公務員関係と基本的人権」小林直樹編『憲法の判例〔第3版〕（ジュリ増刊）』（有斐閣，1977年）15頁．

4）　最判2012（平成24）・12・7刑集66巻12号1337頁．

5）　最判2012（平成24）・12・7刑集66巻12号1722頁．

て，その委任を受けて策定された人事院規則14-7の禁止行為——本件で問題となっているのは政党機関紙等の配布（6項7号）および政治的目的を有する文書等の配布（同13号）である——も，「それぞれが定める行為類型に文言上該当する行為であって，公務員の職務の遂行の政治的中立性を損なうおそれが実質的に認められるもの」を規定したと解するのが相当だとする。そして，そのおそれが実質的に認められるか否かは総合判断，具体的には管理職的地位の有無，裁量の有無，勤務時間の内外，職場施設利用の有無，公務員たる地位の利用の有無，公務員により組織される団体の活動としての性格の有無，公務員による行為と直接認識されうる態様の有無，行政の中立的運営と直接相反する目的や内容の有無等が考慮の対象となる，と述べる。

　こう措定した上で，最高裁はよど号新聞記事抹消事件判決[6]を引き，国公法102条1項による規制が必要かつ合理的なものであるか否かの判断は規制の必要性と規制の態様等の較量によるとする（いわゆる総合衡量）。そして本件罰則規定の目的は合理的であり，その制限は必要やむを得ない限度にとどまり，前記目的を達成するために必要かつ合理的な範囲のものだとした。さらにそれは猿払事件判決等の判例の趣旨に徴し明らかだと最高裁は断じている。その上で，本件に関しては「管理職的地位になく，その職務の内容や権限に裁量の余地のない公務員によって，職務と全く無関係に，公務員により組織される団体の活動としての性格もなく行われたものであり，公務員による行為と認識し得る態様で行われたものでもないから，公務員の職務の遂行の政治的中立性を損なうおそれが実質的に認められるものとはいえない」として，本件罰則規定の構成要件該当性を否定することで被告人を無罪とした。

　なお，世田谷事件についても同じ判断枠組みを示した上で，被告人が指揮命令や指導監督等を通じて他の多数の職員の職務の遂行に影響を及ぼすことのできる地位（管理職的地位）にあったことを挙げ，そうした地位および職務を担う被告人が政党機関紙の配布を行うことは，勤務外であったとしても，「当該公務員による裁量権を伴う職務権限の行使の過程の様々な場面でその政治的傾向が職務内容に現れる蓋然性が高まり，その指揮命令や指導監

---

[6]　最大判1983（昭和58）・6・22民集37巻5号793頁。

督を通じてその部下等の職務の遂行や組織の運営にもその傾向に沿った影響を及ぼすことになりかね」ず，職務の遂行の政治的中立性が損なわれるおそれが実質的に生ずるとして構成要件該当性を認め，有罪の判断を下している。

2. 猿払事件判決との距離

　猿払事件判決は憲法21条の解釈として「公務員の政治的中立性を損うおそれのある公務員の政治的行為を禁止することは，それが合理的で必要やむをえない限度にとどまるものである限り，憲法の許容するところ」であるとした上で，規制が「合理的で必要やむをえない限度」にとどまるか否かを前述の3基準によって審査し，当該禁止行為は「公務員の政治的中立性の維持を損うおそれが強いと認められるもの」であり立法目的との間に合理的関連性があることは明白であり，行為の禁止が間接的・付随的規制であるのに対し禁止により得られる利益は国民全体の共同利益であって，両者は均衡を失するものではないと判断した。堀越事件判決はこの猿払事件判決を引用し，そこで使われた多くのフレーズを繰り返している[7]。しかし，既に指摘されているように，そこにはいくつかの点で実質的な「修正」が施されている。

　最大の点は，堀越事件判決が，憲法21条の下で許される規制として，国公法102条1項に限定解釈を施したことである。猿払事件判決では「公務員の政治的中立性を損うおそれのある公務員の政治的行為」[8]の禁止は必要やむを得ない限度で許されるとした上で，問題となった行為――特定の政党を支持する目的を有する文書の掲示・配布――は「公務員の政治的中立性の維持を損うおそれが強いと認められるもの」であるとして，目的と手段の合理的関連性を認めた。堀越事件判決も国公法102条1項による政治的行為の禁止は必要やむを得ない限度で許されるとした点は同じだが，それとの関連で

---

[7] 両判決の違いを強調し，実質的な判例変更と捉えるものとして市川正人「国公法二事件上告審判決と合憲性判断の手法」法時85巻5号（2013年）67頁，青柳幸一「猿払基準の現在の判決への影響」法教388号（2013年）4頁などがある。

[8] ただし，学説は，これまで「猿払基準」の分析に注力し，それが公務員の政治的活動すべてに対してではなく「中立性を損なうおそれの強い行為」に対する審査枠組みであることを軽視してきたと言われる。この点をいち早く指摘したものとして，蟻川恒正「国公法二事件最高裁判決を読む」法セ697号（2013年）27頁。

同項に言う「政治的行為」を「政治的中立性を損なうおそれが、観念的なものにとどまらず、現実的に起こり得るものとして実質的に認められるもの」に限定して解するのが相当だとする。その限定は人事院規則への委任の範囲にも及び、したがって、人事院規則14-7第6項7号・13号も、定められた行為類型に該当し、かつ、「政治的中立性を損なうおそれが実質的に認められる」行為のみを規制対象とするものと解される。そして、堀越事件で問題となった行為——管理職的地位にない職員が職務と無関係に、組合活動としてではなく、公務員の行為と認識しえない態様で行った政党機関紙等の配布——には「おそれが実質的に認められ」ないとして構成要件該当性を否定したのである。

　もとより「中立性を損なうおそれのある政治的行為」は幅のある概念である。猿払事件は「おそれが強い」行為に関する事案であったために仔細を定義する必要がなく、此度の堀越事件判決はその未判断の部分を明らかにしたものと捉えることも不可能ではない。しかし、猿払事件判決が、目的と手段の合理的関連性は、「禁止が、公務員の職種・職務権限、勤務時間の内外、国の施設の利用の有無等を区別することなく、あるいは行政の中立的運営を直接、具体的に損う行為のみに限定されていないとしても」失われないと述べていることとの整合性は問題となろう[9]。

　さらに、具体的な当該行為への規制の憲法適合性を審査する段階において、猿払事件判決では「猿払基準」が用いられていたところ、堀越事件判決では猿払基準の要素たる立法目的の合理性や目的と手段の関連性を取り込んではいるものの最終的には総合衡量になっている[10]こと、また、猿払事件判決において規制によって失われる利益を低く見積もるのに役割を果たした

---

[9]　蟻川は、当該判示部分は、第1段階（問題の行為が「公務員の政治的中立性を損うおそれ」のある行為か否かを実質的に判断する）において個別事情を勘案した上で、その行為を禁止することの合憲性を言う第2段階にあたるものであり、ここにおいて一律全面禁止とすることと、堀越事件判決が第1段階で個別事情を勘案したこととは矛盾しないとしている。蟻川・前掲注8)29頁。説得力のある説明であるが、だとしても、猿払事件判決が、第1審が機械的労務であること等を理由に政治的中立性を損なうおそれが小さいとしたことを弊害論から強く批判したロジックと、堀越事件判決の第1段階における具体的な衡量の仕方との整合性は問題として残ろう。

[10]　常に批判の対象となってきた猿払基準であるが、それは少なくとも憲法訴訟論の議論枠組みを取り入れたものと捉えられてきた。曽我部真裕「猿払判決香城解説の検討」法律時報編集部編『国公法事件上告審と最高裁判所（法時増刊）』（日本評論社、2011年）122頁を参照。

間接的・付随的規制論が堀越事件判決には見られない[11]ことなど，多くの点で2つの判決には違いが見られる。

3. 堀越事件判決をもたらしたもの

こうした相違を最高裁は「事案を異にする」の一言で説明している。確かに，いずれも問題となったのは政治的目的を有する文書等の配布であるとはいえ，猿払事件と堀越事件とでは対象となった行為の性質は異なる。前者は組合活動の一環として選挙用ポスターを配布したものであり，後者はあくまで個人が行ったもので，配布物も選挙前の時期とはいえ選挙用ポスターそのものではない。結論を分けた2つの事件の間に事実によって線を引くことは可能であろう。しかし，少なくとも約40年前には区別されなかった——そしてそこが学説からの主たる批判の的ともなった——公務員の職種・職務権限等による限定をかけようとするインセンティブの一部は外的要因からももたらされたのではないか。

その1つとして考えられるのは，立法事実の変化である。猿払事件当時には国家公務員によって担われていた郵政事業が今日では民営化され，彼らに対しては国公法の規制そのものが及ばなくなったことが象徴するように，公務員をとりまく状況は変化している。戦後の公務員制度の原型は国公法1948年改正法によって形作られた[12]。一般職の国家公務員の範囲を拡大し，そこに一律かつ広範な政治的表現の自由および労働基本権の制約をかけるその仕組みは「一般職の公務員という『身分』の存在を広く観念させるもの」[13]であった。後にその憲法適合性は繰り返し問われることとなり，労働基本権の領域では一度は限定解釈の動きがあったものの1973年の全農林警職法事件判決[14]およびそれに続く岩手教組学テ事件判決[15]，全逓名古屋中

---

11) 間接的・付随的規制論が削除されたことについて，アメリカ合衆国での議論状況から必然と説くものとして，平地秀哉「『公務員の政治活動の自由』の現在」憲法問題25号（2014年）23頁。
12) 立法事実について，長岡徹「公務の中立性と公務員の中立性」法律時報編集部編・前掲注10) 82頁。
13) 本多滝夫「公務員制度改革と公務員の権利」法律時報編集部編・前掲注10) 71頁。
14) 最大判1973（昭和48）・4・25刑集27巻4号547頁。
15) 最大判1976（昭和51）・5・21刑集30巻5号1178頁。

郵事件判決[16]によって全面承認された。猿払事件判決はまさにその同時期に下された判決である。

　しかし，その後，公務員をめぐる環境は大きな変化をみせる。1980年代以降の民営化の進展，公務員の定員の削減，制度改革論の高まり等を受けての2001年「公務員制度改革大綱」の閣議決定[17]といった改革の最中に堀越事件は起こった。かつて国公法102条1項を支えた立法事実が大きく変化していることは間違いない。

　また，別の角度からは，近時の最高裁の「変化」との関係を指摘しうる。1990年代以降立て続けに違憲判決を出し，さらに，これまで立法裁量とされてきた領域──選挙制度や家族法の枠組みなど──に踏み込んだ審査を行うようになったなど最高裁の姿勢に「変化」が見られるとの認識は，既に学界に共有されたものと言えるだろう[18]。この「変化」を蟻川恒正は制度準拠的思考という枠組みを立てることによって読み解く。すなわち，問題となっている規定の合憲性をそれ自体として審査するのではなく「当該規定がその一部を構成するところの中間的な制度の中に位置付け，その制度が，採り得る制度設計の中の1つであるということを承認して，その制度を受け入れた上で，当該規定の合憲性を審査する」[19]という審査の思考枠組みである。蟻川によれば，立法裁量をより限定した形で審査を行った最高裁のいくつかの判決・意見はこれによって説明できる。

　この枠組みを借りれば，堀越事件判決は次のように見ることができるかもしれない。すなわち，職員に人事院規則で定める政治的行為をなすことを禁止した国公法102条1項の規定を，最高裁は，「行政の中立的運営を確保し，これに対する国民の信頼を維持する」目的のために必要やむを得ない限度で禁止するという公務員制度の一部を構成するものと捉えた。この「制度」自

---

16) 最大判1977（昭和52）・5・4刑集31巻3号182頁。
17) 当初，政府は2003年内にこの大綱に基づく国公法改正法案を国会に提出する予定であったが，最終的には頓挫した。ただし，公務員制度改革そのものは2007年の国公法改正，2008年の国家公務員制度改革基本法制定へと繋がっていく。
18) ただし，その射程については評価が分かれる。変化が領域限定的であることを強調するものとして，小林武「21世紀初頭の最高裁憲法判例の特質」法の科学43号（2012年）34頁。
19) 高橋和之ほか「〔座談会〕憲法60年──現状と展望」ジュリ1334号（2007年）24頁〔蟻川恒正〕。

体は憲法21条との関係でも許容される設計の1つである。しかし，この制度に合致させるためには国公法102条1項に言う政治的行為は「公務員の職務の遂行の政治的中立性を損なうおそれが，観念的なものにとどまらず，現実的に起こり得るものとして実質的に認められるもの」に限定されねばならず，その委任を受けて定められた人事院規則もまたその限りにおいて定められねばならない。よって，そのような限定を施されたものと当該規定を解釈し，その制度に即して当該事案に対し無罪の判決を下したのだ，と。

　無論，最高裁のとったこの手法――千葉勝美裁判官の補足意見はこれを合憲限定解釈ではないと強調している――が明確性の原則や判例変更の際に経るべきとされている手続的規制等との関係で多くの問題を抱えていることは言うまでもない。また，千葉補足意見が「基準を定立して自らこれに縛られる」ことのない「柔軟」な姿勢と自画自賛した総合衡量へのシフト――そしてその傾向は近時の他の最高裁判決からも看取される――が，これまで学説が違憲審査基準論等を通じて確保しようとしてきた裁判所の恣意的判断の余地の縮減に逆行するものでないかという別の懸念もうまれる。しかし，少なくとも堀越事件判決の帰結に関して言えば，公務員の政治的意見表明について従来学説から向けられていた諸批判に結論としては応えた形になっている。

　だが，堀越事件判決で「小さな正義」[20]を実現したとしても，最高裁が制度それ自体を温存し不問に付したことには留意が必要である。なぜなら，そこにこそ公務員の政治的意見表明の現況が示されていると思われるからである。以下，猿払事件判決のうち堀越事件判決が手を触れなかった点に着目しつつ，その一端を探る。

III. 堀越事件判決の残したもの

1. 立法目的としての「国民の信頼」

　第1に指摘しなくてはならないのは，堀越事件判決が国公法102条1項の

---

[20] 判例によって形成された立憲体制を壊さない範囲で修正していく「小さな違憲判決」への志向性を現在の最高裁が見せていることを棟居快行は指摘している。山田隆司『最高裁の違憲判決』（光文社，2012年）312頁～313頁。

立法目的として「行政の中立的運営を確保し，これに対する国民の信頼を維持すること」を掲げた点である。行政組織が有機的統一体として機能しているという行政一体論および一見軽微な弊害であっても累積されることにより現出する事態を軽視することはできないとする累積効果論と結びついた「国民の信頼」の維持という立法目的こそ，猿払事件判決において規制を正当化する核心的役割を果たしたものであり，学説が長く批判してきたものであった。堀越事件判決は，行政一体論および累積効果論は排除したものの，立法目的としての「国民の信頼」は維持している。

同判決に付された須藤正彦裁判官による意見はこの点で多数意見と対照的である。須藤意見は公務員の政治的行為と職務の遂行は元来次元を異にすると断じた上で，公務員の政治的行為によって職務の遂行の政治的中立性が損なわれるおそれが生じるのはその間に牽連性がある場合に限るとする。須藤意見は，公務員が勤務時間外に政治的行為を行えば，「職務の遂行の政治的中立性に対する信頼」は損なわれうるが，その「おそれ」は観念的かつ抽象的なものにとどまるとして，これを排除している。

「国民の信頼」という立法目的が曖昧で拡大の危険をはらむことは猿払事件判決の当時から指摘されてきた。これを過度に強調することは「公務員は『常時勤務状態にある』という君主制憲法下の公務員観をそのまま受けついだ論旨」[21]であるとの言及に，それは端的に示されている。だが，学説の多くは「国民の信頼」という立法目的を全面的には否定していない。「国民の信頼」を，主観的概念から行政の中立的外観の維持というある程度客観的に測りうる概念に置き換えつつ，それ自体としては肯定してきたと言える[22]。

では，堀越事件判決で「国民の信頼」という言葉が残ったことはどう評価すべきか。堀越事件判決では行政一体論および累積効果論は周到に取り除かれている。香城敏麿による猿払事件調査官解説が言うように，これらを踏まえた弊害論こそが猿払事件判決の根幹をなす[23]のであれば，堀越事件判決

---

[21]　芦部信喜『憲法訴訟の現代的展開』（有斐閣，1981年）197頁。

[22]　猿払事件はポスターを掲示するなど行為時に一般の人から見て政治的な活動をしていると認知しうる外形を示す行為があったが，堀越事件および世田谷事件はポスティングの事案であり，こうした外形を持っておらず「国民の信頼」を害する契機を欠く，との指摘がある。中山研一「公務員の政治活動とその『外形』」法時78巻4号（2006年）108頁を参照。

[23]　香城敏麿『憲法解釈の法理』（信山社，2004年）56頁〜57頁。

に残った「国民の信頼」という修辞それ自体は大きな問題ではないとの見方もできるかもしれない。

　なお，駒村圭吾は，「公務員の政治的中立性を損うおそれ」を論じた猿払事件判決とは異なり堀越事件判決が「公務員の職務の遂行の政治的中立性を損なうおそれ」というフレーズを用いたことに注目し，それが限定解釈を導いたと分析する[24]。確かに，「職務の遂行」という一語が入ることによって，禁止される政治的行為を職務遂行と関連づけて限定することが可能になる。その意味で，須藤意見が端的に「牽連性」と表現したものと遠くないと解することもできよう。だが，もしそうだとすれば世田谷事件判決において須藤裁判官が牽連性を核心とするそのロジックをもって被告人を無罪とすべきとする反対意見を書いたこととの関係をどう捉えるのか。

　この点に関して，蟻川の以下の指摘は軽視されるべきでない。蟻川は猿払事件では政府が使用者としての政府と統治権者としての政府という2つの顔で登場することに着目をし，いずれの資格で行動するかによって許される活動の名目に違いがあると言う。これは，アメリカ連邦最高裁が公的被用者の表現規制について統治権者としての政府と使用者としての政府の区別を立てた上でそれぞれの場面で憲法的統制を構築してきた歴史に着想を得たものである。使用者としての政府に許される名目は公務の円滑・公正・能率的な遂行であり，「行政の中立的運営に対する国民の信頼」は行政の運営に不可欠な国民の協力を取り付けるために必要なもので，政府に許される重要な活動名目の1つと数えられる。これに対して統治権者としての政府は，行政の中立的外観という意味での「国民の信頼」を活動名目とすることは許されない。けだし，統治権者としての政府の活動名目は国民生活上の基本的利益でなくてはならず，行政の中立的外観はそれに含まれるとは言いがたいからである[25]。ここで言う使用者としての政府が行使しうる強制力は懲戒権，統治権者としての政府が行使しうる強制力は刑罰権である。とすれば，少なく

---

24) 駒村圭吾「憲法訴訟の現代的転回(29)」法セ698号（2013年）48頁〜49頁。
25) 蟻川恒正「日本国憲法における公と私の境界」法時80巻6号（2008年）31頁〜32頁。蟻川が指摘するように，アメリカではこの2つの顔を区別するがゆえに「使用者としての政府」のみに採用された緩やかな審査基準が，日本ではこの区別をしないがゆえに「統治権者としての政府」に対して適用されてきたことはあまりにも皮肉であり，両国における公に対する意識の違いを反映している。同34頁。

とも刑事事件である堀越事件に関しては「国民の信頼」を根拠とすることはできないはずである。

　世田谷事件との対比を考えたとき，堀越事件判決が「国民の信頼」の語を残したことの意味は小さく見積もるべきではない。無論，最高裁は慎重にも「おそれ」が実質的に認められるか否かは総合判断だとしており，管理職的地位の有無を決定的な要素とはしていない。しかし，他の諸要素の類似性を思えば，2つの事案を分けた要因はやはりそこであったと見るべきだろう。世田谷事件において最高裁は「中立な姿勢を特に堅持すべき立場にある管理職的地位の公務員が殊更にこのような一定の政治的傾向を顕著に示す行動に出ているのであるから，当該公務員による裁量権を伴う職務権限の行使の過程の様々な場面でその政治的傾向が職務内容に現れる蓋然性が高まり，その指揮命令や指導監督を通じてその部下等の職務の遂行や組織の運営にもその傾向に沿った影響を及ぼすことになりかねない」としているが，管理職的地位であることから指揮命令等を通じた影響力の行使の可能性が高まるとは言えても，管理職的地位であることと政治的傾向が職務内容に現れる蓋然性が高まることとの関連性は一切論証されていない。これは畢竟「管理職的地位の公務員は中立的な姿勢を特に堅持すべき」と言うに等しく，いったんは「公務員の職務の遂行の政治的中立性を損なうおそれが実質的に認められるものか」を判断するとしながらも，結局は「管理職的地位の公務員の政治的中立性」を問題にしていると見ざるを得ない。だからこそ「国民の信頼」という言葉が残されたのだとすれば，堀越事件判決は，1970年代には「公務員としての地位にある以上……あらゆる場面でのすべての政治活動を規制するという方向に進まざるを得ない」[26]と言われたものが管理職的地位の公務員に限定されただけで，その基本姿勢に質的な変化はないとも言える[27]。

2．刑罰と懲戒処分

　堀越事件判決が多くを語らなかったもう1つの点として，懲戒処分ではな

---

26) 名古屋地豊橋支判1973（昭和48）・3・30判タ295号400頁。
27) 「国民の信頼」を保護法益とすることは「私的な政治活動をする人は，政治的に偏った仕事をする職業倫理の欠如した人間だ」という差別感情に迎合するものであるとの指摘は重要である。木村草太「公務員の政治的行為の規制について」法時85巻2号（2013年）79頁参照。

く刑罰を科すことの合理性が挙げられる。猿払事件判決では主要な論点であったこの点につき，堀越事件判決は先例として猿払事件判決等を挙げ，「禁止行為の内容，態様等が懲戒処分等では対応しきれない場合も想定されるためであり，あり得べき対応」だとの一言で，合理性がないとは言えないとした。労働基本権の領域では全農林警職法事件判決で定立された争議行為禁止規制の合憲性を導く論理が懲戒事案にも基本的に踏襲されている[28]が，こうした刑罰と懲戒処分とを同一線上に論じる姿勢[29]は堀越事件判決からも看取される。

しかし，刑罰と懲戒処分の質的な相違はもっと強調されて然るべきである。ただし，それは懲戒処分であれば緩やかに認められても構わないということを意味しない。先述のように，蟻川はアメリカ合衆国での議論に着想を得て，使用者としての政府と統治権者としての政府とを峻別し，懲戒処分と刑罰それぞれにつき主張することのできる政府利益と取りうる手段とを措定する。その上で，さらに規制の対象となる言論が公的言論か非公的言論かという別の軸を用意し，規制の対象が公的言論である場合には懲戒処分であっても厳格な審査がなされなければならないとする主張を展開している[30]。昨今の公務員をめぐる状況を想起したとき，これは非常に重い指摘である。と言うのも，公立学校の式典における教職員への国歌斉唱・伴奏等の「強制」や大阪市職員アンケート調査など，懲戒処分を梃子とした公務員の精神的自由の制約の問題が近時鋭く問われているからである。

だが，現在の日本の社会にこの合衆国流の論理を根づかせるには相当の困難が伴うかもしれない。蟻川が指摘するように，アメリカ合衆国において上記の審査基準が設定された背後には，公務員の公的言論は潜在的聴衆たる公衆にとって有益だという連邦最高裁の認識が存在する[31]。他方，日本の最高裁はどうか。堀越事件判決では，公務員も国民として「民主主義社会を基礎付ける重要な権利」である政治活動の自由を保障されていることが明記さ

---

[28] 大河内美紀「判批」憲法百選II〔第6版〕313頁。

[29] 政治的意見表明の領域において，刑法事案である猿払事件判決の論理を懲戒事案にもそのまま引用した例として，全通ブラカード事件（最判1980〔昭和55〕・12・23民集34巻7号959頁）。

[30] 蟻川・前掲注25)32頁～34頁。

[31] United States v. National Treasury Employees Union, 513 U.S. 454, 468 (1995).

れた[32]）。表現の自由の社会的意義を強調するこのフレーズから公衆にとっての価値という側面を読み出すことも不可能ではないが，世田谷事件の帰結を思えば過剰な期待はできない。だがそれ以上に厳しいのが，「潜在的聴衆」たる公衆の公務員に対する見方であろう。近時の公務員バッシングは公務員を市民一般とは異なる特権階級と捉えることから生じている。日本の社会において公務員も同じ市民であり公の担い手であるという意識はさらに希薄になっているのではないか。「国民の信頼」を殊更に立法目的とする背後に，公務員に対する国民の不信があるのだとすれば，事態は深刻である。

3. 公務員と専門性

　ここまで堀越事件判決を素材に国公法による公務員の政治的意見表明規制について検討してきた。だが，公務員の政治的意見表明にはこれとは別の問題群も存在する。寺西裁判官事件[33]に代表される，裁判所法52条1号による裁判官の積極的政治運動の規制に関するそれである。紙幅の関係上ここではその仔細を論じることはできないが，堀越事件判決との関係で1点述べておきたい。それは公務員像と裁判官像の異同である。

　堀越事件判決の枠組みは，実際には，寺西裁判官事件決定と重なる部分が見られる。寺西裁判官事件決定で最高裁は裁判所法52条1号の立法目的を，司法権の性質から「裁判官の独立及び中立・公正を確保し，裁判に対する国民の信頼を維持するとともに，三権分立主義の下における司法と立法，行政とのあるべき関係を規律すること」と措定する。そして，裁判官に対する政治運動禁止の要請は一般職の国家公務員に対する政治的行為禁止の要請より強いと明記する。その上で，裁判所法52条1号の言う「積極的に政治運動をすること」を「組織的，計画的又は継続的な政治上の活動を能動的に行う行為であって，裁判官の独立及び中立・公正を害するおそれがあるもの」に限定し，それに該当するか否かは行為の内容・経緯・場所等の客観的な事情のほか主観的意図をも「総合的に考慮」して決せられるとする。続く段落で，裁判官も一市民として表現の自由を有することは当然であるとし，したがっ

---

32) 猿払事件判決ではこの点すら曖昧であったことを指摘するものとして，駒村・前掲注24) 49頁。

33) 最大決1998（平成10）・12・1民集52巻9号1761頁。

て、当該権利の制約が「合理的で必要やむを得ない」限度か否かを、禁止目的の正当性・目的と手段の合理的関連性・利益衡量のいわゆる猿払基準によって判定するとしている。寺西裁判官事件決定は、総合衡量ではなく猿払基準による審査を行い間接的・付随的制約論を援用している点では猿払事件判決の枠組みに則っているものの、裁判所法52条1号の「積極的政治運動」に「組織的、計画的又は継続的な政治上の活動を能動的に行う行為」であり「裁判官の独立及び中立・公正を害するおそれがあるもの」という限定解釈を施している点、裁判官が個人として表現の自由を有することを正面から認めている点では、猿払事件判決から堀越事件判決への過渡期に位置づけられるようにも見える。

ともあれ、裁判官の場合も「国民の信頼」を梃子に外見上の中立・公正が要請される。しかもその要請は一般の公務員より強いとされる。にもかかわらず、最高裁は、禁止される「積極的政治運動」を「組織的、計画的又は継続的な政治上の活動を能動的に行う行為」に限定しており、むしろ、国家公務員等の場合に比して裁判官の市民的自由をかなり広く認める趣旨にも見える[34]。無論、この相違は文言――裁判所法52条1号は「政治的行為」ではなく「積極的な政治運動」を規制する――によるところを無視しえない。しかし、その背後には特定の裁判官像が存在すると見ることができるかもしれない。寺西裁判官事件決定における河合伸一裁判官の反対意見は、職権行使の独立を可能にする裁判官像、すなわち高い職業的倫理観を備えた自主・独立・積極的な気概を持つ裁判官を想定し、それゆえに懲戒権の行使はできる限り謙抑的であるべきと説く。もちろん、これは多数意見の採用するものではないが、一般の公務員より強く中立性の外観を要求される裁判官に実際にはより広範な市民的自由を認める限定解釈の背後にはこうした裁判官の専門性・独立性への「信頼」があると捉えることもあながち不可能ではないだろう。

翻って、公務員一般についてはどうか。無論、憲法上独立を保障されている裁判官と公務員一般とを同列に語ることはできない。しかし、猿払事件判決が有機的統一体として行政を描くとき、そこにおける公務員は「統治の組

---

[34] 小田中聰樹ほか編『自由のない日本の裁判官』(日本評論社, 1998年) 64頁。

織を組成している分子」にすぎなかった。駒村の言うように，堀越事件判決がそれを「個人へと生みなおした」[35]ならば，それは職務の遂行の場面においては少なくとも職業的専門性を有した公務員として描かれるべきであった。それを妨げたのが，立法目的である「国民の信頼」——不信の裏返しとしての——ではなかったか。

IV. むすびにかえて

　川岸令和は公務員の表現の自由をめぐる問題の核心は二分法の思考だと喝破する[36]。1人の人間は同時並行的に公務員であり市民であり，公共の関心事か私的言論かの区別も相対的だ，との主張は筆者も共感するところであり，その境界線上で「公務員たる市民」が常に迫られる選択の困難さは軽視すべきでないと考えている。にもかかわらず本稿があえてその区別を強調するのは，堀越事件判決の中に，前時代の名残としての常時勤務状態にある君主制的公務員観を見るからである。

---

35) 駒村・前掲注24) 49頁。
36) 川岸令和「市民的自由としての表現の自由と公務員」法律時報編集部編『新たな監視社会と市民的自由の現在（法時増刊）』（日本評論社，2006年）16頁。

婚外子法定相続分規定違憲決定

中林暁生

はじめに
Ⅰ．家族と個人
Ⅱ．憲法24条と「家」制度
Ⅲ．政治部門に対するメッセージ
おわりに

はじめに

　2013年9月4日，最高裁判所大法廷は，民法900条4号但書のうち「嫡出でない子の相続分を嫡出子の相続分の2分の1とする部分」（当時。以下ではこの部分を「本件規定」という）を憲法14条1項に違反するとした[1]（以下では「2013年決定」という）。周知の如く，最高裁は，1995年に，本件規定を合憲と判断し[2]（以下では「1995年決定」という），その後も合憲判断を積み重ねてきたが[3]，2013年決定において，それまでの判断を覆すことなく──立法事実の変化を理由として──本件規定を違憲と判断したのである。
　ところで，1995年決定は，本件規定の立法理由を「法律婚の尊重と非嫡出子の保護の調整を図ったもの」と捉えた上で，それに合理的根拠があるか否かと，それとの関連において，「本件規定における嫡出子と非嫡出子の法定相続分の区別」（以下では「本件区別」という）が著しく不合理であるか否かを問うという枠組みを取っていた。

1）　最大決2013（平成25）・9・4民集67巻6号1320頁。
2）　最大決1995（平成7）・7・5民集49巻7号1789頁。
3）　最判2000（平成12）・1・27判時1707号121頁，最判2003（平成15）・3・28家月55巻9号51頁，最判2003（平成15）・3・31家月55巻9号53頁，最判2004（平成16）・10・14判時1884号40頁，最決2009（平成21）・9・30家月61巻12号55頁等。

2013年決定は，本件規定の立法理由（または立法目的）には特に言及していないが，調査官は，この点を，嫡出でない子の保護とは，「嫡出でない子には相続権を与えないという考えもあることを当然の前提にした，法律婚の尊重と表裏の考え方によるものにほかなら」ないので，「本来の立法目的としては，法律婚の尊重のみが挙げられるべき」であり，そして，「法律婚の尊重という立法目的の合理性については」，2013年決定の「随所に法律婚の維持，定着を前提とした説示がされていることや，岡部裁判官の補足意見からして，本決定が当然の前提としていることは明らかであり，殊更この点を明示する意義は乏しいといえ」，「結局，問題は，法律婚主義の下で本件規定により本件区別を設けることの合理性の有無ということになり，本決定は，端的にそのような観点からの判断を示したのではないかと考えられる」[4]と説明している。

このように，本件規定について考える上で，「法律婚の尊重」と婚外子との関係をどのように捉えるのか，という問題を避けて通ることはできないのである。そこで，本稿は，この問題についての日本における議論のあり様について考えてみたいと思う。

I. 家族と個人

1.「家族という共同体の中における個人の尊重」

2013年決定は，1947年の民法改正（以下では「1947年改正」という）以降の様々な事柄を総合的に考察すれば，「家族という共同体の中における個人の尊重がより明確に認識されてきたことは明らかであるといえる」と述べている。2013年決定が，この後に，「法律婚という制度自体は我が国に定着しているとしても，上記のような認識の変化に伴い，上記制度の下で父母が婚姻関係になかったという，子にとっては自ら選択ないし修正する余地のない事柄を理由としてその子に不利益を及ぼすことは許されず，子を個人として尊重し，その権利を保障すべきであるという考えが確立されてきている」

---

[4] 伊藤正晴「判解」ジュリ1460号92頁。このような説明に対しては，蟻川恒正「婚外子法定相続分最高裁違憲決定を書く(1)——平等違反事案の起案」法教399号（2013年）135頁〜136頁を参照。

(圏点中林）と続けていることからすると、「家族という共同体の中における個人の尊重」という箇所は、2013年決定を最もよく特徴づけているものと言えよう。

それでは、この「家族という共同体の中における個人の尊重がより明確に認識されてきた」とは、どのような意味を持っているのであろうか[5]。

2. 家族モデル

婚外子の地位を考える際に「家族という共同体の中における個人」と言う場合、当然のことながら、そこではいかなる「家族」が想定されているのかが問題とならざるを得ない[6]。

かつて、大村敦志は、1995年決定を分析した際に、同決定の法廷意見が想定している家族モデルを「夫婦関係に親子関係を包含させた『家族』モデル（『モデルA』とする）」と捉え、また、同決定の反対意見が想定している家族モデルを「夫婦関係から親子関係を独立させた『家族』モデル（『モデルB』とする）」と捉えていた[7]。このうち、「モデルBにおいては、婚姻は婚姻、親子は親子、両者は別々の法律関係として理解され」、「親子関係が存在する以上は子の地位に相違はなく、したがって、相続分も同等であるはず」[8]ということになる。もちろん、家族のあり方が多様化している今日において、婚外子のあり方も一様ではないが、重婚的内縁関係にある男女の間で生まれた婚外子——本件規定の合憲性が問題となる際に通常想定されてきた婚外子——は、2013年決定における岡部喜代子補足意見の言うように、「夫婦及びその間の子を含む婚姻共同体」「に参加したくてもできず、婚姻共同体維持のために努力したくてもできないという地位に生まれながらにして置かれ」ているのであるから、2013年決定[9]が婚外子の地位を語る際の「家族」とは、モデルBということになろう[10]。

---

5) 2013年決定が、「個人の尊厳（尊重）」という語を——憲法24条2項の引用を除いて——憲法の条項との関係を明示することなく多用していることについては、蟻川恒正「最高裁判例に現われた『個人の尊厳』——婚外子法定相続分最高裁違憲決定を読む」法学77巻6号（2014年）8頁～20頁を参照。

6) 糠塚康江「判批」法教400号87頁。

7) 石川健治＝大村敦志「判批」法協114巻12号124頁［大村敦志］。

8) 石川＝大村・前掲注7)124頁［大村］。

このように，1995年決定と2013年決定との間に「家族」モデルの変遷が見られるが，ここでは，「モデルA」を語ることの意義について，もう少し考えてみたい。

II. 憲法24条と「家」制度

1. 憲法24条

言うまでもないことであろうが，日本国憲法が24条2項において「個人の尊厳」という語を採用したことには，「両性の本質的平等」という語の採用と共に，日本に特有の意味——すなわち，かつての「家」制度の克服を図るという意味——が込められていた。したがって，憲法24条2項が「個人の尊厳」を謳うことで，「従来のいわゆる家族主義に立脚した法律規定は，個人の尊厳に牴触するものであること」[11]が示されたことになる。

実際，日本国憲法の施行に伴う民法の応急的措置に関する法律（1947年）が，「日本国憲法の施行に伴い，民法について，個人の尊厳と両性の本質的平等に立脚する応急的措置を講ずることを目的」として（1条），「家」に関する規定の不適用（3条）などを定め，さらに，1947年改正により，「本法ハ個人ノ尊厳ト両性ノ本質的平等トヲ旨トシテ之ヲ解釈スヘシ」とする条（1条ノ2〔現在の2条〕）の追加や，民法典第4編（親族）・第5編（相続）の全部改正が行われたのである。

ここでは，特に「家」制度の下における婚外子の地位に注目してみたい。1995年決定において，可部恒雄補足意見が，「血統の継続を尊重する立場からは，婚内子であると否とを問わぬ血統の承継者が要求されることになる」のであり，「その背景をなすのが『家』の制度であっ」たと述べていたように，日本においては，婚外子の地位と「家」制度との関係を切り離して論じ

---

9) 2013年決定の事案は，重婚的な関係にある男女の間で生まれた婚外子に係る事案であった。ちなみに，2013年決定が事案の詳細に触れることなく本件規定を違憲と判断していることから，「本決定は，本件規定がおよそ一般的に違憲であるという趣旨の判断をしたものと解される」ことになる（伊藤・前掲注4）91頁）。

10) 木村敦子「婚外子相続分違憲決定に関する一考察」水野紀子編著『相続法の立法的課題』（有斐閣，2016年）99頁～100頁。

11) 法学協会編『註解日本国憲法 上巻』（有斐閣，1953年）475頁。

ることができなかったからである。実際，日本法においては「家制度の要請から非嫡出子の法的地位は伝統的に西欧法と比べるとはるかに高いものであった」[12]。

　ところで，2013年決定は，1947年改正により「『家』制度を支えてきた家督相続が廃止され，配偶者及び子が相続人となることを基本とする現在の相続制度が導入されたが，家族の死亡によって開始する遺産相続に関し嫡出でない子の法定相続分を嫡出子のそれの2分の1とする規定（昭和22年民法改正前の民法1004条ただし書き）は，本件規定として現行民法に引き継がれた」と説明している。

　1947年改正前の民法において，相続は，家督相続と遺産相続の2本建になっていたが，このうちの遺産相続は，戸主以外の家族の死亡によって開始するものであったので（1947年改正前民法992条），そのような「遺産相続よりも大きな意味をもつ主たる相続」は家督相続の方であった[13]。そして，単独相続主義を採る家督相続については，家督相続人の順位において，庶出の男子が嫡出の女子よりも優先していたことは（同970条1項），広く知られている。もちろん，これは，婚外子の保護というよりはむしろ「祖先の祭はできるだけ男子に承継させたいという父権的封建思想以外の何ものでもな」[14]かった。実際，嫡出の男子と庶出の男子の間では嫡出の男子が優先していたし，また，当時の日本社会において，婚外子に対する差別的な意識が存在していたことも確かであろう。したがって，「家」制度の下で婚外子が十分に保護されていたわけではないが，しかしながら，庶子[15]には，相当に特殊な地位が与えられていたのである。この点は，「庶子の入家」をめぐる議論を採り上げることで，明らかになるであろう。

12）　水野紀子「比較婚外子法」川井健ほか編『講座・現代家族法 第3巻』（日本評論社，1992年）127頁。穂積重遠『親族法大意〔改訂版〕』（岩波書店，1925年）96頁～97頁も参照。
13）　水野紀子「日本における家族法の変容」ひろば66巻12号（2013年）5頁。
14）　我妻栄「『私生子』の保護」同『民法研究Ⅺ 補巻1』（有斐閣，1979年）233頁〔初出は1959年〕。
15）　1947年改正前民法は，婚外子のうち，父親が認知した子を「庶子」としていた（同827条2項）。

2. 庶子の入家

　1942年改正[16]前民法は、「家族ノ庶子及ヒ私生子ハ戸主ノ同意アルニ非サレハ其家ニ入ルコトヲ得ス」と定めていたが（同735条1項）、庶子が父親の「家」に入ると、庶子と父親の妻（嫡母）との間には親子関係（嫡母庶子関係）が生ずることになっていた（1947年改正前民法728条）。「このことの法的効果は、嫡母庶子間に遺産相続の関係ならびに扶養義務の関係を生ずるという点で特に重大であった」[17]。

　ところで、1925年に臨時法制審議会[18]が決議した「民法親族編中改正ノ要綱」においては、「庶子ノ入家」について、「庶子ハ父ニ配偶者アル場合ニ於テハ其同意アルニ非ザレバ父ノ家ニ入ルコトヲ得ザルモノトスルコト」とされていた。もちろん、「嫡母庶子関係を承認するという点では近代家族の理想からはほど遠く、一種の妥協的解決であることは言うまでもな」[19]かったが、それでも、この改正案の審議においては激しい議論の応酬がなされていたのである。このことについては、すでに多くの紹介がなされているので[20]、ここでは議論の一端を紹介することにとどめておく[21]。

　原案の説明を行った松本烝治は、当時の民法735条1項の結果、配偶者の知らぬ間に「庶子の入家」が生じうることになるが、それは「人情ニ反スル嫌ヒガアル」と説明していた[22]。これに対し、反対論者の一人である水野

---

16) 1942年の改正により、それまで用いられていた「私生子」という名称が廃止され、「嫡出ニ非サル子」等に改められた。この点については、中川善之助「子のための新立法——私生子と胎児の保護」同『随想　家』（河出書房、1942年）63頁〜69頁。

17) 川島武宜「臨時法制審議会における家族制度論争の一断面——穂積重遠博士を中心として」同『イデオロギーとしての家族制度』（岩波書店、1957年）194頁［初出は1952年］。

18) 臨時法制審議会の設置およびその内容については、我妻栄「家族制度法律論の変遷」同『民法研究VII　親族・相続』（有斐閣、1969年）138頁〜162頁［初出は1946年］を参照。

19) 川島・前掲注17)195頁。

20) 我妻・前掲注18)146頁〜148頁、川島・前掲注17)195頁〜202頁、依田精一「戦後家族制度改革の歴史的性格」福島正夫編『家族　政策と法　1総論』（東京大学出版会、1975年）231頁〜233頁、山本起世子「民法改正にみる家族制度の変化—1920年代〜40年代—」園田学園女子大学論文集47号（2013年）120頁〜122頁等を参照。

21) ここでは採り上げないが、庶出の天皇を認めていた旧皇室典範において（旧皇室典範4条、8条参照）、皇后の同意は不要とされていたことが、反対論の中で強力に主張されていた。庶出の天皇については、奥平康弘『「萬世一系」の研究』（岩波書店、2005年）208頁〜323頁を参照。

22) 『諮問第一号（民法改正）　臨時法制審議会総会議事速記録』32頁。

錬太郎は,「庶子ノ母ノ如キハ単ニ腹ヲ貸シタ丈ケ」であり,「是ハ父ノ子デアル,同時ニ嫡母ノ子デアル,斯ウ云フヤウナ慣習ガアツタノデハナイカ」と述べた上で,妻の同意を得ることなく庶子を「家」に入れるとしても,あるいは,妻が反対するために庶子を「家」に入れることができなくなるとしても,いずれの場合も「風波」が起きるのであり,そうであるとすれば,「父ガ之ヲ入レルト言ツタナラバ,母ガ之ニ従フト云フコトノ方ガ日本ノ美風デハナイカ」[23](圏点中林)と述べていた。

　そうした中で,美濃部達吉は,「日本ノ婚姻ハドウシテモ一夫一婦トフコトヲ原則トスル,庶子ト云フ者ハ,之ヲ道徳上非難スベキモノデアルト云フコトヲ必ラズ認メナケレバナラヌ,庶子ヲ生マセルト云フコトハ法律上之ハ無効ト見做スト云フコトヲ,私ハドウシテモ原則トシナケレバナラヌ固ク信ズルノデアリマス」[24](圏点中林)と主張していた。1947年改正前民法も重婚を禁止していたから(同766条),美濃部が日本において確立させようとした一夫一婦制とは,単に法律上「重婚」を禁止するだけではない実質的なものであったということになろう。

3. 1995年決定における可部補足意見

　このように見てくると,1995年決定において可部補足意見が,民法が「一夫一婦制による法律婚主義」[25]を採用していることを繰り返し指摘していること——単に「法律婚主義」と述べるのではなく「一夫一婦制による法律婚主義」と述べていること——の意味が問われることになる。

　石川健治は,可部補足意見が,憲法24条を「第一に,一夫一婦制を採用しており,第二に,血統の継承のためにはむしろ非嫡出子(婚外子)を積極的に容認する,伝統的な『家』制度の廃止を要求しており,しかも,第三に,血統ではなく,法制度としての婚姻を軸にする,核家族的な家族像の方に決定している条文」[26]と解しているとする。実際,単に重婚を法律上禁止

---

23)　『諮問第一号(民法改正)　臨時法制審議会総会議事速記録』43頁。
24)　『諮問第一号(民法改正)　臨時法制審議会総会議事速記録』228頁〜229頁。
25)　可部補足意見が,事実婚主義に対するものとしての「法律婚主義」に言及している点は,「可部補足意見の論旨を幾分か混乱させている」(石川=大村・前掲注7)106頁[石川])。
26)　石川=大村・前掲注7)105頁[石川]。

するだけではない実質的な意味での一夫一婦制を確立することは，憲法24条の下で日本が何よりも取り組むべき課題であったとも言えるであろう。

実は，1947年改正に際し，婚外子の法定相続分を婚内子のそれと同等にすることが，配偶者の法定相続分を共同相続人の種類によって引き上げることと共に検討されたことがある。その審議を行っていた司法法制審議会の第2小委員会において，前者の案は否決され，後者の案は可決されたのであるが，その際に，女性委員のほとんどが，前者の案には反対し，後者の案には賛成していたという[27]。我妻栄は，女性委員が「本妻として考えているのだろう」[28]としていたが，しかしながら我妻は，このような考え方を「『坊主憎けりゃ袈裟までも』の感情論だといって非難すること」はできないとも述べていた[29]。「非嫡出子の地位の向上は，何といっても，一夫一婦の婚姻生活と両立しないものを含んでいることは否定しえないからである」[30]。

もちろん，可部補足意見は，憲法24条についての唯一の解釈というわけではない[31]。しかしながら，「家」制度との関係に言及しつつ，「一夫一婦制による法律婚主義」を繰り返し述べる可部補足意見を手がかりとすることで，少なくとも1947年当時の日本においては，単なる重婚の禁止にはとどまらない「一夫一婦制」の確立こそがまずは果たされるべき課題であったということが見えてくるのである。

III．政治部門に対するメッセージ

1．1995年決定〜2013年決定

すでに見たように，1995年決定以降，最高裁は本件規定について――小

---

[27] 我妻栄編『戦後における民法改正の経過』（日本評論新社，1956年）48頁［中川善之助発言］。
[28] 我妻編・前掲注27)49頁［我妻発言］。
[29] 我妻・前掲注14)238頁。
[30] 我妻・前掲注14)238頁。
[31] たとえば，辻村みよ子は，憲法24条についての「個人優先の解釈を前提とするならば，法律婚にもとづく家族制度を保護するという名目のもとで，婚外子の（人間としての）尊厳や権利を制約することは本末転倒の誹りを免れないことになろう」とする（辻村みよ子『ジェンダーと人権――歴史と理論から学ぶ』〔日本評論社，2008年〕249頁）。また，君塚正臣「日本国憲法24条『家族』の法意――非嫡出子差別事例を主な題材として」法時70巻6号（1998年）102頁以下も参照。

法廷判決（決定）を通じて——合憲判断を維持してきていた。もちろん，いずれの判決（決定）においても，反対意見と立法府による改正を求める補足意見が付せられていたので，近年の判例については，2013年決定が言うように「その補足意見の内容を考慮すれば，本件規定を合憲とする結論を辛うじて維持したものとみることができる」と言え，そうであれば，2013年決定は「辛うじて枝にぶら下がっていた熟柿が落ちたようなもの」[32]と評することもできるのかもしれない。

合憲という結論を辛うじて維持してきたという2013年決定の言明が何を意図しているのかは，必ずしも明らかではないが，2013年決定による違憲判断については，立法府側もいささか困惑したようである。すなわち，1995年決定以降，最高裁は「たびたび立法府に対して立法を促して」[33]きたと捉える立場[34]がある一方で，「これまで最高裁の判決でも，一貫して嫡出子，非嫡出子の相続額の差異についてはあくまで合憲の範疇内であるという判断がなされてきたわけですけれども，ここに来て突然180度違う判決が出た」[35]という見方も示されていたからである。

2. わかりにくいメッセージ

これは，1995年決定以来，最高裁が幾分わかりにくいメッセージを発してきていたことに起因すると言えるであろう。

まず，1995年決定について言えば，法廷意見に加わっていた10名の裁判官のうち4名の裁判官は，立法による改正に言及する補足意見を述べていたので，反対意見を述べていた5名の裁判官を加えれば，本件規定の合理性につき疑念を抱く裁判官が少なくとも9名はいたことになる。また，小法廷において合憲判断が積み重ねられていく際にも，反対意見と立法による改正を

---

32) 尾島明「嫡出でない子の法定相続分に関する最高裁大法廷決定」ひろば66巻12号（2013年）39頁。

33) 2013年11月20日衆議院法務委員会における郡和子委員の発言（『第185回国会衆議院法務委員会議録第9号』2頁）。

34) 佐々木雅寿「最高裁判所と政治部門との対話——対話的違憲審査の理論」論ジュリ12号（2015年）215頁。

35) 2013年12月3日参議院法務委員会における宇部隆史委員の発言（『第185回国会参議院法務委員会会議録第10号』1頁）。

求める補足意見とで過半数を占めるということがあったことも確かである[36]。しかしながら，1995年決定後の判決（決定）の法廷意見の判示が，本件規定が「憲法14条1項に違反するものでないことは，当裁判所の判例とするところである」というような，極めて簡潔なものであったこともまた，確かなのである。

　この点は，参議院議員選挙についての投票価値の平等をめぐる判例の展開の中で，最高裁が，それぞれの投票価値の不平等を合憲と判断しつつも，まずは，従来の多数意見の考え方がそのままの形では維持されていないことを明確に示し[37]，次の事件の時には，法廷意見の中で，「投票価値の平等の重要性を考慮すると，今後も，国会においては……選挙区間における選挙人の投票価値の較差をより縮小するための検討を継続することが，憲法の趣旨にそうものというべきである」[38]と述べ，さらにその後も，法廷意見の中で，「国会において，速やかに，投票価値の平等の重要性を十分に踏まえて，適切な検討が行われることが望まれる」[39]と述べていたことと比べると，対照的である。最高裁は，本件規定の改正を立法府に積極的に働きかけることを，少なくとも法廷意見を通じては行ってこなかったと言わざるを得ない。

　また，最高裁は，酒類販売業の免許制（酒税法9条1項）の合憲判断[40]を示した際に，「社会経済の状況や税制度の変化に伴い，酒税の国税収入全体に占める割合等が相対的に低下するに至っており，本件処分当時（平成元年4月6日）において，酒税の徴収のため酒類販売業につき免許制を存置しておくことの必要性及び合理性については，議論の余地があるところといわざ

---

[36]　最高裁と国会との「対話」に着目する佐々木雅寿は，2013年決定が下される前の時点において，そのような対話が実現しなかった「理由の1つは」，1995年決定の「多数意見が国会に広い立法裁量を認め，その後の判例もそれに従っているため，最高裁の多数意見はあくまでも広い立法裁量を前提とする合憲判断であると国会が理解しているためであると考えられる」とした上で，「この問題に関しては，補足意見による違憲の疑いの示唆や法改正の要請，あるいは，反対意見による違憲判断は，国会の対応をもたらし，対話を実現させることに成功して」おらず，「対話の実現には，多数意見による明示的な違憲判決が必要である」と分析していた（佐々木雅寿『対話的違憲審査の理論』〔三省堂，2013年〕184頁）。

[37]　最大判2004（平成16）・1・14民集58巻1号56頁における「補足意見2」。

[38]　最大判2006（平成18）・10・4民集60巻8号2696頁。

[39]　最大判2009（平成21）・9・30民集63巻7号1520頁。

[40]　合憲判断については，最判1992（平成4）・12・15民集46巻9号2829頁を参照。

るを得ない」と述べて、立法事実の変化に言及したことがあるが[41]、本件規定については、法廷意見の中で立法事実の変化に言及しようとはしてこなかったのである。

1995年決定を別にすれば、寡黙な法廷意見と雄弁な少数意見というのが、本件規定に関する最高裁判決（決定）のスタイルであったと言えるが、最高裁がそのようなスタイルを幾度となく繰り返してきたことの意図は、明らかではない。

3. 明快なメッセージ？

このように、1995年決定から2013年決定までの間、最高裁がわかりやすいメッセージを発してきていたとは言えないのに対し、2013年決定自身は、一つの明快なメッセージを発することに成功したと言えるかもしれない。

2013年決定は、さまざまな事柄を指摘しつつも、それらのいずれが決め手になったのかを明示しておらず、その意味で、論理一貫性が失われていることは否定できないが[42]、この点については、政治部門に対し、最高裁の裁判官が一致していることを示すために、論理一貫性を犠牲にしたという見方がある[43]。

2013年決定を受けた同年の民法改正（以下では「2013年改正」という）の審議の際に、衆議院の法務委員会において、改正案提出の理由について説明を求められた谷垣禎一法務大臣は、「最高裁から違憲の決定が出た、これがこの法改正のまず第一の動機である」とした上で、「自分の選択のない、修正する余地のない事柄を理由として不利益を及ぼすのは問題であるということでこの判決も出た」[44]と述べていたが、谷垣大臣は、その後もこのような観点からの説明を幾度となく繰り返している。このことを踏まえると、

---

41) 最判1998（平成10）・3・26判時1639号36頁。

42) 2013年決定が論理一貫性を欠いている点を強く指摘するものとして、蟻川恒正「婚外子法定相続分最高裁違憲決定を読む」法教397号（2013年）102頁以下、山崎友也「判批」金沢法学56巻2号165頁以下などを参照。

43) 佐々木雅寿ほか「〔座談会〕対話的違憲審査」論ジュリ12号（2015年）218頁～219頁〔長谷部恭男発言〕。

44) 2013年11月15日衆議院法務委員会における発言（『第185回国会衆議院法務委員会議録第7号』4頁）。

2013年決定は，"自ら選択ないし修正する余地のない事柄を理由としてその子に不利益を及ぼすことは許されない"というメッセージを発することには成功したと言えそうである。とはいえ，蟻川恒正が指摘するように，「社会を成り立たしめる公的仕組みは，本人の『意思や努力』では乗り越えることのできない条件や障碍を已むをえず設定していることがあり，その峻厳な事理を認めるのでなければ，一定の別異取扱いをいわばデフォルトとして自らのシステムのうちに内蔵している法という規範システムは凡そ作動することができない」[45]のである。したがって，最高裁は，上記メッセージを発したことにより，今後，そこからどのような理論を展開させていくのか，という課題を自ら抱え込んでしまったとも言えるであろう[46]。

おわりに

2013年決定は，本件規定を設けるに当たって影響を与えた諸外国の立法例が，その後変化してきたことを指摘している。しかしながら，水野紀子が指摘するように，「西欧法の変化と日本法のそれとの相違は大き」く，2013年決定が「日本法独自の傾向にもし自覚的であったなら，変遷を描くとしても，最高裁判旨のような描き方にはならなかったであろう」[47]。実際，1947年改正前民法の下では，「『家』制度ゆえに，同時代の西欧法よりも，法律婚の尊重ははるかに後退させられていた」[48]のである。

2013年改正の審議において，血統を重視する「家」制度的な発想から婚外子を捉えるといった類の議論は見受けられず，婚外子であることは本人の「意思」や「努力」では如何ともし難い事柄である，という観点からの議論が多く見られたということは，注目されてよいことであろう。しかしなが

---

45) 蟻川・前掲注5)5頁。2008年国籍法違憲判決（最大判2008〔平成20〕・6・4民集62巻6号1367頁）と2013年決定との違いについては同2頁〜20頁を参照。

46) このメッセージが持っている可能性については，安西文雄「憲法14条1項後段の意義」論ジュリ13号（2015年）71頁以下，巻美矢紀「平等と自由——婚外子法定相続分差別違憲決定の記念碑的意味」全国憲法研究会編『日本国憲法の継承と発展』（三省堂，2015年）368頁以下等を参照。

47) 水野・前掲注13)4頁〜5頁。

48) 水野・前掲注13)5頁。

ら，1947年改正前民法の下では当時の西欧法よりも後退させられていた「法律婚の尊重」もまた，今日的な意義を有しているのである[49]。その点で，2013年改正の際の国会での審議などが契機となって現在進行している配偶者相続権に関する相続法制の改正作業[50]が注目される。日本における「家族」のあり方にとって，2013年がどのような "瞬間(とき)" であったかを語るのは，もう少し先に延ばしておいた方がよいであろう。

---

49) 関連して，水野・前掲注13)9頁～11頁を参照。
50) 西希代子「配偶者相続権——相続法改正の動向と課題」水野編著・前掲注10)57頁以下を参照。

憲法と家族
―― 家族法に関する二つの最高裁大法廷判決を通じて

巻　美矢紀

はじめに
I．女性のみの再婚禁止期間に対する一部違憲判断
II．夫婦同氏制に対する合憲判断
III．憲法と家族
おわりに――法律婚の脱正統化としての平等アプローチ

はじめに

　2015年12月16日，最高裁大法廷は，「国民生活に広く影響の及び得る」[1]家族法の二つの規定に対し憲法判断を示した。一つは形式的には傍論とはいえ10件目の法令違憲判断であり，女性にのみ6カ月の再婚禁止期間を定める民法733条1項のうち，100日超過部分を違憲と判断したものである。もう一つは合憲判断であり，夫婦同氏制を定める民法750条に対するものである。

　一方で「リベラルな」違憲判断，他方で「保守的な」合憲判断を示すことにより，最高裁は一見，上手くバランスをとっているように見えるが，両判決は結論から言えば同根のものであり，その根底には，最高裁が想定する強固な憲法上の家族観がある。

1）　加本牧子・ジュリ1490号（2016年）89頁。

I. 女性のみの再婚禁止期間に対する一部違憲判断

1. 判決の意義

　民法733条1項（以下，Iにおいて「本件規定」という）に関しては，平成7年に最高裁小法廷が，本件規定を改廃しない立法不作為に対する国家賠償請求訴訟において，立法不作為が国賠法上違法となりうる余地を事実上否定した昭和60年の在宅投票制度廃止事件判決（最判昭和60・11・21民集39巻7号1512頁）を前提に，本件規定の立法目的が「父性の推定の重複を回避し，父子関係をめぐる紛争の発生を未然に防ぐことにあると解される以上」，直ちに「立法の内容が憲法の一義的な文言に違反しているにもかかわらず国会があえて当該立法を行うというように，容易に想定し難い」「例外的な場合に当たると解する余地のないことが明らかである」と判断していた（最判平成7・12・5集民177号243頁，以下，「平成7年判決」という）。

　しかし，その後，在外国民の選挙権行使に関する平成17年の最高裁判決（最大判平成17・9・14民集59巻7号2087頁）が，立法不作為が国賠法上違法となる場合を実質的に拡大したこともあり，平成27年の最高裁大法廷判決（民集69巻8号2427頁。以下，Iにおいて「本判決」という）は，違法性判断の前提として正面から憲法判断を行い，100日超過部分を憲法14条1項および24条2項違反と判断した。もっとも，違法性の明白性が否定され，国家賠償請求は否定されたが[2]，形式的には傍論とはいえ法令の一部違憲判断を示した意義は大きい。本判決を受けて，2016年6月1日に法改正が行われた。立法不作為に対する国家賠償請求が，「制度改革訴訟」としての機能[3]を果たしたといえる。

　2）　立法不作為に対する国家賠償請求の論点については，紙幅の関係で割愛せざるをえない。この論点については，本判決の千葉補足意見のほか，戸部真澄「判批」速判解（法セ増刊）19号33頁以下を参照。なお，形式的には傍論とはいえ，最高裁による違憲判断は上訴の利益を考慮しなくてもよいことから許容されるし，また単なる傍論と解すべきではない。

　3）　渋谷秀樹＝赤坂正浩『憲法1　人権〔第6版〕』（有斐閣，2016年）115頁。

2. 憲法14条1項適合性審査の判断枠組み

本判決は、憲法14条1項は「事柄の性質に応じた合理的な根拠に基づく」区別を許容するとの先例に従い、再婚をする際の要件に関する男性と女性の区別につき「合理的な根拠」の有無を判断するが、その前提として、本件規定に関わる「事柄の性質」を検討する。

それによれば、「婚姻及び家族に関する事項は、国の伝統や国民感情を含めた社会状況における種々の要因を踏まえつつ、それぞれの時代における夫婦や親子関係についての全体の規律を見据えた総合的な判断」により定められるべきであるから、24条2項は「具体的な制度の構築を第一次的には国会の合理的な裁量に委ねるとともに、……個人の尊厳と両性の本質的平等に立脚すべきであるとする要請、指針を示すことによって、その裁量の限界を画したもの」と解される。また同条1項は、「婚姻をするかどうか、いつ誰と婚姻をするかについては、当事者間の自由かつ平等な意思決定に委ねられるべきであるという趣旨を明らかにしたもの」と解され、夫婦間の子が嫡出子となる（民法772条1項等）などの婚姻の重要な法律上の効果、国民に幅広く浸透している法律婚の尊重意識を考慮して、「婚姻をするについての自由は、憲法24条1項の規定の趣旨に照らし、十分尊重に値するものと解する」とされる。

本判決は本件規定を「婚姻に対する直接的な制約」と解し、区別の合理的根拠の有無につき、上記「事柄の性質を十分考慮に入れた上で検討をすることが必要」と述べ、判断枠組みとして、「区別をすることの立法目的に合理的な根拠があり、かつ、その区別の具体的内容が上記の立法目的との関連において合理性を有する」か、との定式を提示する。

3. 審査の厳格化理由

本判決は、平等に関しては厳格な審査とされる、目的と手段との合理的関連性を要求し[4]、立法事実に立ち入った審査を行って違憲判断を出しており、平成20年の国籍法違憲判決（最大判平成20・6・4民集62巻6号1367頁）[5]の審査と同型である。また本判決が「事柄の性質を十分考慮」した検

4）蟻川恒正「婚外子法定相続分最高裁違憲決定を読む」法教397号（2013年）107頁。

討[6]の必要性を指示したことも,「慎重な検討」の必要性を指示する国籍法違憲判決を想起させる。

国籍法違憲判決は,アメリカの判例理論を変形し,①国籍が「重要な法的地位」であること,および②準正要件は「自らの意思や努力によっては変えることのできない」区別事由であること,両方を総合して,審査を厳格化したと解されている[7]。本判決は本件規定を男性と女性との区別と明示するものの,区別事由が性別であることについて特別に評価していない一方,本件規定を「婚姻に対する直接的な制約」と解し,婚姻に関する「事柄の性質」のみを検討していることから,区別の対象となる権利利益の方を,少なくともより重視していることは明らかである。

この点,調査官解説によれば,本件規定は,子をもうけることに関する男女の「身体的差異」を理由とする区別であるから,重視すべき観点は,区別そのものではなく,区別の対象となる権利利益の問題であるとされる[8]。こうした理解は,本件規定の立法目的とされる父性推定の重複回避,それが不要となる民法733条2項の適用除外,さらに共同補足意見が示す法解釈による適用除外の拡大までふまえたものかもしれない。あるいは,もともと判例は憲法14条1項後段列挙事由につき特別の意味を持たせておらず,生来的な性別は自分の意思などにより変えられないが,女性は男性と同数で婚外子のような圧倒的少数者ではないことから,審査の厳格化理由として考慮しないのかもしれない。

しかし,本件規定は,文言上は性別に基づく区別であり,また女性の「身体的差異」に基づくとされる区別が実は偏見やステレオタイプに基づくものであることはしばしばある。そして女性は社会・経済的な力関係だけでなく,差別的慣習などにより,女性の利益を民主的過程に適正に反映しえない,少なくとも「切り離され」た実質的少数者と解されるから,区別事由が性別の場合,審査を厳格化すべきである[9]。

---

5) なお,婚外子法定相続分差別違憲決定で,目的・手段審査がとられなかった理由については,本判決の千葉補足意見参照。
6) 千葉補足意見によれば,手段の相当性の審査を要求する。
7) 安西文雄ほか『憲法学読本〔第2版〕』(有斐閣,2014年) 106頁。
8) 加本・前掲注1) 90頁。

4. 立法目的の検討
(1) 立法目的の比重の変化

　本判決は再婚禁止期間のうち100日超過部分につき，立法事実の変化により，立法目的との関係で合理性が失われたとするもので，いわゆる手段違憲であるが，違憲判断の大きな要因は，立法事実の変化による立法目的の比重の変化にある。

　本判決は，憲法24条2項を受けた民法大改正後にも引き継がれた本件規定の立法の経緯，および法律上の父子関係を早期に定める父性推定の仕組みにおける本件規定の位置づけから，立法目的につき，「父性の推定の重複を回避し，もって父子関係をめぐる紛争の発生を未然に防ぐこと」と解し，父子関係の早期明確化の重要性から，合理性を肯定する。

　上記立法目的は，平成7年判決の判示と一見同じように見えるが，父性推定の重複回避と，紛争発生の未然防止とを，「もって」という文言により媒介し，千葉補足意見が指摘するように，前者が直接の立法目的であることを強調するとともに，父性推定の重複回避のために必要な手段は，民法772条2項を前提に100日で足りることを示唆するものと考えられる。

　立法目的の巧妙な比重の変化は，立法事実の変化に対応するもので，このことは，手段との合理的関連性の検討において示される。それによれば，旧民法起草時に厳密に100日に限定せず一定の期間の幅を設けた趣旨は，当時の医療や科学技術の水準からすると，(a)再婚後に前夫の子が生まれる可能性を減少させることによる家庭不和の回避，(b)父性の判定を誤り血統に混乱が生じることの防止という「観点」から，すなわち父子関係をめぐる紛争の未然防止という目的のためであり，現行民法に引き継がれた後も，それは国会の合理的な裁量の範囲内とされた。しかし，その後の医療や科学技術の発達により，上記「観点」からの正当化は困難になったとされる。こうして紛争の未然防止はあくまで父性推定の重複回避との関係で意味をもつにすぎなくなり，独自の意義を失い，またそれにより，立法の第一次的な受益者も子どもに限定されることになったのである。

　上記立法目的のほか，平成期以降の再婚に対する制約の減少要請の高ま

---

9) 君塚正臣「再婚禁止期間の合憲性(1)——民法733条改正の憲法上の許容範囲に関する一考察」民商109巻2号（1993年）278頁〜279頁。

り，それを示す事情の一つである諸外国での再婚禁止期間の廃止，さらに婚姻の自由の憲法上十分な尊重，そして妻が婚姻前懐胎子を産むことは再婚の場合に限られないことを総合して，本判決は100日超過部分につき，遅くとも上告人の前婚解消から100日後までに，手段としての合理的関連性が失われたと解し，憲法14条1項および24条2項違反と判断したのである。

(2) 立法目的自体の合理性——廃止説の検討

医療や科学技術の発達という立法事実の変化は，旧民法起草時の立法目的に関する上記「観点」だけでなく，父性推定の重複回避という立法目的の合理性にまで疑義を生じさせ，再婚禁止期間廃止説が注目される。それによれば，父性推定が重複しても，DNA検査や父を定めることを目的とする訴え（民法773条）を利用して，法律上の父を確定すればよいとされる。

これに対し，本判決は法律上の父が未確定の間の子への「種々の影響」を考慮し，「子の利益の観点から」，裁判手続を経るまでもなく，父性推定の重複を回避するという立法目的自体の合理性を肯定する。そして，立法目的との関係で必要な100日間につき，一律に女性の再婚を制約することは，「夫婦間の子が嫡出子になることは婚姻による重要な効果であるところ……父子関係を早期に定めて子の身分関係の法的安全を図る仕組みが設けられた趣旨」に鑑み，国会の合理的な裁量の範囲内であり，立法目的との関連において合理性を有するとする。

たしかに，子の利益は後述のとおり，民法上だけでなく憲法上も，家族の基軸と解されうる。しかし，再婚禁止期間の全部違憲を主張する鬼丸意見や山浦反対意見によれば，法律上の父が未確定の間でも，行政上のサービスなどは受けられ具体的な不利益はないとされる。逆に，現行の嫡出推定制度を前提とする再婚禁止期間が合法的な婚姻を妨げ，「無戸籍児」さえ生み出すなど，子にとって不利益が著しい場合もある。しかも，再婚の際に父性推定の重複回避が必要となる女性は微々たる割合でしかない。以上からすれば，一律の再婚禁止は，極めて例外的な場合で，しかも子にとって具体的な不利益がないのに，圧倒的大多数の女性の再婚の自由を制限するものである。

これに対処すべく，櫻井裁判官ほか6裁判官の共同補足意見は，「再婚禁止による支障をできる限り少なくすべきとの観点から」，100日以内の部分

についても一律禁止を再考し，民法733条2項が定める適用除外の趣旨から，父性推定の重複回避が不要な場合，例えば，前婚の解消等の時点で懐胎していないとの医師の証明がある場合などに，同項の拡張解釈により適用除外を主張する。それでもなお，鬼丸意見が指摘するように，法規定の文言はそのままである以上，一般人は再婚禁止期間内での再婚を躊躇する。なお上記非懐胎証明の場合は法改正により明記されたが（改正民法733条2項1号），法の象徴性という観点からすれば，女性のみの再婚禁止期間の存置は女性の従属・劣位のメッセージを一般人に送ることから，やはり本件規定自体を端的に違憲と解すべきである。

　しかし，本判決がそれを拒否したのは，既述のとおり性別という区別事由に特別な意味を与えず，また婚姻の自由についても，憲法の趣旨に照らした十分な尊重として，端的な保障に比し一段階下の保障と位置づけ，より厳格な審査基準を採用していないからである[10]。婚姻の自由のこうした位置づけは，「婚姻をするについての自由」とのまわりくどい定式化にも示されているように，法制度を前提にするものと解しているからと思われる[11]。しかも，法律婚の要件として直接的な制約と認めてはいるが，再婚の際に父性推定の重複回避が必要となる，極めて例外的な場合をことさらに重視して，一律禁止を許容していることから，父性推定を「法律婚の重要な効果」，すなわち婚姻を軸とする家族制度の核心と解し，実質的には，「婚姻」を構成するものと解しているからと考えられる。こうした，婚姻の自由は具体的な制度の枠内でしか保障されないとする「制度優先思考」[12]は，同日の夫婦別姓訴訟大法廷判決においてより明確に示されている。

---

[10]　博多駅事件決定（最大決昭和44・11・26刑集23巻11号1490頁）参照。安西ほか・前掲注7) 91頁。

[11]　内野正幸『人権のオモテとウラ』（明石書店，1992年）114頁。

[12]　髙橋和之「『夫婦別姓訴訟』——同氏強制合憲判決にみられる最高裁の思考様式」世界2016年3月号144頁。

II．夫婦同氏制に対する合憲判断

1．判決の意義

　夫婦同氏制を定める民法750条（以下，IIにおいて「本件規定」という）の合憲性につき最高裁が初めて判断した，平成27年の最高裁大法廷判決（民集69巻8号2586頁。以下，IIにおいて「本判決」という）は，憲法13条，14条1項，24条1項違反との主張に対し，憲法上の権利の制約がないと判断した。もっとも，本判決が，上記各条項との関係で直接保障される権利とはされないが，憲法上の人格的利益や趣旨と解されるものを，24条2項の家族に関する立法裁量の限界の判断における考慮要素と位置づけたことは，結論的には立法裁量の範囲内で合憲とされたものの，注目される。

2．憲法13条

　本件規定は憲法13条の人格権を侵害するとの主張に対し本判決は，「婚姻に際し『氏の変更を強制されない自由』」は，そもそも人格権の保障内容に含まれないとした。

　本判決は氏名読み方訴訟判決（最判昭和63・2・16民集42巻2号27頁）を引用し，氏名は「個人の人格の象徴」であり，人格権の一内容を構成するが，名と切り離された氏は，「婚姻及び家族に関する法制度の一部として法律がその具体的な内容を規律している」から，氏に関する人格権の内容も「憲法上一義的に捉えられるべきものではなく」，「法制度をまって初めて具体的に捉えられるものである」と解する。

　そこで本判決は民法の諸規定を検討し，氏には「社会の構成要素である家族の呼称としての意義」があり，氏を一つに定めることにも合理性があるとする。また本判決は本件改氏を，婚姻という身分関係の変動を自らの意思で選択することに伴うものであって，自らの意思に関わりなくなされるものではないとする。そして氏の社会的な個人識別特定機能からすれば氏は本来本人が自由に決定・変更しうるものではなく，また「社会の構成要素である家族の呼称としての意義」からすれば，氏が，「親子関係など一定の身分関係を反映し，婚姻を含めた身分関係の変動に伴って改められることがあり得る

ことは，その性質上予定」されているとして，上記自由はそもそも憲法上の人格権の保障内容に含まれないと判断したのである。

しかし，氏名を「個人の人格の象徴」と認めながら，名と切り離された氏につき「法制度をまって初めて具体的に捉えられるもの」として制度に全面的に依存させてしまうことは，「人格」を真面目に考えているのか疑われる。また，氏が自生的に成立したものであるとすれば，そもそも「法制度をまって初めて具体的に捉えられるもの」との位置づけを疑ってみる必要がある[13]。

本判決は「氏の変更を強制されない自由」に「婚姻の際に」との留保を付しており，この留保は，上記自由が婚姻以外の場面では憲法上の人格権の保障内容に含まれる余地を示すものであるが[14]，それは，上記自由の憲法上の人格権としての否定が，婚姻制度に大きく規定されていることを示唆する。このことは，本件改氏をあくまで婚姻の自らの意思に伴うものとする本判決の判断にもみてとれる。要するに，本判決は婚姻の際の改氏を，婚姻・家族制度の問題に帰着させているのである。

なお本判決は，婚姻の際に改氏した者の，「アイデンティティの喪失感」，個人識別特定機能の阻害，「個人の信用，評価，名誉感情等にも影響が及ぶといった不利益」につき，「人格的利益」の侵害として，憲法24条2項の家族に関する立法裁量の限界の判断における一考慮要素と位置づけていることに留意すべきである。

3. 憲法24条1項

本件規定は憲法24条1項の婚姻の自由を侵害するとの主張[15]に対し本判決は，夫婦同氏制は婚姻のあくまで「効力の一つ」で「事実上の制約」にすぎず，婚姻に対する「直接の制約」はないとした。

たしかに民法上，夫婦同氏制は婚姻の効果の一つであるが，戸籍法によれば，氏の統一をしていない場合，婚姻届は受理されないのであるから，婚姻

---

13) 高橋・前掲注12)144頁。
14) 石埼学・速判解（法セ増刊）18号33頁。
15) 辻村みよ子教授は，24条1項の「夫婦の同権」の問題と構成する。同「憲法24条と夫婦の同権——『夫婦の平等』論再構成の試み」法時65巻12号（1993年）45頁。

の自由に対する直接的な制約と解すべきである[16]。にもかかわらず，本判決が婚姻の自由に対する制約なしと判断した理由は，24条1項につき「趣旨」を示し，同日の再婚禁止期間訴訟判決と同様，端的な「保障」に比し一段階下の保障と解したと考えられるように，法制度を前提とし，しかも，実質的には，家制度の場合と同様，夫婦同氏制を「婚姻」を構成するものと解しているからと考えられる。

しかし，氏と同様，婚姻それ自体は自生的に発生したものであるとすれば[17]，婚姻の自由につきそもそも法制度を前提とするとの理解を疑ってみる必要がある。婚姻が個人の自律的な決定を核心とするものと解され，氏より人格性が強いものであることからすればなおさらである。既述のとおり，婚姻の自由を制度的自由とする理解がまた憲法13条の人格権としての否定の前提と解されるので，婚姻の自由につきⅢで改めて検討することにしたい。

4．憲法14条1項
(1)　「機会の平等」の実質的な保障

本件規定は，96％以上の夫婦が夫の氏を選択するという性差別を生じさせ，ほとんど女性のみに不利益を負わせる効果を有することから，憲法14条1項に違反するとの主張は，今回の訴訟では原審までは明示的に示されなかった。というのも，従来の憲法学によれば14条1項は形式的平等の保障と解されるところ，本件規定は氏の選択を夫婦の協議に委ねる中立的なもので，形式的平等には反しないと解されてきたからである[18]。本判決も同様に，本件規定は「文言上性別に基づく法的な差別的取扱いを定めているわけではなく」，「夫婦同氏制それ自体に男女間の形式的な不平等が存在するわけではない」として，区別それ自体を否定した。

しかし，上記主張は，「結果の平等」を求めているのではなく，極端な不均衡の結果からして，「機会の平等」につき実質的な保障に欠けることを告発するものである。現代憲法に属する日本国憲法は，「機会の平等」につき

---

16)　高橋・前掲注12)146頁。
17)　高橋・前掲注12)147頁。
18)　高橋・前掲注12)147頁。

形式的な保障にとどまらず，実質的な保障をも要求すると解するのである[19]）。

　本判決も，上記結果が「双方の真に自由な選択の結果」ではなく，「社会に存する差別的な意識や慣習による影響があるのであれば，その影響を排除して夫婦間に実質的な平等が保たれるように図ることは，憲法14条1項の趣旨に沿う」と述べており，注目される。もっとも，実質的平等は14条1項により直接保障されるのではなく，あくまで「趣旨」とされ，ここでも，24条2項の家族に関する立法裁量の限界判断における一考慮要素と位置づけられる。

(2)　家制度の残滓の払拭

　氏の選択を協議に委ねることが，「機会の平等」につき実質的な保障がないとされるのは，その協議において，社会経済的な力関係以上に，女性が氏を変更するのが「当然」との意識・無意識が，男性だけでなく女性をも強く支配していると解されるからである。こうした「当然」との意識・無意識は，「家制度の残滓」といえる。明治民法によれば，女性は婚姻により夫の家に入り，夫の家の氏を称するとされていたところ，家制度そのものは戦後，日本国憲法24条を受けて廃止されたが，家制度によって形成された意識・無意識が，女性は結婚すれば家庭に入って家事・育児を担当するのが「当然」との性別役割分業によって新たに支えられ，現存していると考えられるのである[20]）。

　しかし，そのような意識・無意識を形成した家制度，またそうした意識・無意識の残存あるいは創造に寄与する性別役割分業観念は，政治的に構築されたものにすぎない。それを意識化すべく，家制度の核心であった夫婦同氏制との断絶を象徴的に示すこと——選択的夫婦別姓はその一つである——，それこそが「機会の平等」の実質的な保障に資するのである。

　こうした実質的平等論は法的な議論として難しいように思われるが，それでも，氏を変更するのは96％以上，女性であるという極端な不均衡の結果

---

19)　高橋・前掲注12)145頁～146頁。
20)　高橋・前掲注12)145頁～146頁，植木淳「判例評釈　民法750条の合憲性」北九州市立大学法政論集42巻2・3・4合併号（2015年）203頁。

からすれば，本件規定が女性に「機会の平等」を実質的に保障しているとは到底解されない[21]。

　留意すべきことは，婚姻といった「国民生活に広く影響を及ぼし得る」場面で，女性に「機会の平等」につき実質的な保障をしないことは，私的な問題にとどまらないということである。婚姻の際に夫婦同氏制のもとで男女双方に再確認された，女性の従属・劣位の意識・無意識は，家族内だけでなく，社会，ひいては国家における差別意識・無意識を温存・再生産し，とりわけ働く女性はしばしば屈辱を味わうことになる。夫婦同氏制の問題は，社会ひいては国家における女性の対等な「人格」としての実質的な承認をめぐる問題でもあるのである。このことは，社会の第一線で働いてきた最高裁の女性裁判官全員が違憲判断を示したことに，象徴されているように思われる。24条2項が，婚姻および家族に関する立法につき「個人の尊厳と両性の本質的平等」への立脚を求めているのは，それが，日本国憲法の基底的原理としての人格の平等を根底で支えるものだからなのである[22]。

5．憲法24条2項

　本判決は24条2項につき，既述の再婚禁止期間訴訟判決と同様，「具体的な制度の構築を第一次的には国会の合理的な立法裁量に委ねる」一方，立法にあたり「個人の尊厳と両性の本質的平等に立脚すべきであるとする要請，指針」を示し，裁量の限界を画したものと解する。さらに本判決は，上記立法にあたり同条1項を前提とすることも明示し，また憲法上の権利としては保障されないとされた人格的利益，両性の実質的な平等，婚姻の事実上不当な制約等への配慮をも，立法裁量に対する指針とし，24条に家制度の禁止以上の規範内容を盛り込む[23]。

　もっとも，本判決は，人格的利益や実質的平等は，内容につき多様なものが考えられ，実現方法につき「その時々における社会的条件，国民生活の状況，家族の在り方等との関係」で決められるべきであるとして，24条適合性の判断は，法制度の趣旨や同制度の採用により生ずる影響につき検討し，

---

21)　高橋・前掲注12)145頁〜146頁。
22)　高橋・前掲注12)140頁〜141頁参照。
23)　石埼・前掲注14)34頁。

「当該規定が個人の尊厳と両性の本質的平等の要請に照らして合理性を欠き，国会の立法裁量の範囲を超える」か否かという観点から判断すべきであるとする。

そこで本判決は，夫婦同氏制のメリット・デメリットを検討する。メリットとしては，家族の構成員であることを対外的に公示し識別する機能をもつ，特に婚姻の重要な効果として夫婦間の子が嫡出子となるところ，嫡出子であることを示す一定の意義がある，また家族のいわゆる一体感の確保のほか，子は両親と同氏の方が利益を享受しやすい，ことである。加えて，夫婦同氏制それ自体に男女間の形式的な不平等が存在するわけではない。これに対しデメリットとしては，改氏者の「アイデンティティの喪失感」や個人識別特定機能の阻害など人格的利益が侵害される，これら不利益を被る者はもっぱら妻となる女性である，また上記不利益を避けるためあえて婚姻をしない選択をする者が存在する，ことである。しかし，上記不利益につき本判決は，通称使用の広まりにより一定程度は緩和され得るとする。以上を総合考慮し本判決は，夫婦同氏制は直ちに個人の尊厳と両性の本質的平等の要請に照らして合理性を欠く制度とはいえず，24条に違反しないと判断した。

本判決は既述のとおり本件規定につき，憲法上の権利の侵害はないとし，24条2項の立法裁量の限界の問題としたことから，合憲性判断は目的・手段審査ではなく，不透明な総合考慮により行われることになる。これにより，憲法上の権利ではないとされたとはいえ憲法上位置づけられた人格的利益や実質的平等は，議員定数不均衡判決における投票価値の平等と同様，その他の政策的なものでしかない考慮要素とともに[24]，ブラック・ボックスに投入され，具体的な判断過程が示されないまま[25]，合憲との結論だけが示される。

そもそも本判決が憲法上の権利に対する制約なしと判断したのは既述のとおり，氏を婚姻・家族制度によって初めて具体化されるものと解し，具体化された氏の性質として，夫婦と嫡出子からなる家族の呼称としての意義を重視したからである。また婚姻の自由を憲法24条1項の趣旨として一段階下の保障と解し，婚姻に対する直接的制約を否定したのも，婚姻を法制度を前提

---

[24] 石埼・前掲注14) 34頁。
[25] 高橋・前掲注12) 148頁〜149頁。

とするものと解し,しかも,上記家族を想定し,実質的には夫婦同氏を「婚姻」を構成するものと解しているからと考えられる。

そこで,こうした「制度優先思考」,すなわち人権は具体的な制度の枠内においてのみ保障されるにすぎないとする思考の再考を試みることにしたい。

III. 憲法と家族

1. 婚姻の自由を構成するもの／制約するもの

既述のとおり平成27年の最高裁による二つの憲法判断はともに,婚姻の自由につき,憲法24条1項の「趣旨」にもとづき「十分尊重に値する」ものとして,端的な「保障」より一段階下のものと位置づけた。それは,最高裁が婚姻の自由を,法制度を前提とするものと解しているからと考えられる。

たしかに従来の憲法学においても,憲法24条の婚姻の自由は,立法による具体化を必要とするもので,法制度を前提とすることから,自然的自由とは異なると解されてきた[26]。しかし,高橋和之教授によれば,婚姻それ自体は「社会で自生的に成立する人間の営み」であり,それが法制度化されたにすぎない。婚姻制度は,社会の要請に応えて一定の秩序づけのために国家が介入するものであるから,婚姻制度は基本的に婚姻の自由の制限と解すべきであり,国家が提供するサービスではないから,利用する場合には国家が定めたサービスの内容を丸ごと承認せよと要求することはできないとされる[27]。こうした理解は,結婚の自由を「親密な結合」として生来的な「基本的な権利」と解するアメリカの判例理論とも軌を一にするものである[28]。

もっとも,文化人類学の知見を引き合いに出さずとも,結婚の形態は普遍的なものでないことは明らかであり,憲法上も一義的ではない。家制度における戸主の婚姻同意権のようなものは憲法24条1項により禁止されるとしても,事実婚や親密な者の間の人的結合は13条後段の自己決定権として保障

---

[26] 内野・前掲注11)114頁。
[27] 高橋・前掲注12)147頁。
[28] 尾島明「同性婚を認めない州法の規定と合衆国憲法——合衆国最高裁2015年6月26日判決」ひろば2016年3月号56頁。

されるものと解される以上，何をもって24条が保障する「婚姻」を構成するものと解し，何をもって婚姻の自由に対する制限と解するかは難しい。当該社会で共有されている結婚に関する「制度イメージ」を出発点とせざるをえないとしても29)，同様に自生的に成立したものが法制度化された財産権と異なり，人格性がより強く，また社会的偏見が強い婚姻や家族については，憲法によるより強い統制が必要と考えられる。そこで，日本国憲法は婚姻および家族をどのように考えているのか考察することにしたい。

2．憲法の想定する家族？

明治民法において家族は戸籍制度を基礎に国家による近代化のための人民統制の道具として位置づけられたが30)，日本国憲法24条は家制度を禁止し，国家的観点からの家族の政策手段化を禁止するものと解される31)。それでは，それを超えて，日本国憲法は婚姻および家族につき，どのように考えていると解されるか32)。

憲法学としてこの難問に挑んだ米沢広一教授は，憲法13条と区別される24条の「婚姻」を法律婚と解し，憲法の想定する家族を，夫婦，親子からなる法律上の家族と解する33)。

こうした憲法の想定する家族理解は，最高裁判決にもみられる。婚外子の法定相続分差別につき最高裁は平成25年に違憲と判断したが（最大決平成25・9・4民集67巻6号1320頁），合憲と判断した平成7年決定（最大決平成7・7・5民集49巻7号1789頁）は，可部補足意見に端的に表れているように，一夫一婦制を前提とする夫婦と嫡出子からなる法律婚家族を，民法上だけでなく，さらに憲法上も保障される家族と解したものと考えられている。だからこそ，法定相続分に関する婚内子と婚外子の区別が「法律婚の論理的帰結」とされ，制度が優先されたのである34)。このような理解は，平成25

---

29) 長谷部恭男『憲法の理性〔増補新装版〕』（東京大学出版会，2016年）134頁。
30) 利谷信義「家族観の変遷と家族法」法時65巻12号（1993年）34頁。
31) 吉田克己「家族における〈公私〉の再編」『法哲学年報（2000）』（2001年）53頁，59頁。
32) 君塚正臣「日本国憲法24条解釈の検証——或いは『家族』の憲法学的研究」の一部として」関西大学法学論集52巻1号（2002年）1頁以下参照。
33) 米沢広一「憲法と家族法」ジュリ1059号（1995年）8頁。水野紀子「団体としての家族」ジュリ1126号（1998年）76頁。

年の違憲決定で覆ったかといえばそうではない。平成25年決定は，たしかに法の象徴性の問題をも考慮しているが，相続に関する財産的利益という物理的利益の侵害を重視したもので，区別それ自体を違憲としたわけではない。現にその直後，最高裁は出生届における婚外子の記載につき，物理的利益の侵害はないことから，区別自体は合憲としている（最判平成25・9・26民集67巻6号1384頁）[35]。

　I，IIで検討した平成27年の二つの大法廷判決もまた，現行民法の検討により，嫡出推定を法律婚の重要な効果と解し，民法が想定する家族を，血統よりも婚姻を軸にした夫婦と嫡出子からなる家族と解している。こうした理解は，夫婦別姓訴訟判決における寺田補足意見に強く示されている。それによれば，性同一性障害により男性に性を変更した者が婚姻し，AID（第三者の精子提供）により妻が懐胎した子どもに民法772条1項の嫡出推定を及ぼした最高裁判決（最決平成25・12・10民集67巻9号1847頁）は，嫡出推定を法律婚の重要な効果と解しているとされる。

　こうした民法上の家族観念が，平成27年の二つの大法廷判決でもまた，憲法上の価値に優位していることから，婚姻を軸とした夫婦と嫡出子からなる家族観は，民法上だけでなく，憲法上の保障まで与えられていると解される。

　憲法の想定する家族観念に対し，それがどのようなものであれ，想定すること自体を否定する見解がある。代表的なものとして，安念潤司教授の契約的家族観がある。自由主義からすれば，婚姻をはじめ家族に関する事項は当事者の契約に委ねればよく，国家の役割はあくまで契約の執行に尽きる[36]。むしろ国家が特定の家族像を想定し保護することは，それ以外のものを「非正統」とし，差別の元凶となる[37]。実際，法律婚の存在は，婚外子差別を生み，法的には改善されているとはいえ，既述のとおり区別自体は否定され

---

[34]　石川健治「判批」法協114巻12号105頁〜106頁。

[35]　山本龍彦「判批」平成25年度重判解（ジュリ1466号）17頁。

[36]　安念潤司「『人間の尊厳』と家族のあり方──『契約的家族観』再論」ジュリ1222号（2002年）25頁，同「家族形成と自己決定」岩村正彦ほか編『自己決定権と法』（岩波書店，1998年）129頁〜145頁。

[37]　安念・前掲注36)「『人間の尊厳』と家族のあり方」25頁，横田耕一「日本国憲法からみる家族」『これからの家族（法セ増刊）』（1985年）94頁。

ていないのである。

　そもそも婚姻は自生的に成立したもので，近代国家以前は，宗教団体や地域共同体による社会的承認に委ねられてきたものであるから[38]，契約的家族観も真面目に考えられるべきものである。もっとも，家族が私的領域とされ国家による介入が一面では控えられたことが，フェミニズムから批判されたように[39]，社会・経済的には実質的に対等な当事者とはいえない多くの女性を保護するために，国家が介入することは正当化されよう[40]。しかし，「妻の座」権を保護する法律婚こそが性別役割分業を強化し，社会における男女平等の促進を阻害しているとすれば[41]，女性の保護は法律婚それ自体の保護と異なる方法で行うべきであろう。

　それでもなお，自己の自由な意思にもとづく選択によらず家族の構成員とされてしまう，そもそも自律的な主体としては未熟な子どもがいる。子どもについては，保護が憲法上許容されるだけでなく，一定の場合には要請さえされると解される。したがって，婚姻および家族について，あくまで子どもの保護の観点から，国家による介入が憲法上正当化される[42]。

　この点，民法解釈においても，家族の基軸につき，水平関係としての婚姻ではなく，垂直関係の親子に求める見解があるが[43]，上記の子どもの位置づけからすれば，憲法は家族として子どもを軸とする親密な集団を想定し保護していると考えられる[44]。このような家族観念は，法律婚とは別個に解されうることに留意すべきである。

3．法制度の核心／周辺

　婚姻・家族制度は要件・効果の束から成るが，法制度には核心と周辺があ

---

[38] 安念潤司「憲法問題としての家族」ジュリ1022号（1993年）47頁。
[39] 吉田・前掲注31）46頁。
[40] 「家族内の弱者保護の観点からの公序，すなわち保護的公序」のことである。吉田・前掲注31）53頁。
[41] 安念・前掲注36）「『人間の尊厳』と家族のあり方」29頁。
[42] 吉田・前掲注31）57頁～58頁。
[43] 窪田充見『家族法〔第3版〕』（有斐閣，2017年）158頁～159頁。
[44] 齊藤笑美子「家族と憲法――同性カップルの法的承認の意味」憲法問題21号（2010年）115頁～116頁参照。

り，法制度に憲法上の保障が及ぶとしても，丸ごと保障が及ぶのではなく，法制度の核心に及ぶと解される。

　平成27年の最高裁大法廷判決は既述のとおり，民法上，婚姻制度の核心を嫡出推定と解して，婚姻を軸とした夫婦と嫡出子からなる家族を憲法上も想定し，再婚禁止期間および夫婦同氏制を，婚姻・家族制度の核心との関係で正当化しようとしているが，それは成功しているといえるか。

　100日に限定された再婚禁止期間は，嫡出推定の重複回避のために必要なものとされるが，仮に嫡出推定それ自体は法律婚の重要な効果とされ，婚姻・家族制度の核心にあるとしても，嫡出推定の方法については，核心を害しない多様な方法が考えられることから，核心とは解されず，さらに重複回避が必要となる極めて例外的な場合については，核心とは解されない。

　また夫婦同氏制は，たしかに家制度の核心ではあったが，現行民法上は婚姻・家族制度の周辺でしかない[45]。最高裁は夫婦同氏制の合理性として，家族，特に嫡出子であることの公示機能をあげるが，最高裁が想定する憲法上の家族観を前提にするにしても，それは便益でしかないし，逆に，差別の元凶となる区別の公示機能は憲法上問題視されうる。また子どもが両親と同氏の方が利益を享受しやすいとの指摘も，たしかに子どもの保護は憲法上の要請と解されるが，具体的な利益との関係で論証されているわけではなく，しかも傾向性にとどまる（既に諸外国で選択的夫婦別姓制がとられているが，子どもの具体的な不利益は問題となっていない）。現に法律婚擁護者が，夫婦同氏制が法律婚への参入を妨げているとして，選択的夫婦別姓制の容認を主張しているのである[46]。したがって，夫婦同氏制は「婚姻」を構成するものではなく，憲法上の権利はもちろん利益にさえ優位するものではなく，婚姻の自由に対する直接的制約として，制約の正当化審査を行うべきだったのであり，これまでの考察からして，その正当化は無理であろう。

おわりに──法律婚の脱正統化としての平等アプローチ

　最後に，選択的夫婦別姓制の承認は，法律婚の正統性強化に資するのでは

---

45)　窪田・前掲注43)55頁〜56頁，140頁。
46)　窪田・前掲注43)56頁。

ないかとの興味深い問題提起について考えてみたい[47]。

こうした懸念は，同性婚の承認にも向けられている[48]。しかし，パートナーシップ制度などが法律婚と法的効果の点でまったく変わらないとしても，法律婚を望む者は必ずいる。彼ら・彼女らは法律婚の他ならぬ「正統性」を求めているのである[49]。同性婚の承認は，かつては法的にも差別され，現在でも「二級市民」として社会的に差別されている者たちが，自尊を回復すべく対等な人格としての承認の「象徴」を求める闘争なのである。

同様に，選択的夫婦別姓制を求める女性たち——とりわけ社会的に差別を受け屈辱を味わったことのある働く女性たちは，家制度の残滓と性別役割分業に支えられた夫婦同氏制に風穴を開け，女性の従属・劣位の意識・無意識を変革するための，女性の対等な人格としての実質的承認の「象徴」を求める闘争を行っているのである。また再婚禁止期間の廃止も，そうした象徴を求める闘争でもあるのである。

したがって，同性婚や夫婦同氏制などに関する訴訟において，平等アプローチに依拠することは，憲法の想定する婚姻および家族という難問を回避する戦略としてだけでなく[50]，本質に適しているのである[51]。平等アプローチにより，法律婚も変容を受け，家族も法的にも多様化されていくのであり，それは法律婚およびそれを軸とする家族の「正統性」を剥奪していく過程でもある[52]。

夫婦別姓訴訟判決の多数意見や寺田補足意見は，問題を民主主義に委ねようとするが，差別的な慣習などにより実質的には社会的少数者に他ならない女性たちの，対等な人格としての承認の象徴を求める闘争であるから，二重の意味で，人格の平等性を前提に多数決で決める民主主義に委ねるべき問題

---

[47] 植木・前掲注20)199頁。
[48] 齊藤・前掲注44)113頁。
[49] 田代亜紀「現代『家族』の問題と憲法学」佐々木弘通＝宍戸常寿編『現代社会と憲法学』（弘文堂，2015年）78頁，齊藤・前掲注44)111頁。
[50] 白水隆・速判解（法セ増刊）15号18頁。2015年の同性婚に関するObergefell判決は，婚姻の権利に関する，実体的デュー・プロセスと平等保護原則の「シナジー効果」を述べている。尾島・前掲注28)56頁。
[51] 尾島・前掲注28)56頁。
[52] 齊藤・前掲注44)114頁。

ではない。たしかにアメリカにおける人種差別の問題と同様，一部の強固な反対者によるバックラッシュも懸念されるが，違憲判断は公論を深化させ，社会の理解を深めることを司法は肝に銘じ，想像力を駆使しつつ，あくまで法的判断に徹すべきである。

Part I
日本国憲法へ

Part II
最高裁判例をたどる

憲法の現況

Part III

Part IV
あとがき

個人情報保護法制
―― 保護と利活用のバランス

宍戸常寿

I. はじめに
II. 個人情報保護法改正に至る経緯
III. 個人情報の保護
IV. 個人情報の利活用の促進
V. 第三者機関と規制のあり方
VI. 今後の課題と憲法学

I. はじめに

　2015年9月3日，国会で「個人情報の保護に関する法律及び行政手続における特定の個人を識別するための番号の利用等に関する法律の一部を改正する法律」が成立した（平成27年法律第65号。以下，改正前の個人情報保護法の条文については「旧○条」，法案が全面施行された後の条文は「新○条」と記載する）。

　今回の法改正作業に関しては，ビッグデータの利活用と個人情報保護のバランスをめぐって社会各方面で華やかな議論が展開されており，企業法務の観点からも大きな注目を集めてきた[1]。学界においても，日本公法学会の2012年総会が「国家による個人の把握」をテーマに掲げたのをはじめ，個人情報保護法制を理論的に再検討する動きが見られるが，今回の法改正作業はこうした動きに大きな刺激を与えるものと思われる。

　筆者はプライバシー・個人情報保護を専門に研究してきたとは到底いえないが，「パーソナルデータに関する検討会」（以下「パーソナルデータ検討

---

[1] 鈴木正朝ほか『ニッポンの個人情報』（翔泳社，2015年），さらに「〔特集〕パーソナルデータ　企業法務の視点」Business Law Journal 74号（2014年）所収の諸論稿を参照。

会」という）に構成員として関わってきた経験から，改正法についての若干の紹介・検討を行い，「憲法の現況」を考えるための素材を提供することにしたい。

II．個人情報保護法改正に至る経緯

1．旧個人情報保護法とその問題点

旧個人情報保護法は，住基ネットの構築に合わせて2003年に制定され，2005年に全面施行された。同法は，個人情報保護法制の基本法としての性格（旧第1章～第3章）を有するとともに，民間部門について，事業者の自主的対応を尊重しながら一般的な規制を定めるものであるが（旧第4章～第6章），次のような問題点が指摘されるに至っていた。

第1は，情報通信技術（ICT）の発展に伴い広く利活用が可能となったパーソナルデータについて，それが特定の個人を識別しうるものとして個人情報に該当し（旧2条1項），法の規律を受けるのかどうかが定かでないという点である。JR東日本によるSuicaの乗降履歴提供をめぐる事例（2013年）が代表例といわれるが，かかる「グレーゾーン」の存在により，事業者がパーソナルデータの利活用に萎縮し，その反面でプライバシーへの配慮を求める消費者が自己の情報の提供に消極的になるという問題である。

第2は，主務大臣制が採用され（旧49条），27の事業分野に38のガイドライン（8条にいう指針。2015年11月現在）が制定される等，個人情報保護法所管の縦割りに関する問題である[2]。この点は，わが国がEU域内から域外へのデータ移転に関する「十分性」の認定（EUデータ保護指令25条）を受けるに際して，監督・執行体制の不備を示すものとして，障碍となると考えられてきた[3]。他方，既存の境を超えるような事業展開にとってはワンストップで当局と相談できる仕組みが望ましいという観点からも，専門的知見を有する統一的な執行機関（プライバシー・コミッショナー）の創設が求め

2） 現にベネッセコーポレーションからの個人情報漏えいをめぐる事例（2014年）では，主務大臣が明らかでなく，内閣総理大臣により経済産業大臣が主務大臣として指定された（旧36条1項柱書ただし書参照）。

3） 辻畑泰喬「ビッグデータの利活用の法的問題」自由と正義65巻12号（2014年）14頁以下。

られてきたところである。

　第3は，事業活動のグローバル化の進展および海外における法制の動向である[4]。わが国の個人情報保護法の基礎となったOECDガイドラインが2013年に改正されただけでなく，EUデータ保護規則案が提案され（2012年1月），アメリカでも消費者プライバシー権利章典案が公表される（2012年2月，2015年2月）等，世界各国がICTの発展に伴い個人情報の保護と利活用のバランスをめぐって模索を続けている。他国事業者が提供するインターネットを通じてサービスを提供している今日，日本国民の個人情報を実効的に保護するためには，国家間の執行協力の体制を整備しなければならない。この観点からも，個人情報保護法制を国際的に整合的なものとする必要がある。

2．法改正作業の概観

　2013年5月，社会保障・税分野を中心に個人番号制を導入し，特定個人情報保護委員会を設置する番号法が制定されたが[5]，その附則6条2項は，法施行後1年を目途に，「特定個人情報以外の個人情報の取扱いに関する監視又は監督に関する事務を委員会の所掌事務とすること」の検討を求めていた。時期を同じくして，パーソナルデータの利活用について，経産省・総務省の研究会がそれぞれ報告書をまとめている[6]。こうした動向を踏まえて，政府は2013年6月，「世界最先端IT国家創造宣言」を閣議決定し，パーソナルデータ利活用に関連した制度を見直す方向性を打ち出した。

　この方向性の下，IT総合戦略本部に設置された「パーソナルデータに関する検討会」が2013年9月より検討を行い，同年12月には「パーソナルデータの利活用に関する制度見直し方針」（以下「見直し方針」という）[7]

　4）　石井夏生利『個人情報保護法の現在と未来』（勁草書房，2014年）参照。

　5）　同法の問題点について，藤原静雄「税・社会保障と情報」荒木尚志編『社会変化と法（岩波講座　現代法の動態3）』（岩波書店，2014年）211頁以下。

　6）　経済産業省IT融合フォーラムパーソナルデータワーキンググループ「パーソナルデータ利活用の基盤となる消費者と事業者の信頼関係の構築に向けて」（2013年5月），総務省「パーソナルデータの利用・流通に関する研究会報告書」（2013年6月）。

　7）　宇賀克也「『パーソナルデータの利活用に関する制度見直し方針』について」ジュリ1464号（2014年）12頁以下。

が，2014年6月には「パーソナルデータの利活用に関する制度改正大綱」（以下「改正大綱」という）[8]が，それぞれ同本部により決定された。さらにベネッセコーポレーションの個人情報漏えいをめぐる事例への対応も組み込んで，同年12月にはIT総合戦略室が「パーソナルデータの利活用に関する制度改正に係る法律案の骨子（案）」（パーソナルデータ検討会第13回資料。以下「骨子案」という）を公表した。さらに，後述する目的規定の改正や利用目的の変更に関する論点等について与党修正を経て，法改正案の国会提出に至った，という次第である。

この間の経緯を振り返れば，先述のEUにおける「十分性」の認定を得ることを要求する声から，事業者の自主規制を重視するアメリカをモデルとして大幅な規制緩和を求めるIT事業者等の意見まで，経済界の要望も多様であり，これらに加えて消費者側の要望，「個人情報の保護なくして利活用も経済成長もない」との論理で保護強化を求める議論と相俟って，公式・非公式の場で激しい駆け引きを繰り返したようである。基本的な政策判断から個別の論点にわたって合意が徐々に形成されるということが少なく，見直し方針から法案に至る各段階でその内容が二転三転したという経緯は，パーソナルデータの保護と利活用の両立という政策課題の難しさを反映しており，行政学にとっては好個の研究素材を提供するもののように思われる。

3. 改正内容の概要

政府の説明資料によれば，改正法のポイントは①個人情報の定義の明確化，②適切な規律の下で個人情報等の有用性を確保，③個人情報の保護を強化（名簿屋対策），④個人情報保護委員会の新設およびその権限，⑤個人情報の取扱いのグローバル化，⑥その他改正事項の6点にまとめられる。このうち，特定個人情報保護委員会の個人情報保護委員会への改組（④関連）だけが2016年1月に施行され，その他は原則として公布より2年以内に施行される。以下では便宜上，Ⅲで①③，Ⅳで②，Ⅴで④⑤を中心に，紹介・検討する。

---

[8] 宇賀克也「パーソナルデータの利活用に関する制度改正大綱について」情報公開・個人情報保護55号（2014年）64頁以下。

III. 個人情報の保護

1. 基本的枠組み

　旧個人情報保護法は，個人情報，個人データ，保有個人データを定義した上で（旧2条1項・4項・5項），個人情報には利用目的の特定，利用目的による制限，適正な取得，取得に際しての利用目的の通知（旧15条～18条）を，個人データには正確性の確保，安全管理措置，従業者・委託先の監督，第三者提供の制限（旧19条～23条）を，そして保有個人データには事項の公表，開示・訂正・利用停止等の求めへの対応（旧24条～27条）を，それぞれ義務づけていた。こうした基本的枠組みは，改正法においても引き継がれている。

2. 個人情報の定義の明確化

　個人情報保護法の基礎概念である個人情報は，「生存する個人に関する情報であって，当該情報に含まれる氏名，生年月日その他の記述等により特定の個人を識別することができるもの（他の情報と容易に照合することができ，それにより特定の個人を識別することができることとなるものを含む。）」と定義されていた（旧2条1項）。括弧書にいう容易照合可能性とは，例えば通常の作業範囲において，個人情報データベース等にアクセスし照合可能な状態をいい，他の事業者への照会を要する場合等であって照合が困難な状態を除く等と説明され[9]，さらに「個人識別の可否は，当該情報を取り扱う者ごとに異なりうる相対的なもの」であるとされてきた[10]。この問題は，特に第三者提供の制限（旧23条）との関連で議論されており，自らにとって個人情報であっても，相手方が識別ないし容易照合できないように加工した個人データであれば，本人同意がなくても適法に提供できる，提供先にとっては個人情報に該当しないからである，という見解（いわゆる提供先基準）も主張されたが，消費者庁をはじめ一般には，提供元において個人識

---

[9] 経済産業省「個人情報の保護に関する法律についての経済産業分野を対象とするガイドライン」(2014年12月)。

[10] 宇賀克也『個人情報保護法の逐条解説〔第4版〕』(有斐閣, 2013年) 29頁。

別ないし容易照合が可能である情報は提供元事業者にとって個人情報に該当し，当該個人データの提供は原則として本人同意を必要とするという見解（いわゆる提供元基準）がとられていた[11]。

　この点の解釈がこれまで確定しなかったことも，「グレーゾーン」の1つと見ることができるが，加えて情報処理技術の発展により，情報の照合により特定の個人を識別することが容易になっているという現状がある。総務省の研究会は2010年，ウェブ上の行動履歴や位置情報は，相当程度蓄積された場合には個人を推定可能であって，個人情報に該当することがありうるとの整理を行っていた[12]。これに対して同省の別の研究会は2013年，プライバシーの保護という理念を踏まえて実質的に個人識別性を判断すべきであるという立場から，端末IDや継続的に収集される購買履歴・位置情報等は，保護されるべきパーソナルデータの範囲に含まれると整理したところである[13]。

　パーソナルデータ検討会では，技術検討WGの検討[14]を踏まえて議論がなされたものの，一時提案された「準個人情報」という概念の不明確さに加えて[15]，どこまでの情報を保護すべきかについて見解が収斂せず，改正大綱でも玉虫色の表現にとどめられた。最終的に与党修正を経た改正法は，従来と同じく個人識別ないし容易照合可能な情報（新2条1項1号）のほか，「個人識別符号が含まれるもの」（新2条1項2号）を個人情報として定義することにした。ここで「個人識別符号」とは，特定の個人の身体の一部の特徴を変換した符号，または対象者ごとに異なるものとなるように役務の利用，商品の購入または書類に付される符号であって，特定の個人を識別することができるもののうち，政令で定めるものである（新2条2項）。最終的には，個

---

11)　新保史生「パーソナルデータの利活用を促進するための枠組みの導入等」自由と正義65巻12号（2014年）20頁以下。

12)　総務省「利用者視点を踏まえたICTサービスに係る諸問題に関する研究会　第二次提言」（2010年5月）。

13)　総務省「パーソナルデータの利用・流通に関する研究会報告書」・前掲注6)。なお，総務省「緊急時等における位置情報の取扱いに関する検討会報告書　位置情報プライバシーレポート」（2014年7月）も参照。

14)　「技術検討ワーキンググループ報告書」（パーソナルデータ検討会第10回〔2014年5月29日〕資料）。

15)　新保・前掲注11)17頁以下。

人識別性を個人情報の要件とするという現行法の立場を変更するものではなく，それゆえに法案が，個人情報の「範囲の拡大」ではなく「明確化」であると強調される所以である。換言すれば，パーソナルデータのうち一定の類型について，個人情報に該当するかどうかを政令によって明確化できるようにした点が，今回の法改正の特徴と見ることができる。

　法案段階では，個人識別符号に該当しうるものには，指紋データ・顔認識データ，旅券番号・免許証番号があるが，それ以外の，例えば携帯電話番号や端末ID等を政令で個人識別符号とするかどうかは明らかではなく，成立後の施行準備で決着を見た（施行令1条，規則2条〜4条）。法の規定が白紙委任でないとすれば，委任の具体的趣旨が解釈上導かれなければならないが，これは結局のところ，プライバシーの保護という実質的理念に立ち戻るほかないのではなかろうか。

3. 要配慮個人情報

　旧法は，センシティヴ情報を定義し，厳格な規制を加えていなかったものの，個人情報の性質および利用方法から特にその適正な取扱いの厳格な実施を確保する必要がある個人情報については必要な法制上の措置を講ずるとしており（旧6条），取得制限等を定めるガイドラインも存在した。

　今回の法改正作業では，見直し方針以降，センシティヴ情報に特別の取扱いを定める方向で一致が見られ，問題はその範囲であった。法案は，「要配慮個人情報」を「本人の人種，信条，社会的身分，病歴，犯罪の経歴，犯罪により害を被った事実その他本人に対する不当な差別，偏見その他の不利益が生じないようにその取扱いに特に配慮を要するものとして政令で定める記述等が含まれる個人情報」と定義し（新2条3項），その取得に本人同意を原則とした上で（新17条2項），オプトアウトによる第三者提供の対象外とする（新23条2項）。

　注目されるのは，骨子案の段階で病歴や犯罪被害事実等が例示に追加された点である。政令ではさらに心身の機能障害や被疑者・被告人として刑事手続の対象となったこと等が追加された（施行令2条，規則5条）。

4. 名簿屋対策

　いわゆる名簿屋問題は，改正大綱において継続的検討課題とされるにとどまっていたが，その後のベネッセコーポレーションの個人情報漏えいをめぐる事例によって，対応の緊要性が認識されるに至った[16]。とはいえ，名簿屋を業法的に規制することは困難な現状であるため，以下で述べるとおりトレーサビリティの確保と個人情報データベース等提供罪を法案に盛り込むという対応がなされた。

　改正法は，まずトレーサビリティの確保について，第三者提供において，提供先・提供元ともに個人データの提供年月日等の記録を作成保存することを義務づけ（新25条，26条3項・4項），提供先は提供元に対して個人データの取得の経緯等の事項を確認しなければならず，この時に提供元は当該事項を偽ってはならない，とする（新26条1項・2項。違反した場合は過料による制裁がある〔新88条1号〕）。こうした規制により，不正な手段による取得の禁止（新17条1項）[17]や第三者提供制限（新23条）の実効性を高めようとするものであるが，個人データベースではなく（場合によっては1つひとつの）個人データの提供について，しかも本人同意による場合であっても，記録の作成保存を義務づけることが，事業者の過重な負担となることが懸念されていた。個人情報保護委員会の「個人情報の保護に関する法律についてのガイドライン（第三者提供時の確認・記録義務編）」（2016年11月）は，確認・記録義務の適用除外ないし軽減について詳しく記載している。

　次に，改正法では個人情報取扱事業者等が業務に関して取り扱った個人情報データベース等を提供または盗用した場合の処罰規定が新設された（新83条）。個人情報・個人データの提供は対象外であり，また不正な利益を図る目的でない場合には，これまでどおり営業秘密侵害罪（不正競争21条）等により処罰されることになる。

---

16) 消費者委員会「いわゆる名簿屋等に関する今後検討すべき課題についての意見」（2014年9月），宇賀克也＝宍戸常寿＝森亮二「〔鼎談〕パーソナルデータの保護と利活用へ向けて」ジュリ1472号（2014年）72頁以下〔宇賀・森発言〕。

17) 消費者庁は既に2014年11月，個人情報の取得方法の確認，不正な手段により取得された可能性のある個人情報の取得の自粛等について各ガイドラインに記載する方向で，「ガイドラインの共通化の考え方について」を改定している。

5. オプトアウトによる第三者提供および共同利用

　旧法は，個人データの第三者提供について，本人の事前同意（オプトイン）のほか（旧23条1項），オプトアウト方式によることも認めていた（旧23条2項）。しかし現実には，本人にとってオプトアウトの方法等が「容易に知り得る状態」とはいえないと見られる場合も多く，改正大綱は第三者機関への届出・公表等の必要な措置を講じるとしていた。

　改正法は，オプトアウトによる第三者提供を行う事業者が本人に通知等すべき事項に「本人の求めを受け付ける方法」を追加するとともに，これらの事項およびその変更について個人情報保護委員会に届け出なければならないこと，同委員会は当該届出に係る事項を公表すべきこと等，手続を厳格化している（新23条2項〜4項）。これらの規制に関する違反は同委員会の勧告・命令の対象とされており（新42条），例えば本人からの求めの受付体制が不十分であるような場合にも，同委員会の監督が及びうることになる。

　さらに，第三者提供の制限の対象外とされる業務委託・共同利用についても，現行法の趣旨を踏まえてその範囲を限定するよう，文言が修正されている（新23条5項1号・3号）。

6. 小規模事業者の扱い

　旧法は，「その取り扱う個人情報の量及び利用方法からみて個人の権利利益を害するおそれが少ないものとして政令で定める者」を個人情報取扱事業者から除外することとし（旧2条3項5号），政令により利用する個人情報データベースの規模が5000人以下である事業者が現実に除外されていた。しかし，小規模事業者であっても個人の権利利益を侵害するおそれもあることから，法案はかかる除外規定を廃止した（新2条5項）。ただし，今後個人情報保護委員会がガイドラインを策定するにあたって，小規模事業者の事業活動が円滑に行われるよう配慮すべきことが，求められた（改正法の附則11条）。これを受けて，「個人情報の保護に関する法律についてのガイドライン（通則編）」（2016年11月）では，安全管理措置について，中小規模事業者における手法の例示が詳しくなされた。

7. 開示請求権

　旧法の開示・訂正・利用停止等の求め（旧25条～27条）については、事業者の義務違反がある場合に本人が訴訟を提起して義務の履行を求めることができるかどうかについて争いがあったものの、これを消極に解した東京地裁平成19年6月27日判決（判時1978号27頁）は、実務上大きな影響を持ってきたところである[18]。そこで改正法は、「求め」を「請求」に改め、裁判上の権利があることを明確化する一方（新28条～33条）、本人は事業者に対する請求から2週間が経過しなければ訴訟提起ができないとする、いわば請求前置主義により事業者の負担との調整を図っている（新34条）。

IV. 個人情報の利活用の促進

1. 基本的枠組み

　旧法は、もともと「個人情報の有用性に配慮しつつ、個人の権利利益を保護すること」を目的としており（旧1条）、保護一辺倒の法制であったわけではない。その鍵の1つは利用目的の特定であり（旧15条）、これは利用目的による制限（旧16条）、取得時の利用目的の通知（旧18条）等、「個人情報の適正な取扱いの確保の基礎」である[19]。もう1つの鍵は本人同意の仕組みである（旧16条1項・2項、23条1項）。こうした基本的枠組みも、改正法では引き継がれているところである。

2. 目的規定の改正

　見直し方針は、パーソナルデータの保護は「プライバシーの保護と同時に利活用を促進するために行うものであるという基本理念を明確にすること」を検討課題として掲げていたが、プライバシーないし自己情報コントロール権は、法案の目的規定に明記されることにはならなかった。むしろ与党修正においては、「適正かつ効果的な活用が新たな産業の創出並びに活力ある経済社会及び豊かな国民生活の実現に資するものであること」が、個人情報の

---

18) 宇賀克也「個人情報保護法に基づく開示の求め」同『個人情報保護の理論と実務』（有斐閣、2009年）95頁以下。

19) 宇賀・前掲注10)79頁。

有用性の例示として加えられたが（新1条），これは個人の権利利益の保護が個人情報保護法制の最重要の目的であること[20]を，変更するものではないと解される。さらに「豊かな国民生活の実現」には，表現の自由を含む，自由な情報流通による公共的・社会的価値が含まれているものと解すべきであろう（後述Ⅵ参照）。

3. 利用目的の変更

事業者は，本人同意なしに，「特定された利用目的の達成に必要な範囲」を超えて個人情報を取り扱うことが禁止されており（旧16条1項），さらに，利用目的の変更は「変更前の利用目的と相当の関連性を有すると合理的に認められる範囲」を超えてはならない（旧15条2項）とされていた。しかし，ビッグデータ利活用推進の立場から，データを集積分析して新たなサービスを展開していくことが望ましいとして，目的拘束の緩和を求める声が，この間強く主張された。これを受けて改正大綱は，「本人の意に反する目的でデータが利用されることのないよう配慮しつつ，利用目的の変更時の手続を見直す」ことを掲げていた。骨子案はさらに進んで，情報取得時に利用目的の変更がありうる旨を通知または公表すること，および個人情報保護委員会への届出を条件として，オプトアウト方式による利用目的の変更を認める方向性を示したのである。

しかしこの点には，個人情報保護法制の根幹を揺るがす，OECDガイドラインに違反する等の批判が強く，最終的には与党修正を受けて，利用目的の変更は「変更前の利用目的と関連性を有すると合理的に認められる範囲」を超えてはならない（新15条2項）とされることになった。「相当の」が削除されたとはいえ，一般的には，「当初の利用目的からみて，予測が困難でない程度の関連性」[21]が変更に求められることに，変化は生じないように思われる。また，将来の変更可能性を確保するため，利用目的の特定が抽象化されるようでは，個人情報の適正な取扱いが揺らぐように思われる。結局のところ，個人情報保護委員会が変更可能な範囲について，あるいは本人同意の（再）取得の標準化や簡素化について，ガイドライン等で地道に判断を積

---

20) 宇賀・前掲注10)23頁。
21) 宇賀・前掲注10)80頁。

み重ねていくべきように思われる。

4. 匿名加工情報

　今回の法改正作業の柱の1つが，いわゆる個人特定性低減データの導入であった[22]。個人情報を特定の個人を識別できない程度に「匿名化」すれば，個人情報該当性が失われるため，匿名化作業や匿名化した情報の利用を利用目的として特定し本人に通知等する必要はなく，また，個人データの第三者提供の制限を受けない，と考えられてきた[23]。問題は，どの程度まで加工すれば個人情報該当性が失われたといえるかであるが，容易照合可能性に関する理解（前述Ⅲ2参照）からすれば，仮に同一事業者内部でもシステムが異なり技術的に照合が困難であるという場合であっても，なお容易照合可能性は失われないと解される傾向にあった[24]。さらに，顧客データの外部提供に際して氏名・住所等の記述を削除して識別符号に置き換えても，元のデータとの対応表を残しているのであれば，「連結可能匿名化」，あるいは提供元にとっては「仮名化」にとどまり，個人情報として本人同意が原則として必要である点は変わらない。

　この点，総務省の研究会は2013年，米連邦取引委員会（FTC）のスタッフレポート（2012年）の記載を参考に，①適切な匿名化措置を施していること，②匿名化したデータを再識別化しないことを約束・公表すること，③匿名化したデータを第三者に提供する場合は提供先が再識別化をすることを契約で禁止すること，のすべての条件を満たす場合には，実質的個人識別性が失われ，本人同意がなくとも利活用が可能であるとの整理を行った[25]。パーソナルデータ検討会でも，この「FTC3要件」を前提に技術検討WGで精力的な検討が行われたが，①について汎用的な匿名化方法は存在しないと

---

22) 新保・前掲注11)19頁以下，森亮二「パーソナルデータの匿名化をめぐる議論」ジュリ1464号（2014年）25頁以下。
23) 消費者庁「個人情報保護法に関するよくある疑問と回答」Q6。
24) 経済産業省「『個人情報の保護に関する法律についての経済産業分野を対象とするガイドライン』等に関するQ&A」No.14は，このような場合には容易照合可能性がない旨を記載していたため批判を受けていたが，2014年12月には，容易照合可能性が認められる場合が多い方向での改定がなされた。
25) 総務省「パーソナルデータの利用・流通に関する研究会報告書」・前掲注6)。

の報告がなされ，また②③についてもわが国の法制に馴染む手法か疑問視されるに至った。そこで改正大綱では，個人特定性低減データの適正な取扱いを法定するとともに，加工方法についてはデータの有用性・多様性に配慮し事業等の特性に応じた適切な処理を行うことができるとして，さらに後述する民間団体の策定する「自主規制ルール」を組み合わせて，本人同意なしでの利活用を認めることを提言した。

　この論点に関する最終形は，「匿名加工情報取扱事業者等の義務」の節を新設する（新第4章第2節）というかなり大がかりなものとなっている。「匿名加工情報」とは，個人情報に含まれる記述等の一部または個人識別符号の全部を削除ないし置換して，特定の個人を識別できないように個人情報を加工して得られたものであって，個人情報を復元できないようにしたものをいう（新2条9項）。事業者は，作成時には，委員会規則の定める基準に従って加工し，匿名加工情報の項目を公表し，安全管理措置を行う（新36条1項〜3項）。法案検討段階では，匿名加工情報を作成することをあらかじめ個人情報保護委員会に届出することも議論されていたが，改正法からは省かれている。第三者提供時には本人同意は不要であるが，提供元は提供する情報の項目等を公表し，提供先に対して匿名加工情報であることを明示する（新36条4項）。提供を受けた匿名加工情報取扱事業者は，同様の条件で，同じ匿名加工情報を第三者に提供することも可能である（新37条）。とりわけ匿名加工情報から本人を識別する行為が匿名加工情報取扱事業者に禁止されることが，この仕組みの重要なポイントである（新38条）。

　匿名加工情報という仕組みが現実に用いられるかどうかは，復元・識別禁止が遵守されることへの消費者の信頼と，企業・業界ごとの多様な利活用のニーズに応えられるだけの柔軟な運用の際どい両立にかかっているように思われる。他方，個人情報取扱事業者が匿名加工情報を第三者提供するだけでなく，自らの事業に利用する場合の規定も置かれているが（新36条5項），改正法が規制強化でない以上，「匿名加工情報」として新しい規制を受けるのとは別の加工方法で，個人情報を統計化して，本人同意なく利活用することも排除されないという趣旨と考えられる。

5. 個人情報指針

　旧法は，「民間団体による個人情報の保護の推進」(旧第4章第2節) として，主務大臣の認定した認定個人情報保護団体 (旧37条) が，対象事業者の個人情報の取扱いについての苦情処理を業務とするほか (旧42条)，個人情報保護指針を作成公表し，対象事業者に遵守させるための必要な措置をとるよう努めなければならないこととしていた (旧43条)。これに対して，先に述べた改正大綱における「自主規制ルール」は，公正競争規約制度を参考にして，第三者機関による認定等を受け，法令に規定されていない事項についてもルールを策定して対象事業者に必要な措置を行う等，いわゆる共同規制[26]に近いものとして構想されたものであった。さらに，マルチステークホルダープロセスにより，消費者等もルールの形成に参画することが想定されており，その意味では画期的であったが，この仕組みが日本で機能するかどうか懸念する指摘もあったところである[27]。

　これに対して改正法は，認定個人情報保護団体が個人情報保護指針を作成する際には，消費者代表者の意見を聴くという形で，マルチステークホルダープロセスの考えを一部採用し，個人情報保護指針の定める事項について「匿名加工情報に係る作成の方法」等を加えた上で，個人情報保護委員会への届出・公表の仕組みを設け，しかも対象事業者に指針を遵守させるための必要な措置をとる義務を認定個人情報保護団体に負わせることとした (新53条)。匿名加工情報の加工に関して，委員会規則は，①特定の個人を識別することができる記述等の削除，②個人識別符号の削除，③情報を相互に連結する符合の削除，④特異な記述等の削除，⑤個人情報データベース等の性質を踏まえたその他の措置，という一般的な基準を置くにとどまる (規則19条)。今後，それぞれの業界あるいは企業グループに適した加工方法が，消費者等の意見を踏まえながら，個別の指針で定められるならば，匿名加工情報制度が活用される途も開けることになろう。さらに，匿名加工情報を超えて，わかりやすいオプトアウトの仕組みや，第三者提供等に関する本人同意の標準化等，事業者と消費者が協議してルールを形成していくことも期待

---

[26]　生貝直人『情報社会と共同規制』(勁草書房，2011年) 参照。
[27]　牧田潤一朗「パーソナルデータ保護法制における自主規制論」自由と正義65巻12号 (2014年) 24頁以下。

される。もちろんこのような場合であっても，個人情報保護委員会による関与・監督体制の整備や透明性の確保が鍵となるように思われる。

V. 第三者機関と規制のあり方

1. 旧法の枠組み

前述のとおり，旧法は主務大臣制を採り（旧36条），事業者への報告徴収（旧32条），助言（旧33条），勧告・命令（旧34条）について定めていた。「個人情報の保護に関する基本方針」の策定・改定および推進には，消費者庁や消費者委員会が関わってきた（現7条3項，消費者庁等設置法4条23号，6条2項4号）。これに対して，2014年に設立された特定個人情報保護委員会は，番号制度の運用の監視を一元的に担う独立行政委員会であり，官民双方にまたがって勧告・命令，立入検査等の強力な権限を有するほか，特定個人情報とともに管理されているそれ以外の個人情報の取扱いについても指導・助言をなしうるとされた（番号法50条～52条）。

2. 個人情報保護委員会

特定個人情報保護委員会を個人情報保護委員会へと改組することはいわば織り込み済みであり，以下では改正法でポイントとなる点のみを指摘するにとどめる[28]。

第1に，先に述べた目的規定におけるのと同じく，個人情報の有用性を強調する例示が，委員会の任務規定に置かれ（新60条），これに相応して委員会の組織等についても，「個人情報の保護及び適正かつ効果的な活用に関する学識経験のある者」が加わるべきとされている。その反面，「消費者の保護に関して十分な知識と経験を有する者」も加わるべきとされている（新63条4項）。

第2に，委員会は従来の主務大臣が有していた報告徴収（新40条），助言（新41条），勧告・命令（新42条）に加えて，立入検査（新40条），指導（新41条）の権限を有する。さらに主務大臣制はすべて廃止され，民間部門

---

[28] 宍戸常寿「パーソナルデータに関する『独立第三者機関』について」ジュリ1464号（2014年）18頁以下も参照。

に関する権限はすべて委員会に一元化されたことになる。しかし法執行の実効性を確保する観点から，委員会が事業所管大臣（新46条）に報告・立入検査権を委任し，それがさらに地方支分部局長等へ再委任される仕組み，あるいは金融分野で金融庁長官・証券取引等監視委員会等への委任の仕組みが整備された（新44条）。また，その他の委員会が行使する権限について，事業所管大臣から適当な措置を求めることができることとして，委員会と各省大臣との連携が図られている（新45条）。

これまで見てきたとおり，また後にも見るとおり，個人情報保護委員会の所掌事務は極めて広汎であり，ガイドラインの見直しや事前相談等をも通じて，個人情報保護法制の運用を担っている。事務局の人的体制の整備・財源の確保（改正法の附則12条2項）はもちろん，専門委員制度（新69条）を活用し，社会各方面の利害調整，専門的な調査研究や外国の機関等との連携を精力的に推進することが望まれよう。

3. グローバル化への対応

2008年に改定された「個人情報保護に関する基本方針」は国際的な協調および国際的な取組みへの対応を強調していたが，今回の法改正は，グローバル化への対応について必要な法的手当てを行う点で注目される。

第1に，法制上の措置等に関して，国際的な枠組みへの協力を通じて，各国政府と共同して国際的に整合のとれた個人情報に係る制度を構築することが掲げられた（新6条）。附則で求められる3年ごとの見直しにおいても，個人情報の保護に関する国際的動向への配慮が要求されている（改正法の附則12条3項）。

第2に，海外事業者にも適用される条文が明記されているが，特に事業者の存在する外国の主権の関係から，個人情報保護委員会の報告・立入検査・命令権の規定は適用除外となっている（新75条）。また，執行協力の実効性の観点から，外国執行当局への情報提供の仕組みが定められているが（新78条），これは特定電子メール法30条と類似したものとなっている。

第3に，海外事業者への情報移転については，海外にサーバのあるクラウドサービスを利用する場面等，円滑な情報流通と実効的な保護の双方が求められる。改正大綱においては，第三者機関の認定を受けた民間団体が，国内

事業者に対して相手当事国のプライバシー保護水準との適合性を認証する仕組みの導入等が検討されており，ここではAPECのCBPR（Cross Border Privacy Rules）が想定されていた[29]。こうした経緯を受けて，改正法はまず，本人同意のない外国にある第三者への個人データの提供を制限する。ただし，「個人の権利利益を保護する上で我が国と同等の水準にあると認められる個人情報の保護に関する制度を有している外国として個人情報保護委員会規則で定める」国は，提供が制限される外国から除外され，さらに委員会規則の基準に適合する海外事業者は「第三者」ではないとして，外国への個人データの提供に関する本人の同意は不要とされた（新24条）。前者はEUの「十分性」の認定に相当する仕組みであるが，この仕組みを現実に発動する際には，まさしくわが国の個人情報保護の水準が国際的に問われることにも，注意が必要であろう。

VI. 今後の課題と憲法学

1. 個人情報保護法制と表現の自由

　個人情報保護法制の整備にあたっては，マス・メディアから報道・取材の自由との緊張関係が指摘され[30]，施行後もいわゆる「過剰反応」が問題となってきた[31]。他方，法の文言からいえば，報道機関が報道の用に供する目的で個人情報を取り扱う場合には，「個人情報取扱事業者の義務等」（旧第4章）は適用除外であり（旧50条1項1号・2項），さらに他の事業者が報道機関に個人情報を提供する行為にも，主務大臣の権限行使が制限されてきた（旧35条）。加えて，新聞・出版分野については主務大臣が観念されなかったところである。

　今回の法改正作業では，パーソナルデータの経済的な利活用の観点が支配的であり，報道・取材等については手を触れない流れが早期に確定したた

---

29) 「域外適用・越境執行協力・国外移転制限等について（事務局案）」（パーソナルデータ検討会第8回〔2014年4月24日〕資料）。

30) 髙橋和之「メディアの『特権』は"フリー"ではない」ジュリ1230号（2002年）52頁以下。

31) 宮下紘『個人情報保護の施策』（朝陽会，2010年）1頁以下。

め，逆に表現の自由に関連する議論もまた棚上げされる結果となった。実際，匿名加工情報に係る規律も含めて適用除外規定（新76条1項1号・2項），個人情報保護委員会の権限行使の制限（新43条）が維持されている。しかし主務大臣制の廃止に伴い，委員会は，新聞・出版分野のいわば「主務大臣」として，例えば適用除外規定の該当性について判断権を有する主体として現れることになった。他方，報道ジャーナリズムを推し進める，あるいは一事業者として顧客データを利活用するという局面では，ICTの発展の中でメディア自身が自らの機能・役割を主張し，「匿名社会化」において表現の自由の価値を訴えていくべき，その直接の対手が委員会ということになろう。

　前に述べたとおり，改正法は，要配慮個人情報の取得について本人同意を原則とするが，報道機関等により公表されている場合は例外となる（新17条2項5号）。このことは，OECDガイドラインが表現の自由への配慮に言及したこととも整合するといえるが，その反面，報道機関には，本来は特に配慮を要する個人情報を，公共の関心事として公表すべきかどうかについて判断する責任が，改めて社会から委託されたことを意味する[32]。

2. 公的部門における個人情報の保護

　個人情報保護法制は，基本法および民間部門の一般法たる個人情報保護法に加え，行政機関個人情報保護法，独立行政法人個人情報保護法，番号法，さらに各地方公共団体の個人情報保護条例から成っている。さらに公的部門における個人情報に関しては，情報公開法制，統計法，住民基本台帳法があり，さらに近時のオープンデータの推進施策とも接するところがある。災害時の情報共有をめぐる議論から容易に推察されるように，個人情報をただ保護するのではなく，公開ないし利活用との適切なバランスをとることは，民間部門に勝るとも劣らず公的部門における重要な課題である。とりわけ利活用が求められている医療分野では，国立大学法人の病院部門をはじめ，公的部門と民間部門，国と地方の横断的・統一的取扱いを求める声が強い。こうした経緯を受けて，2016年5月20日，行政機関個人情報保護法及び独立行

---

[32] 山口いつ子『情報法の構造』（東京大学出版会，2010年）173頁以下も参照。

政法人個人情報保護法の改正が成立し，基本法の匿名加工情報制度に相当する，非識別加工情報の提供の仕組みが導入された。

　他方，ICTが発展した今日，公権力との関係で個人情報・プライバシー保護はなお十分とはいえず，法案が求める公的部門の個人情報保護法制の検討（改正法の附則12条1項・6項）は，行政機関等に対する監督をより強化するという観点からも，深められる必要がある[33]。

3. 憲法上のプライバシーと個人情報保護法

　憲法学は自己情報コントロール権としてのプライバシー権理解を発展させてきたが[34]，憲法上の権利が第一次的には対国家的な防御権であると理解される限り，民間部門における個人情報の取扱いについて明確な結論を導くことは難しく，事業者の営業の自由（憲22条）との関係もあり，行政による私人間の秩序形成を憲法解釈によって統制するという意識は希薄であった[35]。他方，単なる個人識別情報にも自己情報コントロール権の保護が及ぶと考える場合，いかなる観点からの違憲審査が求められるのかが突き詰められて検討されることは乏しく，審査基準の厳格度に終始する傾向があったことは否めない。憲法学がそれなりに熱心にプライバシー権を論じてきたにもかかわらず，個人情報保護法制との接点をいまひとつ見出しにくいままであったのは，こうした事情が大きかったように思われる[36]。

　ところで，住基ネット判決（最判平成20・3・6民集62巻3号665頁）を機に，こうした状況にはある種の転換がもたらされている。それは，強く保護すべき権利の内実を親密な人間関係にあると考え，個人識別情報の保護をひとまずそれとは切り離す方向性である[37]。例えば長谷部恭男は，プライバシーを「人々をつなぐ客観的絆」として把握すべきだとする一方[38]，公的

---

33) 宍戸常寿「安全・安心とプライバシー」論ジュリ18号（2016年）54頁以下。
34) 佐藤幸治『日本国憲法論』（成文堂，2011年）182頁以下。
35) 宍戸常寿「法秩序における憲法」安西文雄ほか『憲法学の現代的論点〔第2版〕』（有斐閣，2009年）51頁以下。
36) 宇賀克也＝長谷部恭男「情報公開・個人情報保護」宇賀克也ほか編『対話で学ぶ行政法』（有斐閣，2003年）136頁以下参照。
37) 山本龍彦「プライバシーの権利」ジュリ1412号（2010年）80頁以下。
38) 長谷部恭男「ユビキタス時代のプライヴァシー」アメリカ法2012-1号63頁以下。

領域に関する情報についても法的規制の対象とすることは「本来のプライヴァシーの保護にも役立つ」として、「公共の福祉にかなう限りで、憲法13条後段の保護を受ける」と説いている[39]。土井真一は、自己情報コントロール権を自立した権利として再構成するが、その際には、決定権としてのコントロールとチェックとしてのコントロールを区別し、しかも様々な憲法上の権利利益をいわば横串にする形で自己情報コントロール権を把握する点で[40]、親密な人間関係とプライバシー外延情報とを連続的に構成する理解から離れているように思われる。

このように考えた場合、親密な人間関係の構築や決定権としてのコントロールへの直接的な侵害が、例えばプロファイリングに見出されるとすれば、そこでは公共の福祉をオーバーライドする人権、「個人に関する情報をみだりに情報管理システムに接続されない自由」の当否が問題になるといわざるを得ない[41]。これに対して、問題が「個人情報をみだりに収集されない自由」として構成される限りは、そこでは公共の福祉としてのプライバシーの確保が問題であり[42]、権利侵害の論理よりは、法律の留保といった実質的法治国のルールの強化[43]、あるいはセキュリティ構造の確保に関する「構造審査」[44]こそが正しい処方箋と考えられる。

筆者自身は、今回の法改正作業が対処しようとしたのはおおむね後者の問題群であり、そのような観点から、第1に、規制、市場、技術の論理が交錯する状況において、なお必要な法律の留保の要請が満たされているか、第2に、個人情報保護委員会を中核とする執行体制が、今後実効的に整備され（改正法の附則12条2項）、また3年ごとの見直し（同3項）を通じて、必要

---

39) 長谷部恭男『憲法〔第6版〕』（新世社、2015年）152頁以下。
40) 土井真一「国家による個人の把握と憲法理論」公法研究75号（2013年）1頁以下。
41) 蟻川恒正「プライヴァシーと思想の自由」樋口陽一ほか『憲法判例を読みなおす〔新版〕』（日本評論社、2011年）78頁以下。プロファイリングの問題について詳しくは、山本龍彦「インターネット時代の個人情報保護」阪本昌成先生古稀記念『自由の法理』（成文堂、2015年）539頁以下参照。
42) 山本龍彦「プライヴァシー」長谷部恭男編『人権の射程（講座　人権論の再定位3）』（法律文化社、2010年）137頁以下。
43) 小山剛「住基ネット訴訟──単純個人情報の憲法上の保護」本書215頁以下、藤原靜雄「国家による個人の把握と行政法理論」公法研究75号（2013年）43頁以下。
44) 山本龍彦「番号制度の憲法問題」法教397号（2013年）49頁以下。

な拡充がなされていくかどうかが，まずは問われるべきではないかと考えている。

＊本稿は，論究ジュリスト13号（2015年4月）に掲載された同名の小論に，その後の改正個人情報保護法の成立及び施行準備等を踏まえて，最低限の加筆修正を行ったものである。個人情報保護法制の見直しに関する文献は非常に多いが，ここでは宇賀克也『個人情報保護法の逐条解説〔第5版〕』（有斐閣，2016年）を挙げるにとどめたい。

小選挙区比例代表並立制の導入

上脇博之

> Ⅰ．小選挙区選挙中心の選挙制度の問題点
> Ⅱ．小選挙区選挙導入など「政治改革」の目的
> Ⅲ．選挙制度の立法裁量論と私見の憲法解釈論
> 　　　　　おわりに

　自民党は，アメリカの軍事的要求に応えるために「集団的自衛権（他衛権）の行使」を解禁して容認する明文改憲を目指し，2005年と2012年に，「新憲法草案」と「日本国憲法改正草案」を策定・公表した。だが，その明文改憲が実現できる状況にはないので，安倍晋三第二次政権（2012年12月発足）は，2014年7月の閣議決定で「解釈改憲」という「壊憲」を強行した[1]。そして2015年9月，自公与党は，主権者国民の多くが反対するなか，その「解釈改憲」を具体化した安保関連法案[2]を国会で強行採決し成立させた[3]。これは，明文改憲手続を経たとしても"改正の限界"を超える，クーデターに匹敵する暴挙であり，立憲主義と民主主義を蹂躙するものだった[4]。

　今の政治は「決められすぎる政治」と表現される[5]が，その最悪の政治が

---

[1] 詳細は，森英樹『壊憲に向かう安倍政権の暴走と矛盾』（ほっとブックス新栄，2014年），渡辺治ほか『〈大国〉への執念　安倍政権と日本の危機』（大月書店，2014年）を参照。

[2] 詳細は，水島朝穂『ライブ講義　徹底分析！集団的自衛権』（岩波書店，2015年），森英樹編『安保関連法総批判──憲法学からの「平和安全」法制分析（別冊法セ）』（日本評論社，2015年）を参照。

[3] 安保関連法案の採決は一種のクーデターであるが，今後，"憲法改正の限界"を超えた違憲の明文改憲（参照，上脇博之『自民改憲案vs日本国憲法』〔日本機関紙出版センター，2013年〕44頁～74頁）を実現しなければならないので，クーデターは未完である。

[4] 安保関連法に関する議論状況の詳細については，上脇博之『追及！民主主義の蹂躙者たち』（日本機関紙出版センター，2016年）1頁以下を参照。

[5] 中北浩爾「『決められすぎる政治』から『合意できる政治』へ」世界852号（2014年2月号）96頁以下。

安倍政権・与党の暴走である。これを可能にしているのは，衆参の議席における与党の安定多数である。だが，それは決して民意に基づくものではない。むしろ，民意との逆転（ねじれ）を生み出している，衆参の各議員を選出する現行の選挙制度に基づいている[6]。

この小論では，衆参の選挙制度のうち衆議院の「小選挙区比例代表並立制」に焦点を当て，その問題点を指摘し，その導入当時の議論状況も紹介したうえで，"議会制民主主義の視点" はいうまでもなく "立憲主義の視点" から日本国憲法の選挙制度論を論じることにする。

Ⅰ．小選挙区選挙中心の選挙制度の問題点

そもそも衆議院議員を選出する選挙制度は，戦後1947年から，各選挙区の議員定数が原則3～5の「中選挙区制」で再スタートし，ほぼ半世紀続いた。議員定数は当初466，その後最高で512のときもあった。大政党だけではなく，都市部を中心に小中の政党も議席を確保でき，準比例代表的機能を果たしてきた。

だが，今から23年余り前の1993年衆議院総選挙の結果により「非自民・非共産」の8党連立の細川護熙内閣が誕生し政権交代が起き，この細川内閣（1993年8月9日～94年4月28日），羽田孜内閣（1994年4月28日～6月30日），さらに自民党が政権復帰した3党連立の村山富市内閣（1994年6月30日～96年1月11日）の下で「政治改革」関連法案が議論され，1994年に強行成立された。

その法案の主要な内容として，①政治腐敗の温床である企業・団体献金は，一部制限されたものの，政党本位を口実に温存され，②被交付資格と交付額が衆参の選挙結果に連動し，税金を原資とした政党助成制度が新しく導入された[7]。

そして，③衆議院の選挙制度は，それまでの中選挙区制から小選挙区比例

---

6) 衆議院の小選挙区選挙と参議院の選挙区選挙の問題点については，上脇博之『政党国家論と国民代表論の憲法問題』（日本評論社，2005年）295頁～310頁，同『議員定数を削減していいの？』（日本機関紙出版センター，2011年）62頁～75頁，同『なぜ4割の得票で8割の議席なのか』（同，2013年）22頁～40頁，同『安倍改憲と「政治改革」』（同，2013年）17頁～30頁も参照。

代表並立制へと改変された。これは，原則として小選挙区選挙と比例代表選挙のそれぞれで当選者を選出する選挙制度である（有権者は各選挙にそれぞれ1票ずつ投票する2票制）。議員定数は当初500に減員され，そのうち小選挙区は300，比例代表は200であった。つまり，小選挙区を中核とした制度である。また，比例代表はブロック制（11ブロック）が採用されたため，各ブロックの議員定数は少ないので，比例代表における民意の正確・公正な反映という長所は減じられている。その上，2000年法律改正により比例代表の議員定数が20削減され180となった（総定数は480）。

2012年11月，衆議院の解散直前に，1票の格差を「是正」するとして小選挙区を5つ減らす「0増5減」の法案が成立し，小選挙区選挙の区割りを見直す法案は2013年6月24日成立したので，2014年総選挙から小選挙区の議員定数は300から295に減員された（総定数は475）。

自民・公明両党は，2015年の簡易国勢調査の結果に基づいて，まずは小選挙区で「0増6減」，比例代表で「0増4減」し，議員定数を10削減（475から465へ）したうえで，2020年に行われる大規模国勢調査に基づいて「アダムズ方式」（各選挙区の人口を「一定数」で割り，出た商に応じて議席数を振り分ける計算式）を導入するなどの法案を国会に上程し，同法案は，2016年5月，自民，公明両党のほか，おおさか維新の会なども賛成し，可決・成立した。小選挙区の区割りが見直されれば，議員定数は465（小選挙区289，比例代表176）に減員される。

なお，ドイツは比例代表選挙を中核とした「小選挙区比例代表併用制」であるが，表現が似ているので，ドイツの「併用制」は"小選挙区選挙を内包した比例代表制"と表現し，日本の「並立制」は"比例代表選挙を付加した小選挙区制"と表現した方がわかりやすいだろう[8]。

この「並立制」には，どのような問題点があるのだろうか。その最大の問題点は一つの選挙区から代表者を一人しか選出できない小選挙区選挙にあ

---

7) 企業献金の問題と政党助成法の問題については，上脇博之『政党助成法の憲法問題』（日本評論社，1999年）1頁以下，同『安倍改憲と「政治改革」』（日本機関紙出版センター，2013年）1頁以下，同『誰も言わない政党助成金の闇』（同，2014年）1頁以下，同『財界主権国家・ニッポン』（同，2014年）1頁以下，同『告発！政治とカネ』（かもがわ出版，2015年）1頁以下を参照。

8) ドイツの「小選挙区比例代表併用制」の詳細については，上脇博之『政党国家論と憲法学』（信山社，1999年）85頁以下を参照。

る。第1の問題点は2位以下の投票を切り捨てるので"多大な民意の切捨て"（死票）が生じることである。例えば，自民党が政権に復帰した2012年総選挙の小選挙区選挙の死票は全国で約3730万票に上り，投票総数の56％で，民主党が政権に就いたときの2009年のそれと比べ9.7ポイント増となった[9]。

　問題点の第2は大政党に有利であるから"大政党の過剰代表"が生じることである。2012年総選挙における小選挙区選挙で自民党は237議席を獲得し，議員定数300議席に占める割合（議席占有率）は79％だったが，同党の得票率は43％だった。つまり，小選挙区制は4割強の得票率で8割近い議席を一党に与えたのである。

　その結果として，"作られた多数派""虚構の上げ底政権"を生み出すというのが第3の問題点である。2009年総選挙で民主党は総定数480のうち308議席，国民新党は3議席獲得し，合計311議席だったが，かりに総定数480が比例代表選挙の結果だけで議席配分されると仮定すると，民主党は204議席，国民新党は8議席，合計212議席と試算される。議長を除く過半数は240議席だから過半数に38議席も不足する[10]。

　2012年総選挙の場合は，もっと問題だった。自公両党の獲得議席は，法律案を再可決できる「3分の2」を超える328議席だったが，両党の得票率の合計は39.4％だった。480議席をすべて比例代表選挙の選挙結果で比例配分すると，両党の試算配分議席は190と算定されるから過半数に50議席も足りない計算だ。"虚構の3分の2政権"をつくりだし，参議院・二院制の存在意義を事実上喪失させたのだ。同様の異常は2005年総選挙でも起きていた。これが「オセロゲーム」のように極端な結果[11]を生む小選挙区選挙の第4の問題点である。

---

9) 「死票率56％に上昇＝民主は惨敗で8割超―衆院選【12衆院選】」ウォール・ストリート・ジャーナル日本版2012年12月17日17時1分（時事通信配信）。

10) 当初は社民党も連立に加わっていた。当時3党で318議席獲得したが，比例配分試算すると合計233議席で，過半数に7議席足りない計算である。

11) 上脇博之「これはほんとうに『民意』なのか」世界745号（2005年）106頁［111頁］。

II．小選挙区選挙導入など「政治改革」の目的

　小選挙区選挙の導入などを内実とする1994年「政治改革」[12]は，そもそも何のために行われたのか。当時はリクルート事件が発覚（1988年）し，その後，東京佐川急便事件の発覚（1992年），ゼネコン汚職事件の発覚（1993年）などもあったので，金権政治の決別や政治腐敗の根絶を目的とする意見があった[13]。その時の選挙制度の議論としては，"金権政治や政治腐敗事件を起こしてきた自民党は，中選挙区制のもとで，同じ選挙区に複数の立候補者を擁立するため自党の立候補者同士が競い合うことになり，それゆえ，政策を訴えるよりも業者の利益誘導を通じて選挙に勝ち抜こうとするので金権政治や政治腐敗事件を起こしてしまうから，中選挙区制を廃止すべきである"等と説明された。その際，各選挙区で各党一人しか立候補者を擁立しない小選挙区制の導入が説かれたのである。

　しかし，そもそも特定の選挙制度（とくに小選挙区制）が金権政治や政治腐敗事件を起こさないという主張は，科学的議論に耐えうるものではない。小選挙区制の英米などで，そのような事件が根絶されていたわけでもなかったし，当時の日本でも"事実上の小選挙区制"で当選する首長も事件を起こしていた。小選挙区選挙導入後も発覚し続けてきた[14]。それどころか，2016年1月，「週刊文春」（2016年1月21日発売，同月28日発売）が甘利明内閣府特命担当大臣（経済財政政策）（神奈川県第13選挙区選出の衆議院議員）とその公設秘書がトラブルの解決を相談してきた業者（千葉県）から「口利きの賄賂」を受けていたとの疑惑をスクープ報道したため，甘利氏は首相官邸が遺留する中1月28日に大臣を辞任したが，その辞任の記者会見で

---

　12)　「政治改革」の詳細については，田中宗孝『政治改革6年の道程』（ぎょうせい，1997年）1頁以下，臼井貞夫『「政治改革」論争史』（第一法規，2005年）1頁以下，上脇・前掲注6)『政党国家論と国民代表論の憲法問題』295頁～310頁とそこで挙げた文献を参照。

　13)　例えば，田中秀征『時代を視る』（ダイヤモンド社，1995年）193頁など。なお，当時の議論状況については，大嶽秀夫「自民党若手改革派と小沢グループ」レヴァイアサン17号（1995年）7頁〔7頁〕，山口二郎『日本政治の課題』（岩波新書，1997年）13頁を参照。

　14)　参照，上脇・前掲注7)『政党助成法の憲法問題』237頁以下，同・前掲注7)『告発！政治とカネ』1頁以下。

「良い人と付き合っているだけでは選挙に落ちちゃう。小選挙区だから。かなり間口を広げて来るものは拒まずでないと当選できない」と小選挙区選挙の弊害を吐露した。根底には，国民の少数派である財界のための政党なのに国会では多数派になろうとする政治的体質の問題がある。

「政治改革」の目的として別の意見もあった。政権交代がなければ民主主義としては問題であるし，中選挙区制のもとで政権交代が起きないので，政権選択選挙・政策選挙を実現して政権交代を起こすために小選挙区制（並立制）を導入すべきである，とも説かれた15)。確かに，小選挙区制の母国であるイギリスでは政権交代が起きているが，イギリスでは，得票数第一党が議席数第一党になるとは限らないという逆転現象が過去2度（1951年と1974年）も起きている。これは，投票者が望まない政権交代が起こり，投票者が望んだ政権交代が起きず，政権・政策選択選挙にはならないことを教示している16)。

「政治改革」の目的について，さらに別な意見もあり，実は，それが主流派だった。「政治改革」論議は，リクルート事件発覚（1988年6月）「後」に始まったわけではなく，「前」から着手されていた。たとえば，後に「民間政治臨調」の会長を務め，第8次選挙制度審議会の「経済界」代表にもなった亀井正夫・住友電工相談役（故人）は，リクルート事件の発覚前の1984年に，単著『改革への道』（創元社）を出版し，その著書の中で，「いま行政改革をやらなければ日本は21世紀にかけてしだいに非活性化し，転落して行くのではないか」と述べ「日本が大きな転換期に直面している」との認識から，行政改革の必要性を説き，その際，それを阻害している「大きな原因」の一つに「現行の選挙制度のもっている欠陥」を指摘していた。

リクルート事件発覚後であっても「政治改革」は必ずしも政治腐敗の根絶のために主張されてはおらず，むしろ保守政治の転換が目指されていた。た

---

15) 小沢一郎『日本改造計画』（講談社，1993年）65頁～71頁，高橋和之『国民内閣制の理念と運用』（有斐閣，1994年）など。

16) 逆転現象の問題とは別に，小松浩は，そもそも「政策の選択」といっても「一つ一つの政策を選択できない」し，政策が近似する二大政党のもとでは「擬似的な選択に過ぎない」等と指摘する（倉持孝司ほか「『政治改革』と憲法原理」『改憲・改革と法（法時増刊）』（日本評論社，2008年）81頁［83頁］）。小松浩「国会・選挙制度」法と民主主義445号（2010年）48頁［51頁］も同旨。

とえば，小沢一郎・自民党幹事長（当時）は，「政治改革」が「社会党をぶっ壊す」ためにあることを公言し[17]，「世界全体の経済や平和を視野に入れながら，激変する事態に機敏に対応しなければならない」，「世界の激変に対応し，日本の平和と反映の基盤を再構築するため」，「なれ合い，もたれ合いの構造を壊し，政治のあり方を根底から変え」るため，と主張していた[18]。

政治学者の堀江湛・第8次選挙制度審議会第一委員長は，第一委員会において「国会に痛みを伴う政策の実行のためには政治の安定が必要で，並立制が望ましい」という意見のあることを紹介していた[19]。第8次選挙制度審議会「第一次答申」（1990年4月26日）は「現在の我が国内外の情勢の中で，時代の変化に即応する政治が行われるため」と説明し，民間政治臨調の「中選挙区制廃止宣言」（1992年11月10日）は，「世界はいま，歴史的な激動の時代を迎え，わが国は内外の課題に的確に対応し得る新しい政治の構築を強く求められている」と述べていた[20]。

そして，「政治改革」の強行と同時に「憲法改正」論も主張された。たとえば，経済同友会『新しい平和国家をめざして』（1994年7月）は，「必要最小限の自衛力の保持とその国際的平和維持・救援活動への貢献」を「法制化すべきで」，その法制化の手段として，①憲法9条の明文改憲，②現9条への修正9条の併記，③現憲法9条の規定を維持し「安全保障基本法（仮称）」により定めるという三つの考え方を挙げていた。また，読売新聞（1994年11月3日）は，日本国憲法を全面改正する試案を新聞紙面で発表した。この試案には「日本国は，自らの平和と独立を守り，その安全を保つため，自衛のための組織を持つことができる」とする規定（11条1項）が盛り込まれており，紙面は，「これにより，わが国が個別的，集団的両自衛権を保持していることが，より一層，明確になろう」と解説していた。

つまり，「政治改革」が実現したことで，経済界や読売新聞は"改憲を党是とする自民党が財界からの政治献金と税金を原資とした政党交付金で党の

---

17) 小沢一郎「体制ぶっ壊し政界再編」This is 読売1992年6月号100頁〔小沢一郎発言〕。
18) 小沢・前掲注15) 4頁，66頁。
19) 朝日新聞1990年4月11日。
20) 民間政治臨調『日本変革のヴィジョン』（講談社，1993年）226頁。

財政を十分賄い，小選挙区選挙により過剰代表され，3分の2以上の議席を獲得することになれば，アメリカの戦争に参戦するための9条改憲も実現可能になる"と判断して，改憲を明確に主張し始めたのである。

当時，自民党内において「憲法改正」論議の火付け役となった「小沢調査会」は，その安全保障問題に関する提言の中で，「第9条に限らず広く時代の変遷に応じて，現行憲法条規の改正の要否を検討していくべきである」と述べると同時に，「我が国をめぐり内外の諸状況は大きく変化しつつある。今日の国際社会は第二次世界大戦後最大の転換を迎えており，冷戦の終結に際して，新しい世界秩序を構築することが求められている」と述べていた[21]。

「憲法改正」の目的は前述した「政治改革」の目的と全くといっていいほど同じ内容である。これは，「政治改革」が「憲法改正」と同じ目的を目指していたことを意味している。

民間政治臨調の幹事会も「現下の危機に対する緊急提言」(1998年8月13日）において，「目前に迫った21世紀の日本のあり方，国の理念，目標について検討を行い，戦後憲法体制の包括的な検証にまで踏み込んだ，国の政治制度・基本法制のあり方に関する今世紀最後の国民的議論を展開する」との「決意」を表明し，そして同臨調が1999年7月12日に衣替えし，「新しい日本をつくる国民会議」（略称：21世紀臨調）となり（会長は亀井正夫・社会経済生産性本部長），同じ内容の「決意」を表明していたことが注目される。要するに，「憲法改正」のために「政治改革」が強行されたわけなのだ。

そのためには，国民から遊離した政策を掲げていても選挙で敗北しないよう大政党・改憲政党に有利な小選挙区中心の選挙制度への転換が要請されたのである（あるいはまた，これまでの自民党がたとえ野党になっても革新政党が与党にならないよう保守二大政党制の構築が望まれていたわけである）。

III. 選挙制度の立法裁量論と私見の憲法解釈論

以上の目的で強行された「政治改革」の結果として，冒頭で指摘した，立

---

[21] 国際社会における日本の役割に関する特別調査会『国際社会における日本の役割』(1993年2月3日）。

憲主義と民主主義の蹂躙を招いたのである。当時の策動に対して，"立憲主義や民主主義からの理論的な歯止め"をかけられなかった要因は，選挙制度についての判例であった。日本国憲法は「選挙区，投票の方法その他両議院の議員の選挙に関する事項」は，「法律」で「定める」と規定している（47条）が，最高裁は，この規定を根拠にどのような選挙制度にするのかは議員定数不均衡問題を除き国会（立法府）の判断に委ねている（立法裁量）と解する立場であった[22]。

　保守政党はこれに乗じて民意を歪曲する小選挙区選挙を導入し，最高裁は，小選挙区選挙についても立法裁量の限界を超えてはいないとして「合憲」と判示してきた[23]。経済同友会は，1994年「政治改革」後も，「『政権を選択する』という観点から見ると，やはり衆議院には『比例区』という夾雑物が混じり込んでいると言わざるを得ない」「衆議院は『完全小選挙区制』への移行を早期に進めるべきである。『中選挙区制』復活論などは論外である」と主張してきた[24]。

　しかし，選挙制度について定めている法（法律）は「国の在り方の基本を定める法」だから「実質的な意味での憲法」に相当する。にもかかわらず，その選挙制度について原則として「立法裁量」に委ねていると解釈するのは，「国の最高法規」性（98条）からも，国会（特に与党）の暴走に歯止めをかける立憲主義からも，間違っている。選挙運動についての立法裁量は憲法の要請に反しない限りで認められるに過ぎないと解されている[25]から，選挙制度についても，憲法は何らかの要請をしており，立法裁量はその憲法要請に違反しない限りで認められているにすぎず，憲法の要請に反する選挙制度は憲法違反になりうる，と解すべきである[26]。

　憲法が選挙制度について要請している第1は"投票価値の平等"である。自民党は，1969年の総選挙以降得票率が50％を割っていながら議席占有率

---

22) 衆議院議員選挙無効訴訟・最大判1976・4・14民集30巻3号223頁，参議院選挙無効訴訟・最大判1983・4・27民集37巻3号345頁，など。
23) 衆議院議員選挙無効訴訟・最大判1999・11・10民集53巻8号1704頁など。
24) 経済同友会2004年度政治の将来ビジョンを考える委員会「わが国『二院制』の改革」（2005年5月20日）。
25) 野中俊彦『選挙法の研究』（信山社，2001年）242頁，258頁～259頁。
26) 樋口陽一『憲法Ⅰ』（青林書院，1998年）186頁。

では50％を超えて政権の地位に居座り続けてきたが，その原因は定数不均衡の是正に抵抗してきたことにあった[27]。この種の党利党略を阻止するためにも，憲法の要請する"投票価値の平等"の保障（14条・15条・44条）が不可欠でもある。複数の選挙区を設け，議員定数をそれぞれ設ける場合，立法府は，投票価値が限りなく1対1になるよう義務づけられており，2倍以内であれば当然合憲になるというわけではない。その格差を判断する基準は，投票前の「有権者数」[28]と投票時（後）の「投票者数」であり，このいずれの基準でも"投票価値の平等"が保障されなければならない。投票前に「有権者数」で平等であったとしても，投票後の「投票者数」で不平等になれば投票価値の平等は完全に保障されているわけではないからだ。その逆も同じである[29]。

憲法の第2の要請は"二院制からの要請"である。衆参各院は原則として対等で，「衆議院の優越」はあくまでも例外である。例外が原則になってしまわないよう，与党の得票率が全体の「3分の2未満」なのに議席占有率が「3分の2以上」になるような選挙制度は憲法が許容しているはずがないのである。

第3の要請は"議院内閣制・権力分立制からの要請"である。国会内多数派に支えられている議院内閣制のもとでは国会内多数派は国会と内閣という二権を掌握できるので，その暴走に歯止めをかけるためには少数派をきちんと国会に確保し，政府・多数派をチェックさせる必要がある（現代的「権力分立」）。それゆえ多数派の過剰代表も少数派の過少代表も許容されない。

第4は"社会学的代表の要請"である。主権者は具体的な個々の国民であり主権を行使することができるから直接民主主義が要請されるが，人口が多

---

[27] 小松浩「インタビュー・最高裁が支えた自民党・衆議院の過半数」法と民主主義343号（1999年11月号）15頁〜20頁。

[28] 最大判1976・4・14民集30巻3号223頁［246頁］。

[29] 議員定数不均衡訴訟で裁判所は，衆議院小選挙区選挙・参議院選挙区選挙の区割りについての不可分説に立ち，違憲だけではなく全小選挙区選挙を無効とする判決を下すべきである（上脇博之「参議院選挙区選挙の最大較差5.13倍を違憲とはしなかった2006年最高裁大法廷判決」速判解〔法セ増刊〕1号9頁〜12頁）。その際，選挙無効は遡及させず，判決日の翌日から無効とすれば，また，比例代表選挙で選出された議員がいるから，無効判決でも大きな混乱は生じない。この点は，参議院の選挙区選挙の無効判決も同様である。

いと直接民主主義を全面的に採用することは事実上不可能であるから，やむを得ず代議制・議会制が採用される。この場合，代議制・議会制が民主主義と結び付いて議会制民主主義になるために，できるだけ死票が生じず，かつ国会を「投票者全体の縮図」にすることが要請される（43条）。これは，"民意の正確・公正な国会への反映"という"社会学的代表"を意味する。この社会学的代表は，選挙区が一つの場合にも，選挙区が複数の場合にも要請されている[30]。

　以上の憲法要請に反する選挙制度は許容されないと解すべきである。和田進は，憲法が「国民意思の議会構成への反映を破壊するような選挙区制を排除する」，より具体的に「得票率と議席率との完全な一致を要請するものではなく，両者の極端なアンバランスをもたらす選挙区制を排除する」と解している[31]し，辻村みよ子は「国民の意思を歪める選挙制度」により「特定政党が数の論理にまかせて独裁的権力を集中することを阻止できなくなるおそれ」があるから「国民の投票結果を極端に歪めるような制度」は「民意が可能なかぎり議会に反映される」という「憲法上の要請」に「反する」という[32]。小松浩も，日本の二院制は「コンセンサスモデル」と適合的で，「小選挙区制→二大政党制」という「ウェストミンスター・モデル」は「現行日本国憲法と適合的ではない」と評している[33]。

　したがって衆議院の小選挙区選挙は憲法政策的に不適切であることは明らかである[34]が，さらに小林武は，小選挙区選挙が1996年総選挙に初めて適用された選挙結果を見て"適用違憲"と結論づけた[35]。私はこの見解が妥

---

30) 渡辺良二『近代憲法における主権と代表』（法律文化社，1988年）169頁～223頁。
31) 和田進『国民代表原理と選挙制度』（法律文化社，1995年）152頁。
32) 辻村みよ子『市民主権の可能性』（有信堂，2002年）224頁。
33) 小松浩「選挙制度改革の視点」法と民主主義430号（2008年）10頁［12頁］。ただし，小松は，小選挙区制を「簡単に違憲であると断じることは困難である」という（『イギリスの選挙制度』〔現代人文社，2003年〕234頁～236頁）。また，「熟議は必要だ」が，「階級，宗教など」は「非和解的対立だ」として「安易な合意や共通点の追求は問題だ」という（「比例定数削減問題と選挙制度改革の展望」法と民主主義453号（2010年）54頁［59頁］）。
34) 只野雅人「統治機構の改革と選挙制度」『憲法問題14』（三省堂，2003年）7頁［17頁～18頁］（なお，シンポジウムでの発言［65頁］も参照）。山内敏弘「衆議院選挙結果とイラク派兵問題」法時76巻1号（2004年）1頁［2頁～3頁］，杉原泰雄＝只野雅人『憲法と議会制度』（法律文化社，2007年）351頁。

当であると評価した上で，それ以降は違憲の推定を受けるので小選挙区制そのものが違憲である（制度違憲）と主張してきた[36]。2000年以降の各総選挙の結果（前述）は私見を実証したと言えよう。この結論は，事実上の1人区・2人区中心の参議院選挙区選挙にも妥当する。また，違憲の安保関連法が反対の民意が多いのに小選挙区選挙（および参議院の選挙区選挙）の結果に基づき生まれたのであるから，日本における小選挙区選挙の違憲性は，明白であろう。

　選挙制度の在り方につき私見とは異なり原則として立法裁量論を支持する立場においても，この度の安保関連法の成立により立憲主義が蹂躙されたことを踏まえ，小選挙区選挙を維持し続けたことは立法府の裁量権濫用であった，と結論づける立場が現れることを望みたい。

おわりに

　時事通信が2013年1月11～14日に実施した世論調査によると，並立制について「見直すべきだ」と答えた人が68.2％に上り，「現行制度のままでよい」の20.2％を大きく上回り，支持政党別では，見直し派は自民党支持者69.3％，民主党支持者63.8％もあった[37]。

　前述の憲法要請を全て充足するのは比例代表制しかないから，衆参の選挙制度についてはいずれも，無所属の立候補の自由を保障した完全比例代表制へと改革することが立法府・国会の法的責務であろう[38]。

　もっとも，比例代表制と言っても一つしかないわけではない。参議院のような全国一区[39]，衆議院のようなブロック制[40]などが考えられ，どれを採

---

35) 小林武「新選挙制度の映し出したもの」法時69巻1号（1997年）2頁〔5頁〕。
36) 上脇・前掲注8)435頁～449頁，同・前掲注6)『政党国家論と国民代表論の憲法問題』275頁～280頁，354頁～365頁。
37) 「衆院選挙制度，見直し派68％＝与野党協議に影響—時事調査」時事通信2013年1月20日14時20分。
38) 松井茂記は，逆に，「選挙民には，国会議員を落選させる権利が保障されるべき」で，憲法15条は「小選挙区制度を要請して」おり，そのような権利を否定している「比例代表制は憲法に反する」という（『日本国憲法〔第2版〕』〔有斐閣，2002年〕143頁，399頁）。しかし，松井は「選挙民に国会議員のリコールを認めることは適切ではない」と解しており（399頁），明らかに矛盾している憲法解釈論である。

用するのかは，憲法の解釈から直接帰結されるのではなく，憲法政策的な判断（立法裁量）になる。ただし，投票前も投票後（時）も投票価値の平等が保障されなければならないから，ブロック制を採用した場合でも，各ブロックの投票数に比例して各議員定数が確定する「定数自動決定式比例代表制」41)を採用すべきである。

完全比例代表制に改革しても議員定数は，①"国民の縮図"の精度を高めるためにも，②民意に比例して議席を獲得した少数派が内閣や与党を十分チェックするためにも，多い方がよい。少数精鋭論は非現実的であり幻想だ。衆参の国会議員数は終戦直後と比較すると人口増に相応しい増員がなされてはいない42)。

以上の比較を踏まえつつ議員定数の現実的な私案の第1として，衆議院議員は，概ね「人口20万人に議員1人」で計算して，とりあえず600に増員し，参議院議員は半数改選であることを踏まえ，かつ衆議院をチェックする機能を高めるために，とりあえず300に増員し，将来はもっと増やす比例代表制を提案したい43)。

第2の私案としては，議員数を事前に定めない比例代表制を提案したい。"衆議院は10万票毎に1議席"，"参議院は30万票毎に1議席"にして，投票数の多寡で議員数を増減させる方式を採用すれば44)，低い投票率を向上させられるのではなかろうか45)。

---

39) 臼井・前掲注12)176頁～179頁。

40) 小選挙区制を廃止しブロック制比例代表制にすることを主張するものとして，坂本修「衆院比例定数削減の検証」法と民主主義446号（2010年）38頁［45頁］，小沢隆一『憲法を学び，活かし，守る』（学習の友社，2013年）17頁～19頁。ただし，その後，坂本は「比例を軸」とする選挙制度を主張し，小沢は比例代表制を主張するとともにドイツの併用制も選択肢として検討するよう主張している（坂本修ほか『国会議員定数削減と私たちの選択』（新日本出版社，2011年）3頁［24頁～25頁］［坂本修執筆］，33頁［49頁］［小沢隆一執筆］）。

41) 小林良彰『現代日本の選挙』（東京大学出版会，1991年）170頁～233頁。

42) 1947年は7810万人，2010年が1億2805万人で，人口は1.64倍になっているから，議員定数は，衆議院763，参議院410であってもいい計算になる。

43) 坂本ほか・前掲注40)54頁［77頁～78頁］［上脇執筆］。

44) この案で，衆参各比例代表選挙の各党得票数に基づき当選者数を試算し合計すると，2012年衆議院総選挙だと議員数は597名，参議院は2010年188名，2013年165名，計353名になる。

45) 以上の構想については，上脇博之『衆参の選挙制度についての改革構想』『改憲を問う 民主主義法学からの視座（法時増刊）』（日本評論社，2014年）148頁～153頁。

裁判員制度はなぜ生まれたのか

豊 秀一

>   I．はじめに
> II．司法制度改革論議の背景
> III．司法制度改革審議会での議論
> IV．裁判員制度と日本国憲法

I．はじめに

　裁判員制度の導入を決定づけたのは，内閣に作られた司法制度改革審議会[1]が2001年6月に公表した意見書だった。「刑事訴訟手続において，広く一般の国民が，裁判官とともに責任を分担しつつ協働し，裁判内容の決定に主体的，実質的に関与することができる新たな制度を導入すべきである」と提案した[2]。提言を受けて，司法制度改革推進本部の「裁判員制度・刑事検討会」で具体的な制度設計が行われ，2004年3月に裁判員法が国会に提出された。同年5月に参議院本会議で可決成立し，約5年の準備期間を経て，2009年5月から施行された。

　刑事裁判に市民が直接参加するのは，1928年から始まり43年に停止したままになっている陪審制以来のことで，職業裁判官や検察官，弁護士というプロの法律家だけで運営してきた戦後の日本の刑事司法のあり方を根本から変える歴史的な出来事となった。しかし，司法制度改革審議会が発足した当

　1）　21世紀の我が国社会において司法が果たすべき役割を明らかにし，国民がより利用しやすい司法制度の実現，国民の司法制度への関与，法曹の在り方とその機能の充実強化その他の司法制度の改革と基盤の整備に関し必要な基本的施策について調査審議することを目的として内閣に設けられた。2001年7月に2年の期限付きで作られ，法学者や元裁判官，元検察官，日本弁護士連合会元会長の法律家6人と経済界，労働組合，消費者団体の代表ら非法律家7人の計13人のメンバーで構成された。http://www.kantei.go.jp/jp/sihouseido/

　2）　意見書102頁。http://www.kantei.go.jp/jp/sihouseido/report-dex.html

時，裁判員制度が導入されることを的確に予想できていた人はおそらくいなかったのではないか。司法が遠い存在であった多くの国民にとってはむしろ，「青天の霹靂」3)だったのだろう。

　裁判員制度はなぜ，生まれたのか。裁判の現状への評価をはじめ激しい対立をはらみながら，制度を生む舞台となった司法制度改革審議会の議論を軸に考えたい。

II．司法制度改革論議の背景

1．経済界・政治の動き

　司法制度改革審議会が作られた時代状況を，会長を務めた佐藤幸治・京都大学名誉教授はこのように語っている。「冷戦構造の終焉，グローバル化の進展，わが国のバブル経済の崩壊等々は，わが国社会のあり方や統治システムに厳しい自省を迫るところとなり，そのような文脈の中で司法の現状にも厳しい目が向けられるようになります。要するに，内外の時代環境の大きな変化が，司法制度改革の気運を醸成したということだと思います」4)。

　政治改革，行政改革に続く，統治構造改革の一環として司法制度改革を牽引したのは経済界と自民党だった。規制緩和推進のために司法の充実・強化を求めたのである。

　バブル経済が崩壊し，長い景気低迷の時代に入りつつあった1994年6月，経済同友会が「現代日本社会の病理と処方——個人を活かす社会の実現に向けて」5)と題する報告を発表した。経済界として司法制度改革を促した初めての発信だった。

　報告は，政治改革や行政改革などの陰で見過ごされてきた問題として司法に焦点をあて，個人が主役の自由で公正な社会を作るために，透明なルールによって紛争を解決する司法の充実・強化が必要だと指摘した。具体的には，時間や費用がかかるといわれる裁判の問題点を解決するために法曹人口

---

3)　ダニエル・H・フット（溜箭将之訳）『名もない顔もない司法——日本の裁判は変わるのか』（NTT出版，2007年）262頁。

4)　佐藤幸治ほか『司法制度改革』（有斐閣，2002年）3頁。

5)　http://www.doyukai.or.jp/policyproposals/articles/past/pdf/940630a.pdf

を大幅に増やすべきだと提言した。そのうえで、抜本的司法改革の着手のために「司法改革推進審議会」（仮称）を設置し、法曹関係者だけでなく、司法の「ユーザー」である市民等の声を中心に据えて幅広い国民的な議論を始めるべきだと促した。

　報告の底流に流れるのは、経済のグローバル化に伴う規制緩和の実現とともに、個人の自立と自己責任を強調する新自由主義的な発想だった。もっとも、当時、法曹界や経済界でこの報告を真剣に受け止めた人は少なかったという[6]。本格的な司法制度改革が始まる「前夜」であった。

　行政改革を進めていた橋本内閣時代の1997年6月、自民党司法制度特別調査会が立ち上がった。同年12月に公表された行政改革会議の最終報告は、「司法との関係では、『法の支配』の拡充発展を図るための積極的措置を講ずる必要がある」と指摘し、「政府においても、司法の人的及び制度的基盤の整備に向けての本格的検討を早急に開始する必要がある」と司法改革の重要性に言及し[7]、改革へ向けた議論が一気に加速し始めた。

　自民党調査会は1998年6月、「自民党　司法制度特別調査会報告――21世紀の司法の確かな指針」[8]を公表する。「透明なルールと自己責任の理念」がグローバルスタンダードであると位置づけ、「規制緩和等の諸改革を推進し、自己責任の原則に貫かれた事後監視・救済型の社会への転換を図るためには、その基盤をなす司法の充実強化が必要である」と司法制度改革の必要性を強調。「司法制度審議会」（仮称）の設置を提言し、翌年発足する司法制度改革審議会への道筋をつけることになった。

　報告は、法曹人口の増員やロースクール方式の導入、民事執行制度や国際仲裁センターの充実などを強調する一方で、「司法への国民参加の在り方（陪審・参審等）」については、「わが国の司法の基本に関わる問題であるという視点から、広く国民の意見を踏まえて議論される必要があろう」と控え

　6）「呉越同舟、論議に火（変革期の司法　改革のうねり：上）」2000年11月16日付朝日新聞東京本社版朝刊。

　7）この原案を執筆したのは、行政改革会議の委員を務めた佐藤幸治・京都大学名誉教授とされ、問題意識は佐藤氏が会長を務めた司法制度改革審議会の意見書にも反映されている。http://www.kantei.go.jp/jp/gyokaku/report-final/

　8）保岡興治『政治主導の時代――統治構造改革に取り組んだ30年』（中央公論新社、2008年）315頁～324頁。

めな表現にとどまっていたことに留意すべきである。

　自民党調査会の報告をバックアップするために[9]，経済団体連合会も1998年5月，報告書「司法制度改革についての意見」[10]を発表した（この報告書に司法参加の項目は入っていない）。バブル崩壊後の「失われた10年」という時代の中で生まれた，経済界と自民党が一体となった規制緩和型の司法制度改革の潮流をここにみることができる。

2. 法曹界などの動き

　法曹界の中では，1980年代から司法試験制度改革を中心に，法曹人口の増員や法曹養成制度の改革，民事訴訟の充実・迅速化を目指した取組みが始まっていた[11]が，抜本的な改革には遠かった[12]。法曹三者主導の改革が遅々として進まない中で，法曹界全体のギルド的な体質への批判が強まって生まれたのが，先に述べた経済界・政治主導の改革論議だった。

　一方，司法への市民参加の議論の土台を作っていったのは，日本弁護士連合会や学者，市民の地道な取組みだった。「司法の民主化」を求める司法改革の流れと位置づけられる。

　日弁連は1990年から94年にかけて3回にわたり「司法改革に関する宣言」を出し，民主的司法，国民に身近な開かれた司法を実現するため，欧米諸国にならって陪審や参審制度の導入をはかるべきだと提言した[13]。改革の機運が高まり始めた1998年11月には「司法改革ビジョン」を公表し，「現在施行が停止されている陪審法を憲法にそって有効に機能するよう改正し，陪審制を復活させることや，参審制などの司法への市民参加の方法も検討すべきです」と主張した[14]。

9）　前掲注6)記事「呉越同舟，論議に火」。
10）　https://www.keidanren.or.jp/japanese/policy/pol173.html
11）　例えば，1987年に法務省に設置された「法曹基本問題懇話会」や，続く「法曹養成制度等改革協議会」などで司法試験合格者の増員や司法修習のあり方などが議論された。
12）　法曹養成制度等改革協議会に参加した青山善充・東京大学名誉教授は「そこでつくづく思ったのは，法曹三者が中心になって議論をすると，国民的な視野に欠けたものになってしまう，これではとても大きな司法改革はできない，ということでした」と佐藤幸治氏との対談で語っている（「司法制度改革審議会を振り返る」ジュリ1208号〔2001年〕12頁）。
13）　http://www.kantei.go.jp/jp/sihouseido/dai2kai-append/husamura5.html
14）　http://www.nichibenren.or.jp/activity/document/opinion/year/1998/1998_2.html

また，1980年代に死刑確定後の再審無罪事件が相次いだことなどを背景に，学者や市民レベルでも「陪審裁判を考える会」（1982年設立）や「陪審制度を復活する会」（1995年設立）ができ，司法参加の実現を求める声が上がり始めた。刑事法学の権威である平野龍一氏は晩年に参審制を提唱[15]し，注目を集めた。

　最高裁は，矢口洪一長官時代の1980年代から裁判官を海外に派遣し，陪審制と参審制の調査研究を始めた[16]。しかし，制度導入への具体的な動きは裁判所の中からは生まれず，調査研究をどのように「軟着陸させたらよいのか」を模索していたというのが，実態だった[17]。

　司法制度改革審議会が設置される直接のきっかけとなったのは，経済界・政治主導の規制緩和型司法改革の流れだ。しかし，市民の司法参加は，規制緩和論では説明できない。司法の民主化や機能強化を求める市民や学者の動きもあいまって，関係当事者の予想を超える大きな改革のうねりが，この審議会を舞台に生まれていったのである[18]。

III. 司法制度改革審議会での議論

1. 呉越同舟の舞台装置

　司法制度改革審議会を構成した委員13人は，経歴や出身母体も様々であり，呉越同舟の様相を呈していた。それを反映するかのように司法参加のあり方をめぐって，激しい議論の応酬が続いた。一般市民だけで構成される陪審員が有罪か無罪かの事実認定をする英米型の陪審制を想定する意見に対

---

15)「参審制の採用による『核心司法』を――刑事司法改革の動きと方向」ジュリ1148号（1999年）2頁。

16) 矢口洪一氏は「西欧に範をとった近代裁判制度を採用した以上，陪審制度は，ただ駄目だ駄目だといわないで，とことんその可能性を探るべきだと思います。これが，在官中にこの制度の調査を始めさせた理由です。また参審制の方向も，あわせて検討すべきです。正義は自分たちが守るという心構えに国民が到達するかどうか，努力してみてはどうか，そんな心境です」と語っていた（『最高裁判所とともに』〔有斐閣，1993年〕208頁）。

17)「国民にメッセージを（変革期の司法　改革のうねり：中）」2000年11月17日付朝日新聞東京本社版朝刊参照。

18)　財界関係者は当時の改革論議の急速な高まりについて，「たき火をしていたら，山火事になった」と語っている。前掲注6)記事「呉越同舟，論議に火」参照。

し，市民と裁判官が共に事実認定をして量刑も決めるヨーロッパ型の参審制を想定する意見が対立した。

対立の背景にあったのは，現在の刑事裁判に対する評価の違いだ。陪審制の導入を積極的に主張した委員に共通するのは，職業裁判官による裁判にはあまりに問題が大きいという認識だった。例えば，捜査段階での令状主義の空洞化が進み，公判段階では裁判所が捜査当局の調書に依存し過ぎて公判手続が捜査結果を追認する場になっているとし，事実認定から職業裁判官を排除し，市民参加に活路を見いだそうという発想がうかがえた。これに対し，参審制の導入を主張した委員たちは，職業裁判官による裁判は全体としては精度の高い仕事をしてきたという，現状の刑事司法への肯定的な評価を前提とする。そのうえで，市民参加の目的について，「国民の健全な社会常識を反映させることでさらによい裁判になる」という発想であった。

2. 陪審・参審を超えて

陪審か参審かでせめぎ合いが続く中，2000年9月26日の司法制度改革審議会第32回会議で一定の合意に達する。「広く一般の国民が，裁判官とともに責任を分担しつつ協働し，訴訟手続において裁判内容の決定に主体的・実質的に関与していく」と参審型を念頭におきつつも，「欧米諸国の陪審・参審制度をも参考にし，それぞれの制度に対して指摘されている種々の点を十分吟味した上，特定の国の制度にとらわれることなく，主として刑事訴訟事件の一定の事件を念頭に置き，我が国にふさわしいあるべき参加形態を検討する」という形で，対立を解消する戦略が採られたのである[19]。

2001年1月9日の第43回会議では有識者3人のヒアリングが行われ，松尾浩也・東京大学名誉教授が，参加した国民を「裁判員」と名付け，裁判員と裁判官について，事実認定と刑の量定を分担する方式よりも，両者が協同して手続を進めるほうが適切ではないかと提案した。これを機に，陪審員でもない，参審員でもない，「裁判員」という言葉が，審議会で司法参加の議論を進める際に使われるようになり，松尾氏は裁判員制度の名付け親となっ

---

[19] 裁判員制度を導入する立法事実がわかりにくいという声をしばしば聞くが，現状の裁判を「絶望的」とみるか，「質が高い」とみるか，制度設計にかかわった論者の描く裁判像が異なっていることが理由の一つになっている。

た。「裁判員」という新たな言葉で対立を乗り越え（妥協を重ねながら），審議会の議論は，裁判官と裁判員との役割分担（裁判員の評決権の有無や裁判体の構成など），裁判員候補者の選任方法（任期制か事件ごとか，無作為抽出か），参加対象となる事件の範囲をどうするか，など具体的な制度設計へと移り，同年3月13日の第51回会議で制度の骨格がほぼでき上がった[20]。

具体的には，①裁判官と裁判員は評議に基づき，有罪・無罪の決定と刑の量定を行う②裁判員は，裁判官と同じ権限を持つ③裁判員の選び方は選挙人名簿からの無作為抽出とする④裁判所から召喚された裁判員は出頭義務や守秘義務を負い，相当額の旅費や日当を受ける⑤対象事件は法定刑の重い犯罪とする⑥裁判所が初公判前に争点整理し，連日開廷を前提に審理計画を立てられるよう準備手続を進める⑦事実誤認，量刑不当を理由にした上訴を認める——など，現在の裁判員制度の原型が作られたのである。

もっとも，裁判官と裁判員の数をめぐり，「市民の数を圧倒的多数にするべきだ」とする陪審を主張してきた委員の見解と，「両者の人数比に偏りがあってはいけない」とする参審を主張してきた委員の見解の対立は解消せず，裁判体の構成は立法段階に持ち越された。

3. 審議会での憲法論議

日本国憲法は，刑事裁判における市民の司法参加を認めているのか。この論点が議論になったのは，2000年9月12日の第30回会議だった。法曹三者に対するヒアリングの際に最高裁が，重大な刑事事件など一定の裁判に日本型の参審制を導入することに前向きの姿勢を示したうえで，「憲法上の問題を考慮すると，参審員は意見表明はできるが，評決権は持たないものとするのが無難であると思われる」と提案した[21]。「陪審制，参審制を採用する国では，憲法上これを保障又は許容する旨の規定が置かれている国が少なくない。しかし，我が国の憲法では，司法権の担い手としての裁判官について身分保障等の詳細な規定が置かれている一方，陪審制又は参審制を想定した規

---

20) 「訴訟手続への新たな参加制度」骨子（案）。http://www.kantei.go.jp/jp/sihouseido/dai51/51bessi1.html

21) 「国民の司法参加に関する裁判所の意見」。http://www.kantei.go.jp/jp/sihouseido/dai30/30bessi5.html

定はなく，果たしてこれが憲法上許容されるかどうか問題である」というのが理由であった。

陪審・参審制度をめぐっては，これまでも裁判官の職権の独立や身分保障を定めた憲法と抵触しないかが議論されてきた。例えば，陪審員の評決が裁判官を拘束するのは，「すべて裁判官は，その良心に従ひ独立してその職権を行ひ，この憲法及び法律にのみ拘束される」と定めた憲法76条3項に違反しないかというのが論点の一つだ。参審制についても，学説の中で過去に有力な違憲論[22]が展開された経緯があり，最高裁の「評決権のない参審制」の提案はこうした学説を意識したものとみられる。

司法制度改革審議会では「確定的な憲法解釈に踏み込む立場にない」(佐藤幸治会長)として，踏み込んだ合憲性をめぐる議論は行われなかった。ただし，制度設計にあたって意見書が「少なくとも裁判官又は裁判員のみによる多数で被告人に不利な決定をすることはできないようにすべきである」と結論づけたのは，「職業裁判官の存在が実質的に意味を持たないような形で裁判が進められ，裁判内容が決定されるといったことは，憲法上許されるかどうかは疑わしい」[23]という，審議会の議論で示された見解が反映されている。

なお，最高裁の提案に対しては委員の間から「中途半端な感を免れない」などと批判が集まり，市民が主体的に参加して責任を負うべきだとする方向へ議論を向かわせるという副次的な効果をもたらす結果になった。

IV. 裁判員制度と日本国憲法

1. 違憲論の浮上と最高裁判決

司法制度改革推進本部での立法化の過程では突っ込んだ憲法適合性の論議

---

22) 兼子一『新憲法と司法』(国立書院，1948年) 75頁は「憲法に於て，裁判官は良心にしたがい，独立して職権を行うべきものとして居る以上 (憲法76条3項)，裁判官の判断を拘束する陪審の答申は許されないから，単に意見を徴し参考とする程度になって仕舞う。又参審制も，裁判官の任期，報酬，身分保障等が，専門的裁判官だけを前提として，規定されている以上，素人の臨時裁判官を認める余地がない」とする。

23) 2001年3月13日の第51回会議での井上正仁・早稲田大学教授の発言。http://www.kantei.go.jp/jp/sihouseido/dai51/51gijiroku.html

が行われなかった一方、裁判員制度の施行が近づくにつれて元裁判官らによって裁判員制度違憲論が主張されるようになった[24]。違憲訴訟も提起され、最高裁大法廷は2011年11月16日、「憲法は、一般的には国民の司法参加を許容しており、憲法の定める適正な刑事裁判を実現するための諸原則が確保されている限り、その内容を立法政策に委ねている」として、全員一致で合憲との判断を示した[25]。

上告審での弁護側の主な主張は、①憲法に国民の司法参加を想定した規定はなく、憲法80条1項は下級裁判所が裁判官のみで構成されることを定めている。裁判官以外の者が構成員となった裁判体は憲法にいう「裁判所」には当たらず、裁判所における裁判を受ける権利を保障した32条、すべての刑事事件で公平な裁判所による迅速な公開裁判を保障した37条1項にそれぞれ違反し、適正手続を保障した31条にも違反する②裁判官は裁判員の判断に影響、拘束されるから裁判官の職権の独立を保障した76条3項に違反する③裁判員となる国民に憲法上の根拠のない負担を課すもので、意に反する苦役に服させることを禁じた18条後段に違反する――などという内容だった。

憲法が国民の司法参加を許容しているかという論点について、最高裁は、日本国憲法の制定過程の議論[26]や海外での陪審・参審の経験にも言及しながら、「国民の司法参加と適正な刑事裁判を実現するための諸原則とは、十分調和させることが可能であり、憲法上国民の司法参加がおよそ禁じられていると解すべき理由はない」と判断した。そのうえで、公平な「裁判所」における法と証拠に基づく適正な裁判が行われることは制度上保障されている上、裁判官は刑事裁判の基本的な担い手とされ、憲法が定める刑事裁判の諸原則を確保する上での支障はないと指摘。31条、32条、37条1項、76条1

---

24) 例えば、西野喜一「日本国憲法と裁判員制度(上)(下)」判時1874号3頁、1875号3頁(2005年)。大久保太郎「『違憲のデパート』裁判員制度実施の不可能性――予想される制度の実態の考察(上)(下)」判時1883号3頁、1884号3頁(2005年)。
25) 刑集65巻8号1285頁。覚醒剤を隠したスーツケースを成田空港に持ち込んだとして、フィリピン国籍の女性被告人が覚醒剤取締法違反と関税法違反の罪で起訴された。
26) 例えば、1946年6月28日の第90回帝国議会衆議院本会議の審議で、陪審制を条文化して憲法に挿入する用意はあるかという質問に、憲法担当の金森徳次郎国務大臣は「陪審問題の点については、憲法に特別の規定はないが、民主政治の趣旨に則り、必要な規定は法律で定められ、現在の制度を完備することは憲法の毫も嫌っているところではない」と答弁している。

項，80条1項違反の主張には理由がない，として退けた。

　裁判官の独立との関係についても，「憲法が一般的に国民の司法参加を許容しており，裁判員法が憲法に適合するように法制化したものである以上，……裁判官が時に自らの意見と異なる結論に従わざるを得ない場合があるとしても，それは憲法に適合する法律に拘束される結果であるから，……同〔76条3〕項違反との評価を受ける余地はない」と判断した。「苦役」を禁じた18条後段違反かどうかに関しては，「裁判員の職務等は，司法権の行使に対する国民の参加という点で参政権と同様の権限を国民に付与するものであり，これを『苦役』ということは必ずしも適切ではない」と指摘したうえで，裁判員を辞退しうる場合について柔軟な制度が設けられていることなどから「苦役」に当たらないのは明らか，と結論づけた。

　裁判員制度の合憲性をめぐる論争は，最高裁の判決で一つの結論が示された。陪審・参審の憲法適合性についての学説の状況も，1990年代半ばから今日に至るまで合憲とする見解が多く，通説となっている[27]。

2. 裁判員制度の意義と可能性

　裁判員法は1条で，制度の目的を「司法に対する国民の理解の増進とその信頼の向上」と定めている。しかし，こうした司法参加に伴う付随的効果を目的に掲げることについては，制度設計の段階から疑問視する指摘が出されていた。よりよい裁判の実現という本来の目的の実現が図られるのは，「あくまで司法に参加する国民が，客観的な基準に照らして適切といえる裁判を目指して参加するから」であり，付随的効果を表立って目標とすることは，その実現を阻害する危険があるという[28]。裁判員の辞退率（選定された裁判員候補者のうち辞退が認められた割合）をみると，制度がスタートした2009年は53.1％だったが，2014年は64.4％に上がっている[29]。最高裁判決

---

[27]　土井真一「日本国憲法と国民の司法参加」同編『岩波講座憲法4変容する統治システム』（岩波書店，2007年）235頁以下。戦前の陪審制から日本国憲法の制定過程，裁判員制度に至るまで，国民の司法参加をめぐる憲法論が歴史的な経緯を踏まえて詳細に論じられており，学説の状況も網羅されている。

[28]　長谷部恭男「司法権の概念と裁判のあり方」ジュリ1222号（2002年）146頁。

[29]　裁判員制度の実施状況について。http://www.saibanin.courts.go.jp/topics/09_12_05-10jissi_jyoukyou.html

が指摘したように,「国民の視点や感覚と法曹の専門性とが常に交流することによって,相互の理解を深め,それぞれの長所が生かされるような刑事裁判の実現を目指す」ことの積極的な意義を,裁判所はじめ法曹関係者は国民に発信する努力を続けるべきだろう。

　国民の役割について,司法制度改革審議会の意見書が,「21世紀の我が国社会において司法に期待される役割」の中でこう述べている。「統治主体・権利主体である国民は,司法の運営に主体的・有意的に参加し,プロフェッションたる法曹との豊かなコミュニケーションの場を形成・維持するように努め,国民のための司法を国民自らが実現し支えなければならない」[30]。

　最高裁判決は,裁判員法1条の趣旨について,「この制度が国民主権の理念に沿って司法の国民的基盤の強化を図るものであることを示していると解される」とし,裁判員の職務について「参政権と同様の権限を国民に付与するもの」だと判示した。主権者としての国民が,司法の分野でも公共的な責任を担うべきことを確認したものといえる。

　国民がこうした責任を自覚し,よりよい裁判を目指して積極的に参加するようになれば,裁判員制度は,民主主義の質を変える可能性を持っている[31]。政府や議員に任せっきりにして,国民は観客席にいる気分になっている「お任せ民主主義」からの脱却である。

　国内ではいま,「法の支配」が軽んじられ,「立憲主義の破壊」と言われる政治状況が生まれ,海外の識者もその行方を注目している[32]。憲法9条の下で集団的自衛権は行使できないとする長年の政府解釈を閣議決定で覆し,安倍政権は2015年9月,集団的自衛権の行使容認を可能にする安全保障関連法を強引に成立させた。これに対し,元最高裁長官や元内閣法制局長官,憲法学者ら法律の専門家集団が「憲法違反」だと批判を展開した。学生や会社員,主婦ら多様な市民が,主権者として街頭や国会で異議申立ての声を上げ,代議制民主主義を補完する「カウンター・デモクラシー」が生まれてい

---

30) 意見書8頁。http://www.kantei.go.jp/jp/sihouseido/report/ikensyo/index.html
31) 三谷太一郎『政治制度としての陪審制』(東京大学出版会,2001年) 25頁。「司法制度をいかに変えるかという問題は,デモクラシーの質をいかに高めるかという問題と深く関連している」。
32) 「憲法読みかえ,海外も議論　条文変えず集団的自衛権の行使容認」2015年12月18日付朝日新聞朝刊。

る。
　裁判員制度が日本社会にどう根付いていくか、予断を許さないが、主権者として公共的な事柄に関わろうという動きは確実に社会に生まれている。孤立してきたと言われる司法に国民的な基盤を確立することは、将来、政治部門と司法部門が対立する事態が起きた時、司法が果たすべき役割＝法の支配を守ることにつながっていくのではないだろうか。

生存権保障の現況

尾形 健

Ⅰ．はじめに
Ⅱ．生存権保障と日本国憲法——これまでの展開
Ⅲ．生存権保障の実現
Ⅳ．むすびにかえて

Ⅰ．はじめに

　憲法25条は「生存権」を定めたものと解されている。この規定は，第二次世界大戦終了後，混乱かつ極限的状況にあった国民生活にとって，一つの理念を体現し，「福祉主義」ないし「福祉国家」を宣明するものとして，憲法論において象徴的な機能も果たしてきた[1]。本稿は，戦後70年を迎えるわが国憲法実践において，生存権保障がどのような意味を持ち，現在どのような議論がなされているかを確認し，憲法25条をめぐる権利保障の展望を探る端緒としたい[2]。

Ⅱ．生存権保障と日本国憲法 —— これまでの展開

　「現況」を語るためには，まず，これまでの「来し方」を知ることも重要である。ここでは，戦後日本社会の動きの中での憲法25条をめぐる判例法理の展開等について，簡単に振り返っておきたい[3]。

---

1) 清宮四郎『憲法Ⅰ〔第3版〕』（有斐閣，1979年）66頁〜67頁，樋口陽一『近代憲法学にとっての論理と価値』（日本評論社，1994年）第3章第1節，中島徹『財産権の領分』（日本評論社，2007年）第1章・第2章，林知更「福祉」法教415号（2015年）17頁等参照。長谷部恭男「法律学から見たリスク」同『憲法の境界』（羽鳥書店，2009年）所収95頁は，「リスク社会」出現における国家の役割論の文脈で「福祉国家」に言及する（100頁〜101頁，107頁〜108頁）。

1. 戦後日本社会の展開と生存権保障
(1) 戦後復興期——食糧管理法違反被告事件

敗戦の深い傷跡と困難を極めた状況にあって，国民の生活保障を形成する大きな誘因となったのが，憲法25条であった[4]。食糧管理法に反して米の運搬等を行った者が，同法は国民の生活権行使を妨げるものとして違憲と主張した，食糧管理法違反被告事件は，当時の国民生活の状況を強く反映した事案であった。最高裁はここで，憲法25条1項は，国に対し，「国民一般に対して概括的に〔最低生活保障の〕責務」を負担させたものであり，「個々の国民に対して具体的，現実的にかかる義務を有するのではない」，とした（最大判昭和23・9・29刑集2巻10号1235頁）。その判旨の理解については今日再考の余地が指摘されているが[5]，憲法25条が請求権として法的効果を持つものではなく，プログラム的意義を有するとの理解（プログラム規定説）は，憲法施行当初において，通説的見解として受容されていく。

---

2) 最近では，憲法25条から「文化的生存権」保障の可能性を見出す立場や，環境権保障の文脈での新たな視点からの議論など，同条をめぐる議論は様々な展開をみせている。前者につき「日本国憲法研究(9) 国家と文化」ジュリ1405号（2010年）134頁以下および横大道聡『現代国家における表現の自由』（弘文堂，2013年）16頁～18頁等，後者につき清野幾久子「環境権論の再検討」高橋和之先生古稀記念『現代立憲主義の諸相(下)』（有斐閣，2013年）577頁，藤井康博「環境国家と環境憲法の理論」憲法理論研究会編『憲法学の未来』（敬文堂，2010年）105頁のほか，青柳幸一『憲法学のアポリア』（尚学社，2014年）第1部Ⅳ・第2部XIV，松本和彦「権利保護としての環境保護」阪大法学64巻3・4号（2014年）861頁等も参照。以上の議論からは多くを学びつつ，本稿は，憲法制定関係者の意図，後述する戦後憲法体制における実践，その文言（「社会福祉」・「社会保障」・「公衆衛生」の「向上」・「増進」〔憲25条2項〕）等を踏まえ，憲法25条を，国民の経済的・社会的生活保障を意図する条文と理解し，これを前提に議論を進めたい（尾形健『福祉国家と憲法構造』〔有斐閣，2011年〕13頁参照）。

3) 憲法25条史については，中村睦男＝永井憲一『生存権・教育権』（法律文化社，1989年）第1部第2章・第3章〔中村睦男執筆〕，葛西まゆこ『生存権の規範的意義』（成文堂，2011年）第2章・第3章，鄭明政「司法による生存権の保障及び権利促進の可能性(1)」北大法学論集63巻3号（2012年）932頁，921頁以下，芹沢斉ほか編『新基本法コンメンタール 憲法』（日本評論社，2011年）214頁〔尾形健執筆〕等参照。以下，戦後日本社会の時代区分等については，厚生労働省編『平成24年版厚生労働白書』（日経印刷，2012年）12頁～18頁，菊池馨実『社会保障法』（有斐閣，2014年）15頁～22頁に負う。

4) 社会保障制度の形成に大きな役割を果たしたもう一つのものは，1950（昭和25）年の社会保障制度審議会勧告であった（1950〔昭和25〕年10月16日）。

5) 高橋和之「生存権の法的性格論を読み直す」明治大学法科大学院論集12号（2013年）1頁，12頁～17頁，同『立憲主義と日本国憲法〔第4版〕』（有斐閣，2017年）320頁～321頁。

(2) 高度経済成長の展開——朝日訴訟

　1950年代半ば以降の高度経済成長により，国民の生活保障制度は整備に向けて歩みを進め，1961（昭和36）年には，すべての国民が公的医療保険・年金制度に加入する，「国民皆保険・皆年金」が実現されるなどの動きが顕著となった。そうした中で提起された朝日訴訟は，生活保護法上の生活扶助基準（入院入所3カ月以上の要保護患者に対する日用品費の基準）の違法性が争われた事案であった。最高裁は，上告審係属中に上告人（原告）が死亡したため主文で訴訟終了を言い渡しつつ，傍論で，食糧管理法違反被告事件判決を引用し，憲法25条1項の権利はその趣旨を実現する制定法（生活保護法）によって初めて与えられるとし，同項にいう最低生活の認定判断は厚生大臣（当時）の裁量に委ねられ，それが現実の生活条件を無視した著しく低い基準等，裁量権の逸脱・濫用となる場合に司法審査の対象となるとした（最大判昭和42・5・24民集21巻5号1043頁）。この訴訟に並行して，生活保護基準は高度経済成長も機動力となって引き上げられ[6]，一方憲法学説は，この訴訟を契機に，それまで通説的見解とされたプログラム規定説を再考し，生存権を一定の法的権利として捉えるべきことなど，様々な主張をしていく（抽象的権利説・具体的権利説）[7]。その後，老人医療費支給制度（無料制度）実施といった「福祉元年」（1973〔昭和48〕年）を迎えるなど，この時期は，いわば，学説にとっても，生活保障制度にとっても，充実期に至ったものと評しうる。

(3) 経済の安定成長期——堀木訴訟

　1970年代以降，第一次オイルショックや高齢化率の上昇等に伴い，行財政見直しが論じられ，公的年金制度において基礎年金制度の導入等が図られる（1985〔昭和60〕年）など，生活保障制度の見直し・再編が検討される。この時期，最高裁は，公的年金給付と児童扶養手当の併給を制限していた児

---

　6) 厚生省五十年史編集委員会編『厚生省五十年史〔記述篇〕』（中央法規出版，1988年）1193頁～1199頁。
　7) この時期，社会権・自由権が相互関連性を有し，社会権が自由権を基礎にすることが主張されるなど（中村睦男『社会権法理の形成』〔有斐閣，1973年〕300頁以下），今日に至る社会権論の基盤は，1970年代初頭までにほぼ出そろった。

童扶養手当法の合憲性が争われた堀木訴訟で、その後先例となる憲法25条の法理を明らかにした（最大判昭和57・7・7民集36巻7号1235頁）。すなわち、憲法25条の趣旨に基づく具体的措置については、立法府の広い裁量に委ねられ、それが著しく合理性を欠き明らかな裁量の逸脱・濫用と見ざるを得ない場合を除き、裁判所の審査・判断に適しない、というのであった。この訴訟と時期を前後して、同じく社会保障各法上の併給調整規定の合憲性が争われる訴訟が多く提起されたが、堀木訴訟判決以降、いずれもその主張が斥けられている[8]。学説は、憲法25条の法的権利性を論じようとする傾向と異なり、平等原則による統制や違憲審査基準の検討に傾注するが、1960年代末から70年代初頭にみられた情熱的な論調は、影を潜めていく。

(4) 経済の低成長期——学生無年金障害者訴訟

1990年代初頭にバブル経済が崩壊し、低経済成長期を迎えることとなるわが国は、同時に、少子高齢化の急速な進展という困難に直面し、介護保険制度の創設（1997〔平成9〕年。施行は2000〔平成12〕年）など、生活保障制度の構造的改革が進められていく。この時期に提起された学生無年金障害者訴訟では、学生には任意加入をしない限り国民年金の被保険者資格を認めないこととした国民年金法の合憲性が争われたが、それは、経済の低成長期にあって、上記(3)で再編された公的年金制度の間隙が顕著となった状況の一つを問題とするものでもあった。下級審裁判例では違憲とするものもみられたが[9]、最高裁は、堀木訴訟判決を引用し、立法府の広い裁量を前提に、その主張を斥けている（最判平成19・9・28民集61巻6号2345頁、最判平成19・10・9裁時1445号4頁）。この時期、憲法学説では、生存権保障を憲法論として論ずることの意義を再考するものや、これまで漠然と措定してきた福祉国家観への批判的検討など、生存権論自体の「再編」がみられるようになる[10]。

---

8) 最判昭和57・12・17訟月29巻6号1074頁（岡田訴訟）、最判昭和57・12・17訟月29巻6号1121頁（森井訴訟）等。

9) 東京地判平成16・3・24判時1852号3頁、新潟地判平成16・10・28賃金と社会保障1382号46頁、広島地判平成17・3・3判タ1187号165頁。

(5) 転換期の社会・経済——生活保護老齢加算廃止違憲訴訟

2000年代以降も，公的年金制度における保険料水準固定方式導入（2004〔平成16〕年）や後期高齢者医療制度創設（2006〔平成18〕年）等，生活保障制度の再編が引き続き行われた。生活保護老齢加算廃止違憲訴訟は，生活保護法上の生活扶助の加算の一つであった老齢加算が段階的に減額・廃止されたことの合憲性が争われ，2000年代の以上の再編期に実施された施策の合憲性を問うものであった。最高裁は，堀木訴訟判決を引用しつつ老齢加算廃止の適法性・合憲性を支持したが，厚生労働大臣の保護基準設定行為にかかる司法審査について，判断過程統制審査を行うなど，より綿密な司法審査の可能性を示唆しているようにみえる（最判平成24・2・28民集66巻3号1240頁，最判平成24・4・2民集66巻6号2367頁，最判平成26・10・6賃金と社会保障1622号40頁，最判平成26・10・6 LEX/DB25504782）。学説では，後に触れる研究に加え，制度後退禁止原則等，生存権具体化措置にかかる給付水準の縮減を司法的に統制する議論のほか[11]，グローバル経済等に伴う新たな貧困問題等を意識した研究[12]，そして，東日本大震災（2011〔平成23〕年）後の権利保障のあり方を考察する業績など[13]，生存権論は，新たな局面を迎えているといいうる。

2. 生存権論の課題

生存権論の「来し方」を顧みると，このように，日本が直面してきた社会

---

[10] 松井茂記「福祉国家の憲法学」ジュリ1022号（1993年）69頁，阪本昌成『憲法理論Ⅲ』（成文堂，1995年）307頁〜309頁。なお参照，松本哲治「経済的自由権を規制する立法の合憲性審査基準(1)(2・完)」民商113巻4・5号736頁・6号840頁（1996年）。

[11] 内野正幸『憲法解釈の論理と体系』（日本評論社，1991年）375頁〜378頁が先駆的業績であるが，最近のものとして，棟居快行『憲法学の可能性』（信山社，2012年）第26章，遠藤美奈「憲法に25条がおかれたことの意味」季刊社会保障研究41巻4号（2006年）334頁，339頁，葛西まゆこ「司法による生存権保障と憲法訴訟」ジュリ1400号（2010年）110頁，113頁〜116頁，長谷部恭男『憲法〔第6版〕』（新世社，2014年）274頁〜275頁。

[12] 笹沼弘志『ホームレスと自立／排除』（大月書店，2008年）第2・3章，同『臨床憲法学』（日本評論社，2014年）36頁〜43頁，134頁〜152頁，岡田順太『関係性の憲法理論』（丸善プラネット，2015年）第Ⅵ論文等がある。

[13] 葛西まゆこ「生存・『避難』・憲法」奥平康弘＝樋口陽一編『危機の憲法学』（弘文堂，2013年）351頁，山崎栄一『自然災害と被災者支援』（日本評論社，2013年）第4編第2章等参照。

経済状況に対応する生活保障の施策がなされ、それらの中で、憲法的主張が争点化され、法理ないし学説として産み落とされてきた、ということができる。しかしそこには、今後の課題の端緒ともなるべき論点も伏在していたように思われる。

最高裁も言及するように(堀木訴訟判決参照)、生存権保障の実現には、その時々の経済的・社会的条件や国の財政事情等をも視野に入れた考慮が必要となる。そして、生存権の憲法的保障を実施する上で、具体的な社会経済状況における生活上の必要に応じた弾力的かつ機動的措置が求められるが、それは、①憲法25条の「核となる内実」を前提に[14]、②社会的・経済的条件を踏まえつつ展開される、立法・行政措置による「内実」具体化の過程を経るものである。このように、生存権保障については、政治部門による具体化を第一次的には前提としつつ、その具体的措置について、司法的統制を可能な限り及ぼそうという構図が、日本国憲法では予定されているように思われる。法的保障という文脈でいえば、憲法25条は、その規範性が多層的ないし動態的であることを承認しつつ、「核心的部分については裁判所に迅速かつ実効的救済を要求し、立法府には社会保障制度を漸進的・段階的に整備していく責任を負わせているものと考えられる」[15]。従来の学説は、生存権の司法的救済に傾斜した部分があったが、このように、憲法25条の実現を憲法構造全体においてどのように確保していくか、それを憲法学としてどのように論じていくか、という問いが、今後の学説に課された課題の一つであるように思われる。

III. 生存権保障の実現

1. 憲法25条の実現に向けた「協働」

以上について、筆者は、かねてより、「協働(partnership)」という観点から考察すべきことを説いてきた[16]。つまり、憲法25条の理念は、国会・内閣という政治部門と司法権を付託された司法府とによって、いわば「協働」して実現されることが期待されているのではないか、ということであ

---

[14] 佐藤幸治『日本国憲法論』(成文堂、2011年)366頁。
[15] 鄭・前掲注3)925頁。

る。政治部門（国会ならびに内閣および行政機関等）は，「その時々における文化の発達の程度，経済的・社会的条件，一般的な国民生活の状況等との相関関係」（堀木訴訟判決）に顧慮しつつ，生活上の必要に応答すべく，様々な福祉国家的施策を展開・形成するが，それは第一に，憲法25条の理念の具体的実施を企図するものでなければならない。しかしその展開・形成は，憲法構造による統御から自由であるということはできない。憲法25条の理念実現の責務を一方で担う裁判所は，政治部門による福祉国家の具体的形成・展開について，その進むべき途を開きつつ，憲法各条の指示を根拠に，その統制をなすべき地位にあると解することができる。以下，最近の学説や裁判例について，こうした構図を念頭に概観しておきたい。

2. 憲法25条の理念——その実体的価値ないし意義

「協働」を語る前提として，「協働」のための目的とは何かが問われる。憲法25条との関係でいえば，生活保障を「個人の権利とした憲法の決断」の意味[17]，つまり同条が保障された意義とは何であるか，ということである。この点については，論者によって若干のニュアンスに差があるが，大別して，①「人間の尊厳」に立脚するアプローチと，②個人の自律的生の尊重・配慮というアプローチがありうる。①については，ドイツで論じられる「客体公式（Objektformel）」（「人間を国家における単なる客体となすことは，人間の尊厳に反する」）を，憲法13条の「個人として〔の〕尊重」の内容に読み込み，これとの関係で憲法25条1項を捉え直す試みが注目される[18]。②については，憲法の基本的権利保障に措定される自律的個人像を前提に，生存権保障の意義も，そうした観点から論じようとするものである[19]。

---

16) 尾形・前掲注2)129頁～130頁，154頁以下，尾形健「文化的な生活を実現する途」ジュリ1422号（2011年）67頁，同「権利保障と憲法的協働」公法研究78号（2016年）201頁。岩本一郎「コメント 台湾における社会権保障の現状と問題点」北大法学論集63巻5号（2013年）1357頁，1363頁以下，坂田隆介「医療保険改革法とアメリカ憲法（2・完）」立命館法学359号（2015年）75頁，133頁～135頁も参照。司法審査論を政治部門等との「対話」で把握しようとする試みとして，佐々木雅寿『対話的違憲審査の理論』（三省堂，2013年）がある。なお参照，小林祐紀「立法判断の客観化に向けた法的アプローチ」法学政治学論究101号（2014年）37頁，39頁。

17) 西村枝美「ドイツにおける社会権の法的性質と審査基準」関西大学法学論集62巻4・5号（2013年）1323頁，1360頁。

②については,「臨床憲法学」の立場から,「自律能力なき者,あるいは責任を負えない者……の〔生存権等の〕権利は否定されざるを得ない」,などとする批判がある[20]。しかし,「自律」性もその獲得・維持・発展の過程には様々なものがあり,そもそも実際の人間は,その生を,一人ではどうすることもできない幼児として開始し,他者に依存する状況ののち,成人として生を営み,老齢期を迎えたとき,再び他者に依存しつつ生きていくように,人の生の過程は多様な側面を有しているのであって,こうした人間の生の諸相を考慮しつつ権利保障の途を探ることは,「自律」的法主体を観念する場合であっても看過されないものである[21]。筆者は,①の論者の観点にも共感しつつ,主として②の立場から,そしてそれは,「文脈依存的プロセス的自律観念」であることを前提に[22],憲法25条の意義を,個人の自律的生への尊重・配慮を目的としたものと解する[23]。

　18) 高田篤「生存権の省察」高田敏先生古稀記念論集『法治国家の展開と現代的構成』(法律文化社,2007年) 132頁,155頁〜162頁。ドイツにおける議論状況については,玉蟲由樹『人間の尊厳保障の法理』(尚学社,2013年) 第5章参照。憲法25条論ないし社会権論の文脈で「人間の尊厳」・「個人の尊重」に着目するものとして,遠藤・前掲注11) 341頁〜342頁,押久保倫夫「生活保護と『個人の尊重』」憲法理論研究会編『現代社会と自治』(敬文堂,2004年) 65頁,鄭明政「司法による生存権の保障及び権利促進の可能性(5)」北大法学論集64巻3号 (2013年) 1096頁,1095頁〜1087頁などがある。

　19) その含意には微妙な差があるが,佐藤幸治『現代国家と人権』(有斐閣,2008年) 181頁,竹中勲「社会保障と基本的人権」日本社会保障法学会編『講座社会保障法(1)　21世紀の社会保障法』(法律文化社,2001年) 35頁,44頁〜45頁,岩本一郎「生存権と国の社会保障義務」高見勝利ほか編『日本国憲法解釈の再検討』(有斐閣,2004年) 208頁,219頁〜221頁,高橋・前掲注5) 論文25頁,同・前掲注5) 書297頁などがある。社会保障法の目的として「個人の自律の支援」を措定する,菊池・前掲注3) 98頁,105頁〜107頁も参照。批判的検討として,辻健太「個人から,再び国家へ(1)(2・完)」早稲田政治公法研究103号9頁・104号27頁 (2013年) 参照。

　20) 笹沼・前掲注12)『臨床憲法学』141頁。本文説明の点に加え,そもそも筆者を含め,②の立場は,「完全な自律能力を有する人間」を基準として (自律的個人に合致しない人間を保障対象から除くような) 生存権保障等を論じようとするものではないように思われる (菊池・前掲注3) 109頁参照)。

　21) 尾形・前掲注2) 128頁。なお笹沼の議論には生活保護法4条1項の理解についても疑問がある (同129頁)。以上につき,尾形健「書評」憲法理論研究会編『対話と憲法理論』(敬文堂,2015年) 255頁参照。

　22) 山元一「現代における人間の条件と人権論の課題」憲法問題23号 (2012年) 7頁,14頁〜15頁。同論文は「文脈依存的プロセス的自律観念」に依拠しつつ,人権本質論として"vulnerability"に関心を向ける。

　23) 尾形・前掲注2) 127頁。

3. 憲法25条の法的性格

　先述のように（Ⅱ1(2)），生存権の法的権利性については，朝日訴訟を契機に学説で積極的に論じられた。最近では，憲法規範について「客観法」と「主観的権利」とを区別する枠組みを用いて，生存権の法的性格を再検討する試みがある。これによれば，抽象的権利説・具体的権利説は主観的権利の側面から構成された説であるが，堀木訴訟判決等で示された立法裁量論は客観法の側面から問題を捉える立場である，と整理される[24]。筆者自身は，憲法25条が保障する「核」を前提に，立法・行政がこれを具体化する過程において結実するのが生存権であり，こうした理解を可能にする抽象的権利説に相応の意義を見出しているが[25]，いずれにしても，国家の積極的な配慮によって具体化される憲法上の権利についての理解を深化させる点で，以上の生存権の法的性格を再検討しようとする議論は示唆に富む[26]。また，憲法25条実現立法の性質等も踏まえつつ，実定法上の権利保障の可能性を探る試みもなされなければならないであろう[27]。

4.「協働」による生存権の実現

　以上を前提に，生存権保障を実現する途が追究される。憲法が，全国民を代表する国会に，唯一の立法権と財政決定権を与え（41条・83条），「国務

---

[24]　高橋・前掲注5)論文6頁，同・前掲注5)書300頁～302頁。なお西村・前掲注17)1325頁～1338頁，小山剛『「憲法上の権利」の作法〔第3版〕』（尚学社，2016年）119頁～120頁参照。

[25]　尾形・前掲注2)147頁。具体的権利説に近い論者からは，こうした理解が「法的権利としての生存権の死滅」をもたらすものと批判される。西原博史「潜在能力の欠如・剝奪と生存権保障」ジュリ1422号（2011年）51頁，55頁および同頁注19)。本稿では詳述できないが，筆者自身は西原との間で権利観（ないし国家観）に大きな懸隔があると考えている。西原学説についてはさらに，篠原永明「立法者による基本権の保護の対象の決定(1)」自治研究91巻3号（2015年）108頁，109頁～111頁および126頁～127頁注(13)・注(15)の指摘が参照されるべきである。ドイツの文脈で，国家目標規定とされる憲法規範の具体化を社会権的文脈で分析したものとして，石塚壮太郎「社会国家・社会国家原理・社会法」法学政治学論究101号（2014年）197頁が興味深い。

[26]　関連して参照，長谷部恭男『憲法の理性〔増補新装版〕』（東京大学出版会，2016年）第9章，小山・前掲注24)第5章第1節，渡辺康行「立法者による制度形成とその限界」法政研究76巻3号（2009年）249頁，篠原・前掲注25)。

[27]　この点で，前掲最判平成24・4・2（本文Ⅱ1(5)）の須藤正彦裁判官意見をもとに「特別基準設定申請権」を論じる，常岡孝好「生活保護基準改定の合理性と必要即応の原則に基づく特別基準設定申請権(1)(2・完)」自治研究90巻2号35頁・3号19頁（2014年）が興味深い。

を総理」する内閣に予算案作成権と法律の誠実執行（配慮）義務を課している（73条1号・5号・86条）構造を踏まえるなら，社会経済政策とも深くかかわる国民の生活保障制度の創設・展開については，基本的には，立法府・行政府による実現・具体化が先行するものと解すべきであろう。しかし，一方で司法権を担う裁判所は，これら政治部門の実践が，憲法25条はじめ憲法各条の要請ないし趣旨に適うものであるかを，具体的事件に付随して審査・判断することが求められる。

(1) 立法裁量と司法的統制

　この点でまず問題とされるのは立法裁量の統制である。先述のとおり（Ⅱ1(3)），堀木訴訟判決以降，最高裁は立法府の広い裁量に敬譲する姿勢を維持しているが，下級審裁判例では，平等原則（憲14条1項）との関係ではあるが，社会保障立法の合憲性についてより踏み込んだ審査を行うものがある。学生無年金障害者訴訟1審判決（前掲注9）東京地判平成16・3・24）はその例であるが，最近では，地方公務員災害補償法上の遺族補償年金受給要件につき，配偶者のうち夫にのみ年齢要件を課すことが憲法14条1項に反しないかが争われた事例が注目される。裁判所（大阪地判平成25・11・25判時2216号122頁）は，制度の性質（損害賠償制度的性格を含むとする）をも踏まえつつ，本件区別が「性別」という憲法14条1項後段列挙事由に該当する点などを指摘し，法制定当時には一定の合理性を有していた本件区別が，今日において立法目的との間で合理的関連性を有しない，として違憲とした。立法事実の変遷を違憲判断の手がかりとする手法は最高裁判例でみられるが[28]，本判決は，これに加え，母子家庭のみならず父子家庭も支給対象とされた児童扶養手当法の改正（平成22年法律第40号）にも言及するなど，立法府自身がすでに行った施策を視野に入れている。この点で，政治部門の判断に一定の途を開きながら，その進むべき方向について，憲法等の指示を踏まえつつ漸進的に領導しようとする司法審査のあり方——政治部門との

---

28) 最近のものとして，最大判平成20・6・4民集62巻6号1367頁（国籍法違憲訴訟），最大決平成25・9・4民集67巻6号1320頁（非嫡出子相続分規定違憲訴訟），最大判平成27・12・16民集69巻8号2427頁（再婚禁止期間違憲訴訟）等参照。ただし，本文引用の大阪地判の控訴審は，違憲の主張を斥けた（大阪高判平成27・6・19判時2280号21頁）。

「協働」——を看取することができる。

(2) 行政活動の司法的統制

次に，行政措置による生存権実現については，行政活動の司法的統制のあり方が問題となる。その具体化措置の実体的部分は行政に委ねられる部分が大きいとしても，この点で留意すべきなのは，そもそも，「何が法であるかを宣明するのは，司法府の領分と職責である」，ということである[29]。行政の法解釈に異議がある場合，裁判所は，その違法を糾すことに消極的であってはならないであろう。生活保護法上，学資保険返戻金の収入認定の適否が争われた事例（最判平成16・3・16民集58巻3号647頁）について，「収入認定の対象となる『資産』該当性について，〔法が行政判断に専属するものとして委ねたという〕意味での裁量は否定され，裁判所が行いうる法律の解釈問題である」[30]，とされるのは，この点にかかわる。

一方，行政裁量の司法的統制については，生活保護老齢加算廃止違憲訴訟が判断過程統制審査を行っているように（Ⅱ1(5)），より綿密な司法的裁量統制の可能性が示唆されている。さらに，近時の動きとして見逃せないのは，2004（平成16）年の行政事件訴訟法改正により新設された，義務付け訴訟（行訴3条6項2号等）による社会保障関係訴訟であり，これらの裁判例の中には，義務付け訴訟を通じて，根拠法令による考慮要素を踏まえつつ，より積極的な判断を行おうとするものがある[31]。さらに，司法的救済との関係では，障害者自立支援法に基づく介護給付費支給決定にかかる義務付け訴訟であった裁判例（和歌山地判平成22・12・17判自366号54頁）が注目される。裁判所は，支給決定につき市町村の合理的裁量に委ねられると

---

29) Marbury v. Madison, 5 U.S. (1 Cranch) 137, 177 (1803).
30) 須藤陽子「生活保護費を原資とする学資保険の満期保険金が収入認定の対象にあたらないとされた事例」法教289号（2004年）148頁，149頁。
31) 東京地判平成18・11・29賃金と社会保障1439号55頁（第一次鈴木訴訟〔旧身体障害者福祉法に関する事例〕），東京地判平成22・7・28判タ1356号98頁（第二次鈴木訴訟），和歌山地決平成23・9・26判タ1372号92頁（和歌山ALS仮の義務付け訴訟），本文引用の和歌山地判平成22・12・17，大阪高判平成23・12・14判自366号31頁（石田訴訟）などがある。これらを検討するものとして，今川奈緒「社会権をめぐる自治体訴訟」大浜啓吉編『自治体訴訟』（早稲田大学出版部，2013年）251頁，松本和彦「演習憲法」法教401号（2014年）128頁，植木淳「介護請求訴訟の展開(1)(2・完)」北九州市立大学法政論集40巻4号89頁・41巻1号15頁（2013年）等参照。

しつつ本件処分を違法としたが，義務付けの請求については，「裁量権の逸脱濫用にならないような重度訪問介護の支給量を一義的に決めることができない場合であっても，ある程度幅のある支給量の介護給付費支給決定をしないことが裁量権の逸脱濫用になると認められる場合には，裁判所は，その幅のある一定の支給量の介護給付費支給決定を義務付ける判決をすべきであると解される」，として，行政に一定の判断の余地を与えつつ権利救済を図る判断を行っている。行訴法上の義務付け訴訟を手がかりとしてではあるが，かつての具体的権利説でさえも理論的には困難としていた具体的な給付請求を，行政の判断にも譲歩しつつ可能とする点で，生存権の「協働」的実現の観点からは積極的に評価すべき動きであろう。

IV. むすびにかえて

　以上，本稿では，憲法25条をめぐる動きを振り返りつつ，今後の課題ないし現在の議論状況を，憲法構造において生存権保障をいかに実現していくか，という観点から検討した。筆者はここで，政治部門と司法府による憲法25条実現のための「協働」という構図を前提に，近時の学説・裁判例を位置づけた。

　生存権保障をいかに考えるかは，突き詰めるなら，憲法が措定する国家観ないし社会観，あるいは両者の関連をどのように理解するのか，という，憲法体制をめぐる原理的問い——「公正な社会の基本構造」のあり方——へと向かうものである[32]。日本国憲法は，勤労条件法定・労働権保障という観点から労働市場を国家が規制することを予定し（27条・28条），経済的自由

32）　塩野谷祐一『経済と倫理』（東京大学出版会，2002年）369頁。憲法における権利保障の意義も，現代国家における社会のあり方等ないし両者の相互関係の観点から，問い直しが求められよう。この点で，ドイツ基本権論の文脈ではあるが，篠原永明「国家による自由の秩序の実現(1)～(3・完)」論叢175巻6号66頁，同176巻4号76頁，同177巻3号70頁（2014年～2015年）が，また，アメリカ憲法論の観点から，宮下紘「ステイト・アクション法理と社会権」千葉大学法学論集23巻1号（2008年）326頁が興味深い。さらに，生活保障制度が前提とする福祉国家観に関する検討も重要である。比較法的研究として，糠塚康江「《droits-créances》の可能性」高橋古稀・前掲注2)525頁，坂田隆介「医療保険改革法とアメリカ法(1)(2・完)」立命館法学356号（2014年）1121頁，同・前掲注16）参照。

には「公共の福祉」による制約を明示的に掲げつつ（22条1項・29条2項），憲法25条による生活保障を確保しようとしている。こうして，憲法25条は，「日本国憲法全体のアイデンティティ」にかかわる存在として[33]，これまでも，そして——憲法改正によって削除されない限り——これからも，その意義ないし解釈が，憲法全体との関連で問い直されていくものであろう。憲法をめぐる営みは，私達がその生を営むために構築した国家の基本法と，そこに含意される内在的価値を常に解釈し，反照しながら紡いでいく，「正義」実践の一側面ということができる[34]。憲法実践は，「正義希求的（justice-seeking），すなわち，我々の政治的共同体を，より正義にかなったものとする目的に仕えるものとみなければならない」[35]。生存権保障も，こうした文脈の中に位置づけうるように思われる。

---

33) 棟居快行「生存権」法教141号（1992年）36頁。

34) See MICHAEL WALZER, INTERPRETATION AND SOCIAL CRITICISM 17-18 (1987). この点につき，尾形健「正義・共同体・法」小林正弥＝菊池理夫編著『コミュニタリアニズムのフロンティア』（勁草書房，2012年）130頁も参照されたい。

35) LAWRENCE G. SAGER, JUSTICE IN PLAINCLOTHES: A THEORY OF AMERICAN CONSTITUTIONAL PRACTICE 71 (2004).

表現の自由の現況
——ヘイトスピーチを素材として

齊藤 愛

  Ⅰ．はじめに
  Ⅱ．ヘイトスピーチとは何か？
 Ⅲ．ヘイトスピーチ規制擁護論の根拠とその検討
        Ⅳ．結語

Ⅰ．はじめに

　現在，ヨーロッパ諸国やカナダなど多くの国々において，人種・民族・国籍・宗教などを理由に個人または集団を攻撃する憎悪表現を規制する法律が設けられている[1]。その一方で，表現の自由を「絶対的」に保障する伝統を持つアメリカにおいては，たとえ差別的憎悪表現であっても表現内容に基づいて規制を課すことは修正1条に反すると考えられており[2]，人種差別撤廃条約についても，人種的優越や憎悪に基づく思想の流布などを禁じる4条に

 1）　例えば，ドイツの刑法130条1項（民衆扇動罪）や，フランスのゲソ法，カナダの刑法319条（憎悪の扇動の罪，故意による憎悪の助長の罪）および人権法13条などがある。なお，カナダの人権法13条は，2013年に廃止されている。ドイツにおけるヘイトスピーチ規制については，楠本孝「ドイツにおけるヘイト・スピーチに対する刑事規制」法と民主主義485号（2014年）27頁〜30頁。カナダやフランスのヘイトスピーチ規制に関する研究として，成嶋隆「ヘイト・スピーチ再訪(1)(2)」獨協法学92号（2013年）328頁〜296頁・93号（2014年）762頁〜695頁。諸外国のヘイトスピーチ規制を概観するものとして，前田朗「ヘイト・スピーチ処罰の世界的動向——差別と迫害による被害を止めるために」法と民主主義485号（2014年）31頁〜36頁。
 2）　アメリカ合衆国最高裁の判例法理では，「fighting words（喧嘩言葉）」などには修正1条の保障が及ばないとされているものの，人種，肌の色，信条，宗教または性別を理由に他人に激しい不安または憤りなどを引き起こす表現を禁じた市条例に対して違憲判決が出されている。R.A.V. v. City of St. Paul, Minnesota, 505 U.S. 377（1992）．この判決について詳細に紹介・分析したものとして榎透「米国におけるヘイト・スピーチ規制の背景」専修法学論集96号（2006年）69頁〜111頁。

関しては留保を付す形で批准している。

　日本も，アメリカと同様，差別的表現であるがゆえに刑事罰などをもってそれを規制することは，日本国憲法が保障する表現の自由に抵触する可能性があるという考え方に基づいて，「憲法の保障と抵触しない限度において，本条約第4条に規定する義務を履行する」という条件付きで人種差別撤廃条約に批准している[3]。しかし，最近では，社会のマイノリティに対する憎悪表現がしばしば見られるようになってきており，このことを受けて，日本でも，いわゆるヘイトスピーチ規制法を制定すべきだとの声が高まりつつある。ヘイトスピーチは，その標的となった者に対して心身ともに大きなダメージを与えるものである。しかし，これに対処するためにヘイトスピーチ規制という手段を採ることは，日本国憲法に照らして様々な疑義や困難を伴う。本稿は，ヘイトスピーチ規制がはらんでいる憲法上の問題点について論じるものである。

II．ヘイトスピーチとは何か？

　まず，ヘイトスピーチとは何か。ヘイトスピーチ規制の是非を論じる前に，本稿において，何をもってヘイトスピーチとするかを明らかにしておきたい。

　ヘイトスピーチの概念は，論者によって様々である。それは，ヘイトスピーチの概念が，各論者が社会から排除されなければならないと考える害悪に対応するような形で定義されることが多いからであろう[4]。しかし，一般的に言えば，ヘイトスピーチは，①歴史的に差別され抑圧されてきた集団に対して，さらにその差別を助長するような発言であるということ（「マイノリティに対する差別」の要素）と，②当該集団に対する「憎悪」が表明されていること（「憎悪」の要素）との両方の要素を兼ね備えたものとして捉えられることが多い[5]。

　3）　小谷順子「日本国内における憎悪表現（ヘイトスピーチ）の規制についての一考察」法学研究（慶應義塾大学）87巻2号（2014年）386頁～388頁。

　4）　Robert Post, Interview with Robert Post, in "The Content and Context of Hate Speech", Cambridge University Press, 31 (2012).

例えば，Mari J. Matsudaは（人種的）ヘイトスピーチ（racist hate speech）を示すためのメルクマールとして，①人種的劣等性を示すメッセージを有していること，②そのメッセージが歴史的に抑圧されてきた集団に向けられていること，③そのメッセージが対象者に迫害を加えるようなものであり，憎悪を含み，貶めるようなものであることを挙げている[6]。また，Bhikhu Parekhは，ヘイトスピーチを「人種・民族・性別・宗教・国籍・性的嗜好などある特定の特徴によって区別された集団または個人に対して憎悪[7]を表現したり，憎悪を助長し，煽り立て，掻き立てたりするような表現」と定義している[8]。ここでは，マイノリティに対する差別に限られず，自らの意思ではどうにもならない属性[9]を理由とするすべての差別が問題となっているかのようにも見えるが，彼のヘイトスピーチ規制擁護論は，明らかに，歴史的に抑圧されてきたマイノリティに対する差別的表現という問題に焦点を絞って論じられている[10]。このように，一般的に言えば，ヘイトスピーチは，「マイノリティに対する差別」の要素と「憎悪」の要素との両方を兼ね備えたものとして理解されていると言えよう[11]。

　本稿においても，一般的な定義に基づいて，ヘイトスピーチを，「自分の意思とは無関係に負わされた属性を理由として歴史的に差別され抑圧されてきた個人または集団に対して，さらにその差別を助長し，かつ憎悪を表明す

---

　5) ヘイトスピーチの定義については，成嶋・前掲注1)(2)751頁〜745頁。
　6) Mari J. Matsuda, Public Response to Racist Speech: Considering the Victim's Story, 87 Mich. L. Rev. 2320-2359 (1989).
　7) Parekhは，ここでいう「憎悪」は，「単に敬意を欠いていることや，（それどころか）積極的に無礼や嫌悪，不同意を表したり貶めたりすることとは異なる。そこには，敵意や悪意，激しい軽蔑，拒絶，ある集団を傷つけたり崩壊させたりしようという意図，その集団に対する明示的もしくは黙示的宣戦布告が含まれていなければならない」と述べている。Bhikhu Parekh, Is There a Case for Banning Hate Speech?, in "The Content and Context of Hate Speech", Cambridge University Press, 40 (2012).
　8) Parekh, *supra* note 7, 37.
　9) Parekhは，ヘイトスピーチを「恣意的かつ規範とは無関係な（normatively irrelevant）」理由に基づく憎悪表現と定義しているので，例えば，「殺人犯は憎むべきであり，みな処刑にするべきだ」といった表現はヘイトスピーチには該当しないとしている。Parekh, *supra* note 7, 40.
　10) 例えば，彼がヘイトスピーチにあたる例として具体的に列挙した事例は，いずれも社会のマイノリティを対象にしたものであるし，彼がヘイトスピーチ規制を正当化するために挙げた「ヘイトスピーチはその標的となる者を社会から孤立させる」という論拠は，明らかに社会のマイノリティを想定して論じられたものである。Parekh, *supra* note 7, 37-56.

るような表現」と捉えて議論を進めていきたい。そして、この定義に該当するものであれば、それが攻撃的で激しい口調でなされたか否かを問わず、また、暴力などを即時に引き起こす可能性をはらんでいるか否かを問わず、ヘイトスピーチにあたると考えていくこととする[12]。

III. ヘイトスピーチ規制擁護論の根拠とその検討

以上のような定義に基づいてヘイトスピーチを考えてみると、現行法によっても対処できる部分がかなりあることがわかる。例えば、あるヘイトスピーチによって特定の個人の社会的評価が傷つけられたような場合には刑法上の侮辱罪や名誉毀損罪が適用されることになるであろうし、ヘイトスピーチが特定の個人に対して畏怖させるに足りるような害悪を告知するような場合であれば脅迫罪が適用されることになる。また、職場で人種などを理由に労働者に対して差別的取扱いがなされたような場合であれば、労働基準法3条が適用される。さらに、近時の京都朝鮮学校事件判決[13]が示したように、特定の集団であっても、ヘイトスピーチによって名誉が毀損されたり業務が

---

[11] 日本においても、ヘイトスピーチのメルクマールとして「マイノリティに対する差別」の要素と「憎悪」の要素の両方が挙げられることが多いと思われる。例えば、師岡康子は、ヘイトスピーチを「人種、民族、性などの属性を理由として、その属性を有するマイノリティの集団もしくは個人に対し、差別、憎悪、排除、暴力を煽動し、又は侮辱する表現行為」と捉えている。師岡康子「国際人権基準からみたヘイト・スピーチ規制問題」世界848号（2013年）210頁。一方、「差別」に力点を置いた定義としては、奥平康弘『「表現の自由」を求めて――アメリカにおける権利獲得の軌跡』（岩波書店、1999年）262頁。奥平は、ヘイトスピーチを「人種・性別その他なんらかの識別要素によって集団を差別する言論」としている。

[12] この点に関連して、Parekhは、本稿と同様に、ヘイトスピーチは、穏健で感情的でなく物腰やわらかな言葉である可能性もあるし、無秩序を引き起こす危険性を持たない言論であることもある（重要なのは、即時に何らかの反応を引き起こすかどうかではなく、集団もしくは社会に対して長期にわたって及ぼす影響なのである）としている。Parekh, *supra* note 7, 41. これに対して、Robert Postは、ヘイトスピーチは、単なる嫌悪（dislike）ではなく極端な憎悪（hate）を示すものでなければならないが、そのためには、①その表現の仕方が侮辱的で攻撃的な口調であり、かつ②その表現が暴力など偶発的な害悪を引き起こす可能性をはらんでいなければならないとしている。Robert Post, Hate Speech, in "Extreme Speech and Democracy", 127-138, Oxford University Press (2009). 本稿ではParekhの見解によることとする。

[13] 第1審・京都地判平成25・10・7判時2208号74頁、控訴審・大阪高判平成26・7・8判時2232号34頁。

妨害されたりしたような場合には，民事上の救済を受けることができる。

そうすると，現行法でカバーできないものとして主として問題となるのは，不特定多数の属する人種・民族集団全体に向けられた憎悪表現ということになる。では，このような問題に対処するためにヘイトスピーチを規制すべきであろうか。

ヘイトスピーチ規制を支持する論拠には様々なものが挙げられるが，ここでは，①ヘイトスピーチのもたらす害悪，②ヘイトスピーチの表現としての価値の2つの観点からそれを整理し，順次検討を加えていきたい[14]。

1. ヘイトスピーチのもたらす害悪

ヘイトスピーチのもたらす害悪をめぐる議論は，概ね，ヘイトスピーチが他者の何らかの権利・利益を侵害すると論じるアプローチと，ヘイトスピーチが抽象的な社会的利益を侵害すると論じるアプローチとの2つに大別することができる。後者のアプローチには，例えば，「ヘイトスピーチは，社会に不信や敵意を醸成し，社会の多様な文化集団の間に不和をもたらす」という議論や「公的な秩序や道徳を頽廃させる」[15]といった議論がある。しかし，ヘイトスピーチ規制は，基本的に，その表現の根底にある思想ないし価値観を理由に規制を課す，いわゆる「観点」規制であり，こうした規制は，単なる抽象的な社会的利益を根拠に正当化されえないとするのが通説的見解である[16]。したがって，以下では，専ら前者のアプローチに基づく議論に焦点を絞って検討をしていくことにする。

ここでは，(1)ヘイトスピーチはマイノリティの見解を軽視・無視するような風潮を社会に生み出し，そのような意味でマイノリティを沈黙させる (silencing) 効果があるという議論と，(2)ヘイトスピーチは社会において不平等を構築し差別を助長するという議論，(3)ヘイトスピーチはその標的となった集団のアイデンティティを傷つけ，また，その集団のアイデンティティを負った諸個人のアイデンティティをも傷つけるという議論について検討する。

---

14) ヘイトスピーチ規制をめぐる学説に関する研究として，内野正幸『差別的表現』（有斐閣，1990年）101頁～134頁。

15) Parekh, *supra* note 7, 44.

(1) silencing効果——マイノリティの表現の自由

　ヘイトスピーチ規制を正当化する根拠として，ヘイトスピーチにsilencing効果があるということがしばしば挙げられる。すなわち，人種などへの憎悪，偏見の浸透した社会では，マイノリティは自己喪失感，無力感により言葉を失い，沈黙を強いられ，見えない存在へと貶められてしまう[17]。ヘイトスピーチは，マイノリティの発言を軽視・誤解するような風潮を社会に生み出し，それゆえ，マイノリティの人々が発言することを困難にするというのである[18]。ここでは，ヘイトスピーチによって，マイノリティの「表現の自由」が侵害されているとの主張がなされることになる。

　確かにヘイトスピーチには上記のようなsilencing効果が認められるであろう。しかし，このsilencing効果を根拠にして，ある特定の表現を規制することは，憲法上許されない。このsilencing効果の議論は，Ronald Dworkinが指摘するように，いかなる人も自分の考え方を主張しやすい環境を提供してもらうために必要な，もしくは，自分の主張が正しく理解されるために必要な敬意に満ちた他人の注目を受ける権利を有しているという考え方を前提としている[19]。しかし，これは妥当ではない。例えば，天地創造説の主唱者は，その主張が軽視・無視されることも多いであろうし，また，この

---

16)　同様の視点として，Steven J. Heyman, Hate Speech, Public Discourse, and the First Amendment, in "Extreme Speech and Democracy", 158-181, Oxford University Press (2009). Heymanもrights-basedの議論とsocial-welfare basedの議論とに峻別した上で，アメリカ合衆国憲法の下においては前者で考えるべきことを主張する。また，内野正幸も，同種の分類をした上で（他者権侵害のアプローチと客観法違反のアプローチとに峻別した上で），「できるだけ……他者権侵害のアプローチを採用すべきだ」と述べている。内野正幸『表現・教育・宗教と人権』（弘文堂，2010年）46頁。ちなみに，私自身は，表現の自由に関して，Ronald Dworkinが提唱する以下のような3ルールを支持している。①「ある表現が受け手に望ましくない信条を抱かせる」という受け手の不利益を根拠に，その表現を規制することはできない。②「ある表現，もしくはその根底にある思想が価値のないものである」ということを根拠に，送り手の表現活動を抑圧することはできない。③すべての人は，「自分の思想・価値観を表現し，外的環境に働きかける機会を得る権利」としての表現の自由権を有する。そして，この3つのルールは社会的利益とは無関係に実現を要求されるようなものであり，そのような意味ではside constraintである。齊藤愛「異質性社会における表現の自由(3)——デュルケーム社会学を手がかりに」国家学会雑誌121巻1・2号（2008年）51頁～112頁。

17)　師岡・前掲注11)211頁～213頁。

18)　小谷順子「合衆国憲法修正1条と大学における表現の自由——RAV判決以降のヘイトスピーチの規制の問題に関する一考察」法学政治学論究（慶應義塾大学）40号（1999年）276頁。

ことが彼（女）らの発言する気力をそぎ，彼（女）らの主張に対して他人が注意を払うことを妨げるかもしれない。しかし，だからといって，彼（女）らが，自分の発言を促してもらったり，自分の主張を適切に理解してもらい，かつ尊重してもらったりする権利を有しているとは言えない。すなわち，自分の発言を適切に理解し尊重してもらえないとか，十分敬意に満ちた他人の注目を受けることができないということを根拠に表現を規制することは，憲法上許されないのである。

　もし仮に，ある種の言論が，他者の発言する機会を直接的に奪っているというのであれば，国家は各人の表現の自由間の衝突を調整しなければならないこともあるであろう。例えば，仮に裕福でない者は新聞・テレビなど公共メディアにアクセスすることができないという状況が存在するのであれば，政府は裕福でない者の表現の機会を確保すべき何らかの方策を採らなければならないかもしれない。しかし，silencingの議論の射程はこれをはるかに超えている。これによると，表現の自由には，（ある種の言論が他者の発言する機会を直接的に奪っている場合でないにもかかわらず）沈黙している人に外から働きかけて発言をするよう積極的に促したり，他人に自分の主張を適切に理解させたりする権利までもが含まれるということになってしまう。

(2)　ヘイトスピーチが不平等を構築するものであるということ
——差別の観点から

　次に，ヘイトスピーチは，社会において不平等を構築し差別を助長するとの主張がなされることがしばしばある。例えば，師岡康子は「ヘイト・スピーチは，マイノリティへの差別構造の一部であるとともに，偏見をステレオタイプ化し，差別を当然のものとして社会に蔓延させて差別構造を強化する害悪をもたらす」[20]と指摘している。さらに，金尚均は，「権利は主観的なものであるが，それを取り巻く客観的な環境が主観的権利に諸々の影響を及ぼすことがあ」るとした上で，「平等に関して……権利・義務の不平等配分の背後に，不平等処遇の犠牲者たる人々の社会的地位の格下げという害悪

---

　19)　Ronald Dworkin, "Freedom's Law", 232-239, Oxford University Press (1996). 齊藤愛「ドゥウォーキンの表現の自由論に関する一考察」本郷法政紀要7号（1998年）362頁〜382頁。

　20)　師岡・前掲注11)212頁。

とこれによる自尊の侵害を見て取るべきである。」[21]と論じている。

　この点に関しては，棟居快行が述べているように，「平等の実現は，就職差別や入居差別などの不利益な取扱いそれ自体を禁止することによって達成されるべきであり，人々の差別感情が発露される表現（差別的表現）の段階での規制は，平等の実現という目的に照らして不必要過大な規制である」というのが，憲法14条に関する通説的な見解であろう。すなわち，「平等保障が防ごうとするのは不合理な差別的取扱いであって，何らかの権利・利益の分配がそのような取扱いによってゆがめられることを禁止しているのだとすれば，表現がなされただけでは特定の権利・利益の分配には直結しないから，いまだ規制するだけの正当な理由があるとはいえない」[22]のである。

　確かに，権利の不平等配分の背後にある，社会における差別の状況は極めて根深く深刻なものである。しかし，具体的に不利益な取扱いが生じる前の差別感情の発露（差別的表現）の段階で規制してしまうとなると，その規制はその範囲が広範に過ぎ，本来許容されるべき表現をも同時に規制対象に含んでしまうおそれがあり，表現の自由にとって極めて大きな脅威となる。まず第1に，ヘイトスピーチには何らかの真摯な思想や価値観が含まれていることも十分ありうるが，その言論がいかに政治的思想や文学的要素などを含んでいるかにかかわらず，一律にヘイトスピーチとして禁止の対象とされてしまうおそれがある。これでは，Dworkinも指摘するように，「ヴェニスの商人」の上演すら禁止されかねないことになる[23]。第2に，ヘイトスピーチ規制は，しばしば，職場におけるセクシャルハラスメント規制などとのアナロジーで論じられることもあるが，実はそれは妥当ではない。職場におけるセクシャルハラスメント規制は，職場という限定された場における表現規制であるが，ヘイトスピーチ規制は社会のあらゆるシーンにおいて全面的にヘイトスピーチを禁じようとするものである。また，そもそも職場は労働者が労働する場であり，そのような意味で，あらかじめ定められた特定の目的に

---

21) 金尚均「京都朝鮮学校事件におけるヘイト・スピーチ」法と民主主義485号（2014年）25頁。
22) 棟居快行「差別的表現」高橋和之＝大石眞編『憲法の争点〔第3版〕』（有斐閣，1999年）104頁～105頁。
23) Dworkin, supra note 19, 232-239.

奉仕するための組織である。したがって、そのような場においては、その目的を達成するために必要な一定の表現規制を課すことも許されよう。これに対して、民主主義に不可欠な公的討論が行われる場としての社会においては、そこで目指されるべき目的はあらかじめ定められておらず、むしろその目的が何であるかということ自体が公的討論を通じて決定されるべきものである。そのような場においては、何らかの目的を国家があらかじめ設定して、それに奉仕しないような一定の思想や価値観を討論の場から排除するということは憲法上許されない[24]。

　さらに、以上のような憲法上の問題点に加えて、ヘイトスピーチを禁止することが、標的となる集団に対する差別や憎悪の助長を防止する上で本当に効果があるのか、疑問である。ヘイトスピーチ規制を擁護する者は、国家がヘイトスピーチ規制を通じて、「差別的言論は許されない」とか「すべての人が平等に参加できるような社会こそが素晴らしい社会なのだ」というメッセージを社会に発信することができる[25]と主張するが、こういった法の象徴的・教育的効果という観点から言えば——女性差別の事例がそうであったように——職場や大学におけるハラスメントを禁じるだけでも十分であろう。

　ヘイトスピーチを規制しようという議論は、職場や大学など限定された場でのみならず、社会全体からそのような言論を封殺しようとするものである。しかし、それでは、かえって差別感情が心の奥底に封じ込められるだけであり、棟居も指摘するように、「言葉を失った差別感情だけが潜在化し、是正の機会を失」[26]ってしまうことになるではないか。社会における差別の状況は極めて深刻である。その差別は、時には、属性のアイデンティティが攻撃されるというレベルにとどまらず、そのような属性を持つこと自体が許されない——そのような属性を持つことを否定しなければ生きていくことが

---

24) Post, *supra* note 4, 14. Postは、以下のように述べている。大学や職場や法廷などはmanagerial domainであって、特定の機能を遂行するために作られた組織であり、達成すべきある特定の目的が始めから存在する。そのような場ではその目的を達成するために必要であれば、ある種の表現を規制することも認められる。しかし、public discourseは、managerial domainとは対極にある領域であり、そこにおいては、達成すべき目的は何かを決定すること自体が論争の対象となる。

25) Parekh, *supra* note 7, 46.

26) 棟居・前掲注22)105頁。

できない——というようなレベルにまで達することもある。しかしながら，国家がヘイトスピーチを封殺するという方法は，こうした問題を根本的に解決するにはあまり効果的でないように思われる。差別を生み出す根源的な要因に対応するためには，法的規制を課すという方法を採るよりも，むしろ，教育や芸術などによって他者の痛みや苦しみを共感する能力を養うという方法を模索するほうが有益なのではないかと思われる[27]。

(3) 「集団のアイデンティティ」？

ヘイトスピーチ規制を正当化する論拠の1つとして，ヘイトスピーチはその標的となった「集団のアイデンティティ」を傷つけたり，その「集団のアイデンティティ」を負った諸個人のアイデンティティを傷つけたりするという主張がなされることがある。例えば，金尚均は以下のように述べている。「個人としての人には，それぞれ背景がある。それは例えば，民族，人種，性，職業などである。……人の背景としての属性は，個々人の人格の一部である」[28]。「民族のような集団について，民族というファクターは，個々人の社会的評価の一部を構成するものであり，彼らが積極的ないし消極的にアイデンティティを形成するに際して大きな影響をもつ。人が歴史的また社会的存在である意味において民族などのファクターは人の人格形成とともに，彼に対する社会的評価にも影響を及ぼす。……〔民族や出自に対する軽蔑，偏見，差別意識に基づく侮辱的表現が行われること〕によってこの集団に属する者またはこれに（積極的，消極的であれ）アイデンティティをもっている者は精神的に傷つくだけでなく，偏見が固定化されることによってその人々の社会的評価も低下させられる」[29]。すなわち，人種や民族などの属性は個人のアイデンティティの一部を形成するので，ヘイトスピーチによって人種や民族など「集団のアイデンティティ」を攻撃されると，同時に，個人のアイデンティティが傷つけられることになるというのである。また，ヘイ

---

27) この点に関連して，Peter Molnarも，法規制より芸術や教育のほうが，ヘイトスピーチを生み出す根源的要因に効果的に対処できると述べている。Peter Molnar, Responding to "Hate Speech" with Art, Education, and the Imminent Danger Test, in "The Content and Context of Hate Speech", Cambridge University Press, 187（2012）.

28) 金・前掲注21）24頁。

トスピーチの集団の捉え方は往々にしてステレオタイプに陥っており、その ような捉え方自体が集団に属する個人の社会的評価をゆがめるとも主張される[30]。このような主張に対して、どう考えるべきであろうか。

　まず、ある民族の「集団のアイデンティティ」は、生物学的な概念ではなく社会的に形成される概念である。それは、政治的・社会的な論争を通じて形成され、かつ絶えず修正され、変化し続けていくものであり、国家によって固定されるべきものではない。そのような意味で、「集団のアイデンティティ」の形成・修正の過程に国家が干渉することは避けられるべきである[31]。

　また、上記のとおりヘイトスピーチにおける集団の捉え方は往々にしてステレオタイプに陥っており、そのこと自体が、そこに属する諸個人間の差異を無視し、その者の評価をゆがめてしまうという主張もあるが、これに対しては、そのようなゆがんだ評価に苦しめられる個人もまた、実は、ステレオタイプ的な思考にとらわれているということを指摘しうる。例えば、一口に「女」といっても各人の個性は様々であると考えている女性であれば、たとえ「女は冷静な判断ができない」という発言を聞いたとしても、その評価に全く苦しめられることはない。

　そもそも、阪口正二郎が指摘するように、ヘイトスピーチ規制の要求は、歴史的に抑圧されてきた集団という要素を組み込んだものである以上、相対立する集団の価値を法が保障することによって集団相互の間での多元性を確

---

[29] 金尚均「刑法における名誉保護犯の処罰範囲——ヘイト・スピーチに対する刑事規制の可能性」龍谷法学46巻3号（2014年）611頁。また、棟居は、「差別的表現が名誉権そのものとイコールではないが、類似の人格権的利益を侵害することを、差別的表現規制の根拠とすべきであろう。その人格権的利益とは、個人が消し去れない属性（人種、信条、性別、社会的身分、門地）において、むしろプライドをもって自分を自分として確立し、アイデンティティを保持しうるということにおける利益である」と述べている。棟居・前掲注22）105頁。

[30] Parekh, *supra* note 7, 44.

[31] ヘイトスピーチと「集団のアイデンティティ」をめぐる議論として、Robert C. Post, Racist Speech, Democracy and the First Amendment, in "Speaking of Race, Speaking of Sex: Hate Speech, Civil Rights and Civil Liberties", 115-180, N.Y. University Press（1994）。Post の議論に関する研究として、長峯信彦「人種差別的ヘイトスピーチ——表現の自由のディレンマ（1）」早稲田法学72巻2号（1997年）228頁～234頁。桧垣伸次「ヘイト・スピーチ規制論と表現の自由の原理論」同志社法学64巻7号（2013年）3032頁～3035頁。

保しようとする多元主義の議論に親和的になる[32]。日本国憲法は多元主義ではなく個人主義の潮流に属するものと解釈すべきであり[33]，差別的表現の規制の要求は，日本国憲法の根底にある個人主義に対する挑戦を示すという側面を持つ。

2. ヘイトスピーチの表現としての価値

　ヘイトスピーチ規制を正当化する議論として，ヘイトスピーチには表現としての価値がないか，またはあったとしても極めて低いため，憲法上の保護を受けるに値しないという主張がなされることがある。すなわち，ヘイトスピーチは人々の偏見や憎悪を助長し，将来的に思想の自由市場の理性のレベルを下げるし，また，それがいかに政治的な表現であっても，一方的な攻撃であり対話を求めるものではないので，民主主義に奉仕することはないと言うのである。

　しかし，このような議論は，表現の自由を道具的な観点からしか捉えていない。すなわち，表現の自由は，その表現が何らかの社会のゴールに役立つか否かにかかわらず保障されるべきものであるという構成的正当化根拠を見落としている。

　ある集団に対して真摯な態度で批判的な見解を表明することと，その表現に集団に対する憎悪が含まれることとは両立しうるのであり，そのことに鑑みれば，ヘイトスピーチに真摯な政治的・社会的見解が含まれていることも十分考えられる。そして，いかなる者も「自分の思想・価値観を表現し外的環境に働きかける機会を得る権利」としての表現の自由権を持つのであり，こうした意味での表現の自由権は，何らかの社会のゴールに役立つか否かにかかわらず保障されなければならない。実は，社会のゴールに役立たない言論は，何もヘイトスピーチに限られたことではない。例えば，原発を廃止すべきか否かを真摯に論じる議論の中にも専ら一方的な攻撃であったり，対話

---

32)　阪口正二郎「差別的表現規制が迫る『選択』——合衆国における議論を読む」法と民主主義289巻（1994年）40頁〜44頁。

33)　共同体論と個人主義については，齊藤愛「異質性社会における表現の自由(1)(2)——デュルケーム社会学を手がかりに」国家学会雑誌120巻9・10号657頁〜719頁・120巻11・12号864頁〜909頁（2007年）。

が全く成立しなかったりするものもある。しかし，そのようなものであっても，自分の思想・価値観を表現し外的環境に働きかける機会を保障するというのが，表現の自由の核心原理であると考えられる[34]。

　また，思想の自由市場に関する議論に関連して，ヘイトスピーチ規制を要求する者は，ヘイトスピーチに対してはマイノリティの対抗言論は有効でないという主張をすることもある。例えば，師岡は，「マイノリティを屈服させ，黙らせ，議論の場——ひいては社会から排除する目的のヘイト・スピーチは，本来，対等な人間同士の論争を通じてよりよい結論を導くという対抗言論が当てはまる場合ではない」[35]と述べている。しかし，マイノリティがヘイトスピーチに対して反論できなくても，マジョリティの中からヘイトスピーチに批判を加える対抗言論[36]が表明されることも十分考えられるであろう[37]。

IV. 結語

　近年，朝鮮学校周辺において在日朝鮮人に対する差別的な言動を伴う示威活動をしたりその映像をインターネットで公開したりしたことが，当該学校の業務を妨害し当該学校の名誉を毀損したという点で民法709条所定の不法行為に該当するとともに，人種差別撤廃条約上の「人種差別」に該当する違法性を帯びており，無形損害の認定を加重させる要因となるとの判決が出されている[38]。この判決では，被告に対し損害賠償が命じられるとともに，当該学校移転先の門扉の中心地点を基点として半径200m以内の範囲において，被告が当該学校を誹謗中傷する示威活動をしたりビラを配布したりする

---

34) 齊藤愛「表現の自由——核心はあるのか」長谷部恭男編『人権の射程』（法律文化社，2010年）161頁〜170頁。
35) 師岡・前掲注11)216頁〜217頁。
36) ここでいう対抗言論とは，例えば「○○人はクズだ」という言論に対する「○○人はクズではない」というような無意味な対抗言論を意味しているのではなく，「○○人はクズだ」という差別的発言が行われたこと自体に対する抗議の言論を指す。
37) 市川正人『表現の自由の法理』（日本評論社，2003年）59頁〜60頁。
38) 前掲注13)京都地判平成25・10・7，前掲注13)大阪高判平成26・7・8。この判決について論じたものとして，金・前掲注29)605頁〜643頁。金・前掲注21)22頁〜26頁。

ことなどが禁じられた。この判決は、人種差別的な言論に関する国家のメッセージを伝えるものとして大きなインパクトを持つものであったが、この判決が直ちにヘイトスピーチ規制合憲論に結びつくと考えるのは早計である。まず第1に、この判決は、「〔人種差別撤廃条約4条〕の趣旨は、民法709条等の個別の規定の解釈適用を通じて、他の憲法原理や私的自治の原則との調和を図りながら実現されるべきものであると解される」と判示されていることから明らかなように、あくまで現行法の枠内での解釈を披露したものにすぎず、これまでの法解釈に何ら変更を加えるものではない。また、第2に、この判決によって、一定の人種差別的表現が禁止されることとなったが、それは、学校から半径200ｍ以内という限定された範囲内における禁止にすぎない。

　ヘイトスピーチはマイノリティに対して多大なダメージを与えるものであるし、その背後にある差別の状況は極めて根深く、社会の中で必ずや解決しなければならない問題である。しかし、これを解決する方法として、我々は、法の「純一性（integrity）」[39]に適合するような方法を選択しなければならない。日本国憲法は、いかなる思想や価値観であっても——たとえそれが憲法自身を否定するようなものであったとしても——等しく尊重されなければならないという考え方を根本原理としており、それゆえ、日本国憲法における表現の自由は、「表現の根底にある思想や価値観がいかなるものであっても、それを理由に表現を規制することは許されない」ということを核心とするのである。日本国憲法がこうした原理を選択している以上、我々は、こうした原理に適合するような方法で社会における不平等と闘っていかなければならない。ヘイトスピーチを規制すべきだという議論は、このような日本国憲法の基本原理に大きな修正を迫るものである。「差別問題を解決する必要がある」からとか「人種差別規制立法を行うのが国際社会のトレンドである」からといった理由で憲法21条の解釈をゆがめることが許されないのは、「有事に対処する必要がある」からとか「アメリカの圧力がある」からという理由で憲法9条の解釈をゆがめることが許されないのと同様である。

---

39) Ronald Dworkin, "Law's Empire", Harvard University Press, 114, 115, 195-224, 225（1988）. 齊藤・前掲注16) 68頁〜78頁。

7.1閣議決定と集団的自衛権行使の限定的容認
——日本型法文統治の「歴史的支離滅裂」[1]

駒村圭吾

Ⅰ．安倍氏の"未完のプロジェクト"
Ⅱ．72年政府見解
Ⅲ．安倍氏と政府解釈——挑戦と挫折
Ⅳ．7.1閣議決定への道
Ⅴ．日本型法文統治の隘路

あなたたち律法学者は不幸だ。知識の鍵を取り上げておきながら，自分がそこに入らないばかりか，入ろうとする人々をも妨げてきたからである。
——ルカによる福音書11章52節

Ⅰ．安倍氏の"未完のプロジェクト"

1960年（昭和35年）6月18日，33万人のデモ隊に包囲された官邸で，岸信介首相は，当時6歳であった安倍晋三少年にシュプレヒコールで繰り返される「アンポ」の意味について尋ねられ，次のように答えた。

「安保条約というのは，日本をアメリカに守ってもらうための条約だ。なんでみんな反対するのかわからないよ。」

この応答は安倍氏の記憶に留められた[2]。幼少時に聞いた発言に正確さを

---

1) 朝日新聞政治部取材班『安倍政権の裏の顔——「攻防 集団的自衛権」ドキュメント』（講談社，2015年）の帯より。本稿の経緯描写は同書に多くを負っている。
2) 安倍晋三『新しい国へ——美しい国へ・完全版』（文藝春秋，2013年）27頁，PHP研究所編『安倍晋三対論集——日本を語る』（PHP研究所，2006年）50頁〜52頁。

求めるのは無理だとしても，安倍氏の記憶に残る岸のこの応答は，日米関係の対等化をにらんだものであったが，一方で，従属的庇護を求める言辞とも受け止められかねない響きを持つものでもある。駐留米軍用地を提供しつつもなお，「守らせる」のではなく「守ってもらう」なのだ。"アメリカへの接近と反発"の双方をないまぜにした複合感情が安倍少年の心に刻まれたとしても不思議ではない。

　安倍少年の記憶は，祖父の偉業に対する尊敬の念よりもむしろその偉業が未完であることの焦燥感として成長してゆく。安倍氏によれば，戦後復興の過程において自民党には，①経済の回復，②日本の真の独立，という2つのミッションがあった。しかし，岸退陣後は，①が主流となり，②は忘却されてしまった，と言う3)。安倍氏にとって，日本の独立を閑却せしめ，国民から国家意識を奪い，エコノミック・アニマルに堕落させたものこそ，「戦後レジーム」であり，日本国憲法それ自体であった。

　戦後レジームの象徴たる日本国憲法から脱却するには，なすべきことが2つある。第1。日本国憲法を日本国民の手によって改正すること，さらに踏み込めば，自民党の党是である「自主憲法」を制定すること。これらによって"アメリカ製"の憲法から決別することである4)。第2。日米同盟の強化を阻害し続けている憲法ないし憲法解釈を改めること。同盟はそれ自体独立を束縛する仕組みであるが，自主的にその束縛を強化することにより独立性を取り戻すという逆説的なアクロバットを通じ，アメリカとの一体化を図る。「アメリカに守ってもらう」には，血の代償を覚悟の上で「アメリカを守ってあげる」ことが不可欠である。かかる対等性を確保してこそ，日米関係は従属的庇護に転落せずにすむ5)。

　これらは，"アメリカ製"の日本国憲法を放逐することによってアメリカへ接近するという企みであり，ここにも"アメリカへの接近と反発"という

---

　3)　安倍・前掲注2)31頁〜33頁。
　4)　安倍氏には日本国憲法を含めた戦後日本社会のすべてをリセットしたいという衝動があるように思われる。「戦後レジーム」からの「脱却」という言い方や，憲法を「白地からつくりださなければならない」という言い方にそれは現れている。安倍・前掲注2)33頁，PHP研究所編・前掲注2)72頁，参照。
　5)　安倍氏が抱く，日米の「双務性」の確保を通じての「血の同盟」論については，安倍晋三＝岡崎久彦『この国を守る決意』（扶桑社，2004年）62頁〜63頁。

複合感情が看取できよう。もちろん，複合感情・複合戦略は，政治の常であり人の常である。アメリカとの関係も同盟強化で接近したかに見せて，対中関係の外交カードを均衡操作要因として利用することにより，逆にアメリカを手玉にとろうという戦略なのかもしれない。そのような深謀遠慮は知る由もないが，安倍氏が選んだ目標は，改憲をしっかりと政治日程にのせること，そして，積極的平和主義による国際貢献の地平をにらみつつ，まずは，日米同盟の基盤強化のために「集団的自衛権」の行使を解禁することであった。

II. 72年政府見解

集団的自衛権に関する政府の憲法解釈は，1972年（昭和47年）10月14日，参議院決算委員会に政府資料として提出された，いわゆる"72年政府見解"によって確立された（田中角栄内閣）。これは，佐藤＝ニクソン共同声明（1969年〔昭和44年〕11月）の「韓国・台湾条項」を受けて極東有事における自衛隊の海外派兵が懸念されたこと，ならびに，ヴェトナム介入を集団的自衛権の行使として正当化するアメリカへの疑念が高まったこと等を背景として，同年5月以来，《集団的自衛権を保持するが行使できない》とする政府の答弁が法律論なのか政策論なのかを執拗に質す水口宏三参議院議員（社会党）の要求に応えて，政府が確定的な見解として文書化したものである。

すっかり有名になった72年見解であるが，その論旨を改めて確認しておこう。日本国が国際法上の集団的自衛権を保持することは「主権国家である以上，当然」としつつも，政府は一貫して「国権の発動としてこれを行使することは，憲法の容認する自衛の措置の限界をこえるもの」であり許されないとの立場に立ってきた。その理由を72年見解は次のような理路で説明する。まず，①憲法は，9条で戦争放棄・戦力不保持を定めているが，前文や13条の趣旨に照らせば[6]，「自国の平和と安全を維持しその存立を全うするために必要な自衛の措置をとることを禁じているとはとうてい解されない」，

---

6) 1972年（昭和47年）9月4日，参議院決算委員会において水口議員の質問に応じた吉國一郎内閣法制局長官は憲法12条も最小限の自衛措置が許容される根拠条文として挙げている。

②しかし、そうであるからと言って、憲法がそれを無制限に認めているとは解されず、「あくまで外国の武力攻撃によって国民の生命、自由及び幸福追求の権利が根底からくつがえされるという急迫、不正の事態に対処し、国民のこれらの権利を守るための止むを得ない措置としてはじめて容認されるものであるから、その措置は、右の事態を排除するためとられるべき必要最小限度の範囲にとどまるべきものである」、③そうだとすれば、「憲法の下で武力行使を行うことが許されるのは、わが国に対する急迫、不正の侵害に対処する場合に限られるのであって、したがって、他国に加えられた武力攻撃を阻止することをその内容とするいわゆる集団的自衛権の行使は、憲法上許されない」。

　以上が72年見解の基本骨格である。さて、ここで直ちに確認しておくべき点がある。すなわち、②の論旨であるが、そこには「外国の武力攻撃によって」とあるだけでその攻撃対象を明示することがない。この点を捉えて、日本に加えられた攻撃のみならず、他国に加えられた攻撃にも対処し得ることを72年見解はもともと潜在的に含んでいたと強弁されることがあり、実際、このような強弁が後に安倍政権によってなされたことは周知の通りである。しかし、72年見解はその冒頭で、「いわゆる集団的自衛権」を「自国と密接な関係にある外国に対する武力攻撃を、自国が直接攻撃されていないにかかわらず、実力をもって阻止すること」とはっきり定義した上で、その行使の可否について論じることをテーマとする文書であった。また、結論部分である③において、「わが国に対する急迫、不正の侵害」への対処を超えて、「他国に加えられた武力攻撃」の阻止は許されない、との命題を導出している。このような構成を採る72年見解を、素直に読めば、否、どう読んでも、②の論旨において、限定的にせよ集団的自衛権の行使可能性を潜在させていたものと読むことはできない。本見解は、自国の存立を確保するために必要な自衛の措置でさえ、②に言う諸条件、すなわち国民の生存危機事態が切迫していること、ならびに、それに対する必要最小限度の措置であること、を充足して初めて許容されるにすぎない。以上を72年見解は「憲法の容認する自衛の措置の限界」論（傍点筆者）として論証したのであるから、③が明確に述べているように、日本国が集団的自衛権を国際法上保持するとしても、少なくとも「武力行使」という形態でそれを発動することは――水

7.1 閣議決定と集団的自衛権行使の限定的容認

口議員の指摘する政策論ではなく——憲法論の水準ではっきりと禁止されたのである。そして，本見解は，その作成責任者である吉國一郎内閣法制局長官ほか多くの後継長官にパラフレイズされることになるとともに，その変更は憲法改正を経なければならないことが明らかにされ[7]，爾来，40年以上にわたり，内閣の見解として確立した憲法解釈の地位を占めてきた。

III. 安倍氏と政府解釈——挑戦と挫折

　この72年見解をテキストとして尊重することを前提とすれば——また実際の政治過程もかかる"法文統治"のポリティクスとして動くことになるのだが——まさにそのテキストの中に集団的自衛権の行使を可能にするような換骨奪胎の読解をほどこさなければならないはずである。可能性は3つあった。ひとつは，【A】72年見解に言う必要ないし必要最小限度を《自衛のための必要最小限度の措置を憲法は許容している》と理解すれば，同見解を9条の許容範囲を量的に記述した関数系と見ることが可能となり，異なる変数（国際情勢の変化）を投入すれば異なる結論（集団的自衛もまた最小限）が得られるはずだ，とする方向。もうひとつは，【B】②の「外国の武力攻撃によって」の箇所が攻撃対象について言及していない点を捉え，それは自国に対する武力攻撃のみならず他国に対するそれも含まれると解釈することにより，そもそも72年見解は集団的自衛権行使の承認を潜在させていた，と

---

　7) 例えば，1983年（昭和58年）2月22日，衆議院予算委員会において当時内閣法制局長官であった角田禮次郎（後に最高裁判事）は，72年見解を堅持する旨の答弁をするに際して，「仮に，全く仮に，集団的自衛権の行使を憲法上認めたいという考え方があり，それを明確にしたいということであれば，憲法改正という手段を当然とらざるを得ないと思います」と喝破している。また，1990年（平成2年）10月24日，衆議院国際連合平和協力活動に関する特別委員会において工藤敦夫長官は，答弁書における憲法解釈の変更に関する一般論として「必ず憲法改正をしなければできないとまで言い切るわけにはいかない」と述べつつも，72年見解については上述の角田長官の見解を追認している。

　8) その場合，72年見解を①から③が一体的な論理として構成されているものとは見ずに，①②までが「基本的論理」であり，③は時代状況に応じて変わり得る「当てはめ」にすぎないという読解がなされることになる。これが無理筋であることは既に本文IIで言及した。なお，以上の読解は，2015年安保国会で横畠裕介内閣法制局長官によって繰り返されることになるが，それについては本文IV 1(2)を参照。

する方向[8]。さらにもうひとつ、【C】72年見解の言う集団的自衛権と安倍政権が導入しようとする"集団的自衛権"を異なる概念として峻別する方向である。

　安倍氏はかなり早い段階から【A】の思考に立っていたと思われる。安倍氏は、まだ当選2回の若手であったころ、1999年（平成11年）4月1日、衆議院の日米防衛協力のための指針に関する特別委員会において、高村正彦外務大臣（当時）に対し祖父である岸信介首相が1960年（昭和35年）の国会答弁で「外国まで出かけていってその国を守るという典型的な例は禁止をしているが、しかし集団的自衛権というのはそういうものだけではない」と述べていた点を引いて、感想を求めている。これに対して高村外相は、およそ実力の行使を伴うと考えるのが自衛権の「中核的概念」であると述べて、安倍氏の狙いとはややずれた応答を行っている。

　権利の保持と行使を峻別するという法学では常識に属する思考を「禁治産的恥辱」「珍妙な新発明」と見る安倍氏は、憲法上も行使が容認可能な領域があるはずだという想念をその後も持ち続け、自民党幹事長であった2004年（平成16年）1月26日に衆議院予算委員会で、1981年の政府答弁書（鈴木善幸内閣）に依拠しながら、同答弁書で「自衛権の行使」が「わが国を防衛するため必要最小限度の範囲にとどまるべきものである」とされた際の「範囲にとどまるべき」の趣旨は「数量的な概念」であり、だとすると「論理的には、この範囲の中に入る集団的自衛権の行使というものが考えられるかどうか」と政府に詰め寄った。

　必要最小限度を「数量的な概念」と見れば、政府見解が排除する集団的自衛権もこの関数系の中で相対的に居場所を発見できるはずだとする安倍氏の執拗な【A】的思考は、答弁に応じた秋山収内閣法制局長官によって明確に否定された。すなわち、同長官は、①自衛のための必要最小限度の実力行使は「いわゆる3要件」[9]によって画定されるとするのが政府解釈であり、②集

9）1969年（昭和44年）3月10日参議院予算委員会における高辻正巳内閣法制局長官の答弁は次のように言う。「これはとっくの昔に御承知だと思いますが、要するに、わが国に急迫不正の侵害がある。そして他に全くこれを防衛する手段がないという場合には、防衛する。ただし、それは必要な限度にとどめなければならない。これがいわゆる3要件であると思います。その3要件に適合しないものは、わが憲法といえどもむろん許さない。」

団的自衛権はそのうちの第1要件（「我が国に対する武力攻撃が発生したこ
と」）を充足しないがゆえに必要最小限度を超えると考えられるのであるか
ら，③必要最小限度の要求とは「お尋ねのような意味で，数量的な概念とし
て申し上げているものではございません」と明言している。要するに，72
年政府見解の論理が改めて確認されたのである。

　【A】の思考は，戦後政治で何度となく浮上してきたがそのたびに挫折し
ている。安倍氏が依拠する60年の岸答弁も，前後の文脈に照らせば，数量
的概念の導入をもたらすものではなかったし[10]，81年政府見解に依拠する
「ひっくり返した解釈」も4年後には茂串俊法制局長官によって否定され
た[11]。そして，そもそも72年見解の論理構成とテクストからしてもおよそ
無理筋の解釈であったため，政府与党ならびに内閣法制局は基本的に【B】
ないし【C】の思考に流れていったのである。だめ出しを受けても【A】へ
のこだわりを捨てなかった安倍氏の姿勢は，祖父の未完の偉業への執着を強
くにじませていると同時に，当初より，集団的自衛権のフル・スペックの導
入ではなく，その限定的容認を目論むものであったことを物語っている[12]。

IV. 7.1 閣議決定への道

　2006年（平成18年）9月に内閣総理大臣に就任した安倍氏は，第1次安倍
内閣を組織すると同時に，集団的自衛権行使容認に向けて動き始めた。そし
て，翌年4月には，いわゆる安保法制懇（「安全保障の法的基盤の再構築に
関する懇談会」）を首相の私的諮問機関として設置した。そして，2008年

---

[10]　1960年（昭和35年）3月31日参議院予算委員会での岸答弁は，同日に提示された林修三法
制局長官の見解との連関で理解されなければならない。詳細は，南野森「岸内閣が集団的自衛権を
容認する答弁をしたというのは本当か？」（http://bylines.news.yahoo.co.jp/minaminoshigeru/
20140304-00033189/）参照。

[11]　1981年（昭和56年）5月29日の政府答弁書および1986年（昭和61年）3月5日衆議院予算
委員会における茂串俊長官の答弁の詳細とその整理については，豊下楢彦『集団的自衛権とは何
か』（岩波書店，2007年）7頁〜9頁参照。

[12]　なお，いわゆる安保国会の最中である2015年（平成27年）7月28日参議院我が国及び国際
社会の平和安全法制に関する特別委員会における福山哲郎議員（民主党）との応答において，政府
が数量的概念を擁していた事実を否定する横畠裕介内閣法制局長官の答弁に続けて，安倍首相は答
弁をしているが，そこでは「数量的概念」に対するこだわりはすっかり影を潜めている。

（平成20年）6月に報告書が提出されたものの，前年の9月に安倍首相が病気のために既に退陣していたこともあり，結局，同報告書は棚上げになってしまった。

しかし，2012年（平成24年）12月，自民党は民主党より政権を奪還し，第2次安倍内閣が誕生する。その後，2014年（平成26年）7月1日の閣議決定に至るまでの紆余曲折は，主として，官僚のルートと政治家のルートがそれぞれ独自の動きを見せつつ絡み合う展開となる。

1. 官僚ルート
(1) 外務省

集団的自衛権の行使容認を含めた安全保障政策の法制基盤の再検討は，学識経験者と政府高官そして事務方の官僚の三者が集う安保法制懇において進められた。報告書の棚上げに終わった第1次安倍内閣でのそれは，第2次安倍内閣において再開されることになる。陣容を一瞥すれば外務省勢力がリードしたことが了解できる。座長を柳井俊二氏（元外務次官，元駐米大使，元条約局長）が務め，政府側構成員としては，第1次安倍内閣では，後に公然と安保法案批判を展開する柳澤協二氏（内閣官房副長官補〔当時〕，元防衛研究所長）がいたものの，法制実務の事務は後述の小松一郎氏（外務省国際法局長〔当時〕）が取り仕切っていたとされる。次いで，第2次安倍内閣では，いわゆる積極的平和主義構想にproactiveな面々，谷内正太郎氏（内閣官房参与〔当時〕，元外務省国際法局長），兼原信克氏（内閣官房副長官補，元外務省国際法局長），髙見澤將林氏（内閣官房副長官補，元防衛研究所長）が参加している。

一見して国際法局長および前身の条約局長を経験した人物が多い。「法的基盤の再構築」を目指す諮問機関であったことを勘案すれば，外務省勢力と内閣法制局との来るべき法理論的対峙を見越しての人員配置であったかと思われる。いわゆる湾岸トラウマを払拭したいという外務官僚の悲願も手伝い，安保法制懇の思考は，集団的自衛権の幅広の行使容認に加えて集団的安全保障への参加をも含む武力行使の「全面解禁」への傾きが見られ，当然，法制局との角逐が予想されていた。が，懇談会報告書は政治動向をにらみつつ兼原氏らが文章化する形で作成されたと見られており，その結果，委員の

知らないところで政治の意向が反映され，全面解禁が限定的容認にトーンダウンしたため，一部の委員からは「私たちは政権のための駒だった」との声があがった[13]。

(2) 内閣法制局

では，内閣法制局はどうであったか。第2次安倍内閣発足後，政府解釈の変更を迫る官邸の要求を何度も拒絶した山本庸幸長官は退任を余儀なくされ，2013年（平成25年）8月8日，後任に当時駐仏大使であった小松一郎氏が当てられる（退任した山本長官は直ちに最高裁判事に任命された）。しかし，法制局での勤務経験のない小松氏の起用は従来の慣行を破る異例の官邸主導人事だったことは否定のしようがない。

当時，法制局次長であった横畠裕介氏は，本来は政府解釈の変更に強い抵抗感を持っていた人物であり，安保法制懇の「全面解禁」が実現すれば従来の法制局見解が木端微塵になることを警戒していたと思われる。そして，異例の小松人事に安倍氏の並々ならぬ決意を感じ取り，またそれまでの小松氏の経歴からしても，集団的自衛権の行使容認の方向は動かしがたいと見て，法制局の権威を首の皮一枚でつなぎとめるには，72年政府見解と整合性のある憲法解釈の可能性を探るほかないと決意した，と見られている[14]。横畠氏は，72年見解の微細な文言解釈の中に，法制局の積み上げてきた憲法解釈を守るわずかな希望を発見できるかもしれないと思ったのであろう。しかし，法制局のレガシーを守る動機に出たものであるとしても，それは後日国会の場で明らかになるように裏目に出たと言わざるを得ない。本来，少なからぬ抵抗感をもって安倍流の憲法政治を眺めていたはずの横畠氏は，敵地に乗り込んできた小松氏に能吏としてよく仕え，翌年1月に小松氏が腹部腫瘍のため入院するに際し，長官事務代理になった。そして，同年5月に小松氏が長官を辞すると横畠氏は長官に昇格する（小松氏は6月に死去）。この数か月間は，与党協議前夜であり，自民党内部でもまた公明党との間でも集団的自衛権論争が鳴動していた時期である。その時期に，横畠氏は法制局次長としての自己と長官代理としての役割の両方を演じなければならなかっ

---

13) 朝日新聞政治部取材班・前掲注1)137頁〜138頁。
14) 朝日新聞政治部取材班・前掲注1)50頁〜54頁。

た。その間，小松（＝安倍氏）との一体化がすすみ，おそらく長官となった時点では後戻りできない状況にあったと思われる。

　いずれにしても，内閣法制局は，それがいかに無理筋であろうが72年見解の"護持"と限定的容認の両立に賭けるしかなくなった。こうして官僚ルートは，外務省を中心とした官房勢力vs内閣法制局という構図で展開され，後者は無限後退に追い込まれていったのである。

　小松氏と横畠氏は，72年の政府見解との整合性を維持したうえで，集団的自衛権行使の限定的容認を可能にする政府解釈を構築することで一致した。このとき既に組み立てられていたと思われる横畠素案の基礎になる考え方は，2014年（平成26年）以降の国会論戦で徐々に明らかになっていくが，大要，次のようなものである。Ⅱで触れた72年見解の構成要素①から③について，まず，①の「……存立を全うするために必要な自衛の措置をとること」は禁じられていないというくだりは砂川判決の判示と軌を一にするものと捉え，他方，②の「外国の武力攻撃によって国民の生命，自由及び幸福追求の権利が根底からくつがえされるという……事態」の発生の要求は①を無軌道化しないために制限をかけるものと理解する。要するに，横畠素案では，②の国民生存危機事態は砂川判決の国家存立危機事態を限定するものと考えられていた（例，2014年〔平成26年〕7月14日衆議院予算委員会における北側一雄氏との質疑等）。次に，横畠素案は，72年見解の①から③を"一体的な論理の連鎖"とは見ずに，①②までが「基本的論理」であり，③は時代状況に応じて変わり得る「あてはめ」という読解を基礎にしている（例，同上の北側氏との質疑，2015年〔平成27年〕3月24日参議院外交防衛委員会における小西洋之氏との質疑，同年5月27日衆議院我が国及び国際社会の平和安全法制に関する特別委員会における長妻昭氏との質疑，等）。つまり，72年の段階では，憲法の基本論理は個別的自衛権で足りる事案にのみ当てはめておけばよかったが，現在の国際情勢は集団的自衛権の限定的行使を要求しており，そうであれば，もともと②の「外国の武力攻撃によって」に潜在していた「(他国に対する)外国の武力攻撃によって」が新しい事実認識に適用されることになる，というわけである（これはⅢであげた【A】の思考であるが，それが無理筋であることは既に触れた）。

　2013年（平成25年）9月，小松氏はこの横畠素案を安倍氏に提示するが，

安倍氏は，限定的容認派であるものの，これを「狭すぎる」として，上にあげた②の「国民の生命，自由及び幸福追求の権利が根底からくつがえされる」の文言を削除した。が，同時に，72年見解をベースに限定的容認を図る方向は承認されたのである[15]。

2. 政治家ルート
(1) 自民党

　翌2014年（平成26年）1月24日，安倍氏は通常国会の施政方針演説において，「集団的自衛権や集団安全保障などについては，『安全保障の法的基盤の再構築に関する懇談会』の報告を踏まえ，対応を検討してまいります」と述べた[16]。が，お膝元の自民党で慎重論が噴出する。2月10日，安倍氏は衆議院予算委員会において岡田克也民主党代表との質疑で，安保法制懇等における専門家の判断を待つとしつつも，限定的行使容認の方向をほのめかす。

　しかし，不満は続出し，3月17日には異例の総務懇談会が開催される事態に至った。これに先立ち，安倍氏は，安保通（軍事通）の石破茂氏を敬遠して，公明党との協議の取りまとめ役を，弁護士資格を持つ高村正彦副総裁に委ねていた。紛糾する総務懇談会の席上，高村氏は，最高裁の砂川事件判決（最大判昭和34・12・16刑集13巻13号3225頁）を引き，同判決が個別と集団を区別せず「その存立を全うするために必要な自衛のための措置をとりうる」としていることを指摘して，最高裁の許容するこの範囲内での解釈変更は立憲主義に反するものではない，と喝破したとされる[17]。こうして，高村氏によって奇矯な読解を施された最高裁判決の権威が自民党の紛争をすっかり平定していくのである。

---

[15] 朝日新聞政治部取材班・前掲注1)62頁〜63頁。
[16] 集団的自衛権に加え，集団安全保障の語が並列されている点に注意を要する。2014年（平成26年）7月14日衆議院予算委員会における横畠答弁では，集団的自衛権の下，日本が機雷除去活動を始めた後，国連安保理の決議が出されて集団安全保障の措置になった場合の対応について，「法理上は，我が国が新3要件を満たす武力の行使をやめなければならないということにはならないと考えられます」とされ，集団的安全保障へのコミットメントの可能性が事実上留保されている。
[17] 朝日新聞政治部取材班・前掲注1)106頁〜107頁。

(2) 公明党

しかし，他面，このような砂川判決解釈は，平和政党としての実績を誇る公明党の反発を買うことになる[18]。弁護士資格も有する党首の山口那津男氏は，もともと集団的自衛権の行使解禁には否定的であったが，安倍氏が1月24日の施政方針演説で「責任野党」との政策協議をほのめかしていたことを日本維新の会等への秋波，したがって公明党への揺さぶりと捉え，記者団に対し「政策の違いだけで連立離脱はあり得ない」と述べた。連立離脱という最後の切り札をのっけから封印してしまった形になる。

山口氏は同じく弁護士資格を有する北側一雄衆議院議員を与党協議の任に当てる。北側氏は積み上げられた政府の憲法解釈の変更には消極的で，むしろ安全保障上の個別事例を提示して各別に検討を重ねる方が生産的かつ憲法適合的であると考えていたと思われる。もっと言えば，おおよその想定事例は個別的自衛権の延伸で対処可能であると考えていたふしがある。しかし，大島理森氏と漆原良夫氏の自民・公明コンビが動き出すと，与党協議の主役である高村氏と北側氏は名状しがたい法文統治の隘路に迷い込み，ひとつの一致点を見出していく。

3. 与党協議といわゆる5人組会合

その一致点は，与党協議という表舞台とは別に，いわゆる5人組が重ねた会合において形成されていった。5人組とは，高村氏，北側氏，兼原氏，髙見澤氏，そして北側氏の要望によって加わった横畠氏の5人であり，ここに政治家ルートと官僚ルートの合流地点が成立した。

2014年（平成26年）5月15日，第2次の安保法制懇報告書が提出され，安倍氏が記者会見を開く。報告書が提示した選択肢は2つ，①国際法上合法な行為は憲法上も許容される（個別的か集団的かを問わず自衛のための武力行使は許容され，国連の集団安全保障への参加も可能），②我が国の安全に重大な影響を及ぼす場合に限り，限定的な集団的自衛権の行使が許容される，

---

[18] 支持母体の創価学会が「広報室見解」として集団的自衛権行使を解禁するならば改憲を経るべきだと報じた経緯がある（朝日新聞2014年5月17日朝刊）。学会本体はこれを広報室の独自見解と説明し，後日，この見解は変更されることになる（朝日新聞政治部取材班・前掲注1）143頁〜145頁）。

であった。会見で安倍氏は，①は従来の政府解釈と整合しないとして切り捨て，②の方向に出ることを宣言した。公明党の最大の懸念事項であった安保法制懇の全面解禁傾向をきっぱりと排除することにより，政府は公明党にすべき譲歩はすべて行った，今度はそちらの番だというメッセージを発したのである。

　5月23日，安倍氏の切迫感を受け，高村氏は，12月に控えた日米防衛協力指針の改定に間に合わせるには6月中の与党合意が必須との政治日程論を盾に協議に期限を設けようとすると，北側氏は山口代表の見解として「これまでの政府見解との整合性，憲法9条の規範性，法的安定性」の3点の確保を求め，かつ連立離脱もほのめかしつつ，協議の続行を主張した[19]。

　これを受けて，「5人組」が6月2日に初会合を持ち，6月4日に兼原氏・髙見澤氏による「新3要件」の政府側原案が提示された。すでにⅣ1(2)の最後で触れたように，それは横畠素案から72年見解の核心的部分を安倍氏の意向に従って削除した文書であり，「他国に対する武力行使が発生し，これにより国民の生命や権利を守るために不可欠な我が国の存立が脅かされるおそれ」という水準のものであった。北側氏はこれを「話にならない」と一蹴しつつも，存立危機事態をより限定する修文が施されれば納得するかのような条件闘争を示唆する[20]。安全保障政策の現実的検討などはどこかに行き，ひたすらテクストの修文を追い求める"法文統治"の歯車が既に動き出していた。

　かくして，北側氏は，横畠法制局長官との意見交換を通じて，72年見解の「国民の生命，自由及び幸福追求の権利が根底からくつがえされる……」の利用に行きついた。8か月ほど前に安倍氏に拒絶された横畠素案の再浮上である。果たして，6月9日の「5人組」会合にそれが提示された。この文言の再挿入を高村氏が請け負ってくれるなら，公明党の説得は未知数だが，少なくとも自分は納得する，このように迫る北側氏に高村氏はこうつぶやい

---

19) 朝日新聞政治部取材班・前掲注1)156頁～157頁。この3点の要求のオリジナルは北側氏のものであったと思われる。既に4月の段階で，北側氏は「憲法改正ではなくて解釈変更で対処するというのであるならば」として，その場合の条件としてこれら3点を要求すると語っていた（2014年〔平成26年〕4月24日衆議院憲法審査会）。なお，従来の解釈との整合性および法的安定性との表現は，同年3月17日参議院外交防衛委員会での小松法制局長官の答弁の中に見られる。

20) 朝日新聞政治部取材班・前掲注1)162頁～163頁。

た[21])。

「国の存立が全うされなかったら,国民の権利も根底から覆されるよな」。

この一言に兼原氏もうなずいた。いわゆる「新3要件」をめぐる実質的な合意が確定されるとともに,政府の憲法解釈が変更された瞬間である。横畠素案の論理において,国民生存危機は国家存立危機の広汎さを限定づけるものであったが,高村氏の一言は両者を同じものと見る思考が与党合意の根底に潜んでいることを示唆している。

V. 日本型法文統治の隘路

先の高村発言こそは,砂川判決と72年見解との強引かつ奇妙な接ぎ木であり,国家存立と国民生存を短絡的に同一視するものである[22]。有体に言えば,無理筋ばかりから成る"法文統治"の力学に追い込まれて行った「5人組」,すなわち,弁護士,国内法制官僚,国際法制官僚といったバックグラウンドを持つ広義の法律専門職たちが迷い込んだ隘路の結末である。集団的自衛権の行使を憲法上禁止する72年見解の核心的文言を導入しておいて,限定的であろうがなかろうがその行使が容認されるはずがない。致命的な矛盾を抱えたまま法制化される安全保障政策は,憲法違反であるだけでなく,まともな執行者であれば使いようがないと見るであろう政策的不合理の塊でもある。山口氏＝北側氏が要求した「これまでの政府見解との整合性,憲法9条の規範性,法的安定性」の3要求は,倒錯したテクスト崇拝と化した日

---

21) 朝日新聞政治部取材班・前掲注1)174頁～175頁。
22) 国家の存立危機は個別的生命の危機と同義ではない。国家というフィクションが抱くであろう存立危機はそれ自体が虚構化され,無限界に拡大されるおそれがある。かかるおそれと闘ってきたのが平和主義の歴史ではなかったか。この点につき,駒村圭吾「『国家の自衛権』という虚構——『虚構化された恐怖』の再制度化へ向けて」ジュリ1260号（2004年）参照。そもそも,「国民の生命,自由及び幸福追求の権利が根底からくつがえされる」事態はまったくの非常事態であり,「国家の存立が脅かされる」というフィクショナルな言い方が含み得る諸事態のうちでもかなり限定された極限事態である。かかる非常事態を切り出す試みこそが,個別的自衛権の構想であったはずである。

本型法文統治によって空洞化され、奇妙な接ぎ木だけが残されることになった[23]。

　もちろん、法文統治へのこだわりそれ自体は悪ではない。それどころか、法の支配や法治国原理にはなくてはならないエトスである。実際、日本の政治過程は、思いのほか、リーガル・テクストに執着するのが一般である。

　とは言え、7.1閣議決定に至る道程はとてつもなく奇妙であった。最も重要な法テクストとして72年政府見解にこだわるのはよい。しかし、複雑な政治ゲームの帰趨に対して法的基礎を与えることに焦るあまり、つながらないものをつなげ、分かちがたいもの分かつ、強引な読解が行われ、その結果、奇妙な接ぎ木ができあがったのである。法文が政治を支配するのではなく、政治が法文を裁断したのである。しかも、7.1閣議決定の成立プロセスでは、かかる強引かつ奇妙なテクスト読解ゲームもかなり真剣かつ誠実に遂行された。どのような無理筋の読解でもテクストにねじ込むことができれば、あとはテクストが結果を保証してくれると信じているかのように。そこからもたらされるテクストがまるで出来そこないのフランケンシュタインの怪物のごときものであっても、である。これが許されれば、解釈戦略は無敵になろう。

　政治の都合に応じてテクストを裁断するというゲームを偏執的に繰り返した結果、本来、安全保障政策に不可欠のリアリズムも、憲法9条（およびその解釈集積体）の尊厳ないし規範性も、さらには、民主的な合意形成の熟議も、奇妙な接ぎ木だけを残して、みなどこかに雲散霧消してしまったのである。

23）　7.1閣議決定それ自体およびその後の2015年安保国会での政府答弁等々の問題性については、残念ながら紙幅の関係上すべて割愛せざるを得ない。以下を参照願いたい（公刊順）。奥平康弘＝山口二郎編『集団的自衛権の何が問題か』（岩波書店、2014年）、豊下楢彦＝古関彰一『集団的自衛権と安全保障』（岩波書店、2014年）、柳澤協二『亡国の集団的自衛権』（集英社、2015年）、水島朝穂『ライブ講義　徹底分析！集団的自衛権』（岩波書店、2015年）、森英樹編『安保関連法総批判』（日本評論社、2015年）、長谷部恭男編『検証・安保法案』（有斐閣、2015年）、木村草太＝國分功一郎『集団的自衛権はなぜ違憲なのか』（晶文社、2015年）、小西洋之『日本を戦争する国にしてはいけない』（WAVE出版、2015年）、「総特集・安保法案を問う」現代思想2015年10月臨時増刊号、長谷部恭男＝杉田敦編『安保法制の何が問題か』（岩波書店、2015年）、内藤功ほか『砂川判決と戦争法案』（旬報社、2015年）、奥田愛基ほか『2015年安保　国会の内と外で』（岩波書店、2015年）。

さて，奇妙な接ぎ木は安倍首相によっても了承され，ついに2014年（平成26年）7月1日，閣議決定として確定される。

「国の存立を全うし，国民を守るための切れ目のない安全保障法制の整備について」[24]

閣議決定のこの名称は，奇妙な接ぎ木を象徴するものであった。

---

24) 2014年（平成26年）7月1日国家安全保障会議決定・閣議決定。

Part I 日本国憲法へ	Part II 最高裁判例をたどる
あとがき	
Part III 憲法の現況	Part IV

憲法の未来

長谷部恭男

はじめに
Ⅰ．違憲審査の活性化
Ⅱ．9条問題
Ⅲ．天皇の生前退位
Ⅳ．憲法と戦争

はじめに

　論究ジュリストは2012年の発刊以来，毎年春に憲法特集を組み，主に研究者・実務家に向けて多数の論稿を刊行してきた。本書はそのうち，学生や一般読者にも関心を持っていただけるであろう論稿を集め，再構成したものである。本書によって，大日本帝国憲法の制定にはじまり，再婚禁止期間・夫婦別氏訴訟大法廷判決にいたるまでの憲法の動きを概観することができる。

　憲法の未来を考えるとき，そこで言う「憲法」とは何かが問題となるし，「未来」をどの程度のスパンで考えるかも問題となる。憲法は憲法典に限定されるわけではない。憲法の周縁にある各種の法令も，国家の基本的な組織・作用および主要な機関相互の関係を規律する。とくに，日本国憲法のように，条文数も少なく，規定振りも簡素な，規律密度の低い憲法典の場合，憲法の内容の多くは，解釈・運用の場面で形成される。逆に言えば，こうした憲法典を変えることを自己目的化して「改正」を目指すと，意味のない文字面の変更に終わるか，あるいは，日本国憲法の根底にある近代立憲主義そのものを毀損するリスクを抱えることになる。慎重さが求められる。

　日本国憲法の解釈・運用について，近年注目されているのは，一つは最高裁判所による違憲審査の活性化と言われる現象であり，今一つは，第二次安

Part IV あとがき

倍内閣成立後の憲法の解釈・運用に見られるある種の乱暴さである。ここではさらに，天皇の生前退位および憲法と戦争の関係性を取り上げ，憲法の近未来を展望する。

I．違憲審査の活性化

　最高裁判所による違憲審査の場合，法源となるのは第一次的には憲法典であり，とりわけ日本国憲法第3章の定める国民の権利にかかる諸条項である。故芦部信喜教授は，これらの諸条項に関して，平和主義および国民主権原理と並んで，「実定化された超実定的な法原則」という概念を用いたその性格を明らかにしようとした[1]。この概念については，自然法論という特殊な立場にコミットするものではないかとの批判も見られたが，教授自身が指摘するように[2]，こうした批判はあたらない。憲法典の定める基本権条項は，法律以下の実定法が具体的な法律問題に適切な解決を与えないとき，実定法を超える道徳に訴えかけるための窓口として働くものだからである[3]。

　実定法は権威（authority）であると主張する。名宛人に対して，いかに行動すべきかを自分で判断せず，法に従うことを要求する。そうした権威要求を支えているのは，名宛人は，実定法に従うことで，本来自分がすべきことをよりよくすることになるという理由づけである[4]。自動車を運転する者は，交差点に差しかかるたびに止まるかどうかを自分で判断するのではなく，信号が青であれば進み，赤であれば止まることで，よりスムーズに，かつ安全に自動車を運行することができる。多くの実定法は，こうした人々の社会的相互作用を調整（co-ordinate）する作用を果たす。

　しかし，ときに実定法に服従することは，名宛人にとって良識に反する，自身に妥当する理由に反する行動を意味することがある。実定法による社会生活の規律は，所詮は次善の策である。プラトンやアリストテレスがつとに

　1）　芦部信喜『憲法制定権力』（東京大学出版会，1983年）318頁，同『憲法学I』（有斐閣，1992年）81頁注12。
　2）　同上。
　3）　この点については，長谷部恭男『憲法の円環』（岩波書店，2013年）第11章・12章参照。
　4）　ジョゼフ・ラズの言う，権威に関する通常の正当化テーゼ（normal justification thesis）である。Cf. Joseph Raz, *The Morality of Freedom* (Clarendon Press, 1986), Chapters 3 & 4.

指摘するように,本来は,すべてを理解し,最善の判断を下すことのできる支配者の命令に従う方が,より善い統治につながる。しかし,最善の統治者は滅多に現れることはなく,法の拘束を免れた統治者は暴君となる。具体的事例によっては不適切な回答を与えるルールであっても,実定法に従う統治——法の支配——の方が,まだしも安全である[5]。

とはいえ,次善の策である実定法への服従があまりに良識に反する結論を導く場合には,安全弁を用意する必要がある。その典型が基本権規定に基づく実定法の違憲審査である。その意味で,藤田宙靖元最高裁判事が喝破するように,違憲審査とは,個々の裁判官の良識が試される場である[6]。

日本の最高裁は,長年にわたり,違憲審査に関する消極的姿勢が際立つとされてきた。いくつかの説明が提示されてきたが,藤田元判事が指摘するのは,最高裁をはじめとする日本の司法裁判所が,何より具体的事案に適切な解決を与えることを自身の任務と考えているという自己イメージである[7]。それでも,最高裁の構成員の世代が変わるにつれて,憲法判断の前提となるベースラインも徐々に変容する[8]。違憲審査の活性化と言われる事象の背後にも,法律家集団全体によって共有されるコンセンサスの変化を見てとることができるのではなかろうか。

かりに将来,憲法典の修正がなされることがあったとして,その修正作業も,こうしたコンセンサスを立脚点としたものとならざるを得ないであろう。テクストを確定するのは両院および有権者団の役割であるが,その解釈・運用は最終的には法律家集団(より広く言えば公務員集団)に委ねられるからである。

憲法はわれわれの社会がいかなる社会であるかを原理的に示す文書である。社会的相互作用を調整するための「基準」や「範囲」や「尺度」を明確に示すことを主たる役割としていない。道路交通法や租税法規とは異なるこ

---

[5] 長谷部恭男『法とは何か〔増補新版〕』(河出書房新社,2015年)148頁以下。
[6] 藤田宙靖『最高裁回想録』(有斐閣,2012年)122頁等。
[7] 同上136頁〜138頁。
[8] ベースラインは,問題とされた実定法が違憲無効とされたとき,立ち戻るべき法状態である。確たるベースラインが確認できないとき,最高裁は積極的に違憲審査を行うことができない。実定法を違憲無効としたとき,立ち戻るべき場が確定せず,法的紛争を終局的に解決することができないからである。

とに留意する必要がある。テクストが結論に及ぼす役割は限定的なものである[9]。

ときに，現憲法の規律密度の低さが，改正を必要とする理由として挙げられることがあるが，規律密度の低さは，日本国憲法がこうした憲法本来の姿に忠実であるためでもあることに留意が必要である。また，改正の厳格度（硬性度）が相対的に高い日本国憲法の規律密度を高めることは，状況に的確に対応すべき柔軟性を奪うことにつながりかねない。

II．9条問題

具体的問題に良識ある解決を与えるという役割は，憲法9条に関しても同様に求められる。外敵侵攻の可能性があるとき，政府が実力でそれに対処する余地を全く認めないという結論は，明らかに非常識である。ここでも，条文を素直に理解し，それに頑固に従えばよいという主張は，実定法の権威の捉え方としても当を失しているし，そもそも良識に訴えるべき途を指し示すべき憲法の理解としては，論外である。

現憲法の草案を審議した第90回帝国議会の場で，吉田茂首相や金森徳次郎憲法問題担当相は，自衛目的のためであっても，実力を行使することを否定していたと言われることがある。しかし，審議録を子細に読めば，彼らが言っているのは，9条2項が「戦争遂行能力 war potential」を否定している以上，自衛「戦争」はできない，ということであることが分かる[10]。そのとき，1項が自衛目的の武力の行使を否定していないことは，前提となっている。

そして，日本国憲法の公布と同時（1946年11月3日）に政府によって刊行され，吉田茂および金森徳次郎が序文を寄せた『新憲法の解説』は，9条に関連して，本条の下では「自己防衛の方法がないではないか」との疑問が制憲議会において提起されたことを紹介した上で，将来，「日本が国際連合

---

[9] David Strauss, 'Foreword: Does the Constitution Mean What It Says?' 129 Harv. L. Rev. 1, 2-5 (2015); Jefferson Powell, *Targeting Americans: The Constitutionality of the U.S. Drone War* (Oxford University Press, 2016), pp. 22-37.

[10] 清水伸編著『逐条日本国憲法審議録2巻〔増訂版〕』（原書房，1976年）42頁。

に加入する場合を考えるならば，国際連合憲章第51条には，明らかに自衛権を認めている」として，懸念には及ばない旨を述べている。自己防衛の手段としての自衛権（個別的自衛権）の行使は，この時点ですでに想定されていることが分かる[11]。

　いずれにせよ，テクストはこの際，頼りにならない。テクストを権威（authority）として受け取り，その通りに行動すれば本来自分がすべき行動をよりよくとることができるという，権威に関する正当化根拠がこの条文についてはあてはまらないからである。つまり，9条は解釈の対象とすべきことになる[12]。テクストに示された理念は尊重しつつも，良識に沿った意味を文脈に即して探求することが求められる。

　とはいえ，あらゆる人がそれぞれに解釈しているだけでは，9条は国家権力を制約する役割——立憲主義の最低限の意味内容である——を果たすことができない。テクストに代わって国家を制約するには，権威ある解釈が確立されなければならない。個別的自衛権のみが憲法9条の下で認められるという内閣法制局の有権解釈（authoritative interpretation）は，最高裁がこの分野での解釈権限行使を控える中で，国会を含めた政府諸機関の権限を調整し，制約する役割を長年にわたって安定的に果たしてきた。この種の有権解釈は，最高裁の憲法解釈と同様，憲法典のテクストと並んで「機能する憲法」としての役割を果たす。そして，現に機能する憲法を十分な理由もなく政府自身が変更することは，認められるべきではない。それは最小限の意味での立憲主義の破壊である。

　もっとも，安倍政権による9条の解釈変更の問題点は，これにはとどまらない。Ⅳで説明する中期的に見た日本の安全保障の最大の課題と，この解釈変更がいかに関連するかが全く不明瞭である——少なくとも直接の関連性は見いだしがたい——ことも，政権の姿勢への強い疑念を呼び起こす。

　11）　高見勝利編『あたらしい憲法のはなし他2篇』（岩波現代文庫，2013年）103頁。
　12）　テクストのあらゆる理解を「解釈」と同視する見方もあるが，こうした解釈の捉え方は無限後退を導き，あらゆるテクストの理解を不可能とする。この点については，長谷部恭男『憲法の理性〔増補新装版〕』（東京大学出版会，2016年）208頁～210頁参照。

III．天皇の生前退位

　憲法典を取り巻く法令のうち，本稿執筆時点で議論の的となっているのは，皇室典範である。2016年8月8日，天皇はビデオメッセージを公表し（宮内庁サイト），その中で退位への思いを強くにじませた。このメッセージは，「即位以来，私は国事行為を行うと共に，日本国憲法下で象徴と位置づけられた天皇の望ましい在り方を，日々模索しつつ過ごして来ました」ということばに示されるように，現在の天皇の地位が日本国憲法の下でのそれであることを出発点としている。旧憲法では，全統治権の総攬者たる天皇がまず存在し，天皇自身が制定した憲法典によって統治権の行使を自ら制限するという建前がとられた[13]。これに対して，現憲法では，憲法がまずあり，その憲法の想定する天皇の姿がある。

　天皇は国の象徴である。象徴とは抽象的ななにものかを指し示す有形的・具体的な人ないしものである。鳩は平和の象徴であり，白百合の花は純潔の象徴である[14]。憲法は天皇が国の象徴であることを想定している。しかし，天皇は今や，国民の共有する神話によって象徴であり得るわけではない。象徴としての地位の安定をはかるには，「天皇が国民に，天皇という象徴の立場への理解を求めると共に，天皇もまた，自らのありように深く心し，国民に対する理解を深め，常に国民と共にある自覚を自らの内に育てる必要」がある。そして，その目的を達するためには，日本各地への旅を含めた象徴としての行為（公的行為）も，現在のような内容と範囲で続けていかざるを得ない。したがって，「国事行為や，その象徴としての行為を限りなく縮小していくことには，無理があ」る。それでは，象徴としての天皇の地位の安定をはかることができない。しかし，高齢となった天皇には，今の内容と範囲の公的行為を継続することは難しい。しかも，天皇として人生の終焉を迎えたとき，残された家族は，即位の礼と葬儀に関連する行事を並行して行うことが求められる。きわめて重い負担である。

　天皇の地位の安定をはかることが必要なのは，天皇が国の象徴だからであ

---

[13] いわゆる君主制原理である。本書所収の長谷部恭男「大日本帝国憲法の制定」参照。
[14] 清宮四郎『憲法Ⅰ〔第3版〕』（有斐閣，1979年）153頁。

る。国の象徴であるとは，何よりも国の安定性の象徴であることである。そのためには，天皇の地位も安定している必要がある。その安定をはかる上で，現在の法制には不備がある。退位を可能とする制度整備が必要ではないか，そうした「個人として」の思いが述べられている。

　この天皇のメッセージについては，天皇が「国政に関する権能を有しない」とする憲法4条との関係が議論されることがある。結果として法律改正を含む制度整備が必要となる可能性があるという意味では，「政治」的意味合いがゼロであるとは言えない。しかし，では天皇自身以外，誰がそれを言い出すことが適切であろうか。天皇の意思と全く関わりなく第三者が生前退位についてイニシァティヴをとることは，不穏当であろう。天皇の真意を汲んだ誰かが発言するのであれば，今回の事例とさしたる違いはない。国事行為に関連して，「この大臣の任命には反対だ」とか「今の衆議院は解散するしかないのでは」という意向が示されているわけではない。憲法4条が天皇に欠けているとして典型的に想定する「国政に関する権能」とはそうした事態である。公表されたメッセージの内容も，憲法を出発点とするまっとうなものである。非難されるべき点があるとは言いにくいであろう。述べられている「個人として」の思いも，自由に生きる個人としての思いではなく，憲法によって保障されている制度の担い手としての思いであることに留意が必要である。天皇制を支えようとする皇室のメンバーのエスプリ・ドゥ・コールがない限り，制度としての天皇制は持続し得ない。

　退位に関する制度整備については，皇室典範4条を改正すれば可能であるとの公式見解が，高辻正巳内閣法制局長官によって示されている[15]。憲法を改正する必要はない。制度整備に関して，皇室典範の改正が必須であるか否かについては，見解が分かれ得る。憲法2条の「皇位は……皇室典範の定めるところにより，これを継承する」という文言を硬く受け取れば，皇室典範の改正なくしては，退位は不可能ということになる。しかし，2条の文言は，皇位が皇室典範の定めるルールに従って自動的に継承されるということのみを示しているとも理解できる。その場合，退位については，特別法によるという途も考えられる[16]。とはいえ，皇室典範の改正によるのが，正攻

---

15) 1971年3月10日衆議院内閣委員会での答弁。

法であることは否定しがたい。

　天皇について退位を認めること自体が認められないという議論もないではないようである。明治期の皇室典範制定の際，退位を認めるべきだとする井上毅に対して，伊藤博文が述べた退位否定論は[17]，第一は中世から近世に見られた天皇の生前譲位は，仏教の流弊によるものだという根拠があやふやで現時点では関連性の欠けた議論である。第二は，天皇は即位したからには私も個人もなく，逝去するまで天皇であり続けるのだという議論であるが，これは即位したからには譲位はあり得ないという結論を繰り返しているだけである。譲位した上皇が権勢を振るうリスクがあるという議論は，政治的権能を有しない現憲法下の天皇についてはおよそ当てはまらないし，天皇の意思に反して譲位を迫られる可能性については，皇室会議の議によることを条件とすることで極小化することができよう。天界と地上とを結ぶ天津日嗣である以上，生前譲位はあり得ないという神話は，現行憲法の下では到底維持することができない[18]。「私も80を越え，体力の面などからさまざまな制約を覚えることも」あるとする天皇は，自身も人間であり，個人として考え，判断することがあるというメッセージを国民に送っている。

　退位を認めることは即位の辞退を認めることにつながり，天皇制の継続を危うくするという議論は，天皇制を支えるエートスが，天皇をはじめとする皇室のメンバーに共有されていない限り，退位制度の有無にかかわらず，天皇制は遠からず潰えることを見逃している。木を見て森を見ない議論である。

IV．憲法と戦争

　憲法は戦争と密接に関連する。戦争は国と国が戦うものであり，その国とは突き詰めれば我々の頭の中にしかない約束事である。国と国が戦うとき，

---

16)　2016年9月30日衆議院予算委員会での答弁で，横畠裕介内閣法制局長官は，特例法の制定によっても生前退位は可能との見解を示した。

17)　稲田正次『明治憲法成立史〔下〕』（有斐閣，1962年）994頁参照。

18)　退位消極論の批判的検討として，奥平康弘『「萬世一系」の研究——「皇室典範的なるもの」への視座』（岩波書店，2005年）324頁以下参照。

国は敵国の憲法の基本原理を攻撃しようとする。ジャン-ジャック・ルソーのことばを借りるならば、攻撃対象は敵国の「社会契約 pacte social」である。それこそが国家を成り立たせているのだから[19]。

　憲法原理の異同はいずれの国と友好関係に立ち、いずれの国と敵対関係に立つかを決める。根本的に対立する憲法を奉ずる国々は、いずれもが正義は我にあると考える。容易な譲歩はできない。軍事行動のあり方は国のかたちに影響を及ぼし、国家体制の変化は軍事行動のあり方を変化させる[20]。日本の憲法の中長期的な将来も、この論理を免れることはない。

　オーストラリアに拠点を置く経済平和研究所は、毎年、世界各国を平和で安全な程度に応じてランクづけする Global Peace Index を公表している。2016年版によると、日本は世界で9番目に平和で安全な国である。国内の治安が維持されているだけでなく、周辺で大規模な軍事衝突が起こる可能性も低い[21]。低くはあるが、可能性がないわけではない。

　中国の憲法前文は次のように述べる。「わが国〔中国〕では搾取階級は階級としてはすでに消滅したが、階級闘争はなお一定の範囲で長期にわたって存続するであろう。中国人民は、わが国の社会主義体制を敵視し、破壊しようとする国内外の敵対的勢力および敵対的階層と闘争しなければならない」[22]。プロレタリアート独裁の観念が宣明されている。階級闘争の観念が現在の中国に関してどれほどの説得力を持つかはともかく、この国が価値観の多元性を認めない独裁体制であることは否定できない。そして「台湾は、中華人民共和国の神聖なる領土の一部である。祖国統一という大業を完遂することは、台湾同胞を含む中国人民すべての神聖なる責務である」[23]。

　現在の台湾は、リベラル・デモクラシーの憲法体制をとる。台湾を統一し

---

19) Jean-Jacques Rousseau, *Principes du droit de la guerre, Écrits sur la paix perpétuelle*, sous la direction de Blaise Bachofen et Céline Spector（J. Vrin, 2008）, p. 81.
20) 長谷部・前掲注12)『憲法の理性』第4章参照。
21) Institute for Economics and Peace, *Global Peace Index 2016*, p. 14. http://reliefweb.int/report/world/global-peace-index-2016　ちなみに2015年版では、8番目であった。
22) 初宿正典＝辻村みよ子編『新解説世界憲法集〔第3版〕』（三省堂，2014年）369頁～370頁〔鈴木賢訳〕。
23) 初宿＝辻村編・前掲注22)370頁。中国から見れば、尖閣諸島も回復されるべき祖国の一部である。

Part IV　あとがき

ようとする中国の企図から台湾を防衛することは，リベラル・デモクラシーの旗手たるアメリカ合衆国が，容易には放棄し得ない「大業」である。台湾を中国の手に委ねることは，東アジアのリベラル・デモクラシー諸国の防衛から手を引くというシグナルを発することになりかねない[24]。

ここでは，いくつかの可能なシナリオを並行して想定することができる。将来，中国がリベラル・デモクラシーとなる可能性は否定できない。しかし，それにどれほどの時間がかかるかが肝要である。それまでの中国はリベラル・デモクラシーと根底的に異なる憲法原理を奉じつつ，台湾との「祖国統一」を模索するであろう。平和的手段が無理であれば，武力に訴えても[25]。

第一次湾岸戦争以降のアメリカの軍事行動を観察した中国は，アメリカの第一撃を受けるまで動かないことが致命的となり得ること，アメリカの強さが衛星を含めた情報収集・処理網[26]を用いて広範な目標を正確に攻撃する能力にあることを理解した。中国が，台湾をめぐるアメリカとの深刻な武力抗争に直面するとき，中国が目指すのは，自身の第一撃によってアメリカの情報収集・処理網と攻撃能力にダメージを与えることである（接近阻止／領域拒否 anti-access/ area denial: A2/ADと呼ばれる）。サイバー攻撃や電波攻撃による攪乱に加えて，通信衛星の破壊[27]，中国周辺に位置するアメリカ軍施設と空母等の艦船に対する弾道ミサイルやクルーズ・ミサイル等による一斉攻撃が想定される。日本国内の施設も，当然攻撃対象となる。

アメリカは，マラッカ海峡を封鎖して原油の輸入路を断ち，優位にある潜水艦戦を遂行して周辺海域の海上交通を遮断するだけではなく，中国本土の情報収集・処理網やミサイル施設を多彩な手段で攻撃するAir-Sea Battle

---

24)　Cf. Noah Feldman, *Cool War: The Future of Global Competition*（Random House, 2013），Chapter 2.

25)　リベラル・デモクラシーへと変容を遂げた中国が，台湾との「祖国統一」を断念すると考えるべき理由はない。しかし，台湾として（米国も）それを拒否する理由は大きく低下するであろう。平和的統一も視野に入るはずである。

26)　C4ISR（command, control, communications, computers, intelligence, surveillance and reconnaissance）networkと呼ばれる。

27)　2007年に中国は地上から発射された兵器による衛星破壊実験を行った。当時は，宇宙空間に危険な残骸を拡散させたことが非難の的となった。

（ASB）を遂行することが想定されている[28]。日本への直接攻撃に応じて日本も自衛権を行使するであろうし，その場合，真に自衛権の限界が試されることになる[29]。いったん戦闘が開始されれば，数箇月から数年の継続が予想される。中国にとっては現体制の存続がかかっている。中国とアメリカが戦う以上，安全保障理事会はこの軍事衝突に関する限り，当面，機能を停止する。

こうした衝突が可能性としてあるのであれば，いかにしてその発生を防ぐかが最大の課題であり，万一実際に発生した場合，エスカレーションを抑止するとともに，いかに敵国の意図を挫いて衝突を収束させるかも課題となる。中国の第一撃による打撃をいかに極小化するかを検討する必要もある。高高度防衛ミサイル（THAAD: Terminal High Altitude Area Defence）の配備，ミサイル迎撃用の指向性エネルギー兵器，水中ドローン等の開発がその手段として予想される。通常兵器にとどまらず，サイバー攻撃の手法も進化するはずである[30]。しかし，中国の側も，それに対応して軍備の近代化と拡張を，経済成長の停滞が始まる前に，推し進めようとするであろう[31]。

日本はこうした国際関係の文脈の中にある。日本はそれでも不健全なナショナリズムに流されることなく，また「必要の前に法なし」というパニック思考に陥ることもなく，立憲主義を守り通し，リベラル・デモクラシーであり続けることができるのか，それが問われている。現憲法が政府に戦うことを認めているとすれば，それは，現憲法の基本原理によって構成されている日本を守るためである。

---

[28] Cf. Aaron Friedberg, *Beyond Air-Sea Battle*（Routledge, 2014）.

[29] 具体的には，国会は武力攻撃事態法9条の定める承認決議を通じて，政府の行使し得る実力の範囲を限定できるかという問題が検討されるべきである。

[30] 2008年から2010年にかけてStuxnetと呼ばれるソフトウェア・ワームが何千ものイランのウラン濃縮用遠心分離機を破壊した（Sue Halpern, 'US Cyber Weapon: Our 'Demon Pinball'', *New York Review of Books*, Vol. 63, No. 14（September 29, 2016）, pp. 26-30）。結果としてイランは核兵器開発を，イスラエルはイランへの空爆を思い止まり，イランと欧米諸国との合意が成立した。

[31] Jonathan Holslag, *China's Coming War with Asia*（Polity, 2015）, pp. 154-160.

論究憲法　憲法の過去から未来へ
Inquiries into the Constitution of Japan: Its Diachronic Trajectory

2017年5月3日　初版第1刷発行

編　者	長　谷　部　恭　男
発　行　者	江　草　貞　治
発　行　所	株式会社　有　斐　閣

〔101-0051〕東京都千代田区神田神保町 2-17
電話　（03）3264-1311〔編集〕
　　　（03）3265-6811〔営業〕
http://www.yuhikaku.co.jp/

印刷・株式会社精興社／製本・牧製本印刷株式会社
© 2017, HASEBE Yasuo. Printed in Japan
落丁・乱丁本はお取替えいたします。

★定価はカバーに表示してあります。
ISBN 978-4-641-22728-6

[JCOPY]　本書の無断複写（コピー）は、著作権法上での例外を除き、禁じられています。複写される場合は、そのつど事前に、（社）出版者著作権管理機構（電話03-3513-6969, FAX03-3513-6979, e-mail: info@jcopy.or.jp）の許諾を得てください。